El peor de los remedios
Bartolomé de Las Casas y la crítica temprana a la esclavitud africana en el Atlántico Ibérico

RUBÉN SÁNCHEZ GODOY

ISBN: 1-930744-81-1
© Serie Malunga, 2016
INSTITUTO INTERNACIONAL DE
LITERATURA IBEROAMERICANA
University of Pittsburgh
1312 Cathedral of Learning
Pittsburgh, PA 15260
412-624-5246 • 412-624-0829 fax
iili@pitt.edu • www.iilionline.org

Colaboraron en la preparación de este libro:

Composición, diseño gráfico y tapa: Erika Arredondo
Creación de logo: Tyler McCloskey
Corrector: Rodolfo Ortiz y Mauricio Pulecio

Índice

Dedicatoria 9

Agradecimientos 11

Introducción 13

1. Las primeras peticiones de cautivos (1516-1521) 29

    1.1 Algunos antecedentes: Los cautivos africanos y Las Casas llegan a las Indias por diferentes caminos (1502-1516) 31
    1.2 Las primeras sugerencias de introducir cautivos en las Indias y el paso hacia la introducción de cautivos bozales (1516-1521) . 47
        1.2.1 Primera etapa: los cautivos como reemplazo de la mano de obra indígena y la invención del cautivo bozal 48
        1.2.2 Segunda etapa: los cautivos como incentivo para la construcción de granjerías en las islas y la primera licencia para la introducción de cautivos bozales 60
        1.2.3 Tercera etapa: los cautivos como incentivo para la colonización de la Tierra Firme y posibilidad para que los nativos recuperen y mantengan su libertad 76
    1.3 El surgimiento jurídico del cautivo africano en Las Indias 93

2. La primera crítica al tráfico de cautivos africanos y la defensa de los nativos americanos contra la esclavización (1521-1540) 99

    2.1 La crítica al monopolio 99
    2.2 La lucha contra la esclavización indígena 111

3. Destellos de la esclavitud africana en la naturalización lascasiana de los indígenas: la etapa deportadora libre, la Brevísima relación de la destrucción de las indias, *el encuentro con los cautivos Juanillo y Pedro Carmona, y la reconsideración de los conceptos infiel y bárbaro (1540-1556)* 121

    3.1 Las Leyes Nuevas, la *Brevísima relación de la destrucción de las Indias*, el nombramiento de Las Casas como obispo y sus últimas peticiones de cautivos africanos (1540-1544).................. 123

    3.2 El regreso a Indias, la paliza a Juanillo y el encuentro con Pedro Carmona (1544-1547).................. 135

    3.3 La intensificación de las polémicas con respecto a la esclavitud indígena y el nuevo concepto de infiel (1547-1550).................. 144

    3.4 La polémica con Sepúlveda y la redefinición del bárbaro (1550-1552).................. 151

        3.4.1 Buscando un bárbaro para esclavizar.................. 153

        3.4.2 Bárbaros pero de cierto tipo.................. 159

    3.5 La redacción de la *Historia de las Indias* y la *Apologética Historia Sumaria* (1552-1556).................. 167

4. *Los cautivos africanos como problema en las Indias y en la Península (1545-1556)* 181

    4.1 Los recuerdos de Benzoni acerca de los "Mori di Guinea" (1565) 183
    4.2 Las respuestas de Vitoria (1546) 188
    4.3 Las legislaciones racializadas, borrando al "moro" y produciendo al "negro" (1548-1553) 192
    4.4 Los intentos de legitimación de la guerra justa y la esclavización 199
    4.5 Dos comentarios de López de Gómara y dos críticas a la esclavitud (1555-1556) 210

5. El intento de inclusión y el arrepentimiento: los comienzos de la trata africana transatlántica en Historia de las Indias y los últimos escritos (1555-1564) 225

5.1 Las islas Canarias: el inicio de la esclavitud atlántica en el contexto de una disputa por el dominio territorial 229
5.2 Las islas del Atlántico y la costa occidental de África: el fin de la épica y el inicio de la historia 236
5.3 La vena portuguesa de Colón: una explicación lascasiana del comienzo de la esclavitud africana en las Indias 266
5.4 El libro tercero de la *Historia de las Indias*, el arrepentimiento y los últimos escritos (1559-1564): la víctima y la plaga 272

6. Las casas leído desde la Ilustración, el abolicionismo y el humanismo 291

6.1 Estableciendo el vínculo entre Las Casas y el inicio de la trata 292
6.2 La crítica a la esclavitud en el pensamiento ilustrado y el papel atribuido a Las Casas en el inicio de la trata 296
6.3 La recuperación de Las Casas y su relación con la trata en el ámbito intelectual español de finales del siglo XVIII 311
6.4 La apropiación de Las Casas en el contexto del abolicionismo 321
6.5 El *dossier* Llorente y la consolidación de Las Casas como figura del abolicionismo 327
6.6 La apropiación del corpus lascasiano y la representación humanista como el arrepiso promotor de la trata 334
6.7 El siglo XX y la configuración de Las Casas como hito de lo caribeño y figura del humanismo cristiano 345

Conclusión: La resonancia de Las Casas en el debate esclavista posterior
 en la América Ibérica 367

Apéndice 1: Licencia concedida a la Casa Welser por el rey Carlos V el
 12 de febrero de 1528 para la importación de cuatro mil esclavos
 en las islas y la Tierra Firme 385

Apéndice 2: Capítulo XXV de la *Chronica do descobrimento e conquista do Guiné*
 de Gomes Eanes de Zurara (en portugués) 389

Bibliografía 393

A María del Pilar, quien ha inspirado este libro,
a Antonio Emiliano, quien ha acompañado su escritura,
a Violeta Libertad, quien me dio más de un motivo para terminarlo.

Agradecimientos

Este libro es el resultado de diversas lecturas y reflexiones pero también de encuentros con académicos, amigos y familiares que me han acompañado generosamente durante los últimos años en el proceso de investigación y escritura. En primer lugar, agradezco al Department of World Languages and Literatures at Southern Methodist University el apoyo económico y logístico que me ha brindado, como también al servicio de préstamo inter-bibliotecario de la biblioteca Fondren. En particular, agradezco a las profesoras Marie-Luise Gaettens y Denise Dupont, jefes de departamento durante el tiempo en el cual escribí este libro, su guía y apoyo para la obtención de recursos adicionales para mi investigación y un año sabático que me permitió avanzar significativamente en la redacción del manuscrito. A todos los colegas en el área de Español y, en particular, a los profesores Alberto Pastor, Luis Maldonado, Francisco Moran y Renata Egüez les agradezco su apoyo académico y amistad. Su compañía y profesionalismo han sido un aliciente para mejorar cada día en mi trabajo como profesor e investigador. A los profesores John Beverley y George Reid Andrews les agradezco su orientación y sus agudas preguntas en los momentos iniciales de este proyecto. A los colegas en el campo de los estudios coloniales latinoamericanos, con los que he podido conversar en conferencias en las que he presentado avances de este libro, les agradezco sus preguntas y comentarios, los cuales han servido para dar forma más precisa a muchas de mis ideas. A los profesores Juan Duchesne y Jerome Branche les agradezco el apoyo generoso que han brindado para la publicación de este trabajo en el Instituto Internacional de Literatura Iberoamericana, lo mismo que a los revisores del manuscrito, la editora Erika Arredondo y los correctores por su dedicado y paciente trabajo. A mis amigos en Colombia, Gustavo y Juan Fernando, les agradezco que siempre me han hecho sentir en casa cuando regreso allí. A mis hermanos, Oscar y Armando, lo mismo que a sus bellas familias, les agradezco muchísimo su cariño y, en particular, su solidaridad y consuelo durante los difíciles momentos en los cuales la escritura de este libro tuvo que sobrellevar la inesperada muerte de nuestra madre, Doña Marina. Por último, a mi esposa y a mis hijos, gracias por estar ahí en todos los momentos y por tolerar los vaivenes de una escritura que en ocasiones se tornó en exceso demandante. Yo he sostenido la escritura, pero ustedes me han sostenido a mí.

Introducción

En la lista de eventos sobre la esclavitud con la cual David Brion Davis comienza su libro *Inhumane Bondage. The Rise and Fall of Slavery in the New World* (2006), él afirma: "1518: Bartolomé de Las Casas, an ardent defender of Indian rights, calls for large importations of African slaves in order to help save Native Americans" (xi). Esto lo reitera en dos pasajes más de su texto (73, 98). En el segundo de ellos, escribe:

> As early as 1516 two of the most humane and sensitive witnesses to the horrors of the New World, Licenciado Zuazo and Bartolomé de Las Casas, "protectors of the Indians," called for the sparing of Indian lives, especially in the mines, by importing many more African slaves. For twenty-five years Las Casas saw the importation of black slaves as the solution for the Spaniards' oppression of Indians. (98)

En una nota aclaratoria que acompaña esta afirmación, Davis afirma que Las Casas se arrepintió de estas peticiones de cautivos africanos concebidas como estrategia para proteger a los nativos americanos. Sin embargo, este arrepentimiento de Las Casas, continúa Davis, no fue publicado sino hasta 1951 y no existe indicación de que Las Casas haya condenado públicamente la trata de africanos hacia las Indias, pedido su emancipación o siquiera cuestionado la legitimidad de la esclavitud como tal.[1] "He apparently owned slaves himself

---

[1] Por sugerencia de José Antonio Saco, la Real Academia de la Historia publica la primera edición completa en cinco volúmenes de la *Historia de las Indias*, texto en el cual Las Casas expresa su arrepentimiento con respecto a su sugerencia de introducir esclavos en las Indias, en Madrid durante los años 1875-1876. Véase Benítez Rojo 70; Santa Arias y Merediz 17. Esta edición se reimprime en 1877 en la misma ciudad pero sin apéndices. Davis se está refiriendo (1) a la edición publicada en México en 1951, la cual

as late as 1544" (354), finaliza Davis.[2]

Proponiendo una aproximación más compleja a este asunto, en su reciente biografía de Bartolomé de Las Casas, Lawrence Clayton enfatiza que existen dos momentos en la relación que Las Casas mantiene con el comienzo del tráfico de cautivos africanos hacia América. De acuerdo con Clayton, si bien Las Casas sugirió durante los primeros años de su trabajo como clérigo la introducción de esclavos en las islas del Caribe como medio para aliviar el sufrimiento de las poblaciones indígenas en la región y evitar su exterminio (135-39), desde mediados de la década de 1540 hasta el final de su vida, denunció el tráfico de cautivos africanos hacia las Indias como una actividad injusta y, más aún, expresó su arrepentimiento por haber previamente sugerido la introducción de éstos (420-28). Siguiendo una larga tradición que considera a Las Casas como un humanista que fue consciente de un error de juventud del cual se arrepintió durante su madurez, Clayton afirma que Las Casas "extended his Indianist arguments to cover the slave trade, and finally to slavery itself as practiced in the Indies, whose face was largely Indian or Black" (428).

Las aproximaciones propuestas por Davis and Clayton recogen, cada una a su manera, el largo debate que ha tenido lugar desde mediados del siglo XVIII en torno a la relación que Las Casas tuvo con el inicio del tráfico de cautivos africanos hacia las Indias. En dicho debate, mientras que algunas posiciones, a la manera de Davis, han enfatizado la injerencia y, por ende, la responsabilidad de Las Casas en el inicio de la trata, otras posiciones, a la manera de Clayton, han preferido llamar la atención sobre su cambio de posición y, en particular, su arrepentimiento con respecto a la sugerencia de introducir cautivos africanos en las Indias y la crítica que hizo a la trata.[3]

En la elaboración de estas posiciones se pueden identificar dos factores determinantes. El primero ha sido el acceso que han tenido a los textos de Las

---

es una reproducción facsimilar de la edición de 1877 o (2) a la edición basada en el autógrafo comprado en 1904 por la Biblioteca Nacional de Madrid y que realiza Agustín Millares Carlo con un estudio preliminar de Lewis Hanke, la cual es publicada en el mismo año de 1951 por el Fondo de Cultura Económica en México y Buenos Aires. Véase Pérez Fernández, *Inventario* 218-19.

[2] Aunque no introduce ninguna referencia específica, Davis parece estar basándose en el poder que Las Casas delega en 1544 a Pedro Gutiérrez, Juan Galvarro, Lucas de la Sal y Andrés Pérez para que se hagan cargo de sus negocios en la península y, en particular, le lleven a las Indias cuatro esclavos negros que le habían sido concedidos por cédula real. Véase *Catálogo de los fondos Americanos* II: 485-88.

[3] Para una presentación sucinta del debate sobre Las Casas y su relación con el inicio del tráfico de cautivos africanos hacia América, véase Adorno, "Fray Bartolomé de Las Casas" 64-9; Merediz y Salles-Reese 177-86.

Casas quienes han explorado la relación de éste con el inicio de la trata de cautivos africanos hacia América. Las Casas sólo publicó durante su vida sus ocho *Tratados* que aparecieron en 1552. Su tratado *De Regia Potestate* fue publicado en 1571, y sus otros textos solo llegaron a la imprenta hasta los siglos XIX y XX. En consecuencia, hasta bien entrado el siglo XVIII las aproximaciones a Las Casas y su relación con el inicio de la trata se llevaron a cabo principalmente sobre la base de lo que Antonio de Herrera y Tordesillas había dicho al respecto en sus *Décadas* (1601-1615). En contraste, a lo largo de los siglos XIX y XX estas aproximaciones se fueron transformando a medida que el corpus lascasiano fue siendo publicado e incorporado en el debate.

Existe, sin embargo, un segundo factor que tuvo un papel aún más determinante que el anterior en la discusión acerca del papel de Las Casas en el inicio de la trata. Este factor fue la aparición de la crítica ilustrada a la trata y el abolicionismo a mediados del siglo XVIII, los cuales se consolidaron no sólo ideológica sino políticamente a lo largo del siglo XIX, tornándose en criterio de lectura de muchos de los pasajes del corpus lascasiano. Como parte de su desarrollo, tanto la crítica ilustrada a la trata como el abolicionismo elaboraron reflexiones históricas sobre los comienzos ibéricos del tráfico atlántico de cautivos africanos, haciendo de Las Casas uno de sus promotores.

Sin embargo, no todos los críticos de la esclavitud atlántica ni todos aquellos que promovían su abolición se convirtieron en críticos de Las Casas. Algunos arguyeron que él podría ser considerado, de hecho, como uno de los precursores del pensamiento antiesclavista y abolicionista debido a su radical y temprana defensa de los nativos americanos. Para poder sustentar esta forma de aproximarse a Las Casas propusieron, en consecuencia, una lectura humanista de su obra. Según esta lectura, él fue siempre un defensor del género humano sin distingo alguno que sólo por ignorancia promovió durante la etapa temprana de su ministerio la esclavitud africana. Así que, una vez que conoció la forma en que eran capturados y tratados los cautivos africanos que eran traídos a las Indias, asumió la defensa de éstos con el mismo compromiso con que había asumido previamente la defensa de los nativos americanos, arrepintiéndose profundamente de haber promovido la introducción de cautivos africanos en las Indias. Esta aproximación humanista a la relación de Las Casas con el inicio de la trata se ha mantenido hasta el tiempo presente consolidándose como la interpretación más común del asunto.

Partiendo de esta tradición de lectura de Las Casas y su relación con el inicio de la trata, pero también tratando de ir más allá de ella, este libro propone una aproximación al debate que atienda más a las transformaciones que podemos reconocer en el corpus lascasiano con respecto a la representación de los cautivos africanos que a la secuencia biográfica que va desde sus sugerencias tempranas de introducir cautivos africanos en la década de 1510 hasta su arrepentimiento por haberlo hecho en la década de 1550. Esta secuencia, sustentada principalmente en la mirada retrospectiva que Las Casas propone en el libro tercero de su *Historia de las Indias* de las gestiones que él llevó a cabo en la corte de Carlos V entre 1516 y 1521, simplifica lo que es un complejo y persistente conjunto de transformaciones en la representación que Las Casas tiene de los cautivos africanos y su presencia en las Indias durante la primera mitad del siglo XVI. Consideramos que al recuperar estas transformaciones en términos no de la mirada retrospectiva que Las Casas hace del asunto en *Historia de las Indias* sino del conjunto de textos suyos que han llegado hasta hoy, podemos reconocer en el corpus lascasiano un archivo que permite explorar la génesis de la trata africana como conjunto de creencias que terminaron por hacer de la introducción de cautivos africanos en las Indias como esclavos una de las políticas fundamentales de la colonización española de las Américas. Al acercarnos a la relación de Las Casas con el inicio de la trata, no como cuestión meramente biográfica sino más que nada como problema textual, el corpus lascasiano nos permite reconocer los azarosos comienzos de la presencia de los cautivos africanos, y las dificultades que dicha presencia impuso a las políticas que intentaban reducirlos a la condición de mano de obra dócil.

En consecuencia, este libro se articula de acuerdo con un criterio de lectura y análisis que lo coloca en el ámbito de la crítica literaria y cultural, no obstante mantener un continuo diálogo con ciertos trabajos históricos. En los textos de Las Casas y sus contemporáneos, que hemos tomado como objeto de nuestra investigación, aparece un problema que adquiere, más allá de su formulación particular en cada uno de ellos, una figura más o menos constante. Se trata de una tensión que encontramos en dichos textos. En ellos, los africanos cautivos son representados a la vez como necesidad y amenaza dentro del intento de construcción de una sociedad cristiana. La esclavitud africana aparece en estos textos como un hecho inevitable, constitutivo del proceso de colonización europea, pero a la vez como un peligro permanente para ese proceso dada la procedencia de los cautivos. Persistentemente, los textos enfatizan la doble condición de éstos. De una parte, son infieles o cristianos recién convertidos que han sido forzados a venir a las Indias. En este sentido, son extraños a un proceso de ocupación territorial inicialmente concebido para ser liderado por cristianos peninsulares y aceptado por los nativos de Indias. De otra parte, estos cautivos son mano de obra absolutamente necesaria para que la colonización europea de los territorios recién descubiertos logre avanzar toda vez que la población indígena pronto comienza a desaparecer en las islas y la Tierra Firme. Por ello, son fundamentales en el intento de crear una sociedad cristiana en las Indias.

Para poder percibir esta contradicción, su funcionamiento y sus consecuencias en estos textos de Las Casas es necesario dejar de lado, como lo acabamos de decir, una aproximación apologética, condenatoria o humanística con respecto a ellos. No es nuestro interés negar el valor de estas aproximaciones. Sin embargo, este libro intenta enfatizar dos asuntos. De un lado, los cautivos africanos son representados como sujetos dominados, necesarios para la colonización, pero también como sujetos que resisten a la dominación y, por esa razón, como una amenaza para que dicha colonización pueda avanzar. De otro lado, esta tensión en la representación da pie a la implementación de disposiciones y reflexiones que definen de manera decisiva la configuración política y poblacional de las Indias. Dichas reflexiones y disposiciones darán pie para la aparición de una población llamada los "esclavos negros".

En el caso de Las Casas y sus contemporáneos, esta tensión en la representación de los cautivos tendrá varias formulaciones. En primer lugar, éstos serán representados como remplazo de la mano de obra indígena pero también como mano de obra escasa e indócil. Se generará entonces un conjunto de disposiciones que promuevan su suministro y su cristianización al lado de los indígenas y reflexiones sobre la forma más adecuada de colonizar las Indias, sin que ello implique la explotación y el exterminio de los indígenas. En segundo lugar, el cautivo africano intentará ser asimilado al indígena. Entonces será representado como infiel pacífico habitante de Guinea que ha sido injustamente esclavizado. Sin embargo, también será percibido como amenaza y fuente de agresiones para los nativos una vez que viene a las Indias. En consecuencia, se generarán disposiciones que separan a los indígenas de los cautivos africanos y que penalizan duramente la violencia supuestamente perpetrada por éstos últimos. La reflexión se concentrará en la posibilidad de que los cautivos africanos puedan ser incluidos dentro de la misma categoría de infiel o bárbaro que se aplica a los nativos americanos. En tercer lugar, el cautivo africano será representado como la mercancía portuguesa necesaria para las colonias españolas pero, al mismo tiempo, como producto de una forma de colonización inaceptable para la corona española. Se generarán, en consecuencia, disposiciones sobre el comercio atlántico de esclavos y sobre los dominios territoriales asociados con él. La reflexión se concentrará en una discusión sobre la legitimidad de los privilegios territoriales obtenidos por los portugueses, so pretexto de sus esfuerzos evangelizadores, y sobre la defensa de la evangelización universal pacífica.

En consecuencia, al hacer uso del concepto de "representación" queremos llamar la atención sobre el sistema ideológico que articula estas creencias sobre la esclavitud. En este sistema, el conocimiento de los africanos esclavizados es concebido como un saber sobre ellos, es decir, un saber cuyos criterios se hallan establecidos de antemano por el sujeto que escribe. Este sujeto establece los propósitos del conocimiento y de acuerdo con esos propósitos recopila, organiza y jerarquiza la información que obtiene sobre los cautivos a partir de diversas fuentes. En este sentido, estas creencias intentan crear un marco que haga cognoscibles y gobernables a los cautivos africanos desde la perspectiva de aquel que se considera a sí mismo en condición de superioridad estamental frente a ellos. En consecuencia, en este sistema ideológico el africano cautivo aparece como un ser conocido por un sujeto revestido de autoridad no sólo cognoscitiva sino también moral. El uso del concepto de "representación" nos permite también llamar la atención sobre el hecho de que la esclavitud, como sistema de dominación, se halla estrechamente ligada a esa diferencia estamental entre el que habla y aquel sobre el cual se habla, aun en el caso en el cual el que habla pretende interceder por aquel por el cual pretende hablar.

Los textos sobre los cuales trabajaremos no son escritos o concebidos por los cautivos africanos con el fin de dar a conocer su situación. Son textos producidos por sujetos que dicen tener el conocimiento y las calidades morales que les permiten acercarse a ellos, escuchar su voz y articularla dentro del discurso cristiano. Son textos, si se quiere, solipsistas en el sentido de que no surgen a partir de una interlocución sino de un silenciamiento y un desconocimiento que sólo en pocas ocasiones se reconoce sobrepasado por la magnitud de aquellos que pretenden representar.

Esta forma de acceder a África a partir de un conjunto de representaciones que son producidas sobre la base de un puñado de conocimientos fragmentarios, articulados dentro de un sistema de creencias religiosas y filosóficas previo, ha sido explorada de manera muy sugerente, e inspiradora para este libro, por François de Medeiros en *L'Occident et L'Afrique (XIIIe – XVe Siècle)*. Medeiros demuestra que al final de la Edad Media gran parte de los textos producidos en Europa sobre lo que hoy conocemos como el África sub-sahariana fueron más que nada intentos de expresar algún conocimiento sobre lo que apenas se conocía. Sobre la base de pocas noticias y muchas especulaciones, estos textos generaron una imagen de África en la que predominaba el estatismo y la artificialidad.

> La différence entre les auteurs du Moyen Age et leurs sources antiques vient surtout de ce qu'ils sont–beaucoup plus que leurs modèles anciens–privés d'un contact réel avec l'Afrique noire dont, à certaines époques, des habitants sont effectivement parvenus dans le Bassin méditerranéen. Condamnés à se replier sur leurs sources, tenus è l'écart par la présence musulmane en Afrique, ils ont essayé de combler les lacunes objectives de leurs connaissances sur l'Afrique par le remplissage littéraire où l'imagination et la fable tiennent une place considérable. C'est pour cela que les sujets de préoccupation du monde médiéval ont été projetés dans l'espace incertain du pays des Aethiopes. En réalité ces derniers ont surtout fourni à nos auteurs le prétexte et l'occasion de se situer par rapport au monde extérieur, plutôt que de décrire les Aethiopes. Om ne doit donc pas, en abordant l'étude des schémas et représentations diverses, perdre de vue cet ethnocentrisme fondamental, qui préside à l'élaboration des stéréotypes sur l'Aethiopes et son pays (160).

El inicio de las esclavizaciones portuguesas en las islas del Atlántico y en la costa occidental de África, y la posterior importación de esclavos hacia las Indias estará sustentado epistemológica y moralmente en estas representaciones medievales. Los cautivos africanos serán vistos como una mezcla de moros y bárbaros. Sin embargo, las mismas exploraciones portuguesas y el debate en torno a la subyugación de los habitantes de las Indias dará pie a la producción de nuevas representaciones sobre los habitantes de África, si bien no serán necesariamente más fidedignas. En adelante, estarán articuladas en torno a la experiencia de la esclavitud y la deportación de los cautivos como estrategia necesaria para la colonización.

En segundo lugar, estas representaciones mantienen una contradicción que no pueden eliminar. De un lado y de acuerdo con la pretensión cognoscitiva que acabamos de delinear, intentan articular todas las informaciones que presentan sobre los cautivos africanos dentro de una narrativa en la cual la vida de éstos tiene como su fin último la aceptación del cristianismo. En este sentido, son representaciones que buscan reducir al esclavo africano a su condición de sujeto que, en virtud del proceso de la esclavización, ha roto con su pasado africano y ha devenido parte de una sociedad en la que sólo por medio de la cristianización puede llegar a encontrar una alternativa a su situación de opresión. Sin embargo, de otro lado, estas representaciones reconocen, como lo hemos dicho, que los cautivos resisten la dominación. Tal resitencia la atribuyen a la existencia de un trasfondo no-cristiano que persiste en ellos y amenaza el avance de su cristianización. Aunque este trasfondo tiende a ser dejado al margen, la escritura tiene que recurrir constantemente a él con el fin de lograr sus propósitos explicativos. Esa información en diversas ocasiones desborda e introduce inconsistencias con respecto a los propósitos de acuerdo con los cuales estas representaciones son inicialmente producidas. En este sentido, no obstante ser escritas desde un *locus* de enunciación dominante y poseer la pretensión de crear estereotipos que Homi Bhabha reconoce en los discursos coloniales (94-120), estas representaciones introducen la conciencia de un límite constituido por una diferencia que no acaban de asimilar.

El trasfondo africano de los cautivos aparece dentro de estas representaciones como un antes con respecto al tiempo de la esclavitud pero también y, más que nada, una presencia que acecha permanentemente la posibilidad de inserción completa de los cautivos dentro del sistema de producción, el proceso de evangelización cristiana y, más aún, la fidelidad de otros grupos al proceso de evangelización. En consecuencia, estas representaciones mantienen una tensión que va del uso de ese trasfondo del cautivo africano como punto de partida del proceso de cristianización hasta la denuncia de dicho trasfondo como mancha de origen que no cesa de amenazar el trabajo de conversión al cristianismo. La tensión entre un intento de reducción del africano a su condición de esclavitud pero, a la vez, la necesaria referencia a su trasfondo africano, hace que estas representaciones interroguen la viabilidad y coherencia de los proyectos colonizadores ibéricos tanto en la América española como en la costa occidental de África.

Los textos sobre los cuales trabajaremos intentan zanjar esta tensión que perciben en las representaciones de los cautivos africanos. Intentando brindar una solución a esa tensión, estos textos conciben la cristianización como la estrategia que permite la incorporación definitiva de ellos en la sociedad cristiana. Este intento de incorporación tiene como reto principal poder explicar la existencia de la esclavitud y, más que nada, establecer una respuesta cristiana adecuada ante el problema de la esclavitud. Esto producirá dos líneas de reflexión que no dejarán de estar presentes hasta el debate abolicionista de finales del siglo XVIII y comienzos del siglo XIX. De una parte, encontraremos la línea más reconocida, tanto ideológica como institucionalmente, la cual justifica la esclavitud haciendo de ella el camino de salvación para los cautivos africanos. Esta línea es la que defenderán las crónicas portuguesas y gran parte de la reflexión producida sobre este tema a mediados del siglo XVI hasta bien avanzado el siglo XVIII, tanto en Portugal como en la América española. Sin embargo, encontraremos una línea menos reconocida y que no tuvo ninguna viabilidad institucional hasta que el debate abolicionista adquirió fuerza y de la cual Las Casas puede ser considerado uno de sus principales instauradores. Se trata de una línea para la cual la esclavización de los africanos es inaceptable ya que es practicada las más de las veces de manera injusta, esto es, a partir de engaños y violencias. Es necesario aclarar que no se trata de una línea abolicionista en el sentido de que considere inaceptable la esclavitud como tal. Se trata de una línea que reconoce la posibilidad de la esclavitud en ciertas circunstancias pero critica vehementemente los procedimientos de esclavización practicados por los portugueses en la costa occidental de África. Se trata, en otras palabras, de una línea en la cual el cautivo aparece como alguien capturado por fuera de una guerra justa y, por ende, cuestiona la legitimidad de su cautiverio.

En este punto la crítica que hace Las Casas en su *Historia de las Indias* a las crónicas portuguesas adquiere gran relevancia para nuestro trabajo (1 [fols. 42v-85]: 429-93). Esta crítica puede ser considerada como el momento de instauración del debate entre estas dos líneas de reflexión sobre la esclavitud. La discusión propuesta por Las Casas y, más que nada, la transformación en la representación de los cautivos africanos que introduce en ella, provoca el surgimiento de un debate que tocará, comenzando con la esclavitud, muchos de los criterios que legitiman el dominio de Portugal en África. No es el humanismo sino el intento de proponer una salida a la tensión existente en la representación de los cautivos y su inclusión en el cristianismo, lo que permite el surgimiento de una primera crítica de la esclavitud en la América española y Portugal a mediados del siglo XVI. Reconocer la existencia de esta crítica temprana de la esclavitud es importante por cuatro razones.

En primer lugar, permite fechar mucho antes que en los ilustrados franceses y los abolicionistas ingleses de los siglos XVIII y XIX la existencia de un debate previo, moderno y atlántico, sobre la existencia de la esclavitud. Este debate no está sostenido en la negación de la esclavitud sino en el reconocimiento de las injusticias ligadas a ella en la mayoría de los casos y, por ende, la ilegitimidad de gran parte de las esclavizaciones. Existiría entonces una modernidad atlántica abolicionista que tiene su origen en el mundo colonial ibérico del siglo XVI. Esta modernidad no tuvo mayor visibilidad ni influencia dentro del discurso y las prácticas esclavistas en la América colonial ibérica. Sin embargo, es errado ver en ella un conjunto de ideas inoperantes que fueron rápidamente olvidadas. El debate entre Gregoire y Funes muestra que muchas de estas ideas crearon un trasfondo para discusiones que adquirieron más tarde mayor visibilidad y resonancia política.[4]

En segundo lugar, permite perseguir el surgimiento de un conjunto de creencias sobre los esclavos africanos que serán decisivas tanto para su inserción en el sistema de producción americano como para su definición como grupo racial específico. En concreto, la tensión que existe entre la representación de los cautivos como fuerza laboral cristianizada necesaria en las Indias (lo deseado) y la representación de éstos como amenaza continua para el proceso de colonización y evangelización (lo temido) pervivirá a la abolición como proceso político y jurídico que aparece y se consolida en los siglos XVIII y XIX, extendiéndose a todo un conjunto de producciones culturales en América Latina. Al abandonar una lectura apologética, jurídica o aún humanista de estos textos, intentamos mostrar cómo se forja en ellos una contradicción que ni el discurso cristiano ni el mismo discurso abolicionista logran zanjar satisfactoriamente.

En tercer lugar, esta exploración permite establecer la relación entre la formación de la subjetividad del cautivo africano y la formación de la subjetividad cristiana en los territorios americanos. La representación del cautivo como sujeto llamado a ser dominado y cristianizado es la otra cara de la constitución de la representación del europeo cristiano como sujeto llamado a dominar y cristianizar en medio de circunstancias para las cuales no existen experiencias previas que sirvan como modelo y que ponen a prueba su fidelidad al evangelio. Los textos establecen una distinción entre el cristiano europeo libre y el gentil africano cautivo. Sin embargo, el tránsito de éste último hacia la cristianización está enlazado con las acciones de aquellos cristianos europeos comprometidos en la trata. El tránsito de aquellos será la otra cara del tránsito de éstos hacia su salvación o su perdición dependiendo de su comportamiento con respecto a los cautivos y, en concreto, de su compromiso con la cristianización de éstos.

---

[4] El estudio de Daniel Castro titulado *Another Face of the Empire. Bartolomé de Las Casas, Indigenous Rights, and Ecclesiastical Imperialism*, ha mostrado que la defensa de las poblaciones indígenas de América propuesta por Las Casas reforzó en gran medida, no obstante la crítica que propuso a los conquistadores y encomenderos, la idea de un poder imperial legítimamente constituido sobre América en nombre de la evangelización pacífica. Desde su perspectiva, Las Casas aparece como "an instrument of the imperial power and domination" (152). Consideramos que esta aproximación crítica a la obra de Las Casas es provocativa dado que explora las implicaciones políticas del trabajo de Las Casas. Sin embargo, nuestra aproximación intenta explorar una posibilidad abierta por la obra lascasiana, a saber, la crítica a la esclavización practicada dentro de un discurso que no renuncia en ningún momento a la idea de la cristianización. Más en concreto, nos interesa explorar los problemas y rupturas que esa crítica introduce dentro de un discurso imperial que se encuentra en ciernes una vez que enfrenta el problema de la esclavización africana.

En ello, la crítica propuesta por Las Casas será decisiva y generará, desde el comienzo de la conquista, un signo de interrogación acerca de la legitimidad de ésta.

En cuarto lugar, esta exploración permite seguir la formación de un primer lenguaje para la esclavitud africana en América. Con el concepto "lenguaje" indicamos un conjunto de criterios que establecen cómo es posible hablar sobre los cautivos africanos. Estos criterios incluyen, pero no se agotan, ni en las representaciones específicas que se producen de los cautivos ni en las leyes que se producen para su tratamiento. Este lenguaje, concebido y desarrollado inicialmente por los evangelizadores, establece los criterios de acuerdo con los cuales las discusiones sobre la esclavitud en América pueden ser sostenidas y permite que las voces de los cautivos lleguen a ser escuchadas en ciertos momentos. Dicho lenguaje va más allá de los tratados peninsulares sobre la esclavitud y es rápidamente apropiado por algunos grupos de esclavos africanos con el fin de confrontar la situación de dominación a la que se hallan sometidos.

Si se nos pidiese sintetizar en pocas palabras la razón que mueve la escritura de este libro tendríamos que decir que el estudio de las representaciones de la esclavitud presentes en el corpus lascasiano permite explorar la compleja constitución de una estructura de servidumbre que fue decisiva para la configuración poblacional de la sociedad colonial. Esta estructura de servidumbre fue abolida jurídicamente al final del siglo XIX. Sin embargo, muchos de sus mecanismos de exclusión y dominación han persistido hasta nuestros días a través de un conjunto de representaciones de las que no nos hemos liberado. Estas representaciones funcionan como criterios epistémicos y de valoración presentes en nuestro lenguaje. Estos criterios pueden ser confrontados explorando en ciertos textos cómo se constituyeron las representaciones que los sostienen y, más que nada, recordando que esas representaciones fueron sobre todo intentos fallidos de reducción cognoscitiva y política practicados por quienes dominaban sobre los dominados y que sólo por un olvido se convirtieron en verdades no discutidas (que no es lo mismo que indiscutibles). Más aún, la tensión que nunca pudieron solventar estas representaciones abrió la posibilidad de un primer abolicionismo, esto es, una crítica de la esclavitud que propendía por la liberación de muchos de los cautivos africanos. Este abolicionismo no surgió del ideal del hombre libre sino del reconocimiento temprano de las injusticias cometidas en la trata.

En consonancia con lo que hemos planteado, proponemos una presentación de los pasajes en los cuales Las Casas presenta alusiones a los cautivos africanos.

Dividiremos nuestra exposición en siete partes. En la primera, que va de 1516 hasta 1521, presentaremos las primeras peticiones de cautivos africanos que Las Casas hace durante los primeros años de su ministerio y la representación que propone de ellos como alternativa ante el declive de los nativos americanos.

En la segunda parte, que va de 1521 a 1540, presentaremos la crítica que Las Casas hace al tráfico de cautivos africanos en 1531 y sus esfuerzos para combatir la esclavización indígena en Nicaragua y Guatemala durante la década de 1530. En esta segunda parte llamaremos la atención sobre el hecho de que si bien Las Casas mantiene una clara posición en contra de la esclavización indígena, sigue sosteniendo la necesidad de importar mano de obra africana. En este segundo momento, los cautivos africanos son representados como mercancía necesaria en el proceso de colonización de las Indias, que poco o nada tiene que ver con los indígenas salvo como remplazo de la fuerza laboral de éstos.

En la tercera parte, que va de 1540 a 1556, presentaremos las razones que llevan a Las Casas a detenerse en una consideración particular sobre los cautivos africanos. Estas consideraciones tienen su base en cuatro elementos: en primer lugar, la aprobación de las Leyes Nuevas y la redacción de la *Brevísima relación de la destrucción de las Indias* en 1542; en segundo lugar, un aspecto más biográfico que consiste en el relato del cautivo Juanillo que fue castigado por proteger a Las Casas en la ciudad de los Llanos de Chiapa y el encuentro que tiene Las Casas con el esclavo Pedro Carmona alrededor de 1545 en Honduras; en tercer lugar, las disputas que sostiene con Sepúlveda entre 1547 y 1552 en torno a la legitimidad de la guerra justa contra los infieles y los bárbaros; y, en cuarto lugar, su decisión de redactar la *Historia de las Indias*. En este tercer momento de nuestra exposición nos interesa establecer si su defensa de los nativos, su encuentro con los cautivos Juanillo y Pedro Carmona, sus disputas doctrinales con Sepúlveda y la decisión de redactar su *Historia de las Indias* introducen interrogantes significativos con respecto a la representación que tiene Las Casas hasta ese momento de los cautivos africanos.

En la cuarta parte, exploraremos el surgimiento entre 1546 y 1556 de ciertas preguntas, narrativas y reflexiones relacionadas con la esclavización practicada por los portugueses en África. Durante estos diez años, se da lo que podríamos denominar como la primera crisis en el tráfico de cautivos desde África hacia Europa y América. Esta crisis tiene que ver con la aparición de una crítica a la legitimidad de las capturas y al trato que reciben los cautivos cuando son trasladados. En particular, nos interesa explorar tanto el surgimiento de críticas como de reflexiones y crónicas que intentan exaltar y legitimar las expediciones portuguesas contra dichas críticas. Consideramos que el surgimiento de estas cuestiones, dado que ellas problematizan la existencia de la esclavitud, haciendo de ella una cuestión que compromete la identidad cristiana europea y los proyectos colonizadores, será decisivo para que Las Casas decida incluir dentro de su *Historia de las Indias* una sección dedicada específicamente a la conquista portuguesa de las islas Canarias, Puerto Santo, Madera y la costa occidental de África.

En la quinta parte, nos dedicaremos a la *Historia de las Indias*. De un lado, exploraremos los capítulos que Las Casas consagra en su *Historia de las Indias* a la conquista portuguesa de las islas Canarias, Puerto Santo, Madera y la costa occidental de África, y perseguiremos algunas de las resonancias que estos capítulos tienen dentro del libro primero de la *Historia de las Indias*. Nos interesa explorar en esta quinta parte la aparición en los textos lascasianos de la representación de los africanos como personas pacíficas injustamente esclavizadas por los portugueses, el cuestionamiento que dicha representación implica para las reflexiones y crónicas que exaltan las expediciones portuguesas, y la conexión que establece Las Casas entre lo hecho por los portugueses y las expediciones de Colón. Por otro lado, presentaremos los textos que hacen alusión a los esclavos africanos en el tercer libro de la *Historia de las Indias* y en algunos de sus escritos finales. Nos interesa exponer el arrepentimiento de Las Casas con respecto a la idea de introducir cautivos africanos a las Indias y algunas de sus inquietudes con respecto a la presencia de éstos allí. Estos son los únicos textos en los cuales Las Casas hace alusión directa a lo que ha sucedido con los africanos esclavizados en estas tierras. En esta última parte de nuestra exposición, quisiéramos enfatizar la representación que propone Las Casas de los africanos como una amenaza para los nativos y los intentos españoles de poblar las Indias.

En la sexta parte de nuestra exposición, haremos un recorrido a través del debate que ha habido desde finales del siglo XVIII en torno a la responsabilidad de Las Casas en el inicio de la trata de cautivos africanos hacia las Indias. No se trata de mostrar en este capítulo si Las Casas ha sido adecuadamente interpretado o no. Se trata, antes bien, de explorar cómo ha sido reinventado a partir de su relación con el inicio de la trata. Un recorrido a lo largo de este debate nos permitirá ver la relevancia que ha tenido el tema de la esclavitud africana en la lectura de Las Casas desde el Siglo de las Luces hasta nuestros días. Lejos de ser una cuestión marginal, este tema ha sido considerado por diversos estudiosos de Las Casas como la cuestión de cara a la cual todo su legado deber ser examinado.

En la séptima y última parte de nuestra exposición, a manera de conclusión, presentaremos los desarrollos que tuvo la línea de argumentación abierta por Las Casas no obstante el evidente dominio que tuvo la posición esclavista en la América colonial ibérica. Nos interesará resaltar las resonancias que tuvo esta posición en los debates que sostienen con los jesuitas dos misioneros capuchinos (Francisco José de Jaca y Epifanio de Moirans) quienes, hacia el final del siglo XVII, recuperan los argumentos de Las Casas en contra de las justificaciones jesuitas de la esclavitud.

Dado que en la mayoría de los casos estamos trabajando sobre pasajes y no sobre textos dedicados por completo al tema de los esclavos provenientes de la costa occidental de África (con excepción de los capítulos 22 a 27 del libro primero de la *Historia de las Indias*), es necesario llamar la atención sobre tres asuntos. En primer lugar, no podemos olvidar que los pasajes sobre los cuales trabajamos son parte de textos mucho más amplios en los que Las Casas está interesado en defender su proyecto de una cristianización pacífica de las Indias. Las Casas nunca hace de los cautivos provenientes de África un tema central de sus escritos. Sin embargo, creemos que sus numerosas referencias a ellos son valiosas porque muestran las representaciones de ellos funcionando de manera desprevenida pero persistente en los comienzos del proceso de colonización de las Indias.

En segundo lugar, será necesario a lo largo de nuestros análisis contextualizar, tanto en la obra de Las Casas como en los escritos de algunos de sus contemporáneos, los pasajes sobre los cuales estamos trabajando. En esto concordamos con la aproximación propuesta por Bernard Lavalle en su reciente biografía del obispo de Chiapa *Bartoloné de las Casas, entre la espada y la cruz*, en el sentido de que una aproximación a él debe tener en cuenta el contexto en el cual tiene lugar el ministerio de Las Casas, las gestiones que realiza como parte de dicho ministerio en las Indias y los debates que ellas generan tanto en sus contemporáneos como en sus lectores posteriores (11-15). Ello implica siempre un riesgo que consiste en perderse en detalles interesantes pero que no vienen al caso. Hemos tratado de contener ese riesgo proponiendo una secuencia cronológica tanto en la vida como en la escritura de Las Casas, para ubicar dentro de ellas las alusiones a los cautivos africanos, y hemos enlazado las alusiones a otros autores dentro de esa secuencia. Ello nos ha permitido distinguir los momentos que proponemos con el fin de señalar variaciones en los textos de Las Casas que no necesariamente designan rupturas radicales. Sin embargo, en algunos momentos hemos tenido que suspender este criterio dado que Las Casas es un escritor que constantemente retoma sus propias ideas y las reelabora en diferentes momentos a veces de forma imprecisa. Ello nos exige ir desde una exposición más cronológica hacia una más temática en algunos pasajes de nuestra exposición. De todos modos, consideramos que el criterio cronológico permite mantener cierta consistencia en la exposición, permitiendo reconocer los saltos, recurrencias y variaciones que hay en la obra de Las Casas y, en particular, en sus alusiones a los cautivos africanos.

Finalmente, es necesario hacer una consideración acerca del lenguaje utilizado en los textos para referirse a los cautivos africanos. Lo primero que hay que decir es que este lenguaje está muy lejos de ser estable en los textos que analizamos. Ni Las Casas ni sus contemporáneos tuvieron como una de sus preocupaciones fundamentales esclarecer o unificar las palabras que utilizan para referirse a los cautivos africanos o las expresiones asociadas con ellos. Estas palabras y expresiones, las más de las veces asociadas con representaciones que no sólo desconocen sino que degradan a los cautivos africanos, se transforman con el paso de los años y crecientemente se articularán en torno a la expresión "esclavo negro". No propondremos en nuestra exposición un lenguaje que antagonice con dicho lenguaje sino el uso de la expresión "cautivo africano" como una manera de mantener una distancia con respecto a él. Esta expresión nos recuerda que los así llamados "esclavos negros" fueron mujeres y hombres capturados y deportados de las costas de África en contra de su voluntad para ser sometidos a servidumbre en las Indias.

Esto no quiere decir ni mucho menos que estemos de acuerdo con el uso de un vocabulario que estuvo asociado a la subyugación sistemática de muchos hombres y mujeres, y dejó una herencia de segregación y racismo persistente aún hoy día. Lo que más nos interesa es mostrar el vínculo que existe entre el lenguaje utilizado tanto por Las Casas como por sus contemporáneos y las representaciones de la esclavitud asociadas con dicho lenguaje. Más aún, queremos enfatizar a lo largo de nuestra exposición en la fragilidad e inconsistencia de dicho lenguaje y cómo ello (dicha fragilidad e inconsistencia) deriva en una compleja representación de los cautivos africanos.

En este sentido, es necesario tener presente a lo largo de nuestra exposición que los cautivos africanos en América fueron subalternizados en la escritura, en el sentido de que no pudieron representarse a sí mismos en ella y fueron representados por quienes los subyugaban. Sin embargo, esto no quiere decir que los cautivos africanos en América fueron dóciles frente a lo que se hizo y dijo de ellos. Nuestra exposición mostrará que las representaciones de los cautivos africanos en las Indias que Las Casas y sus contemporáneos producen pretenden ser dominantes pero están lejos de ser hegemónicas. Si bien ellas están escritas en el código del que domina, sus contenidos nos dejan entrever que ellas no son el origen sino la respuesta al poder que los cautivos exhibieron persistentemente para confrontar y sobrepasar el sistema opresivo e ideológico que intentaba subyugarlos.

1. Las primeras peticiones de cautivos (1516-1521)

En este capítulo exploraremos la participación de Las Casas en el inicio del tráfico de cautivos africanos hacia las Indias. Como lo hemos señalado en la introducción, la posición según la cual Las Casas es el artífice del inicio de ese tráfico ha sido desvirtuada por varios autores desde la segunda mitad del siglo XIX. La llegada de africanos cautivos a las Indias es casi simultánea al arribo de las expediciones españolas en 1492 y su temprano desenvolvimiento responde a intereses y procesos que anteceden y rebasan ampliamente la acción de Las Casas (Cortés López, *Esclavo y colono* 16-21). Sin embargo, Las Casas conoce la existencia de la esclavitud africana tanto en su natal Sevilla como en La Española desde que llega allí por primera vez en 1502. Por esta razón, en un conjunto de textos que escribe entre 1516 a 1520 considera la introducción de dichos cautivos una estrategia válida, entre otras, para aliviar los sufrimientos y el exterminio padecidos por las poblaciones nativas del Caribe a manos de los conquistadores y encomenderos españoles.

En consecuencia, nos interesa explorar en este capítulo la manera en la que los primeros esfuerzos que realiza el clérigo Las Casas entre 1516 y 1520 para proteger a los nativos de las islas del Caribe y Cumaná –situada en lo que hoy conocemos como la costa norte de Venezuela– se articulan con la incipiente introducción de cautivos africanos hacia Las Indias. Señalaremos los puntos de convergencia y divergencia que Las Casas mantiene con dicho tráfico con el fin de identificar cuál es el papel específico que él da a los cautivos africanos en este primer periodo de su ministerio pastoral. Nos interesa demostrar que, si bien Las Casas no considera la introducción de cautivos africanos como la principal y mucho menos la única estrategia para aliviar la opresión de los nativos americanos en las islas del Caribe y la Tierra Firme, sí da diversas funciones a la esclavitud dentro de sus remedios para las Indias. Esas funciones tienen resonancias y contrastes con las concepciones que de la esclavitud tienen las autoridades y los colonos peninsulares contemporáneos con él. En concreto, mientras que éstos consideran que tanto indígenas como africanos pueden ser esclavizados por igual, Las Casas desde muy temprano encontrará inaceptable la esclavitud indígena no obstante aceptar la esclavitud africana. Además, tratará de definir el rol de la esclavitud africana en medio de las nuevas condiciones establecidas por la expansión española en los nuevos territorios.

Dividiremos este capítulo en dos partes. En la primera, a manera de contexto, expondremos el panorama de la trata de cautivos en Sevilla antes de 1492 y de qué modo esta práctica se extiende hacia las Indias después de la llegada de Colón. Enfatizaremos la forma cómo se representa a los cautivos africanos en esos momentos y el conocimiento de la esclavitud que Las Casas pudo haber tenido tanto en Sevilla como en las islas del Caribe antes de comenzar sus gestiones en pro de la defensa de los indígenas ante la corte española en 1516. En la segunda parte, exploraremos los documentos que Las Casas escribe entre 1516 y 1520, y que han llegado hasta hoy. En ellos, él presenta y desarrolla sus primeras defensas de los nativos americanos, otorgando un papel a los cautivos africanos en casi todas ellas. Estos documentos han sido objeto de estudio pormenorizado dentro de la tradición crítica lascasiana y no es nuestro propósito hacer un repaso de toda ella tanto como utilizarla para explorar el papel que Las Casas da a la trata de cautivos africanos hacia las Indias en dichos documentos.[5]

---

[5] Los estudios que de manera más pormenorizada han trabajado sobre estos documentos son dos: en primer lugar, la extensa, documentada e inconclusa biografía que Manuel Giménez Fernández publicó en dos volúmenes entre 1953 y 1960 bajo los títulos *Bartolomé de Las Casas. Volumen primero. Delegado de Cisneros para la reformación de las Indias (1516-1517)* y *Bartolomé de Las Casas. Volumen segundo. Capellán de S.M. Carlos I Poblador de Cumaná (1517-1523)*; en segundo lugar, el ensayo que publica Marcel Bataillon en 1954 bajo el título "Le «Clérigo Casas» ci-devant colon, réformateur de la colonisation". El artículo de Bataillon, "Le «Clérigo Casas» ci-devant colon, réformateur de la colonisation" fue publicado originalmente en 1952 en francés. En 1965, fue reeditado como parte de una colección de trabajos de Bataillon titulada *Études sur Bartolomé de las Casas*. Esta colección fue publicada en castellano en 1976 bajo el título *Estudios sobre Bartolomé de Las Casas*. En nuestra exposición seguiremos esta última edición.

1.1 *Algunos antecedentes: Los cautivos africanos y Las Casas llegan a las Indias por diferentes caminos (1502-1516)*

La esclavitud africana a manos de los europeos posee una historia anterior al así llamado descubrimiento de América. Desde mediados del siglo XV los portugueses dan comienzo a una empresa exploradora a lo largo de la costa occidental de África que, no obstante estar inicialmente focalizada en la búsqueda de oro y especias, encuentra pronto en la captura y venta de gentes provenientes de esta zona uno de sus principales propósitos (Verlinden, *L'esclavage* 615-32; "Backgrounds" 62; Boxer, *Portuguese* 30-1). Los castellanos, quienes en ese momento poseen ya una tradición de esclavización producto de sus enfrentamientos con los musulmanes en la península ibérica y la costa mediterránea de África, rápidamente entran a participar en esta trata, organizando expediciones a las islas del atlántico (Phillips 21-2). Sin embargo, la mayor experiencia de los portugueses en la navegación, lo mismo que la firma del Tratado de Alcáçovas en 1479– el cual otorga a los portugueses el dominio de Guinea, Mina de Oro, Madeira, Flores y Cabo Verde, dejando a los castellanos sólo el dominio de las islas Canarias–, hace que éstos últimos no logren tener el despliegue marítimo ni la capacidad de asalto sobre la costa occidental de África alcanzados por aquéllos.

No obstante lo anterior, los castellanos logran que los puertos de Sevilla y Valencia pronto se conviertan, junto con Lisboa, en lugares en los cuales la venta de cautivos se practica de manera continua (Rumeu de Armas 65-101). Este comercio produce transformaciones significativas en la vida de estas ciudades y, en particular, de Sevilla, la cual, debido a su posición estratégica como lugar de encuentro entre el comercio que proviene del norte de la península ibérica y aquel que avanza desde el Mediterráneo y del Atlántico, adquiere relevancia como lugar de negociación de cautivos procedentes de diversos lugares (Pike, "Sevillian Society" 345-46). En este sentido, esta ciudad comienza a ser reconocida desde finales del siglo XV como un lugar con significativa presencia de cautivos, tanto por su número como por sus actividades. Se encuentran en ella cautivos procedentes del norte de África, las islas Canarias y la costa occidental de África, la mayoría de ellos sometidos a servidumbre doméstica, lo cual les permite una participación y visibilidad en la vida de la ciudad a pesar de no contar con libertad. "La presencia en la ciudad, a fines del siglo XV y durante todo el siglo XVI de negros, indios, canarios, musulmanes, mulatos y extranjeros, creaba en Sevilla una abigarrada atmósfera internacional subrayada por todos los tratadistas de la época" (Franco Silva 137).

Dentro de esta diversidad, los cautivos africanos adquieren desde muy temprano una particular notoriedad no sólo por su integración laboral dentro de la sociedad a través de la servidumbre doméstica sino también por su conversión al cristianismo a través de hermandades religiosas, una de ellas fundada a comienzos del siglo XV, y el nombramiento de individuos que los representan como grupo diferenciado (Moreno 35-44). Un documento que permite explorar esta notoriedad de los africanos tanto cautivos como libres dentro de Sevilla es el nombramiento que hace el rey el 8 de noviembre de 1475 de un mayoral que funge como líder y mediador entre ellos y las autoridades de la ciudad. En el tomo tercero de sus *Anales eclesiásticos y seculares de la muy noble ciudad de Sevilla* (1796), Diego Ortiz de Zúñiga describe las circunstancias en las cuales se da el nombramiento de un africano probablemente libre, Juan de Valladolid, como mayoral. Ortiz de Zúñiga enfatiza que dicho nombramiento demuestra la benignidad con la que las autoridades trataban la creciente cantidad de cautivos africanos que habitaban la ciudad, introduciendo el texto de la real cédula en el cual se nombra al mayoral:

> Por los muchos buenos, e leales, é señalados servicios que nos habeis fecho, y fazeis cada día, y porque conocemos vuestra suficiencia y habilidad y disposición, facemos vos Mayoral e Juez de todos los Negros e Loros –mulatos–, libres o captivos, que están é son captivos é horros –libertos– en la muy noble y muy leal Ciudad de Sevilla, é en todo su Arzobispado, é que non puedan facer ni fagan los dichos Negros y Negras, y Loros y Loras, ningunas fiestas nin juzgados entre ellos, salvo ante vos el dicho Juan de Valladolid, Negro, nuestro Juez y Mayoral de los dichos Negros, Loros y Loras; y mandamos que vos conozcais de los debates y pleitos y casamientos y otras cosas que entre ellos hubiere é non otro alguno, por cuanto sois persona suficiente para ello, o quien vuestro poder hobiere, y sabeis las leyes é ordenanzas que deben tener, é nos somos informados que sois de linage noble entre los dichos negros. (78)

No obstante que el nombramiento del mayoral está ligado al intento de las autoridades por mantener control sobre los africanos y sus descendientes que viven en la ciudad –designados como "negros", "negras", "loros" y "loras" – por medio de alguien que parece ser leal a los intereses de ellas, el texto deja entrever la existencia de un grupo de hombres y mujeres tanto libres como cautivos al que dichas autoridades le reconocen cierta autonomía en lo que concierne a la regulación de sus relaciones y a la celebración de sus fiestas.

Esta diversidad entre varios grupos de cautivos y la visibilidad que tienen los cautivos africanos dentro de ellos está lejos de constituir un motivo de celebración de la diversidad en la ciudad. En su "Diálogo de alabanza de

Valladolid" (1586), Damasio de Frías dirá, hablando de los problemas que tienen las ciudades con población numerosa:

> Assi corren gran peligro no solamente en el gouierno y costumbres los lugares que abundan deste ynutil pueblaço, principalmente de sieruos, sino que las vidas, libertad y haciendas de los ciudadanos están siempre a manifiesto riesgo de perderse, *como lo está una Sevilla con tanta multitud de negros y moros esclauos, los quales, assi tambien como en Lisboa, son ciertamente mas mucho que los ciudadanos, y aun que los libres y blancos*, y qual mas reciente exemplo, dexando los de Tyro que se alçaron con ella los esclauos, que el de Granada, donde los moriscos de aquella ciudad en tanto riesgo pusieron no solo aquella tierra, pero aun, si Dios no lo descubriera con tiempo, a toda España pusieran en el mismo. (122, énfasis mío)

No obstante estar escrito a finales del siglo XVI, esta opinión de Frías parece recoger una percepción de Sevilla que viene construyéndose desde tiempo atrás. Según esta percepción, la trata es no sólo un negocio que prospera en ciertas ciudades sino también como un peligro para ellas dada la diversidad poblacional que los "negros" y "moros" introducen. Dicha diversidad se halla articulada en torno a la primacía social de los cristianos y al poder económico de los mercaderes que tienen participación en la introducción y comercialización de los cautivos. La primacía de los cristianos implica no sólo el fungir como amos sino también el hecho de que la religión cristiana funciona como el factor que justifica en gran parte de los casos la situación de cautiverio y, más precisamente, su venta en la península. A pesar de la diversidad en la procedencia de los cautivos, la superposición de la trata más antigua provocada por las guerras entre los cristianos y los musulmanes del norte de África –usualmente denominados berberiscos– con aquella más reciente alimentada por las exploraciones lideradas por los portugueses desde la segunda mitad del siglo XV provoca una situación difusa, aprovechada por los tratantes, en la cual los cautivos provenientes de las islas Canarias y la costa occidental de África tienden a ser asimilados a los musulmanes en el sentido de que son considerados como cautivos obtenidos en guerra justa contra los cristianos sin mayor precisión o distingo.

Según Cortés Alonso, "en la apreciación del siglo XVI todos [los cautivos] tenían una misma característica y sufrían una misma suerte. Y esto interesa mucho como característica de la institución de la esclavitud, que no marca más frontera que la de la declaración de la presa como de *buena guerra*" (*La esclavitud en Valencia* 133). Este factor de la guerra justa justificada religiosamente determina, además, el tipo de asimilación que se espera de parte de los cautivos dentro de una sociedad regida por amos cristianos. Mientras que los cautivos provenientes de la costa norte de África, usualmente denominados "berberiscos", son vistos bajo la égida de la sospecha por su condición de musulmanes, los cautivos provenientes de la costa occidental de África y de las islas Canarias, usualmente denominados "negros" y "guanches" respectivamente, son percibidos como más favorables a la cristianización dado que no poseen ese trasfondo musulmán (Moreno 40-1). Esta distinción está ligada al dominio territorial que los musulmanes tienen en la península durante varios siglos y que amenaza con retornar desde la costa norte de África. Sin embargo, también muestra que el cristianismo funciona a la vez como criterio que asimila a diversos grupos bajo la condición de cautivos obtenidos en guerra justa y como criterio que introduce distinciones entre ellos a la hora de ser integrados religiosamente en la vida de la ciudad.

Además del factor religioso, el factor económico determina el decurso de la trata. En la Sevilla de finales del siglo XV la trata de cautivos es un negocio en ascenso (Phillips 68-70). El avance de las expediciones portuguesas en la costa occidental de África desde mediados de dicho siglo configura un mercado que atrae diversos inversores locales y extranjeros provenientes de diversas regiones de Europa. Dentro de estos inversores se destacan los mercaderes genoveses, quienes juegan durante el siglo XV un papel fundamental en el posicionamiento de la Baja Andalucía como enclave comercial en la península ibérica, no sólo por su participación en diversos negocios sino por el impulso que éstos últimos dan a los puertos de Cádiz, Santa María y Sevilla (Otte Sander, *Sevilla* 129-31). Según Pike:

> Civil strife within the Ligurian republic, the gradual lost of their eastern colonies to the Turks, and the opening of the Africa by the Portuguese attracted numerous representatives of the great commercial families of Genoa to Seville. Between 1450 and 1500 the Genoese population of that city almost doubled. (*Enterprise* 1)

Los mercaderes genoveses tienen experiencia previa en la trata de cautivos en otras regiones del continente europeo y poseen el arraigo y recursos necesarios en Sevilla para participar en este negocio (Cortés Alonso 111, Franco Silva 48-9; 66-71). Esta experiencia ha sido explorada por Verlinden, quien afirma que desde el siglo XIII éstos estuvieron envueltos en la trata de cautivos en la isla de Creta, el mar Egeo y el mar Negro, convirtiéndose si no en los únicos al menos sí en los más importantes tratantes del momento en esas regiones (*Beginnings* 83-93). Una vez que las dificultades políticas comienzan a afectar sus negocios en el este del Mediterráneo, los genoveses encuentran en la península Ibérica y, más específicamente, en las políticas de Fernando de Aragón y las exploraciones de los portugueses, la oportunidad de expandir sus negocios, incluida la trata de cautivos.

En el caso específico de Sevilla, según documentos explorados por Otte Sander, el clan genovés de Ripparolio, al parecer el más poderoso de Sevilla a finales del siglo XV, financia las expediciones que los españoles organizan a las islas Canarias a finales del siglo XIV, las cuales incluyen como uno de sus propósitos la captura y esclavización de habitantes de estas islas, denominados guanches. Así también, este clan financia la expedición que el viajero veneciano Cadamosto organiza en 1455 a las islas y a la costa occidental de África, en la cual hay intercambio de caballos por cautivos de Senegal, y se asocia con el clan Lugo de Sevilla para organizar viajes a las islas Canarias y a Génova, los cuales incluyen la venta de cautivos también (*Sevilla* 240-48). Si bien la participación de los genoveses en la trata africana no constituye el principal foco de sus negocios durante el siglo XV en Sevilla, es posible reconocer un creciente interés de su parte en ella en los años previos a la llegada de Colón a las Indias.

No obstante ser un negocio en ascenso en el cual los genoveses están en capacidad de invertir significativas sumas, además de poseer experiencia, la trata tendrá que enfrentar diversas dificultades no sólo debido a los retos logísticos que implica el traslado y venta de cautivos provenientes de regiones remotas en la península ibérica, sino también a las regulaciones que impone la corona, la cual está interesada en establecer la legitimidad de las capturas y, particularmente, en cobrar las licencias ligadas a la importación de los cautivos en la península (Cortés Alonso 87-100 y Franco Silva 121-25). En este sentido, el negocio de la trata implicará una compleja negociación entre los intereses de los mercaderes, de un lado, y los funcionarios, las regulaciones y controles de impuestos por la corona española, del otro.

En consecuencia, al momento en el que Las Casas nace (1484) la trata de cautivos africanos en Sevilla es un negocio establecido y creciente, articulado en una compleja maraña de intereses religiosos, económicos y políticos que, además, deja su impronta en la configuración poblacional de la ciudad. Pocos años después de la llegada de Colón a las Indias la trata, concentrada principalmente hasta ese momento en la provisión de cautivos para la península ibérica y el servicio doméstico, se expandirá ante la demanda creciente de cautivos africanos para los incipientes asentamientos españoles en las Indias. En dichos asentamientos éstos tendrán que cumplir funciones que van desde la protección de los amos hasta el trabajo en las minas y en los primeros ingenios de azúcar.

Aunque podemos aceptar la posición de Verlinden según la cual la expansión de la trata de la península hacia las Indias no implica en principio tanto una transformación significativa de sus estructuras como una adaptación de ellas a un nuevo contexto (*Beginnings* 33), es necesario decir que desde muy temprano los involucrados en ella tendrán que enfrentar dos problemas precisos. De una parte, las autoridades y mercaderes se encontrarán con el problema de cómo satisfacer la demanda creciente de cautivos y, por la otra, estas autoridades tendrán que generar mecanismos que les permitan controlar el comportamiento de éstos una vez que llegan a los nuevos territorios. La escasez, la fuga y la rebelión se volverán temas recurrentes en los textos que hagan mención de la trata de cautivos africanos en las Indias.

La trata en las Indias comienza poco después de que Colón llega a las Indias. Sin embargo, ésta no se concentra inicialmente en los cautivos africanos. Es probable que Colón haya traído algunos de ellos provenientes de la península entre los tripulantes en alguno de sus cuatro viajes a Las Indias, pero no tenemos noticia precisa de ello. Varela afirma que en el primer viaje vino como parte de la tripulación de Colón un hombre llamado Juan Moreno, quien "podía ser un negro portugués" (*Caída* 155). Desafortunadamente, no hay mayor información acerca de él. Lo que sí sabemos es que, dada su familiaridad con las expediciones portuguesas a la costa occidental de África, Colón considera la esclavización de nativos de las islas como uno de los rubros a explotar en los nuevos territorios ("Carta a Luis de Santángel (1493)" 225; "Carta a los reyes (1493)" 232, 234; "Memorial de A. Torres (1494)" 259, 261; "Fragmentos de cartas a los Reyes (1498-1500)" 407-8, 411; Las Casas, *Historia de las Indias* 1 [fol. 398]: 1120).[6] Según Varela, entre 1493 y 1498 Colón envía a la península alrededor de mil seiscientos indígenas para ser vendidos como esclavos ya que considera que ellos pueden ser capturados de acuerdo con los mismos criterios esgrimidos por los portugueses en sus capturas en la costa occidental de África, esto es, son cautivos obtenidos en buena guerra (*Caída* 111-12). Además, encuentra en la captura, deportación y venta de ellos una manera rápida de disimular el hecho de que sus expediciones no han encontrado ni las tierras ni las riquezas prometidas a los reyes. En un pasaje de la "Relación del segundo viaje", llevado a cabo entre septiembre de 1493 y junio de 1496, Colón relata su recorrido por las islas del Caribe del siguiente modo:

---

[6] Todos los textos de Colón provienen de la colección organizada por Consuelo Varela bajo el título *Textos y documentos completos*.

> Al tiempo que yo corría todas las islas de los caníbales y las vezinas, [y] les tomé y destruí y quemé las casas y canoas. Bea V. Al. Si se abrán de captivar, que creo que después de cada año se podrán aver d'ellos y de las mugeres infinitos. Crean que cada uno baldría más [que] de tres negros de Guinea en fuerça e ingenio, como verán los presentes que agora enbio. (250)

Colón está hablando en este pasaje de un envío que él hace de trescientos cautivos de las islas hacia la península a comienzos de 1495. So pretexto de que practican el canibalismo, Colón encuentra justificada la esclavización de hombres y mujeres que encuentra en las islas que explora. Además, enfatiza en que cada cautivo obtenido en las islas triplica en fortaleza e ingenio a cada cautivo obtenido en Guinea. Sin embargo, la estrategia de Colón no encuentra el resultado que él espera. Aunque en principio los reyes admiten la venta de los cautivos obtenidos en las Indias como esclavos en la península, en abril de 1495 comienzan a expresar sus inquietudes acerca de la legitimidad de las esclavizaciones practicadas por Colón en las islas (Varela, *Cristóbal Colón* 99). Para el año 1500, a pesar de que Colón insiste en presentar la trata de nativos de las islas como negocio provechoso para la corona española, los reyes deciden prohibir la venta de ellos como esclavos en la península, sin que ello implique que la esclavización quede del todo prohibida.

Según Varela, las razones de esa decisión de los reyes no son claras (*Caída* 101). En su *Historia de las Indias*, las Casas ofrece una explicación para ello, intentando salvaguardar a la reina Isabel la Católica y culpar a Colón. Según él, una vez que la reina se entera en 1498 que Colón ha entregado un indígena como esclavo a manera de botín a cada uno de los trescientos marineros que regresan de las islas a España, expresa su descontento por considerar que Colón se había extralimitado en sus funciones. "¿Qué poder tiene mío el Almirante para dar a nadie mis vasallos?" exclama la reina, según Las Casas (1 [fol. 476]: 1241). El manejo de los cautivos de las islas y los desmanes cometidos por él y sus hermanos en el gobierno de las islas lleva a que sea relegado de sus funciones por Francisco Bobadilla, reemplazado después por Nicolás de Ovando, quien llega en 1502 a asumir el puesto de gobernador de La Española. A partir de ese momento comienzan a emerger textos en los que encontramos alusiones a los cautivos africanos en las Indias.

El 16 de septiembre de 1501, los Reyes católicos promulgan en Granada las Instrucciones dirigidas al nuevo gobernador de La Española, Nicolás de Ovando. Una de ellas prohíbe el paso a las Indias de moros, judíos, herejes, reconciliados y conversos. Sin embargo, se excluyen de tal prohibición los "negros" y los cautivos que hayan nacido bajo el poder de cristianos:

> Ítem, por quanto Nos, con mucho cuidado abemos de procurar la conversión de los indios a nuestra Sancta Fe Cathólica, e, si allá fueren personas sospechosas en la fe a la dicha conversión, podrían dar algún impedimento, non consentiréis ni daréis logar que allá vayan moros nin xudíos, nin erexes, nin reconcyliados, nin personas nuevamente convertidas a nuestra fe, *salvo si fueren esclavos negros u otros esclavos que fayan nacido en poder de los christianos*, nuestro súbditos e naturales..." (CDIA 31: 23, énfasis mío)[7]

Las órdenes que los reyes dan a Ovando buscan poner orden al caos que han producido en la isla, primero, los Colón y, luego, el comendador Bobadilla (CDIA 31: 13-25). La crueldad y la ambición de aquéllos y el autoritarismo de éste no sólo han oprimido a la población indígena sino que, además, han tornado precaria la vida de los colonos españoles en la isla (Varela, *Caída* 151-66). En este contexto, las instrucciones enfatizan que la prioridad de la gestión de Ovando debe ser la cristianización de los nativos alcanzada mediante la sumisión de los colonos al gobernador, el buen trato a los nativos, la administración de justicia, el control de las exploraciones y el pago de tributos.

Dentro de ese listado de instrucciones, llama la atención que se precise un control al tipo de personas que se espera lleguen a la isla, sabiendo que, si bien la mayoría de los colonos que han llegado hasta ese momento son de origen peninsular, también se encuentran entre ellos un francés un flamenco (155) y, más aún, algunos africanos libres que vienen a trabajar en las minas (Deive, *Esclavitud* 21-22). Al parecer, en este temprano momento de crisis y reorganización del gobierno de la isla existe por parte de la corona española un interés en mantener alejados de los nuevos territorios a todos aquellos que, según ella, representan una amenaza para la cristianización de los nativos en las islas del Caribe y, más que nada, la explotación de oro. Sin embargo, este interés tiene una excepción que son los cautivos "negros" y los cautivos que han nacido bajo el poder de los cristianos.

El texto no deja claro si estos cautivos son un grupo totalmente diferente al grupo de los que tienen prohibido el ingreso a las Indias o si algunos de los que tienen explícitamente prohibido el ingreso a las Indias pueden ser traídos a ellas en condición de cautivos. Como veremos más adelante, la superposición entre

---

[7] La cita se refiere a la *Colección de documentos inéditos relativos al descubrimiento, conquista y organización de las posesiones españolas en América y Oceanía*. (42 vols.). Madrid: 1864-1884. En adelante CDIA.

cautivos africanos y musulmanes será uno de los puntos de mayor dificultad en la legislación indiana sobre la esclavitud. Lo importante, por ahora, consiste en señalar que la esclavitud introduce una primera y decisiva excepción en la idea que las autoridades españolas tienen acerca de quienes pueden entrar en las Indias. La excepción consiste en que se permite el ingreso de cautivos no obstante que ellos no pertenecen al grupo dominante de los cristianos viejos, el cual es considerado en principio como el único autorizado para viajar a las islas. La esclavitud, en consecuencia, introduce la primera gran excepción dentro del proyecto de cristianización de los nuevos territorios descubiertos. El propósito de una tierra sin influencias pretendidamente nocivas para la cristianización se suspende ante la temprana demanda de mano de obra. Sin embargo, esta excepción muy pronto comenzará a introducir muchos más problemas de los esperados.

No obstante ser concebidos como necesarios dentro del proyecto de poblamiento de las Indias y no contrarios al proyecto de una colonización cristiana, estos cautivos comienzan a resistir el traslado y la situación de sometimiento en las Indias. En 1503, gracias a una real Cédula expedida en Zaragoza, tenemos noticia de la fuga de algunos cautivos africanos traídos a La Española lo cual hace que Nicolás de Ovando recomiende al rey no traer más de ellos. En lo que parece una respuesta de los reyes a una petición de Ovando en este sentido, éstos afirman: "En quanto á lo de los negros esclavos que dezis que no se envien alla porque los que alla avia se han huido, en esto nos mandaremos que se faga lo que dezis" (CDIU 5: 47)[8]. En sus *Décadas*,[9] Herrera y Tordesillas hace eco de esta situación, desarrollándola un poco más. Afirma que Ovando "procuró que no se enviasen esclavos negros a La Española, porque se huían entre los indios y los enseñaban malas costumbres y nunca podían ser habidos" (I: 142). Sin embargo, la necesidad de mano de obra, acrecentada por el descubrimiento de nuevas minas de oro y la necesidad de construir fortalezas, hace que sus peticiones tengan poca acogida y, antes bien, la cantidad de cautivos africanos trasladados con licencia del rey se incremente levemente durante la primera década del siglo XVI (Deive, *Esclavitud* 23-6).

Hacia el final de la gobernación de Ovando en 1509, la disminución de los indígenas, consecuencia de la explotación a la que son sometidos en las minas,

---

[8] El documento en cuestión es una real cédula expedida en Zaragoza el 29 de marzo de 1503. Véase CDIU 5: 43-52.
[9] Las *Décadas* de Herrera y Tordesillas se publicaron con el título original de *Historia general de los hechos de los castellanos en las islas y tierra firme del mar océano*, tal como se encuentran consignadas en la bibliografía.

comienza a generar una significativa despoblación en las islas. Según Las Casas, esta despoblación hace que los colonos de La Española pidan permiso al rey para importar indígenas provenientes de las islas Lucayos para trabajar en las minas (*Historia de las Indias* 2 [fols. 123v-130v]: 1465-77). Sin embargo, esta medida no subsana la necesidad de mano de obra, razón por la cual cuando el rey nombra el 9 de agosto de 1508 a Diego Colón, hijo de Cristóbal Colón, como nuevo gobernador de La Española en remplazo de Ovando, autoriza la entrada de más cautivos africanos para trabajar en las minas. Así, en una real cédula promulgada el 22 de enero de 1510 ordena lo siguiente:

> Ya sabéis como los días pasados enbié a mandar que enviasedes a la isla Española cincuenta esclavos y allá los entregasen a Miguel de Pasamonte, nuestro thesorero general en aquellas partes para que luego que llegasen y pusdiesen trabajar los metiese en la lavor de las minas que allí se labren para nos y porque agora me han escrito nuestros oficiales que allá residen que en las dichas minas se han comenzado a fallar buena cantidad de oro gracias a Nuestro Señor y que los dichos cincuenta esclavos son allá muy necesarios para romper las peñas de donde dicho oro se halla por que los indios diz que son muy flacos e de poca fuerza, por ende yo vos mando que luego pongays de toda diligencia en buscar los dichos cincuenta esclavos que sean los mayores e más recios que podiérades aver y los enbieys a la dicha isla española enderezados al dicho Miguel de Pasamonte lo más ayna que pudieres y si vos el doctor Sancho Matienzo no tuvierdes dineros para ello por servicio que luego los busqueys plaziendo a nuestro Señor muy presto verna oro de que se pague. (*Catálogo de los fondos cubanos* 7: 217)

Este pasaje nos permite inferir que ya para 1510 no sólo se ha consolidado la representación de los cautivos africanos como mano de obra necesaria para remplazar la mano de obra indígena sino que, además, contrario a lo que Colón señalaba en su carta de 1496, estos cautivos son considerados más aptos para el trabajo de las minas que los indígenas. Esta representación diferenciada de los cautivos africanos y de los nativos de las islas se radicalizará más con las denuncias que los frailes dominicos comienzan a hacer en 1511, poco después de su llegada, acerca de los maltratos sufridos por los indígenas. Si bien el sermón que Antonio de Montesinos predica hacia el final de este año en Santo Domingo (Las Casas, *Historia de las Indias* 3 [fols. 7-7v]: 1757-58) es relevante como parte de la defensa de la población indígena, en el contexto más amplio de la temprana colonización de las islas puede ser considerado como uno de los argumentos que propicia la introducción de cautivos africanos. En este sentido, Herrera y Tordesillas recuerda que dado que en 1511:

> [a]ún duraba la instancia de los padres dominicos para que fuesen relevados los indios, se reiteró la orden para que no se cargasen ni se traxesen en las minas más de la tercera parte, ordenando con mucho encarecimiento siempre su buen tratamiento y mandando que se buscase forma cómo se llevasen muchos negros de Guinea, porque era más útil el trabajo de un negro que de cuatro indios (*Década* 1: 235).[10]

Para Herrera y Tordesillas la correlación que la corona estableció entre la protección de los indígenas y la introducción de mano de obra africana es evidente. En diciembre de 1512, la corona española promulga las Leyes de Burgos tratando de promover un mejor trato para las disminuidas poblaciones indígenas de las islas. En uno de sus apartados, estas leyes ordenan que los nativos esclavizados no sean tratados "con aquella rigurosidad y aspereza que suelen tratar los otros esclavos". Aunque el documento no enfatiza quiénes son los otros esclavos, el contexto nos permite afirmar que ellos son los cautivos deportados desde la península. Además de lo anterior, en julio de 1513 el rey Fernando promulga una real cédula en la cual ordena que se paguen al tesoro real dos ducados por la importación de cada cautivo en las islas. Quintana y Saco, consideran que esta real cédula abre el camino para que la importación de cautivos hacia las islas se torne frecuente y cuente con la aprobación real (Quintana 468; Saco, *Historia de la esclavitud* 81; Deive, *Esclavitud* 30-2). Cortés López, más enfáticamente, afirma que a partir de este momento puede identificarse un procedimiento para la introducción de cautivos africanos, esto es, una licencia que se otorga mediante el pago de cierta cantidad. Este procedimiento va más allá de los permisos particulares que otorga el rey para ello (*Esclavo* 18). Esto no quiere decir, sin embargo, que los cautivos africanos sean traídos según lo ordenado por el rey. Las dificultades para su obtención en la península y el posterior traslado a las islas, así como la diferencia de opiniones entre los que ven en ellos una necesidad y los que ven en ellos un peligro, provoca que los colonos no vean en ellos la primera opción para suplir una mano de obra que encuentran más fácilmente en las islas cercanas esclavizando indígenas. Sin embargo, la persistente disminución de la población indígena inclinará la balanza hacia la introducción de cautivos africanos (Deive, *Esclavitud* 33-4).

---

[10] En la cita de Herrera y Tordesillas hay dos problemas cronológicos. En primer lugar, parece estar parafraseando las Leyes de Burgos, las cuales son promulgadas en 1512. En segundo lugar, afirma que la directriz de traer esclavos de Guinea se dicta en 1511 cuando ésta se establece sólo hasta 1517. Sin embargo, su observación es interesante como testimonio de la temprana representación que hay de los esclavos africanos como fuerza laboral que remplaza y sobrepasa la fuerza laboral de los nativos americanos.

La presencia creciente de ellos y, más en concreto, los problemas referentes a su sometimiento provocan la promulgación por parte de la corona de Castilla de algunas primeras regulaciones en materia moral y religiosa. El mismo Herrera y Tordesillas afirma que, en 1506, el rey encarga a los prelados de La Española para que procuren que "los indios guardasen las fiestas que manda la Santa Madre Iglesia; y que los esclavos negros hiciesen lo mismo, sin permitir a sus dueños que les compeliesen a lo contrario" y "que no se impidiesen los matrimonios de los esclavos negros" (Década 1: 174-75).[11] En este mismo sentido, Quintana afirma que el 4 de abril de 1514, el Rey Fernando envía una carta a Esteban Pasamonte en la que ordena que se promueva el matrimonio entre cautivos africanos de tal modo que "den menos sospechas de alzamiento" (468). Esta idea de un control por vía de la cristianización y el matrimonio aparece como la primera estrategia utilizada por los colonizadores, aunque después las autoridades tengan que enfatizar a través de diversas legislaciones que la práctica de estos matrimonios no implica la obtención de la libertad para los contrayentes (*Recopilación* 2: Libro VII, Título V, Ley V). Finalmente, en una real cédula del 27 de septiembre de 1514, dirigida al obispo de la Concepción en La Española para responder a algunas de sus inquietudes con respecto a la despoblación de la isla, el rey propone la importación sólo de mujeres cautivas como una forma de disminuir la probabilidad de levantamientos:

> Los negros que dezís que devo mandar enbiar, porque en esa tierra apruevan bien, así se a fecho hasta aquí; pero agora, porque pareçe que ay muchos esclavos allá he mandado que no dexen pasar más esclavos varones sino hembras, porque en dexar pasar mugeres no pareçe que ay el inconveniente que en dexar pasar ombres. (Arranz 279)

Bartolomé de Las Casas no tiene ninguna intervención en estas primeras introducciones de cautivos africanos en las Indias. Ellas comienzan y se despliegan sin que él nada tenga que ver en ello. Sin embargo, la lectura de algunos pasajes de su *Historia de las Indias* relacionados con los años que van de 1498 a 1516 nos permite reconocer que Las Casas tiene desde temprano noticia de la esclavización indígena y su relación con la llegada de Colón a las islas. Estos pasajes son escritos muchos años después de sucedidos los hechos narrados y están mediados por todo el peso reflexivo que tiene *Historia de las Indias*. En consecuencia, no pueden ser leídos como noticias espontáneas de los

---

[11] Nótese, de nuevo, el problema cronológico de Herrrera y Tordesillas, quien afirma que en 1506 los cautivos africanos ya eran caracterizados como "esclavos negros".

hechos testimoniados por Las Casas, sino como observaciones que se enmarcan dentro de su intento por exponer cuáles fueron las grandes fallas que marcaron los comienzos de la colonización española.

Por medio del propio Las Casas sabemos que su padre, Pedro de Las Casas, hace parte de la tripulación del segundo viaje de Colón en 1493 y regresa a España en 1499 trayendo un indígena cautivo, otorgado por Colón a cada uno de los trescientos miembros de su tripulación. Pedro de Las Casas regala a su hijo Bartolomé el cautivo indígena que le ha dado Colón. En su experiencia personal, en consecuencia, se superponen la esclavitud africana, que se practica en Sevilla desde tiempo atrás, y la esclavitud indígena que Colón está tratando de introducir. Sin embargo, tal como lo hemos dicho más arriba, una vez que la reina Isabel se entera de que Colón está entregando indígenas como cautivos, descalifica la acción de éste, ordenando la liberación y el regreso de los cautivos a las islas. Por ello, un año después de recibirlo de su padre, Las Casas tiene que devolver el indígena que ha tenido por esclavo para que sea llevado de regreso a las islas en la expedición de Bobadilla. Las Casas vuelve a encontrarse con él en las islas. "Después yo le vide y traté acá" (*Historia de las Indias* 1 [fol. 476]: 1243). Sin embargo, no hay otro desarrollo de esta corta relación entre un indígena esclavizado y Las Casas. Todo parece indicar que en principio Las Casas considera que su padre no está haciendo algo incorrecto al entregarle a un indígena como esclavo y que lo devuelve porque así lo ordena la reina.

Las Casas llega por primera vez a La Española en abril de 1502 como parte de la expedición de Ovando. No es claro cuál es el propósito que lo mueve a embarcarse hacia las Indias. Sin embargo, su estancia en las minas de Concepción de La Vega, y su participación en algunas de las expediciones que organiza Ovando con el fin de doblegar militarmente poblaciones indígenas en Xaraguá y Higüey, hace pensar que rápidamente se integra a los esfuerzos de Ovando por implementar las órdenes que ha recibido de los reyes para hacer de La Española un territorio cristiano y productivo. En estas expediciones, Las Casas presencia no sólo la muerte, sino también la captura y esclavización de poblaciones indígenas por parte de las expediciones españolas so pretexto de que son obtenidas en guerra justa. En el libro segundo de *Historia de las Indias* Las Casas recuerda que en la expedición a Higüey "las gentes que se captivaban repartían por los españoles los capitanes, dándoselos por esclavos" (2 [fol 54]: 1365). Esta práctica, según el mismo Las Casas, se extiende a todas las expediciones que se realizan durante la década de 1510.

Por su participación en estas expediciones, Las Casas recibe un grupo de nativos para tenerlos bajo su mando, algunos de ellos esclavizados. Con todos ellos organiza en 1505 una labranza cerca de Concepción de la Vega donde cultiva y extrae oro (Las Casas, *Historia de las Indias* 1 [fol. 248v]: 878; Pérez Fernández, *Cronología* 126-62). No obstante poseer esta tierra, en 1506 regresa a España. Se ordena presbítero a comienzos de 1507 en Sevilla o Roma (Lavalle 31-2). Las Casas hasta este momento de su vida parece seguir aceptando la esclavitud indígena no obstante reconocer que la deportación de nativos de Indias se halla prohibida por la reina.

En noviembre de 1507, Las Casas regresa a La Española para ejercer su ministerio como clérigo mientras que continúa con la explotación de su encomienda y sus cautivos indígenas durante cinco años en Concepción de la Vega. Sin embargo, a partir de 1512 su vida comienza a tener un giro significativo. En abril de este año, participa como capellán en una expedición que Diego Colón organiza bajo el mando de Diego Velásquez a las provincias de Maicí, Bayamo y Xagua en Cuba (*Historia de las Indias* 3 [fols. 71v-74]: 1841-45). El propósito de la expedición consiste en pacificar estas regiones, lo cual implica no sólo la derrota militar de las poblaciones indígenas sino la esclavización de los sobrevivientes, práctica que, según Las Casas, los nativos no conocen hasta que llegan los españoles (3 [fols. 72v-73]: 1843-44). Velásquez comienza su expedición arrasando y capturando nativos en la región de Maicí y, en particular, una tribu liderada por el cacique Hatuey a quien finalmente captura y quema vivo (*Historia de las Indias* 3 [fols. 85v-86v]: 1862-63). Este episodio le permite a Las Casas introducir una reflexión en la que compara la esclavitud con la servidumbre a la que son sometidos los grupos indígenas una vez que son capturados por los expedicionarios españoles:

> Y dondequiera que hallaban manada de indios, luego como daban en ellos mataban hombres y mujeres y aun niños a estocadas y cuchilladas los que se les antojaba; y [a] los demás ataban; y, llevados ante Diego Velázquez, repartíaselos a unos tantos y a otros tantos, según él juzgaba, no por esclavos, sino para que le sirviesen perpetuamente como esclavos y aun peor que esclavos; sólo era que no los podían vender, al menos a la clara, que de secreto y con sus cambalaches hartas veces se ha en estas tierras usado. Estos indios así dados, llamaban "piezas" por común vocablo, diciendo: "Yo no tengo sino tantas piezas, y he menester para que me sirvan tantas", de la misma manera que si fueran ganado. (3 [85v-86]: 1862-63)

Las Casas considera que la servidumbre indígena en diversos sentidos replica y, más aún, radicaliza lo que se conoce como la trata practicada por los portugueses. La principal diferencia radica en que mientras que esta última se lleva a cabo públicamente, la esclavización de los indígenas es llevada a cabo en secreto. Sin embargo, no sabemos la cercanía temporal entre el momento en que Las Casas concibe estas reflexiones críticas sobre la esclavitud y los años que Las Casas permanece en Cuba participando en las expediciones comandadas por Velásquez, Grijalva y Narváez entre abril de 1512 y abril de 1514. Si bien es claro que al momento de redactar el libro tercero de *Historia de las Indias* Las Casas ya ha tomado claro partido en contra de la esclavización indígena y desde ahí narra su participación en estos hechos, nada indica en su relato que al momento de participar en estas expediciones considere ilegítimas las esclavizaciones practicadas por los expedicionarios españoles, no obstante que intenta promover un buen tratamiento hacia los nativos capturados.

Si bien Las Casas afirma que execró e intentó detener a los soldados de Narváez cuando a finales de 1512 perpetraron la horrenda masacre del Caonao (*Historia de las Indias* 3 [97-99v]: 1878-82), no hay en su relato noticia alguna de que haya criticado, denunciado como inaceptables o intentado impedir las esclavizaciones indígenas por parte de los expedicionarios españoles al momento en el cual éstas eran practicadas. Las Casas se mantiene como capellán de estas expediciones por dos años y, como recompensa a su trabajo, en abril de 1514 recibe de Diego Velásquez un "repartimiento de Indios" que compartirá con Pedro de la Rentería para "hacer granjerías y echar parte de ellos [indios] en las minas, teniendo harto más cuidado dellas que de dar doctrina a los indios, habiendo de ser, como lo era, principalmente aquél su oficio" (*Historia de las Indias* 3 [fol. 107]: 1892). La figura de Las Casas como encomendero que empieza a construirse en 1502 cuando llega por primera vez a La Española buscando fortuna, parece llegar a su culmen en este año de 1514.

Sin embargo, pocos meses después, en agosto de 1514, en un momento en el cual los excesos del gobernador de Cuba, Diego Velásquez, en contra de la población indígena parecen conducirla rápidamente hacia su exterminio, Las Casas experimenta su conversión. Tal como es expuesta por él mismo en su *Historia de las Indias* (3 [fol. 241v]: 2081), ésta es provocada por la lectura de algunos textos de la escritura y, en particular, un pasaje del libro del Eclesiástico (34: 18-22) en el cual se afirma que Dios no acepta las ofrendas de aquellos que comenten injusticias y menos aún cuando estas injusticias implican el despojo del pobre. A partir de ese momento, Las Casas parece hacer una relectura de sus acciones en La Española como encomendero y encontrar particularmente convincente la predicación de los dominicos en contra de los desmanes cometidos por los españoles en las islas. En junio de 1515 renuncia a su encomienda y regresa a España, compartiendo su viaje con fray Antonio de Montesinos, con el claro propósito de promover una defensa de las poblaciones indígenas en la corte española (*Historia de las Indias* 3 [252-252v]: 2100-01).

A pesar de que en *Historia de Indias* Las Casas intenta mostrar que sus años como encomendero están marcados por la ceguera y la indolencia ante el sufrimiento de los indígenas, Raymond Marcus afirma que, a partir de los pocos documentos que hay sobre este momento de la vida de Las Casas, se puede considerar que durante sus primeros años de estadía en La Española el clérigo encomendero adopta dos comportamientos que van a ser relevantes en su posterior defensa de las poblaciones amerindias. En primer lugar, aboga por una colonización basada más en la agricultura que en la minería, ya que considera que el trabajo sobre la tierra es más provechoso para los colonos y la corona y menos destructivo para las poblaciones indígenas que la extracción de oro. En segundo lugar, a pesar de ser encomendero, defiende la idea de una relación pacífica entre los colonos españoles y la población indígena pues considera que sólo así la cristianización de los nuevos territorios será alcanzada (119). En ese contexto, la esclavización indígena parece no ser promovida por el clérigo, quien se integra en el modelo de la encomienda, pero tampoco rechazada de plano por él.

En cuanto a los cautivos africanos en las Indias, podemos decir que la primera y aún muy inestable representación que las autoridades y colonos españoles producen de ellos incluye al menos tres elementos. En primer lugar, ellos son mano de obra que remplaza y excede en fuerza la mano de obra indígena. En segundo lugar, son considerados como mano de obra ya cristianizada con habilidades que les permiten ejercer oficios en las minas. Finalmente, en tercer lugar, existe una temprana conciencia por parte de las autoridades españolas de la resistencia de estos cautivos a ser sometidos en las Indias y la necesidad de implementar estrategias tales como el adoctrinamiento, la importación de mujeres y la formación de parejas con el fin de evitar fugas y sublevaciones.

Posiblemente Las Casas comparte esta representación de los cautivos africanos. Sin embargo, no tenemos información explícita acerca de su parecer sobre ellos antes de 1516. Más aún, no tenemos un solo escrito de él proveniente de esta época. Basados principalmente en lo que relata en *Historia de las Indias*, podemos decir que desde 1502 hasta 1516 la vida de Las Casas está marcada por su trabajo como encomendero y por su conversión a la causa de la defensa de los nativos americanos. No podemos olvidar que esta conversión acontece en alguien que si bien toma distancia con respecto al sistema de los repartimientos indígenas, no ha abandonado su convicción acerca de la necesidad de colonizar y cristianizar las Indias. Como veremos a continuación, es en ese contexto donde aparecen las primeras alusiones explícitas de Las Casas con respecto a la precedencia de los cautivos africanos en las Indias.

1.2 Las primeras sugerencias de introducir cautivos en las Indias y el paso hacia la introducción de cautivos bozales (1516-1521)

En enero de 1516, Las Casas da comienzo a sus gestiones en la corte española a favor de los nativos americanos. Durante el curso de cinco años, el clérigo Las Casas escribe un conjunto de memoriales, una petición y dos proyectos de colonización con los que respalda sus gestiones.[12]

Estos textos son, junto con el libro tercero de *Historia de las Indias*, escrito alrededor de 1559, las principales fuentes con las que contamos para reconstruir lo sucedido durante estos años del trabajo del clérigo. En este sentido, tenemos más que nada la visión de Las Casas sobre estos hechos y, más precisamente, una visión construida en dos momentos diferentes de su vida y trayectoria intelectual. De una parte, están los textos que escribe a medida que va adelantando sus gestiones entre 1516 y 1520. De otra parte, está el libro tercero de *Historia de las Indias* escrito casi cuarenta años después y en el cual el obispo Las Casas está escribiendo una memoria retrospectiva y reflexiva sobre los primeros años de su compromiso con la causa indígena. No obstante ser una rica fuente histórica de lo sucedido, esta memoria selecciona algunos hechos en detrimento de otros y posee algunas incompatibilidades en relación con lo dicho en los memoriales y proyectos escritos durante la década de 1510.

En lo que sigue, expondremos estos primeros años del ministerio lascasiano utilizando el libro tercero de *Historia de las Indias* como texto que nos permite contextualizar la escritura de los memoriales y, más precisamente, las primeras sugerencias de Las Casas de introducir cautivos africanos en las Indias. En el

---

[12] No todos los textos escritos por el clérigo Las Casas durante estos años han llegado hasta hoy. Se conservan (1) cuatro memoriales –uno escrito es 1516, otro escrito en 1517 junto con Reginaldo de Montesinos, otro escrito en 1518 y uno escrito probablemente en 1519–; (2) una petición escrita en 1519; (3) un proyecto de colonización escrito junto con Diego Colón en 1519; y (4) el proyecto de colonización pacífica de la Tierra Firme aprobado en mayo de 1520. De este último documento también se conservan los borradores. Para una exposición detallada de los textos escritos por Las Casas durante el período que va de 1516 a 1520, véase Pérez Fernández, *Inventario* 151-56.

capítulo final, volveremos sobre este libro tercero de *Historia de las Indias* pero pensando en él ya no como contexto de los memoriales sino como texto que recoge la representación que tiene Las Casas de los cautivos africanos durante los últimos años de su vida.[13]

Basados en los trabajos de Bataillon y Giménez Fernández, podemos distinguir tres etapas en las gestiones de Las Casas ante la corona española durante los años 1516 a 1520. La primera va de 1516 a 1517 y se concentra en la reforma del gobierno de las islas propuesta por las Casas, autorizada por el cardenal Cisneros y ejecutada por los frailes jerónimos. La segunda va de 1517 a 1519 y se define a partir del esfuerzo de Las Casas tendiente a promover en la corte de Carlos V la introducción de labradores en las islas, inversionistas en la Tierra Firme y religiosos en ambas regiones. La tercera va de 1519 a 1520 y se articula alrededor de las gestiones que realiza Las Casas para obtener del rey una capitulación y asiento para la colonización de la Tierra Firme. En cada una de estas tres etapas el clérigo sugiere la introducción de cautivos africanos. Esto no constituye de por sí una novedad en la colonización de las Indias. Lo que sí constituye una novedad son las funciones que el clérigo da a los cautivos dentro de sus proyectos de colonización en un momento en que la importación de éstos es creciente y responde a intereses y dinámicas que rebasan en mucho los propósitos perseguidos por él. A continuación, nos detendremos en cada una de estas etapas mostrando el rol que el clérigo da a los cautivos africanos en cada una de ellas y la relación que sus propuestas mantienen con la incipiente introducción de cautivos en la región.

1.2.1 Primera etapa: los cautivos como remplazo de la mano de obra indígena y la invención del cautivo bozal

La primera etapa de las gestiones del clérigo ante la corte española se ubica entre junio de 1515 y junio de 1517 (*Historia de las Indias* 3 [fols. 253-290]: 2102-61). En junio de 1515, el clérigo Las Casas viaja por primera vez a España después de su conversión a la causa indígena. El 23 de diciembre de ese año

---

[13] La relevancia del libro tercero de *Historia de las Indias* como fuente de información acerca de los primeros años del ministerio lascasiano es reconocida por todos sus estudiosos. Sin embargo, desde la aparición en 1918 de *Orígenes de la dominación española en América* de Serrano y Sanz, quien cuestiona, basado en otros documentos de la época, la visión que Las Casas ofrece de los hechos y su protagonismo, todos los estudiosos son cautos en mostrar la divergencias que existen entre lo consignado tanto en los memoriales como en otros documentos provenientes de la década de 1510 y lo relatado en *Historia de las Indias*.

el rey Fenando el Católico lo recibe, escucha sus denuncias acerca de todos los desmanes que vienen siendo cometidos en las islas contra las poblaciones indígenas y le promete que atenderá a sus reclamos (Pérez Fernández, *Cronología* 233; Lavalle 80-2). Infortunadamente para Las Casas, el rey muere en enero de 1516 poniendo al clérigo en necesidad de buscar otros oídos para sus denuncias. Logra ser escuchado en Madrid a mediados de marzo de 1516 por el cardenal Cisneros, quien ha sido nombrado regente de Castilla una vez que el rey ha muerto en enero de ese año. Después de presentar sus denuncias y escribir varios memoriales, Las Casas obtiene el apoyo de Cisneros y de Adriano de Utrecht para implementar una reforma en el gobierno de las islas. El propósito de esta reforma es promover la cristianización de los nativos y de los pobladores españoles de las islas (Giménez Fernández, *Bartolomé de Las Casas* Vol. 1 181-83). Para lograr esto, Las Casas propone dos remedios: en primer lugar, terminar con los repartimientos para así detener el exterminio de los indígenas (Bataillon 55-9) y, en segundo lugar, organizar comunidades indígenas libres que, asentadas en torno a un poblado de vecinos españoles, trabajen en las minas y en los cultivos no para el beneficio de alguien en particular sino de todo el poblado y de ellas mismas. Se trata de crear, en palabras de Bataillon, "pueblos indios administrados por comunidades españolas" (60) y, de Giménez Fernández, "comunidades hispano-indias" que se integren en todo sentido (*Bartolomé de Las Casas* 2: 597-609).

La reforma propuesta por Las Casas es aceptada por Cisneros quien envía al clérigo a convencer a tres frailes jerónimos para que se encarguen de implementarla. Al parecer, Cisneros considera que la escogencia de estos frailes es la mejor manera de evitar conflictos entre los dominicos y los franciscanos, los cuales ya están en La Española. Las Casas logra convencer a los frailes jerónimos y la reforma es puesta en marcha mediante una instrucción que Las Casas mismo recoge en su *Historia de las Indias* (3 [fols. 263v-270v]: 2119-28). Esta reforma ajusta algunas de las ideas de Las Casas pero mantiene la tesis básica de la eliminación de los repartimientos y la organización de pueblos nativos alrededor de poblados de vecinos españoles.

El clérigo llega a La Española en enero de 1517 junto con los jerónimos, aunque no en la misma nave, para apoyarlos en la implementación de la reforma pues ha sido nombrado en noviembre del año anterior "Protector de los Indios" (*Historia de las Indias* 3 [fol. 274v]: 2135). Sin embargo, después de seis meses de una difícil relación con ellos, decide regresar a España para denunciar lo que considera como el fracaso de la reforma concebida por él y Cisneros. Además de los capítulos 84 a 95 de *Historia de las Indias*, el texto de Las Casas que presenta los lineamientos de esta reforma es el "Memorial de remedios para las Indias (1516)". Este memorial, escrito probablemente en marzo de 1516, es el primer escrito que conocemos en el que Las Casas sugiere la introducción de cautivos foráneos en las Indias. Llamativamente, Las Casas no menciona en los capítulos que dedica en su *Historia de las Indias* al relatar las circunstancias en las que escribió este memorial que en él solicitó que se concediera a los colonos licencia para introducir cautivos (3 [fols. 256v-257]: 2108-9).

El "Memorial de remedios para las Indias (1516)" es un texto extenso y complejo en el cual Las Casas presenta las medidas que la corona debe tomar para confrontar los males que se están padeciendo en las islas y, más específicamente, la despoblación de éstas. El clérigo propone catorce remedios generales, esto es, de aplicación a todas las islas (23-8), y un listado de remedios particulares aplicables específicamente a Cuba, Jamaica, La Española, San Juan y los Lucayos (28-48). Los remedios generales proponen los pasos que deben seguirse para la eliminación de los repartimientos y la creación de poblados españoles rodeados de comunidades de indígenas que trabajen mancomunadamente con los vecinos españoles en la extracción de oro y en la agricultura. Las Casas considera que este trabajo en común propiciará una convivencia igualitaria entre los cristianos y los nativos, la pervivencia de ambos grupos y, más aún, la producción de descendencia común: "se mezclarán casándose los hijos de los unos con las hijas de los otros" (25).

Para lograr implementar esto, el clérigo considera que es necesario informar a los nativos que los desmanes cometidos hasta ese momento cesarán. Además, se tienen que nombrar autoridades cuya función fundamental sea la protección de los nativos y no el lucro personal, promulgar leyes que favorezcan a los nativos, enviar clérigos que los cristianicen adecuadamente y detener las deportaciones de nativos capturados en otras islas de los Lucayos (26-8). En el listado de estos remedios generales, que intentan más que nada eliminar la explotación de los indígenas, el clérigo incluye el siguiente:

> Undécimo remedio: Que Su Alteza no tenga indios señalados ni por señalar en las comunidades ni parte alguna, porque no haya ocasión de corromperse, porque alegando muchos el servicio de Su Alteza, diciendo que pierde algo de su parte, o porque se le acreciente, ternán buen achaque para hacer que se trabajen más los indios de lo que será razón, por lo que a los tales cumple y porque crezcan sus provechos, y este es su celo; pero que en lugar de los indios que había de tener [en] las dichas comunidades, sustente Su Alteza en cada una *veinte negros o otros esclavos en las minas*, de comida la que

hobiere menester, y será mayor servicio para Su Alteza y ganancia, porque se cogerá mucho más oro que se cogerá teniendo doblados indios de los que se habían de tener en ellas. (27-28, énfasis mío)

La función de este remedio dentro del listado total de remedios es precisa. Se trata de evitar cualquier pretexto para que los nativos sean repartidos de manera particular entre los vecinos españoles o sean sometidos a trabajos excesivos. La formulación del remedio implica que el rey tiene algunos nativos en su posesión y Las Casas considera que él tiene que renunciar a ellos a fin de que ningún vecino pretenda tener nativos a su servicio personal usando como excusa que el rey los tiene. Ahora bien, desde la perspectiva del clérigo, la prohibición del repartimiento de nativos produce una carencia de mano de obra para ciertos servicios particulares, principalmente las minas, la cual tiene que ser subsanada con "negros" u "otros cautivos". El uso de estas dos palabras es diciente ya que señala que, si bien Las Casas considera que no todo cautivo es "negro", considera que todo "negro" es cautivo.

Las Casas comparte la misma representación que tienen los primeros colonizadores acerca de los cautivos, a saber, considerarlos como mano de obra que remplaza y sobrepasa en fortaleza la mano de obra indígena, enfatizando que ellos son necesarios en la explotación de las minas. Los cautivos hacen posible que el vínculo de explotación entre el colono español y la población indígena, provocado por la existencia de las minas, y que es la principal causa del creciente exterminio de ésta última, sea evitado o, más precisamente hablando, desviado hacia ellos. La explotación de los cautivos es la garantía de la supervivencia de los indígenas que viven junto a los colonos españoles. En este sentido, no obstante que la introducción de cautivos es sólo uno de los catorce remedios que propone Las Casas en el memorial, es un remedio fundamental en el intento de hacer viable la convivencia pacífica entre los colonos españoles y las comunidades indígenas organizadas en torno a ellos.

Este énfasis en la necesidad del cautivo como mano de obra que evita que los indígenas sean explotados por los vecinos españoles aparece de manera más enfática en la segunda parte del memorial cuando el clérigo presenta un largo y complejo listado de remedios particulares para las islas. Al hablar de las actividades productivas que los vecinos españoles pueden desarrollar sin someter y explotar a los indígenas, Las Casas reconoce que algunos vecinos pueden encontrar insuficiente la ganancia que encuentran en vivir con los indígenas y hacerse cargo de su cristianización, más aún teniendo en cuenta que el clérigo recomienda que los vecinos no deben intentar obtener provecho a costa de otras comunidades. En este sentido, los vecinos españoles tienen que buscar la manera de producir riquezas en la comunidad en la que viven sin tener que recurrir a la explotación de los indígenas que viven con ellos. Para lograrlo, Las Casas recomienda que estos vecinos

> puedan entender en muchas granjerías, dándoles Su Alteza licencia para ellos y *haciéndoles merçed de que puedan tener esclavos negros y blancos, que los puedan llevar de Castilla,* y puedan tener hatos de ganados y hacer por su parte ingenios de azúcar y cañaverales y coger oro y otras muchas cosas en que entenderán, por donde haya muy muchos ricos y la tierra, como dicho es, será muy noblecida. (36, énfasis mío)

El vínculo entre riqueza y cautiverio en el memorial escrito por Las Casas es evidente en este pasaje. La posibilidad que tiene un vecino español de producir riqueza sin explotar al nativo radica en el acceso que tenga a mano de obra cautiva traída de Castilla, sin importar su procedencia originaria. Los cautivos son presentados como el primer insumo necesario para producir riqueza con base en el ganado, la caña y el oro.[14] Aunque en este pasaje Las Casas ha ampliado el espectro del trabajo cautivo más allá de las minas de oro, persiste la idea según la cual sólo a costa de éste es posible para el vecino español obtener riqueza en las islas sin que ello implique la explotación del indígena. Desde la perspectiva del clérigo, el indígena puede ser cristianizado, tratado como hombre, porque el cautivo ha tomado su lugar como fuerza laboral que produce riqueza para el colono español.

Esta idea de Las Casas según la cual la introducción de cautivos es un elemento fundamental tanto para salvaguardar la población indígena como para hacer productivas las tierras será un punto capital de la intervención de los frailes jerónimos en las islas. La introducción de cautivos hace parte de la instrucción que la corona española elabora y en la que describe la manera cómo estos deben conducir la reforma. Como parte de los remedios propuestos para los españoles afectados por la supresión de los repartimientos, la instrucción recomienda:

---

[14] La mención a estos tres productos en el memorial no es incidental. A partir de 1514, cuando tanto la población indígena como las minas de oro comienzan a desaparecer, el ganado y el azúcar comienzan a tener más presencia en la economía de la isla. La caña de azúcar ha sido introducida en la isla en 1493 durante la segunda expedición de Colón. Tanto Fernández de Oviedo como Las Casas coinciden en afirmar que el primer ingenio de azúcar es construido en 1516 por Gonzalo de Vellosa. Véase Fernández de Oviedo 4: 118-23; Las Casas, *Historia de las Indias* 3 [fol. 385v]: 2322. Para una historia de la aparición y desarrollo temprano de los ingenios de azúcar en La Española, véase Ratekin.

El peor de los remedios

> Algunos dellos se remediarán comprándoles las haciendas para los pueblos, como arriba está dicho; otros, con encomendalles la administración de los pueblos; otros, salariándolos para mineros; otros, dándoles facultad para que por sí y por sus familiares puedan sacar oro, pagando solamente el diezmo de lo que sacaren siendo casados y teniendo allá sus mujeres, y los que no fueren casados paguen, de siete, uno; otros, *dándoles facultad para que cada uno dellos pueda meter dos o tres o más esclavos, la mitad varones y la mitad hembras porque multipliquen.* Y a los que tuvieren indios encomendados y otras mercedes, dándoles alguna satisfacción y haciéndoles otras gratificaciones por ella. (*Historia de las Indias* 3 [fols. 269v-270]: 2126-7)[15]

En lo que parece ser una previsión acerca del impacto que va a producir en los intereses económicos de los vecinos españoles la implementación de la reforma, la instrucción establece que se les podrá conceder, dentro de un conjunto de estrategias, licencia para que introduzcan algunos cautivos, hombres y mujeres que puedan tener descendencia, por medio de los cuales puedan recuperar lo que han perdido al ser despojados de la mano de obra indígena. Aunque ubicada dentro de un conjunto de posibilidades, la idea del clérigo persiste. La posibilidad de liberar a los indígenas sin afectar los intereses de los vecinos españoles radica en la introducción de algunos cautivos. Ahora bien, una cosa es la forma cómo Las Casas concibe la reforma, otra cómo ésta queda esbozada en la instrucción, y otra muy distinta lo que pasará una vez que los jerónimos lleguen a La Española para tratar de implementarla.

Las Casas regresa a La Española en enero de 1517 con el título de "Procurador o protector universal de todos los indios de las Indias" y con un poder, firmado el 16 de septiembre de 1516, de acuerdo con el cual será el asesor de los frailes jerónimos y de la corona en todo lo relativo al asunto de la reforma. Sin embargo, cuando llegan a la isla, debido a la visión que adquieren de los nativos americanos por medio de los encomenderos, los jerónimos se muestran reticentes a poner en práctica la reforma rápidamente y a tener como principal asesor de ella a Las Casas.[16] Como resultado de los interrogatorios que realizan a varios colonizadores y misioneros, para los jerónimos adquiere

---

[15] La versión completa de este documento puede encontrarse en CDIA 11: 258-83. Este pasaje se encuentra en las páginas 271-72.

[16] Giménez Fernández considera que la mala relación que los jerónimos tienen con Las Casas es producto, en parte, de la visión que tienen de los nativos de las Indias como seres incapaces de autogobernarse pero, más que nada, del impacto que genera en ellos la confrontación con los diferentes grupos que pugnan por el poder en La Española a su llegada y la pobreza creciente de ésta. Véase *Bartolomé de Las Casas* Vol. 1: 247-59. En una carta que dirigen al cardenal Cisneros el 20 de enero de 1517 dejan en claro que es muy importante enfrentar esta pobreza mediante la explotación de la tierra. La carta en cuestión es recogida por Serrano y Sanz 549-55.

fuerza la idea según la cual, si se quiere interrumpir la explotación de los indígenas, es necesario aumentar el número de cautivos en las islas y fortalecer el desarrollo de los ingenios de azúcar. El parecer que el franciscano Fray Pedro Mejía presenta a los jerónimos en 1517 parece ser lo que los inspira a proponer ello (CDIA 11: 147-53). Después de recomendar que se les quiten los nativos a los encomenderos, Mejía aconseja que a cada encomendero afectado por esta medida se le den:

> en remuneración de los indios que le quitan, por cada cinco indios que le quitaren, *un esclavo macho o hembra, y si toviere diez, dos, y si toviere ciento, veinte, y asi a este respecto*; en manera que estos esclavos no se los dan para que los ayan en algun tiempo de pagar, sino para que sean suyos propios para sí y para sus hijos y descendientes y para que los vendan y hagan dellos lo que quisieren, como cosa propia suya. (151-152, énfasis mío)

La cantidad de cautivos que exige la implementación de este tipo de recomendaciones provoca que el 4 de mayo de 1517, los Jerónimos, desde La Española, envíen una carta, hoy perdida, en la que piden la importación de esclavos bozales (Pérez Fernández, *Fray Bartolomé* 51).[17] Poco después, Las Casas, contrariado con la dirección que las gestiones de los jerónimos están adquiriendo, decide, con el apoyo de los dominicos y los franciscanos en La Española, regresar el 3 de junio a España para informar a Cisneros sobre todo lo que está pasando (*Historia de las Indias* 3 [fols. 289-289v]: 2160).

Con la carta enviada por los jerónimos el 4 de mayo de 1517 comienza la transición que va de la importación de cautivos de Castilla (ladinos)[18] a la

---

[17] Sabemos de la existencia de esta carta por el "Memorial en capítulos con la contestación del Cardenal Gobernador a las consultas de los Comisarios Jerónimos". Este memorial es recogido por Giménez Fernández (*Bartolomé de Las Casas* 638-48) y en él se hace mención a la petición de cautivos por parte de los frailes. Sin embargo, este memorial no utiliza la palabra "bozales" sino "negros". Véase 645. Podemos suponer que la carta de los jerónimos utilizó la palabra "bozales" ya que aparece en documentos posteriores escritos por ellos y que han llegado hasta hoy.

[18] En la legislación española temprana el término "ladino" aplicado al cautivo africano posee algunas variaciones. Si bien se mantiene siempre como el opuesto del cautivo "bozal", la cantidad de tiempo que debe un cautivo africano permanecer en la península para ser considerado "ladino" según esta legislación cambia un poco. Así, en el "Tratado de las mercedes, franquezas é libertades que sus altezas concedieron é otorgaron á la Isla Española, é á los vecinos é moradores de ella", que data del 26 de septiembre de 1513, se considera "ladina" a la cautiva africana que haya pasado más de tres años en Castilla. Véase Fernández de Navarrete 361. En una real cédula promulgada el 11 de mayo de 1526 se considera "ladino" al cautivo africano que ha permanecido un año en la península ibérica. Véase CDIU 9: 243. Finalmente, en la *Recopilación de las Leyes de Indias*, una norma que articula lo ordenado en la cédula del 11 de mayo de 1526 con lo ordenado en una cédula del 13 de enero de 1532 considera "ladino" al cautivo que ha permanecido dos años en la península. Véase Libro IX, Título 26, Ley 18.

importación de cautivos directamente de Guinea (bozales). Esta transformación comienza con la primera sugerencia que hacen los frailes jerónimos de importar cautivos bozales y termina con la promulgación, el 18 de agosto de 1518, de la real cédula por la cual el rey concede licencia al gobernador de Bressa, Lorenzo de Gorrevod, para pasar cuatro mil cautivos a Indias directamente desde la costa occidental de África. A partir de ese momento, el tráfico de cautivos africanos, ya practicado por los portugueses desde mediados del siglo XV hacia Europa, se convierte en la fuente que alimenta el suministro de cautivos hacia las Indias en cantidades insospechadas. Aunque la sugerencia de Las Casas parece estar en el comienzo de esta transformación, veremos que se trata de un proceso que va mucho más allá de un parecer personal y responde a una transformación en la representación que se tiene de los cautivos y su presencia en las Indias. La así denominada invención de América, entendida como creación de territorios y poblaciones moldeadas por reglas españolas, tiene uno de sus episodios iniciales y decisivos en estos meses en los cuales, al menos jurídicamente, se produce la invención del cautivo bozal.

Como acabamos de decir, esta transformación responde a peticiones que son formuladas entre mediados de 1517 y comienzos de 1518. Las primeras peticiones de los jerónimos enfatizan la necesidad que ya hemos anotado de importar una mayor cantidad de mano de obra, más fuerte y numerosa que la mano de obra indígena. En este sentido, el 22 de junio de 1517, los tres comisarios jerónimos envían otra carta al cardenal Cisneros reiterando la necesidad de distribuir los nativos en encomiendas, idea totalmente contraria a lo que busca Las Casas con la reforma, y crear haciendas con cultivos diversos que produzcan riqueza y promuevan el repoblamiento de las islas. A renglón seguido de esas propuestas, los jerónimos vuelven a pedir al rey que otorgue licencias a los vecinos de La Española para introducir "negros bozales" en las islas:

> Hay, lo tercero, necesidad, como ya bien a la larga hemos escrito [se refieren a la carta del 4 de mayo que está perdida en la actualidad], de que Vuestra Señoría Reverendísima mande dar licencia general a estas islas, en especial a la de San Juan, para que puedan traer a ella negros bozales. (CDIA1: 284)

El vocabulario de esta petición ya introduce una doble delimitación para los esclavos: "negros" y "bozales". El origen de esta denominación se halla en la forma cómo los expedicionarios y misioneros portugueses que recorren la costa de África desde mediados del siglo XV se refieren a los habitantes de la parte sur de esta costa dada su apariencia y su incapacidad, desde la perspectiva de aquéllos, para hablar el portugués (Cortés Alonso 145). "Bozal" designa desde ese momento al habitante de la parte meridional de la costa occidental de África que sólo habla su lengua y no habla o habla con dificultad la lengua portuguesa.[19] Sin embargo, como veremos enseguida, aunque no pierde sus connotaciones lingüísticas y de procedencia, esta denominación se convertirá en la designación de una mano de obra abundante y disponible para la explotación de las minas en las Indias.

Como consecuencia de la petición de los jerónimos, el rey Carlos I autoriza a Jorge de Portugal pasar cuatrocientos cautivos de Castilla (Serrano y Sanz 420). Al parecer, la especificación de que sean bozales no es muy relevante en este momento tanto como que se necesitan más cautivos en las islas. Sin conocer lo que ha ordenado el rey, el 22 de julio, el cardenal Cisneros responde a las cartas remitidas por los jerónimos el 4 de mayo y el 3 de junio de 1517 negando la posibilidad, al menos mientras él esté a cargo, de enviar más cautivos a las Indias. Su parecer es que lo mejor es esperar a que el rey llegue a Valladolid (Pérez Fernández, *Fray Bartolomé* 41-42, 51). Debido a la contradicción que se presenta entre lo que ha decidido el rey Carlos I y lo que ha decidido Cisneros, los oficiales de la Casa de Contratación de Sevilla envían una carta al cardenal Cisneros consultándole sobre la autorización dada por Carlos I. El 31 de agosto y el 1 de noviembre, en Aranda de Duero, Cisneros contesta con Reales Cédulas a los oficiales de la Casa de Contratación de Sevilla reiterando su negativa a que se envíen cuatrocientos "negros" a las Indias. Sin embargo, el 8 de noviembre muere Cisneros sin poder entrevistarse con el rey Carlos I y establecer un acuerdo sobre la situación.

---

[19] En su *Tesoro de la lengua castellana* (1611), Sebastián de Covarrubias define *boçal* como "el negro que no sabe otra lengua que la suya, y la lengua o lenguaje se llama labio y los labios bezos. De boca, boxa, y de allí boçal" 99. Ahora bien, enseguida Covarrubias inserta el segundo significado de boçal que es "el adorno que suelen poner a los cavallos sobre el boço com campanillas de plata, ò otro metal. También es boçal cierto cierto género de frenillo que ponen a los perros, y a los demás animales, para que no puedan morder, y a los terneros de leche para que no pazcan" 99. El vínculo entre la incapacidad para hablar la lengua del que coloniza (primer significado) y la referencia a un artefacto utilizado para la doma y crianza de animales domésticos (segundo significado) no parece ser casual. El concepto bozal será fundamental en la obra de Alonso de Sandoval, *Naturaleza, policia sagrada i profana, costumbres y ritos, disciplina y cathecismo evangelico de todos etiopes* (1627) para designar una población esclava de origen africano que necesita un particular tipo de evangelización mediada por intérpretes dado que usualmente no habla la lengua castellana. Este vínculo entre "bozal" y "negro" e incapacidad para hablar correctamente la lengua dominante queda registrado en la última edición del diccionario de la Real Academia Española, donde se afirma que en Cuba bozal designa a una "persona que pronuncia mal la lengua española, a semejanza del antiguo negro bozal".

En 1518 aparecen nuevas peticiones que urgen la importación de cautivos bozales. A comienzos de este año, Fray Bernardino Manzanedo, uno de los jerónimos reformadores que ha ido a La Española pero que ha regresado a finales de 1517 a España, presenta un Memorial al rey en el que pide que los nativos no saquen oro porque son "gente flaca e de pocas fuerzas". Por eso, recomienda que trabajen en granjerías y, que si se quieren explotar las minas, "a lo menos mande V. A. que el xamurar y decopetar se haga *por esclavos negros o por otros esclavos de fuerza y no por indios*, porque es muy trabajoso oficio para ellos" (CDIA 11: 303, énfasis mío).

Además, y ese es el punto que nos interesa enfatizar, Manzanedo afirma que los colonos y frailes prefieren cautivos que "sean bozales y no criados ni en Castilla ni en otra parte, porque estos salen muy vellacos" (CDIA 11: 318-19). Manzanedo agrega a la caracterización del bozal como habitante de la parte meridional de la costa occidental de África que no habla la lengua castellana una caracterización que lo presenta como mucho más dócil que los cautivos que ya han vivido en Castilla y a los cuales caracteriza como "muy vellacos".

Este tipo de argumento, que adjudica ventajas y especificidad al trabajo de los cautivos bozales con respecto al de los indígenas, vuelve a aparecer el 22 de enero de 1518, cuando desde Santo Domingo, Alonso de Zuazo, quien es en ese momento juez de residencia de La Española y está ayudando a los jerónimos en la implementación de la reforma, firma una carta en la que reitera esta petición diciendo que, dado que los nativos han sido muy apocados y disminuidos, es necesario que:

> [El rey] de licencia general para que vengan esclavos negros quantos podieren venir, porque son personas de fuerza e de muncho trabaxo; e con éste *podrán sofrir toda carga que les echaren en az*, los montones e faziendas, ques trabaxo que los yndios no pueden sofrir, porque ay negro que face en un dia ciento e quarenta montones, e el yndio mas forzado vale tanto como uno de muncha fuerza, e non face al dia de doce montones arriba; ay otros trabajos que son rrecios en que los yndios ninguna cosa pueden, ques cabar sobre una peña para allar y proseguir una mina de oro, e si los facen a los yndios cabar sobre la peña, caen e son muertos sobre el oyo que thienen fecho; ansi que, Muy poderoso Señor, ay otros trabaxos lyvianos en que los yndios lo podrán complir sin detrimento de sus personas, qués ansí como labrar el oro, buscarlo en los rrios e quebradas, e en la thierra que se saca en las minas, coxer yuca, qués el pan desta thierra del Ervan, los conucos que llaman las faziendas, coxer maiz, con otros trabajos semexantes; en manera que el trabaxo excesivo de los negros con el moderado de los yndios, se compensará todo uno con otro, *en como los yndios vivan e estén alegres e contentos, e los negros muy sobrellevados*, de que se seguirán dos cosas muy prencipales; la una, la población grande que se abmentará e acrescentará en estas partes, a cabsa de los negros;

e el muncho crescymiento que abrá de las rrentas de Vuestra Alteza, que será la otra. E en cuanto a la cabsa que algunos maliciosamente de acá an puesto por dondestos negros no vyniesen, quera porque los negros, siendo munchos, no se levantasen con la ysla, yo respondo que non; en esta isla e en las islas del rey de Portugal, Cabo Verde e Cabo Blanco e la Madera e otros, donde ay viudas sin fixos que thienen debaxo de su gobernacion ochuscientos esclavos negros, tan quietos, tan pacíficos, como Vuestra Maxestad therná al más pobre de todos sus Reynos; e para en esto yo sé las leyes quen aquellas partes el Señor Rey de Portugal thiene con que, aunque haya duscientos mill esclavos, estarán tan suxetos como uno solo lo estaría a un caballero de muncha rrenta; e esto se alla por muy cierta esperyencia; e aun si a parescido, al tiempo que yo vine allí, algunos esclavos en esta Ysla, fechos ladrones, e otros que se andaban por el monte, e luego *los mandé prender e a unos fize azotar, e a otros cortar las orejas, con otras penas que fycieron tanto escarmiento en los dichos negros*, que fasta oy non e thenido ninguna quexa, nin dicho que nengun negro obiese fecho cosa que non debiese. (CDIA 34: 249-51, énfasis mío)[20]

Esta cita es tan cruda como diciente en lo que refiere a la forma cómo Zuazo concibe la necesidad de mano de obra cautiva bozal en las Indias. En primer lugar, su parecer enfatiza la superioridad de los cautivos bozales para el trabajo en las minas. No tiene reparo alguno en señalar que ellos "podrán sofrir toda carga que les echaren en az" y que ello redundará en enriquecimiento para la corona de Castilla. En segundo lugar, declara que no hay que tener temor a las sublevaciones ya que él conoce las estrategias utilizadas por los portugueses para controlar este tipo de situaciones y él mismo ya ha hecho uso de algunos castigos ejemplares que han permitido mantener el control sobre los cautivos. La necesidad de colonización de las islas, basada en ese momento, principalmente en la extracción del oro, es la que define el tipo de decisiones referentes a la población y, en concreto, la distribución de la mano de obra entre indígenas y cautivos y, por ende, la urgencia de importar bozales directamente desde la costa occidental de África. Además, Zuazo introduce dos consideraciones sobre la forma cómo se pueden negociar cautivos con los portugueses y la adaptabilidad de dichos cautivos a las condiciones geográficas de las islas. El escenario de la servidumbre doméstica practicada en Castilla antes de la llegada de los colonizadores europeos a Las Indias ya no existe en los comentarios de Zuazo. Lo que tenemos ahora es el ámbito de la minería

---

[20] Esta cita es un poco extensa. Sin embargo, consideramos que es de gran importancia en nuestra exposición con el fin de presentar los diversos elementos que están en juego en la construcción de una representación del cautivo bozal como mano de obra indispensable en Indias.

en las islas, en el cual la demanda de obra encuentra en la fuerza del cautivo africano un recurso fundamental para el avance de la colonización española. El mismo día 22 de enero de 1518, Zuazo firma otra carta dirigida a *moseiur* Xevres (Guillermo de Croy), jefe de la casa real de Carlos V, en la que afirma:

> hay necesidad ansimismo que vengan negros esclavos (...) mandándolos traer que dende esta isla partan los navíos para Sevilla, donde se compre el rescate que fuere necesario, ansí como paños de diversos colores, con otras cosas de rescate que se usan en Cabo Verde, de donde se han de traer con Licencia del Rey de Portugal; *e que por el dicho rescate vayan allí los navíos e trayan todos los negros e negras que pudieren haber, bocales de edad de quince a diez e ocho, e veinte años e hacerse-han en estas islas a nuestras costumbres*; e ponerse-han en pueblos donde estarán casados con sus mujeres. Sobrellevarse-ha el trabajo de los indios, e sacarse-ha infinito oro. *Es tierra esta la mejor que hay en el mundo para los negros*: para las mujeres, para los hombres viejos; que por grande maravilla se ve cuándo uno deste género muere. (CDIA 1: 326-27, énfasis mío)

Desde la perspectiva de Zuazo, los cautivos bozales aparecen como mano de obra que puede ser adaptada fácilmente a las costumbres de los españoles y a las tierras de Indias, en las que raramente se ve "uno deste género" morir. Gracias a ellos, finaliza Zuazo, se podrá sacar "infinito oro". En su intento de proteger a los pocos nativos que quedan en las islas, Zuazo propone una representación del cautivo bozal que hace de él fuerza maleable y disponible en la extracción del oro. Estamos ante una utopía que, a diferencia de la *Utopía* (1516) de Tomás Moro, no ve en la esclavitud un castigo por un daño hecho a la sociedad sino una práctica fundamental para la extracción de "infinito oro" en las Indias.

La sugerencia de Las Casas en su memorial de 1516 de introducir cautivos con el fin de evitar que los vecinos españoles exploten a los indígenas que sobreviven en la isla mantiene alguna relación con esta demanda de introducción de cautivos bozales promovida por los jerónimos y Zuazo. En ambos casos se trata de remplazar la mano de obra indígena sin que ello implique detener la explotación de las minas de oro y el avance de la agricultura. Sin embargo, existen dos diferencias importantes. En primer lugar, Las Casas no utiliza la palabra "bozal". En su memorial parece estar pensando más que nada en la introducción de cautivos desde Castilla, esto es, "ladinos", aunque tampoco utiliza esta palabra. De hecho, la palabra "esclavo" designa en sus textos a cualquier cautivo sin importar su procedencia o color de piel. Sin embargo, el clérigo sí parece tener la idea de que la mayoría de estos cautivos son "negros".[21] En segundo lugar, mientras que en el caso de Las Casas el propósito fundamental de la introducción de cautivos es evitar los excesos propios del repartimiento en términos de la explotación indígena, en el caso de los jerónimos y, más que nada de Zuazo, esta introducción busca aumentar la productividad de los nuevos territorios una vez que la mano indígena ha sido destruida y ha demostrado ser insuficiente para producir riqueza. Dicho de otro modo, en el caso de Las Casas la introducción de cautivos cumple una función como parte del proyecto de cristianización de los indígenas. En contraste, en el caso de los jerónimos y Zuazo la introducción de cautivos hace parte del esfuerzo por consolidar el beneficio económico de los vecinos españoles y de la corona española. Regresemos ahora a Las Casas.

1.2.2 *Segunda etapa: los cautivos como incentivo para la construcción de granjerías en las islas y la primera licencia para la introducción de cautivos bozales*
La segunda etapa de las gestiones de Las Casas ante la corona española en pro de los nativos de las islas va de septiembre de 1517 a marzo de 1519 (*Historia de las Indias* 3 [fols. 298v-320v]: 2176-2212; 3 [fols. 388-389]: 2326-28). En esta segunda etapa, la propuesta central del clérigo es el envío de labradores a las islas del Caribe, por un lado, y de religiosos e individuos que exploten los recursos a la Tierra Firme, del otro, con el fin de iniciar la cristianización de los pocos nativos que quedan en las islas y de los muchos que están siendo capturados y esclavizados en la Tierra Firme. Ante lo que considera como el fracaso de la reforma de los jerónimos y el debilitamiento del poder del cardenal Cisneros, quien morirá en noviembre de 1517, el clérigo Las Casas decide regresar a la península e ir en busca del joven rey Carlos V a Valladolid acompañado y asesorado por fray Reginaldo de Montesinos. Allí establece contacto con el canciller del rey, un flamenco llamado Jean Le Sauvage, a quien desde diciembre de 1517 Las Casas comienza a informar sobre los problemas en las Indias.

En poco tiempo, el clérigo se gana la confianza del canciller, quien comienza a tomar decisiones sobre las Indias basado en las informaciones que Las Casas le da, prefiriéndolas sobre las informaciones que los contradictores de éste

---

[21] Tardieu ha enfatizado en que esta primera petición de cautivos que hace Las Casas no implica elementos raciales ni sugiere la introducción de cautivos directamente desde África, no obstante que poco tiempo después esta idea comenzará a prosperar entre los colonos y los jerónimos. Véase "De L'undécimo" 54.

último le presentan (*Historia de las Indias* 3 [fol. 303]: 2183). En marzo de 1518 el canciller le pide a Las Casas que redacte memoriales en los que exponga su plan de reforma de las Indias, al tiempo que la Secretaría de Indias y el rey le piden al clérigo que responda algunas preguntas concernientes a la introducción de cautivos africanos en las Indias (*Historia de las Indias* 3 [fols. 307-307v]: 2190-92). Las Casas responde estas preguntas y redacta un memorial corto que ha llegado hasta hoy ("Memorial" 49-53). Sin embargo, una enfermedad le impide avanzar en la escritura de otros memoriales y sólo puede reincorporarse al séquito del canciller en mayo de 1518 con el agravante de que este último muere un mes después. Las Casas pierde entonces uno de sus principales apoyos ante el rey.

Por esta razón, aunque puede presentar su propuesta de enviar labradores a las islas ante la Secretaría de Indias en Zaragoza en agosto de 1518, ésta no prospera significativamente debido a la presión de su presidente, el obispo de Burgos, Juan Rodríguez de Fonseca. No obstante esto, Las Casas decide continuar con sus gestiones y, para poder avanzar en ellas, ganar el favor de otros cortesanos flamencos. En concreto, se dedica a polemizar con aquellos que consideran que los nativos merecen ser esclavizados por su pretendido canibalismo y a elaborar, basado en una carta que le escribe fray Pedro de Córdoba sobre los ataques perpetrados por los exploradores españoles en la isla de Trinidad, un primer esbozo de un proyecto de colonización pacífica de la Tierra Firme. Sin embargo, el obispo Rodríguez de Fonseca, a quien Las Casas presenta como su más acérrimo contradictor en ese momento, tampoco permite que este proyecto prospere (*Historia de las Indias* 3 [fols. 316-316v]: 2204-5). No obstante estas dificultades, Las Casas persiste en una idea que venía discutiendo con el canciller Jean Le Sauvage antes de su muerte, a saber, reclutar labradores para repoblar las islas, valiéndose de sus relaciones con los flamencos de la corte de Carlos V.

Gracias al apoyo de ellos en septiembre de 1518, el clérigo logra que el rey le entregue recursos y autorice tanto el reclutamiento como el envío de los labradores a las Indias (*Historia de las Indias* 3 [fols. 316v-317]: 2206-7). Con la ayuda de dos asistentes llamados Berrio y Soto, Las Casas comienza este reclutamiento en los alrededores de Zaragoza. Sin embargo, nuevas intrigas del obispo Rodríguez de Fonseca, el rechazo de las autoridades de algunos pueblos donde el clérigo intenta reclutar labradores y la desobediencia de su asistente Berrio hacen que el reclutamiento sea recordado por Las Casas como un fracaso tanto por la poca cantidad de gente que consigue como por la baja calidad moral de ésta. Según él, Berrio sólo consigue reclutar doscientos individuos, "los más taberneros y algunos rufianes y vagabundos y gente holgazana y los menos labradores" ([fol. 319v]: 2210). Animado por el obispo Rodríguez de Fonseca, Berrio termina llegando a Sevilla con este grupo pero sin Las Casas y sin la real cédula que autoriza su traslado. Los oficiales de la Casa de Contratación de Sevilla, no sabiendo claramente qué hacer, los embarcan hacia La Española carentes de los víveres necesarios para la expedición. Los labradores llegan a la isla sin ser esperados y sin los recursos necesarios para su mantenimiento. Por tal razón, muchos de ellos se enferman, otros mueren y el resto, finalmente, se dispersa deviniendo algunos de ellos esclavizadores de nativos. En su relato en *Historia de las Indias*, Las Casas aclara que cuando supo que Berrio había partido hacia Sevilla, informó al rey y al canciller Carondelet lo sucedido así que éstos decidieron el envío de harina y vino para los labradores. Sin embargo, estas provisiones llegaron al puerto de Sevilla cuando ellos ya habían partido. Ante estas vicisitudes, Las Casas decide detener el reclutamiento y regresar a Zaragoza para empezar de nuevo el proceso pero tratando de entablar una mejor relación con el obispo Rodríguez de Fonseca, a quien le promete conseguir no tres mil sino diez mil labradores para las Indias (*Historia de las Indias* 3 [fol. 319]: 2211-2).

En ese momento, enero de 1519, la corte real parte de Zaragoza para dirigirse a Barcelona. Las Casas la sigue con el fin de obtener los recursos para su proyecto de labradores para las Indias y, en concreto, lograr que se les mantenga por un año, dado que ya no pueden ocupar las granjerías del rey en La Española, las cuales ya han sido vendidas por los Jerónimos. Como era de esperarse, el obispo Rodríguez de Fonseca muestra su desacuerdo con lo que considera un excesivo gasto para las arcas reales. Las Casas lo confronta afirmando que no arriesgará la vida de cristianos, enviándolos sin los recursos necesarios para sobrevivir en las islas hasta que puedan vivir del fruto de su propio trabajo (*Historia de las Indias* 3 [fols. 388-388v]: 2327). Debido a que Las Casas no da su brazo a torcer en esta petición, Rodríguez de Fonseca comienza a buscar cómo implementar este plan sin la ayuda de Las Casas. Al saberlo, Las Casas se opone y despacha cartas para todos los pueblos advirtiéndoles que no se dejen engañar y que acepten participar en la expedición sólo si es él mismo quien les ofrece hacerlo. Dado que sus gestiones no avanzan y la población indígena sigue disminuyendo hasta ser prácticamente exterminada, Las Casas decide finalmente abandonar el proyecto de poblamiento de las islas y dedicarse a pensar en un proyecto de colonización de la Tierra Firme (3 [fol. 388v-389]: 2327-28).

Las razones por las cuales Las Casas decide no acompañar a los labradores a Sevilla y, finalmente, abandonar el proyecto de repoblamiento de las islas con labradores han sido objeto de debate. Giménez Fernández (1960) acepta en gran medida la versión que Las Casas ofrece en el libro tercero de *Historia de las Indias*, enfatizando que son las intrigas del obispo Rodríguez de Fonseca y la presión de los señores feudales de la región de Zaragoza las que terminan por hacer inviable la introducción de los labradores tal como Las Casas la ha concebido (*Bartolomé de Las Casas* 2: 623-24). En cuanto al abandono definitivo del proyecto, Giménez Fernández considera que ello se debe a que el clérigo sabe que las condiciones en la islas con los frailes jerónimos no auguran un buen resultado para éste, así que lo mejor es dejarlo de lado definitivamente y moverse hacia otro tipo de intervención focalizada en la Tierra Firme (639-45). Más aún, considera que ya hacia finales de 1518, Las Casas, decepcionado ante los resultados del reclutamiento de labradores, decide abandonar este proyecto y encaminarse más hacia la colonización pacífica de la Tierra Firme (688-89).

Sin embargo, Serrano y Sanz con base en el estudio de algunos documentos del Archivo de Indias provenientes del año en que tiene lugar el reclutamiento, ofrece otra interpretación de los hechos. Afirma que el reclutamiento fue encomendado tanto a Las Casas como a Berrio y que, por ello, éste último decidió tomar su rumbo propio hacia Sevilla. En otras palabras, Berrio no estaba desobedeciendo a Las Casas sino haciendo funciones propias de su trabajo y aprovechando el apoyo que le ofreció el obispo Rodríguez de Fonseca (429-34). Además, contra lo que dice Las Casas, Serrano y Sanz afirma que el reclutamiento tuvo buena acogida entre varios habitantes tanto en los alrededores de Zaragoza como Andalucía. Así que si el proyecto falló se debió más que nada a la incapacidad de Las Casas para gestionarlo adecuadamente junto con Berrio (435). En cuanto a las razones que llevan al clérigo a abandonar definitivamente este proyecto, Serrano y Sanz considera que dado el fracaso de sus gestiones con Berrio, Las Casas "dióse a imaginar otro que no le dio más feliz resultado" (435). Desarrollando de manera más cuidadosa esta última idea, Bataillon considera que es imposible saber claramente qué movió a Las Casas a dejar de lado este proyecto con el que parece muy comprometido. El hecho es que ya para marzo de 1519 –y no desde finales de 1518 como piensa Giménez Fernández– Las Casas ha comenzado a enfocar sus intereses decididamente en torno a un proyecto de colonización de la Tierra Firme en el que él se concibe como mediador entre los frailes, los que quieran comenzar a hacer productivas estas tierras y la corona española. "Al dejar la colonización de las Islas para ser candidato a la de la Tierra Firme, [Las Casas] había abandonado una reforma desinteresada por una acción más grandiosa que en tres años podría llevarle hasta la gloria y la riqueza" (Bataillon 116). Los esfuerzos de defensa de los indígenas en las islas han dado paso al proyecto de colonización exclusiva de una gran extensión de territorio en la Tierra Firme.

Las ideas que defiende Las Casas durante esta segunda etapa de sus gestiones ante la corte española también han sido motivo de discusión. Bataillon y Giménez Fernández afirman que en diciembre de 1517 un fraile dominico, probablemente fray Reginaldo de Montesinos, lee ante el Consejo de Indias un memorial del cual posiblemente Las Casas fue coautor. Este memorial afirma que los nativos americanos son libres por naturaleza y que, en consecuencia, deben ser "bien tratados como de personas libres, para los atraer a nuestra santa fe católica" (Serrano y Sanz 562a; Bataillon 89; Giménez Fernández, *Bartolomé de Las Casas* 2 470-71).[22] Sin embargo, para promover la cristianización de ellos, es necesario que la corona española respalde la introducción de labradores casados, cada uno de los cuales, designado como "padre de familia", esté a cargo de seis nativos que le asignen por tiempo indefinido (Serrano y Sanz 564b-566a). En este sentido, la idea de la primera etapa según la cual se deberían organizar comunidades indígenas en torno a poblados españoles da paso en esta segunda etapa a la idea de una organización patriarcal articulada en torno a cada uno de los labradores que vengan de España (Bataillon 84-93; Giménez Fernández, *Bartolomé de Las Casas* 609-23).

Tomando distancia frente a los argumentos de Bataillon y Giménez Fernández, Pérez Fernández encuentra sospechosa la atribución de este memorial a Las Casas aún como coautor porque, por un lado, el texto muestra cierta tolerancia a la esclavización de algunos nativos y, de otro, hace uso de las expresiones "padre de familia" para referirse a los labradores y "vezar" como sinónimo del verbo acostumbrar.[23] Estas expresiones, según Pérez Fernández, no aparecen en otros textos de Las Casas (*Inventario* 72-4). Sin embargo, consideramos que los argumentos de Pérez Fernández no son suficientes para afirmar que Las Casas no tenga cercanía con algunas de las ideas expresadas en él. No se nota en el memorial algún tipo de tolerancia frente a la esclavización indígena y el uso de algunas palabras inusuales en el vocabulario lascasiano no indica que los

---

[22] El texto en el cual se basan Bataillon y Giménez Fernández para sustentar su posición se encuentra en Serrano y Sanz 561b-567b.

[23] Aunque en el contexto del memorial este verbo indica más "enseñar algo a alguien".

planteamientos generales del texto estén lejos de Las Casas, más aún, cuando la idea central del memorial, a saber, la introducción de labradores es una de las ideas que Las Casas reconoce haber defendido durante ese momento en sus gestiones ante la corona española (*Historia de las Indias* 3 [fols. 306v-307]: 2190). Así que no es descabellado pensar que Las Casas suscribe las ideas presentes en este memorial aunque no haya sido su único autor.

Esto nos envía a la segunda idea que Las Casas defiende en esta segunda etapa de sus gestiones en la corte española, a saber, la necesidad de construir diez fortalezas en la Tierra Firme, liberar y devolver a su lugar de origen a todos los nativos que han sido esclavizados y deportados de allí, implementar un sistema de rescates de mercancías con los nativos de esa región e iniciar el envío de obispos y religiosos tanto franciscanos como dominicos que comiencen a trabajar en la cristianización pacífica de sus habitantes ("Memorial de remedios para las Indias (1518)" 49-52). Como veremos, esta idea será fundamental en la tercera etapa de sus gestiones. Sin embargo, en este memorial aparece apenas enunciada. Finalmente, hay una tercera idea que contrasta con la primera idea que Bataillon y Giménez Fernández atribuyen a Las Casas. Ésta consiste en que, si bien Las Casas sigue sosteniendo la necesidad de introducir labradores en las islas, amplía mucho más el espectro de los que serán bienvenidos en "aquellas tierras" incluyendo en él a "quantos quisieren yr a aquellas tierras a vivir" ("Memorial de remedios para las Indias (1518)" 52) y pidiendo al rey que proporcione gran cantidad de incentivos tributarios y monetarios a los que decidan viajar a explotar minas o hacer cultivos. Ya no se trata sólo de atraer labradores sino de atraer inversionistas que vengan a explotar y producir riquezas que a mediano plazo generen impuestos para la corona española.

De esta segunda etapa, contamos con el memorial probablemente leído por Reginaldo de Montesinos a finales de 1517 frente a la Secretaría de Indias y con un memorial escrito por Las Casas en 1518. En estos dos documentos se sugiere la introducción de cautivos africanos como parte de los remedios que propone para las Indias.

El memorial leído ante el Consejo de Indias en diciembre de 1517, que aquí consideraremos como coautoría de Las Casas y Montesinos, ha llegado hasta hoy bajo el título "Memorial acerca del gobierno de los Indios, presentado en el Consejo de Indias a 11 diciembre de 1517" (Serrano y Sanz 561b-567b). La tesis central de este texto, como hemos dicho, es que los nativos de Indias deben ser considerados como seres libres y que, por ende, deben ser bien tratados y recibir restitución de aquellos que han cometido males contra ellos (561b-562a).

Para reparar los daños realizados y comenzar la cristianización adecuada de las Indias, el documento recomienda la introducción de labradores casados a los cuales se les entregue "indios casados que les sirvan, y ganados con que labren y críen, y tierras en que labren, y mantenimientos que coman hasta que cosgan de los frutos de la tierra, la qual es muy excelente" (562b). A continuación, el memorial presenta los pasos necesarios para constituir esta colonia liderada por un alcalde y un cacique –ambos elegidos por los labradores– lo mismo que por obispos. Cada uno de estos obispos tiene bajo su responsabilidad siete labradores a los que el texto caracteriza como cristianos viejos casados que fungen como padres de familia. Cada uno de estos labradores recibirá seis nativos casados a los cuales cristianizará y pagará un salario.

A lo largo del texto hay varias referencias a los cautivos. A cargo de la reforma estarán los visitadores, quienes comenzarán estableciendo, a su llegada a la isla quiénes tienen indígenas bajo su poder y cuántos tiene cada uno de ellos. Una vez tengan esta información, los visitadores repartirán a los indígenas entre los labradores junto con todos los bienes que consideren necesario distribuir. A los que ya tengan indígenas y quieran seguir con ellos antes de ser repartidos entre los labradores, los visitadores les pedirán fianzas en el entendido de que si algún indígena muere antes de ser repartido, quien estaba a su cargo "será obligado a dar un esclavo por él" (563a). En este sentido, el texto establece una tasa de cambio entre el indígena y el cautivo. Un indígena muerto se paga con un cautivo. Además, el memorial afirma que es necesario castigar a los cautivos huidos "porque no vezen" a los indios (565a) y recomienda que "cada uno que tuviere esclavo le ponga una argolla en el pie, con otras dos o tres argollitas que suenen, e se vea que son esclavos, y el que no lo truxere asi lo abra perdido e será para el fisco" (565a). El memorial, en consecuencia, no sólo reconoce la existencia de la esclavitud sino que establece criterios de distinción entre los nativos y los cautivos. Permite que el padre de familia introduzca cautivos y dedica varios apartados a reglamentar cómo deben ser tratados.

> Si algund padre de familia quisiere llevar a las Yndias esclavos, Su Alteza dé licencia que los lleve pero de esta manera: que si oviere de llevar una cabeça sea esclava, y si dos, sea hombre y mujer, y por esta vía los demas. De los esclavos se sirvan los señores como quisieren, conforme a sus conçiencias. Aunque los señores en las Yndias mandan a casar a ley e a bendición a sus esclavos con sus esclavas propias, que Su Alteza declare que no por esto sus señores les dan la libertad si expresamente no lo dixeren. El esclavo o esclava que se casare cono yndia o con yndio, el tal esclavo o esclava será luego libre, y aquella casa pertenesçera a la familia de donde hera el yndio o la yndia. Esto se entenderá quando sabiendolo el señor del esclavo o de la esclava, lo hiziere.

Porque de otra manera, si lo hazen ocultamente, serán castigado el uno y el otro e no valdrá tal casamiento. (565b)

Y más adelante agrega:

Ninguno de los juezes superiores de alcaldes de los pueblos, ni los visitadores, ni alguaziles del campo ni de las ciudades, ni governadores, ni capitanes devrian tener yndio ninguno, e si esclavo quisieren tener, que lo tengan con las condiciones ya dichas de los esclavos. Y ten, que los esclavos, de nadie que sean, puedan traer armas, ni cabalgar a caballo. (566a)

Se puede aceptar lo dicho por Pérez Fernández, para quien el vocabulario del texto no se asemeja al utilizado en textos de reconocida autoría lascasiana. Sin embargo, en lo que se refiere al tratamiento de los cautivos, las ideas expresadas en este memorial se encuentran muy cercanas a las ideas expresadas en el memorial de 1516, aunque aquí se hallan más desarrolladas y sistematizadas. Al igual que el anterior memorial, éste mantiene como un privilegio de los labradores españoles y de las autoridades españolas la adquisición de cautivos, no especifica la procedencia o color de éstos y aconseja un balance entre el número de mujeres y hombres que sean introducidos. Sin embargo, este memorial tiene tres diferencias con respecto al anterior. Primero, considera que el matrimonio entre indígenas y cautivos, siempre y cuando sea autorizado por el padre de familia, puede ser un medio a través del cual éstos últimos recobren su libertad y sean considerados al interior del grupo familiar como seres libres. Segundo, niega a los cautivos el acceso a las armas y a los caballos, restricción esta que se aplica también a todos los indígenas, salvo los caciques (566a). Finalmente, no hay mención a trabajos específicos que tengan que desempeñar los cautivos, sino que parece incorporarlos dentro del trabajo de las minas desempeñado por los vecinos europeos y los indígenas.

En este sentido, la mayor diferencia entre este memorial y el anterior memorial escrito por Las Casas y, más aún, con los textos escritos por los jerónimos y el licenciado Zuazo en ese momento, radica en que en este último memorial la esclavitud está aún siendo considerada en el marco de la servidumbre doméstica. El cautivo es visto como parte de un grupo familiar, el cual es regido por el labrador/padre de familia y se distingue dentro de ese grupo por el hecho de llevar, literalmente, grillos. Éstos son la muestra de que el cautivo se halla en una condición de sometimiento que no comparte con el indígena y de la que puede salir sólo mediante el matrimonio con éste autorizado por el labrador que se halla a cargo de ambos. El matrimonio es el umbral a partir del cual el cautivo puede soñar con recobrar su libertad aunque siga, como el indígena, bajo el dominio del labrador que funge como padre de familia. Esta idea de una integración del cautivo dentro de una comunidad regida por un labrador y por indígenas y en la cual podrá recobrar su libertad por el matrimonio con uno de éstos está muy lejos de lo que se está proponiendo en la isla para los "negros bozales".

En marzo de 1518, mientras se encuentra en Valladolid, Las Casas redacta un tercer memorial que ha llegado hasta hoy bajo el título "Memorial de remedios para las Indias (1518)". Este memorial posee un estilo más cercano al memorial de 1516, aunque es mucho más conciso en la formulación de sus propuestas. En él, Las Casas propone de manera esquemática un listado de remedios para la Tierra Firme y para las islas de La Española, Cuba, San Juan y Jamaica (51-3). En el caso de las islas, Las Casas propone, en primer lugar, que la explotación de los indígenas se detenga de inmediato ya que "de un quento y çient mill ánimas que avía en la isla Española no an dexado los cristianos sino ocho o nueve mill, que todos los an muerto" (52), dándoseles la oportunidad de recuperarse y multiplicarse al no estar bajo la opresión de los cristianos. En segundo lugar, el clérigo propone un conjunto de remedios que animarán a los cristianos a venir y habitar las islas, haciéndolas producir riquezas. Propone que el rey mande a anunciar "en todos sus reynos y aun en los estraños, que quantos quisyeren yr aquellas tierras a bibir, que vayan y les dará tierra muy buena y otras muchas franquezas y aún que vuestra alteza les mandase dar el pasaje de balde, sería gran cosa" (52).

Esta es una aseveración que llama la atención por la liberalidad que Las Casas muestra en ella. En un contexto en el cual la corona española trata de mantener control sobre quienes viajan a las Indias, el clérigo propone una inmigración abierta, aún a extranjeros, y con las mayores ventajas posibles para ellos. Además de tierra y transportes gratis, el clérigo propone bajos tributos para los que exploten el oro, salarios altos para los labradores y premios monetarios para aquellos que produzcan ciertas cantidades de seda, cañafístula, azúcar y especies. Las Casas considera que todas estas ventajas atraerán a muchos que harán productiva la tierra y la repoblarán sin que el rey tenga que gastar nada. Dentro de las ventajas que el memorial propone están los cautivos. Éstos son considerados, de un lado, como ayuda para los cristianos que ya están en las islas: "Lo tercero, que Vuestra Alteza haga merced a los cristianos que agora están en las yslas que puedan tener cada uno dos esclavos negros y dos negras;

y no debe aver duda de la seguridad de ellos; y darse han las razones de ello (52). Pero, más que nada, los cautivos son presentados como incentivo para que otros vengan a las islas a construir ingenios de azúcar:

> Yten, que cualquiera que hiziere ynjenio para hazer açúcar, que vuestra alteza le mande ayudar con algunos dineros, porque son muy costosos, y les haga merced a los que los hizieren que puedan llevar y tener *veynte negros y negras*, porque con ellos ternán otros treynta cristianos que han menester por fuerza, y ansí estarán los negros seguros; desta manera, se harán muchos ingenios, porques la mejor tierra del mundo para azúcar, y ansí terná vuestra alteza maravillosas rentas y antes de tres años. (53, énfasis mío)

La esperanza de Las Casas en los ingenios de azúcar como forma de producir riqueza para el rey y repoblar la isla con cristianos es evidente tanto en este memorial como en el escrito en 1516, donde el clérigo proponía distribuir a los cautivos entre las minas y los ingenios. Desde la construcción del primero de ellos en 1515, en las inmediaciones de Santo Domingo, los ingenios representan no sólo para Las Casas sino también para los colonos españoles y los frailes jerónimos, la posibilidad de recuperar la prosperidad de la isla en un momento en que las minas de oro están en declive y la población indígena se halla al borde del exterminio (Ratekin 5-6). Las Casas está familiarizado con la introducción de la caña de azúcar, la cual es cultivada durante la primera década del siglo XVI en Concepción de la Vega –lugar en el que el clérigo tiene su granjería en ese momento– y, posiblemente, conoce en el momento en que escribe este memorial que ya se ha construido un ingenio de azúcar en La Española.[24]

Ahora bien, dada la disminución de la población indígena, la posibilidad de que los ingenios prosperen está en la introducción de cautivos. En consecuencia, en este tercer memorial del clérigo el vínculo entre los ingenios y los cautivos comienza a ser más estrecho. Aunque reconoce que los colonos españoles que viven en la isla necesitan algunos cautivos, enfatiza que deben darse muchos

---

[24] Con respecto a la creación de los ingenios de azúcar, Las Casas recuerda en su *Historia de las Indias* lo que sucede en 1516: "Viendo los padres de San Jerónimo, que allí estaban, la buena muestra que el bachiller Velosa había mostrado para salir de aquella granjería, y cómo sería provechosa, para animar a otros que se diesen a ella, ordenaron con los oidores de la Audiencia y oficiales del rey, que de la real hacienda se prestasen 500 pesos de oro al vecino que se pusiese a hacer ingenio grande o chico para hacer azúcar y, después, creo, que les ayudaron con más préstido, viendo que los ingenios eran muy costosos. Por este camino y deste principio se ofrecieron algunos vecinos a hacer trapiches, que muelen las cañas con caballos, y otros, que tenían y se hallaban con más grueso caudal, pusiéronse a hacer ingenios poderosos de agua, que muelen más cañas y sacan más azúcar que tres trapiches, y así cada día se dieron a hacer más" 3 [fol. 385v-386]: 2322.

más cautivos a todos aquellos que vayan a las islas a construir ingenios. En este memorial, el cautivo ya no es la fuerza laboral que permite que la mano indígena sea aliviada, ni el servidor que está sometido al padre de familia, sino la mano de obra que permite producir riqueza en los ingenios azúcar.

Además de lo anterior, existen dos puntos sobre los cuales vale la pena llamar la atención en esta tercera sugerencia de introducir cautivos en las Indias. En primer lugar, Las Casas utiliza las denominaciones 'negros' y 'negras' como intercambiable con esclavos y no la expresión bozales que es la más común en los textos de los jerónimos. Al parecer, no está familiarizado con ese vocabulario más propio del ámbito de la trata y de los colonos en la isla. En segundo lugar, aunque Las Casas recomienda que aquellos que construyan ingenios deben tener veinte "negros y negras", este incremento en el número de cautivos no parece preocupar a Las Casas, quien considera que la presencia de más colonos europeos que cautivos está asegurada ya que también aquellos se necesitan para los ingenios.[25] Muy lejos está de su mente la idea de grandes grupos de cautivos oprimidos por una minoría de cristianos, la cual va a ser la situación de los ingenios desde muy temprano. En consecuencia, aunque Las Casas parece no estar muy enterado de las gestiones con respecto a la importación de cautivos bozales que están adelantando los jerónimos, ya está creando el vínculo entre esclavitud y producción de azúcar que marcará de manera decisiva el decurso de la esclavitud africana en las Indias.

En el libro tercero de su *Historia de las Indias*, redactado alrededor de 1559, Las Casas retornará sobre estas tempranas sugerencias de introducir cautivos africanos en las Indias. Sin embargo, la relación de ellas con la construcción de ingenios no será mencionada. En el capítulo 102, hablando de los memoriales que escribe como parte de sus gestiones en 1518, escribe:

> Y porque algunos de los españoles desta isla dijeron al clérigo Casas –viendo lo que pretendía y que los religiosos de Sancto Domingo no querían absolver a los que tenían indios, si no los dexaban– que, si les traía licencia del rey para que pudiesen traer de Castilla una docena de negros esclavos, que abrirían mano de los indios, acordándose desto el clérigo dixo en sus Memoriales que se hiciese merced a los españoles vecinos dellas de darles licencia para traer de España una docena, más o menos, de esclavos

---

[25] Según Ratekin los primeros ingenios de azúcar que se introdujeron en La Española exigían no sólo la introducción de cautivos africanos sino también de europeos que trabajaban como capataces, artesanos y técnicos, tanto italianos como portugueses, algunos de los cuales venían con sus familias. Sin embargo, a diferencia de lo que concibe Las Casas, desde un principio la gran mayoría de los habitantes de los ingenios son cautivos africanos en una proporción de tres a uno con respecto a los europeos 14-5.

negros, porque con ellos se sustentarían en la tierra y dexarían libres [a] los indios. (3 [fols. 307-307v]: 2190-91)

Más adelante, en el capítulo 129 del mismo libro tercero de la *Historia de las Indias*, Las Casas regresa de nuevo sobre estas primeras peticiones de cautivos y agrega:

> Antes de que los ingenios se inventasen, algunos vecinos que tenían algo de lo que habían adquirido con los sudores de los indios y de su sangre, deseaban tener licencia para enviar a comprar a Castilla algunos negros esclavos, como vían que los indios se les acababan, y aun algunos hobo, <según se dijo arriba en el cap. 102>, que prometían al clérigo Bartolomé de Las Casas que, si les traía o alcanzaba licencia para poder traer a esta isla una docena de negros, dexarían los indios que tenían para que se pusiesen en libertad. Entendiendo esto el dicho clérigo, como venido el Rey a reinar tuvo muncho favor (como arriba se ha visto ha) y los remedios destas tierras se le pusieron en las manos, alcanzó del rey que para libertar los indios se concediese a los españoles destas islas que pudiesen llevar de Castilla algunos negros esclavos. (3 [fols. 386-386v]: 2323)

Nos encontramos ante dos pasajes redactados en un momento muy tardío de la vida de Las Casas. Ellos recuerdan una situación muy temprana en su vida, a saber, las razones que le llevaron a recomendar la introducción de cautivos en las Indias. Según el obispo, "antes de que se inventasen los ingenios", esto es, antes de 1516, varios vecinos de La Española le habían dicho al clérigo que si el rey les concedía licencia para introducir algunos cautivos, ellos liberarían a los nativos que tenían bajo su poder. De entrada, Las Casas parece querer dejar en claro que, si bien sus gestiones ante la corona española tuvieron lugar después de la aparición de los ingenios, sus peticiones de cautivos fueron motivadas por peticiones que los vecinos de La Española le habían hecho antes de que dichos ingenios aparecieran, probablemente poco después de la conversión de Las Casas a la causa indígena cuando estaba preparando su viaje a la península en 1515. En este sentido, el segundo memorial da razón a Las Casas. No hay en él ninguna mención a los ingenios. Sin embargo, en el primer y tercer memorial de los que hemos hablado esta situación se complica un poco más.

En el primer memorial, Las Casas pide que se otorgue licencia a los colonos para introducir cautivos de tal modo que aquellos que poseen indígenas los liberen. Ese es el propósito específico del undécimo remedio ("Memorial de remedios para las Indias (1516)" 27-8). Sin embargo, en el mismo memorial, el clérigo pide que el rey conceda licencias para introducir cautivos, a todos aquellos que construyan granjerías, hatos de ganado, ingenios de azúcar y exploten el oro de tal modo que ellos produzcan riqueza para la isla (36). En el tercer memorial, escrito en 1518, el clérigo específicamente solicita que se otorgue licencia para introducir cautivos a todos aquellos que construyeren ingenios ("Memorial de remedios para las Indias (1518)" 53). Es posible que en 1515, el clérigo, tal como lo recuerda el obispo en 1559, haya recibido solicitudes de los vecinos españoles para que abogara ante el rey a fin de que éste les otorgara licencias para introducir cautivos y que, en 1516 y 1518, haya decidido añadir a estas peticiones la sugerencia de otorgar licencias a todos aquellos que construyesen ingenios de azúcar. Sin embargo, llama la atención que en su relato de 1559 el obispo no recuerde esto. Al parecer, busca dejar en claro que sus peticiones de licencias de cautivos para los colonos fueron hechas en el entendido de que dichos cautivos serían empleados en actividades distintas a las de los ingenios.

Además de este, existen otros tres elementos de contraste entre lo que dice el memorial de 1518 y lo que registra la *Historia de las Indias* en 1559. En primer lugar, el memorial no indica que la petición de licencias para introducir cautivos que hace el clérigo esté motivada por otros sino que es fruto de su visión del asunto, esto es, de su creencia según la cual la introducción de cautivos para los ingenios hará más próspera la isla. En segundo lugar, en el memorial Las Casas pide que se otorgue a los colonos licencia para introducir veinte esclavos para cada ingenio –la misma cantidad que había pedido para cada comunidad en el memorial de 1516– y no "una docena, más o menos" como afirma en *Historia de las Indias*. En tercer lugar, Las Casas recomienda en el memorial la introducción de cautivos aduciendo como principal razón que ello producirá muchas más riquezas para el rey sin mencionar para nada el problema de la negativa de algunos frailes de dar la absolución a los encomenderos.

Pueden aducirse diversas razones para dar razón de estos contrastes entre lo dicho en los memoriales y lo dicho en *Historia de las Indias*, la distancia en el tiempo como la primera de ellas, la cual provoca que Las Casas no pueda recordar con precisión los detalles de estas peticiones de licencias para introducir cautivos. La segunda causa puede ser las condiciones diferentes en las cuales escribe los memoriales y el libro tercero de *Historia de las Indias*. No es lo mismo escribir como un clérigo que está tratando de obtener algo del rey que escribir como un obispo que, después de algunos logros y muchas decepciones, está haciendo una reflexión sobre lo sucedido en los comienzos de la colonización española de las Indias. Podría argumentarse también que Las Casas está haciendo referencia a documentos que no han llegado hasta nosotros. Sin embargo, las referencias en *Historia de las Indias* se acercan en mucho a los memoriales que se han conservado hasta hoy. Por lo tanto, parece razonable pensar que a la base de estas divergencias se encuentra también la transformación que tiene lugar en la escritura de Las Casas en la representación de los cautivos desde la década de 1510 hasta 1559. Mientras que en los momentos en que escribe sus memoriales esta representación de los cautivos está todavía anclada en lo que el clérigo conoce de la esclavitud en la península y la introducción de cautivos está todavía en ciernes en las Indias, cuando escribe *Historia de las Indias* esta representación está mediada por la existencia de los ingenios en las Indias, un conocimiento de la injusticia implicada en la trata portuguesa en África pero, sobre todo, por el reconocimiento del fracaso de todas sus tempranas gestiones para proteger a la población indígena del Caribe. En los memoriales, la introducción de cautivos era concebida como una estrategia entre otras para detener el exterminio de la población indígena en el Caribe. En la *Historia de las Indias*, esa introducción ha devenido una práctica consolidada, que no ha detenido la opresión de la población indígena en el Caribe y que, antes bien, ha generado una nueva forma de opresión. Tal vez por ello, para Las Casas es difícil recordar con precisión en 1559 lo que dijo en 1518 al respecto. Esto lo desarrollaremos más detenidamente en el capítulo final dedicado al arrepentimiento de Las Casas.

Además del memorial al que hemos venido haciendo referencia, en 1518 el clérigo tiene una nueva intervención referente a la introducción de cautivos africanos en las Indias. Esta intervención tiene lugar entre finales de marzo y comienzos de abril de 1518. No se trata de pedir que se concedan licencias a los colonos para introducir cautivos en las Indias sino de un parecer que se le solicita. En Aranda de Duero, el rey recibe las cartas enviadas por los jerónimos con las recomendaciones sobre la importación de cautivos bozales. En este contexto, el gran Canciller Jean Le Sauvage, a través de su capellán Pierre Barbier, le pregunta a Las Casas, según lo registra él mismo en el libro tercero de la *Historia de las Indias*, "qué tanto número le parecía que sería bien traer a estas islas de esclavos negros; respondió que no sabía" (3 [fol. 307v]: 2191). Dado que Las Casas no da una respuesta específica, el rey despacha una real cédula haciendo la misma pregunta a la Casa de Contratación de Sevilla para el caso de La Española, San Juan, Cuba y Jamaica (3 [fol. 307v]: 2191). La Casa de Contratación responde que cuatro mil cautivos. Esta respuesta genera una licencia equivalente al precio que los colonos han de pagar para que se les permita introducir estos cuatro mil cautivos en las Indias. Según Las

Casas, inmediatamente un español vecino de La Española que está en la corte recomienda a un cortesano flamenco que es gobernador de Bressa, Lorenzo de Gorrevod, que pida para sí esta licencia:

> Determinó el Consejo, con parecer de los oficiales de Sevilla, como en lo dicho cap. 102 deximos, que debiera darse licencia para que se pudiesen llevar cuatro mill, por entonces, para las cuatro islas: esta Española y la de Sant Juan y de Cuba y Jamaica. Sabido que estaba dada, no faltó español de los destas Indias, que a la sazón estaban en la corte, que diese aviso al gobernador de Bressa —caballero flamenco que había venido con el rey e de los más privados— que pidiese aquella merced. (3 [fol. 307v]: 2191)

Hechas las consultas, el 18 de agosto, en Zaragoza, el rey despacha una real cédula a los oficiales de la Casa de Contratación de Sevilla en la que les comunica que ha dado licencia a Lorenzo de Gorrevod, gobernador de Bressa y del Consejo del Rey, para pasar a Indias cuatro mil cautivos.[26] Comienza de este modo, toda una nueva fase del tráfico de cautivos hacia Las Indias. A partir de este momento, la introducción de cautivos en las Indias se concentra en la compra de ellos directamente en África a los tratantes portugueses. Los cautivos bozales son considerados a partir de este momento como la mayor fuente de mano de obra en las islas. Sin embargo, la forma cómo es concedida la licencia, esto es, cómo un monopolio es entregado a un cortesano, va a generar nuevos

---

[26] El texto de la licencia reza del siguiente modo: "*Licencia al Gobernador de Bresa para pasar a Indias cuatro mil esclavos negros y negras.* —El Rey— Nuestros oficiales que resydis en la cibdad de Sevilla en la Casa de Contratación de Indias. Sabed que yo he dado licencia, e por la presente la doy, a Lorenço de Gorvod, Governador de Bresa, de mi Consejo, para quell o la persona o personas que su poder para ello ovieren pueda pasar y llevar a Yndias, yslas e Tierra Firme del mar Oceano, descubiertas y por descubrir, quatro mill esclavos y esclavas negros que sean xpianos, de cada uno la cantidad que quisiere, e que hasta que estos sean acabados de pasar e sacar no se puedan pasar otros esclavos algunos, ni esclavas, salvo los que hasta la fecha desta he dado licencia; por ende, yo vos mando que dexeys y consistays al dicho Gobernador de Bresa... pasar e llevar los dichos cuatro mil esclavos y esclavas, syn le poner en ello ningún impedimento, e sy el dicho Gobernador de Bresa o las dichas personas que su poder ovieren, se concertarren con algunos mercaderes o otras personas para que pasen los dichos esclavos desde las Yslas de Guinea y de otras partes donde se acostumbran traher los dichos negros a estos reynos e a Portugal, y de otras cualesquiera partes que quisieren, aunque no los traygan a registrar a esa Casa [de Contratación de Sevilla], lo puedan haser, con tanto que vosotros thomeys seguridad bastante que vos trayra certificacion de los que a cada isla han llevado, e que en llegando a tal Ysla tornaran cristianos los dichos negros y negras que desenbarcaran, y de cómo a pagado alli los derechos almojarifadgo para que se sepa los que ovieren sacado, y que no pase la dicha cantidad, syn embargo de cuaquier prohibición e vedamiento que en contrario aya, con lo qual para en quanto a esto, yo dispenso, e vos mando que en esa Casa no lleveys derechos algunos de los dichos esclavos, ante los daxad pasar libremente, syendo asentada esta cedula en los libros desa Casa. Fecha en Çaragoça a xviii de Agosto de DXVIII años —*Yo el Rey*.— Señalada del dean de Besanson y del obispo de Burgos, del obispo de Badajos y de don Garcia de Padilla", Serrano y Sáenz 420, nota 2.

problemas ya que él y los mercaderes genoveses van a comenzar a especular con su precio (Cortés López, *Esclavo* 27-39).

En el texto de la licencia la representación del cautivo está ligada a su procedencia ("islas de Guinea y otras partes donde se acostumbran traher los dichos negros a estos reynos e Portugal") y al color de su piel, no a su condición de infiel. De hecho, la licencia pide que los cautivos importados sean cristianos. La razón de ello es que para el momento en el cual se autoriza la introducción de ellos desde la costa occidental de África hacia las Indias, los mercaderes y misioneros portugueses ya han estado presentes en la región por más de medio siglo y han bautizado varios de los pueblos con los que han tenido contacto. Esto marca, de entrada, una significativa diferencia con respecto a las poblaciones indígenas que en este momento son representadas como poblaciones infieles necesitadas de cristianización.[27]

Casi inmediatamente después de recibir la licencia, Gorrevod la vende a los banqueros genoveses conocidos como los hermanos Centurión por veinticinco mil ducados. Éstos dividirán la licencia en varias partes y comenzarán a especular con los precios de ellas. Como consecuencia de esto, los cautivos no llegarán tan pronto como se espera a su destino lo cual generará quejas por parte de las autoridades indianas, los colonos y, como veremos más adelante, de Las Casas mismo. Además, el envío de cautivos desde Castilla seguirá paralelo a este tipo

---

[27] Podemos hacer algunas anotaciones sobre esta licencia. Primero, la razón por la cual se decide otorgar la licencia por cuatro mil esclavos negros no es clara. Probablemente, según Isacio Pérez Fernández, se basa en algún cálculo que hicieron los oficiales de la Casa de Contratación de Sevilla basados en las peticiones de cautivos que se habían hecho hasta ese momento. Véase *Fray Bartolomé* 60. Segundo, la adjudicación de un monopolio en la trata de cautivos surge como una negociación interna de la corte española y no por iniciativa de los que están pidiéndolos desde las Indias. El 19 de octubre de 1518 en una Real Cédula Carlos I declara que la concesión de la licencia a él fue por servicios prestados CDIA 7: 424. Esto provocará, como lo hemos dicho más arriba, que el envío de cautivos no se lleve a cabo rápidamente y las quejas de los colonos no se hagan esperar. Tercero, no obstante los problemas provocados por la venta que hace Gorrevod de la licencia a los mercaderes genoveses, él mismo Gorrevod obtiene otra licencia el 19 de noviembre de 1522 para pasar otros cuatro mil una vez que la primera licencia se haya cumplido. Según Herrera y Tordesillas, la concesión de la nueva licencia provoca la revocación de la primera. Véase *Historia* 446. Sin embargo, debido a las críticas de los colonos y las autoridades indianas esta segunda licencia es revocada en enero de 1523, otorgando, a manera de indemnización los derechos de almojarifazgo a Gorrevod. Cuarto, el 12 de febrero de 1528 los alemanes Enrique Ehinger y Jerónimo Sailer obtienen otra licencia con monopolio para pasar otros cuatro mil cautivos a Indias. Esta licencia se conocerá como el monopolio Welser, que terminará el 12 de febrero de 1532, el mismo año que las licencias de Gorrevod expiran. Véase Friede 121-29. No obstante la licencia que ha concedido a Gorrevod, el rey sigue autorizando algunas deportaciones de cautivos desde Castilla. Además, el 21 de octubre, el rey ordena que en la fundición del oro "se les descuente a los particulares el precio de los esclavos negros que hayan comprado" Pérez Fernández, *Fray Bartolomé* 63.

de trata hasta que el 11 de mayo de 1526 una real cédula prohíba expresamente el tráfico de cautivos ladinos y sólo permita el ingreso de cautivos bozales.

Los jerónimos reformadores enviados a La Española son pieza fundamental en la gestación de esta licencia y, en consecuencia, en la transformación de las condiciones de la trata. Ellos son los primeros que formulan explícitamente, animados por los vecinos de La Española, la estrategia de introducir cautivos bozales como solución a la carencia de mano de obra en las islas. No obstante que Las Casas juzga la gestión reformadora de los jerónimos como un fracaso y que, de hecho, éstos regresarán a la península en 1519 sin haber podido implementar ninguna reforma significativa y sin mayor apoyo de la corona, su gestión estará asociada al inicio de la trata masiva de cautivos africanos hacia las Indias como una política de la corona española a la que no renunciará de ahí en adelante. Aunque la participación de Las Casas en ese proceso es bastante incidental, el escenario para sus gestiones en favor de los nativos ha cambiado ahora de modo significativo. La islas despobladas de indígenas comienzan ahora a ser repobladas, al menos en términos de política de la corona española, con cautivos a los cuales el clérigo, como la mayoría de los hombres de su tiempo, no considera necesario defender para que recobren su libertad. En consecuencia, su interés se dirigirá ahora hacia la Tierra Firme y la defensa de los nativos que allí viven. Comienza entonces la tercera etapa de sus gestiones.

1.2.3 *Tercera etapa: los cautivos como incentivo para la colonización de la Tierra Firme y posibilidad para que los nativos recuperen y mantengan su libertad*

La tercera etapa de las gestiones de Las Casas va desde marzo de 1519 hasta mayo de 1520, fecha en la que el clérigo parte de Sevilla hacia La Española con el fin de tomar posesión del asiento que el rey le ha concedido en la Tierra Firme (*Historia de las Indias* 3 [fols. 388-423]: 2326-81; 3 [fols. 438v-462]: 2402-40). Durante esta tercera etapa, Las Casas permanece la mayor parte del tiempo en Barcelona gestionando ante la corte la concesión de ese asiento. Llega a esta ciudad en marzo de 1519 proveniente de Zaragoza y redacta un memorial en el cual propone el proyecto de colonización pacífica de la Tierra Firme ("Memorial de remedios para Tierra Firme" 55-60; *Historia de las Indias* 3 [fol. 389]: 2328; Giménez Fernández, *Bartolomé de Las Casas* 2: 690-702). En este memorial, el clérigo hace una primera propuesta de colonización pacífica de la Tierra Firme. Las Casas propone la construcción de fortalezas en las costas de esta región desde las cuales los cristianos puedan explotar las riquezas e intercambiar mercancías con los nativos sin someterlos a su servicio mientras que los religiosos franciscanos y dominicos trabajan en la cristianización pacífica de éstos últimos. Esta idea había aparecido en el memorial de 1518 pero en esta tercera etapa se convertirá en el eje de sus gestiones.

Esta propuesta no prospera en la corte de Carlos V. La ausencia del Canciller Gattinara, posible destinatario del memorial y quien entre abril y junio se encuentra en Montpellier, y las objeciones del obispo Rodríguez de Fonseca y sus partidarios con respecto a su financiación hacen que ésta no avance. Sin embargo, Las Casas no desiste en su empeño. Probablemente en julio, presenta una segunda propuesta de colonización pacífica de la Tierra Firme en la que precisa los detalles del proyecto que ha presentado en marzo y, más específicamente, de qué modo se va a financiar (*Historia de las Indias* 3 [fols. 390-391v]: 2330-32; Giménez Fernández, *Bartolomé de Las Casas* 718-30). En esta segunda versión de su proyecto, el clérigo propone la introducción de cincuenta socios que adquirirán riquezas por vías lícitas y tributarán al rey mientras los predicadores se dedican a cristianizar a los nativos.[28]

Las Casas intenta que este segundo proyecto avance con el apoyo de los flamencos y, en particular, del canciller Gattinara, quienes lo encuentran favorable a los intereses del rey y deciden someterlo a discusión en el Consejo de Indias. Allí, como es de esperarse, el obispo Rodríguez de Fonseca y sus partidarios comienzan a atacarlo. Esto hace que el trámite de éste comience a dilatarse sin que los flamencos pongan mayor empeño en destrabarlo aunque estén de acuerdo con la posición de Las Casas. En un intento por superar este escollo, entre julio y agosto de 1519, el clérigo solicita el apoyo de ocho predicadores del rey para que le ayuden a "defender la verdad y avisar de tan grandes males y perjuicio de la fe y perdición de tantos millares" (*Historia de las Indias* 3 [fol. 397v]: 2341-42). Estos predicadores se reúnen en el convento de Santa Catalina a deliberar sobre lo que el clérigo les informa y se comprometen, bajo juramento, a elaborar un parecer que será dirigido al Consejo de Indias, al

---

[28] El texto de ésta segunda versión de la propuesta de colonización pacífica está perdido. Sin embargo, podemos tener una idea de él a partir de lo que dice Las Casas en el capítulo 131 del libro tercero *Historia de las indias* [fols. 390v-391]: 2331 y en un borrador que preparó un amanuense cuando Las Casas presentó el proyecto ante el Consejo de Indias. Basados en este borrador, Giménez Fernández y Pérez Fernández elaboran una reconstrucción del texto de Las Casas. Véase, respectivamente, *Bartolomé de Las Casas* 2: 727-30; *Inventario* 821-28. Giménez Fernández aclara que el texto que Las Casas introduce en el capítulo 132 de *Historia de las Indias*, el cual podría parecer una transcripción de esta segunda propuesta, es una redacción tardía elaborada por Las Casas sobre la base de la propuesta definitiva de mayo 1520 y no sobre la petición en cuestión 727.

canciller Gattinara, a Monsieur Xevres (consejero del rey) y aún al rey mismo hasta que alguno de ellos tome las medidas necesarias para responder a las solicitudes del clérigo.

No obstante las esperanzas que el clérigo coloca en estas reuniones, el resultado de ellas resulta agridulce para él. Después de una compleja deliberación, los ocho predicadores terminan por escribir un parecer en el cual, si bien lo apoyan en su rechazo a la encomienda, siguen considerando que el mejor medio de gobernar las Indias es la creación de "pueblos de indios", estrategia ésta que Las Casas rechaza porque considera que no ha servido de nada para proteger a la población indígena (*Historia de las Indias* 3 [fols 398v-408]: 2343-58). Por ello, recuerda en *Historia de las Indias* que seguía defendiendo que:

> El verdadero remedio no era otro sino dexallos en sus proprias y nativas tierras y poblezuelos que tenían, por pocos que fuesen, y dalles toda libertad, que supiesen que no habían de servir ya más a españoles; y, de cuando en cuando, visitallos los religiosos para doctrinallos, y que así como conejos tornasen a multiplicarse. (3 [fols. 410-410v]: 2360-61)

El parecer de los predicadores del rey, lejos de aplacar, fortalece el deseo contradictor del obispo Rodríguez de Fonseca y sus partidarios en contra de Las Casas. Sin embargo, el clérigo logra consolidar el respaldo de los flamencos a su proyecto, al punto de que en agosto de 1519 éstos aconsejan al rey, en contra de los intereses del obispo Rodríguez de Fonseca, permitir a Las Casas que nombre miembros de los Consejos del rey que apoyen la causa del clérigo. En su narración de *Historia de las Indias*, el obispo recuerda éste como uno de sus más grandes logros en la corte de Carlos V (3 [fols. 412v-413]: 2365). Este logro, sin embargo, no logra detener las inquietudes que despierta su proyecto, el cual implica prometer grandes réditos económicos al rey a cambio de privilegios y exenciones para él y sus socios. Las Casas tiene que, en consecuencia, defender su proyecto no sólo frente a sus contradictores sino también de algunos de sus amigos arguyendo que si bien es cierto que está ofreciendo beneficios económicos al rey y pidiendo beneficios para sus socios, todo ello lo hace para proteger a los nativos que están sufriendo a causa de los desmanes de los exploradores españoles en Tierra Firme (3 [fol. 413v]: 2366).

Un vez que Las Casas logra nombrar consejeros favorables a su causa, las discusiones acerca de su proyecto comienzan a tener lugar en agosto y, a pesar de los intentos del obispo Rodríguez de Fonseca por dilatar y entorpecer el trámite de éste, se comienza a redactar el texto de capitulación y asiento sobre la base del proyecto que Las Casas había elaborado el mes anterior (3 [fol. 415]: 2369-70; Pérez Fernández, *Inventario* 829-34). Durante los meses de septiembre y octubre, Las Casas intenta de varios modos agilizar el trámite de este proyecto. Con este propósito, entre septiembre y octubre escribe una petición al Canciller Gattinara, solicitando que se agilice el trámite de éste y ofreciendo en él algunos ajustes para que ello sea posible ("Petición al Gran Canciller (1519)" 61-54). Esta es la tercera propuesta que hace Las Casas para una colonización pacífica de la Tierra Firme (Giménez Fernández, *Bartolomé de Las Casas* 2: 746-53). En ella, Las Casas afirma que muy a su pesar le han concedido una extensión de territorio mucho menor que la que había solicitado inicialmente. Sin embargo, afirma que con tal que se mantenga su privilegio sobre la región del Cenú, él está dispuesto a aceptar el asiento y la capitulación, cumpliendo con lo pactado con el rey en términos de ganancias para este último. Si no se le concede esta región, el clérigo afirma que tendrá que reconsiderar el monto de las ganancias que promete al rey. En este mismo orden de ideas, durante la segunda mitad de octubre, Las Casas elabora junto con Diego Colón un proyecto de colonización pacífica desde la Trinidad hasta Nicaragua ("Memorial de Don Diego Colón, virrey y almirante de las Indias a S.C.C. Mag. el Rey"; *Historia de las Indias* 3 [fols. 458-9]: 2432-33).[29] Al parecer, el clérigo busca ampararse en el prestigio de éste último para agilizar el trámite de su proyecto. Sin embargo, este proyecto también será rechazado.

Además de estos esfuerzos para hacer avanzar su proyecto de colonización pacífica de la Tierra Firme, Las Casas tendrá también que enfrentar ataques que cuestionan las intenciones y su capacidad para asumir el liderazgo de tal proyecto. A mediados de octubre se entera de que el obispo Rodríguez de Fonseca ha convocado en junio a procuradores de las islas y de la Tierra Firme que se encontraban en Barcelona para que rindan testimonio en contra de Las Casas y su proyecto. Entre ellos se encuentra Gonzalo Fernández de

---

[29] La fecha de redacción de este texto es difícil de establecer. Giménez Fernández ubica su elaboración entre abril y julio de 1519, considerándolo como la segunda propuesta de la etapa probabilista de Las Casas. Véase *Bartolomé de Las Casas* 2: 702-17. Sin embargo, Pérez Fernández lo ubica en octubre de 1519. Véase *Inventario* 277. Arguye como principales argumentos (1) el uso de la expresión "Vuestra Majestad" para referirse al rey –tratamiento éste que había sido exigido en reales cédulas expedidas a comienzos de octubre de 1519–, (2) la presencia de algunas expresiones y designaciones territoriales que Las Casas había utilizado en su proyecto de julio de 1519 y (3) el intento de evitar en debates concernientes a la gobernación perpetua de las tierras adjudicadas –tema que los Colón intentaban incluir pero Las Casas buscaba dejar de lado para facilitar el trámite del proyecto. Véase *Inventario* 140-46.

Oviedo. Estos procuradores presentarán un conjunto de "treinta razones o artículos inconvenientes" ante el Consejo de Indias entre finales de septiembre y comienzos de octubre, a los cuales Las Casas tendrá que responder un mes después (*Historia de las Indias* 3 [fols. 418-423]: 2373-81; Giménez Fernández, *Bartolomé de Las Casas* 2: 731-46). Asimismo, pocos días después Las Casas tendrá que controvertir delante del rey al obispo del Darién, Juan de Quevedo, quien afirma que los nativos son siervos por naturaleza (*Historia de las Indias* 3: 147-52; Giménez Fernández, *Bartolomé de Las Casas* 2: 753-65).

En la memoria de estos eventos que propone en el libro tercero de *Historia de las Indias*, Las Casas recalca que las discusiones con Oviedo y Quevedo están dirigidas a desvirtuar la imagen despectiva que estos personajes proveen de los nativos. Mientras que Oviedo sólo encuentra defectos en ellos y Quevedo no ve en ellos sino seres llamados por naturaleza a la servidumbre, Las Casas arguye que los nativos son seres libres que poseen capacidad para recibir el cristianismo. En su defensa ante el Rey, Las Casas recuerda haber argüido que "aquellas gentes ('señor muy poderoso') de que todo aquel mundo nuevo está lleno y hierve son gentes capacísimas de la fe cristiana y a toda virtud y buenas costumbres por razón y doctrina traíbles, y de su *natura* son libres, y tienen sus reyes y señores naturales que gobiernan sus policías" (*Historia de las Indias* 3 [fols. 445v-446]: 2412).[30]

Las gestiones de Las Casas continúan a medida que la corte del rey se traslada desde Barcelona hacia La Coruña. Después de un largo proceso en el que sortea las vicisitudes que hemos señalado, el clérigo logra que se le nombre como encargado del proyecto y la aprobación de la capitulación el 19 de mayo de 1520 (*Historia de las Indias* 3 [fols. 459v-462]: 2434-40; Giménez Fernández, *Bartolomé de Las Casas* 2: 771-810).

La idea que rige este tercer momento de las gestiones de Las Casas es el proyecto de una colonización pacífica liderada por él, la cual no implique ningún tipo de sometimiento de los indígenas por parte de los colonos españoles, cuya presencia será estrictamente controlada. Las Casas no es el primero que concibe

---

[30] En estrecha conexión con esta defensa de la libertad natural de los indígenas, en el capítulo 151 de *Historia de las Indias*, Las Casas propone tres razones para defender este argumento: la disposición corporal de éstos, su organización política y su uso de razón 3 [fol 450v-451v]: 2419-21. Aunque se trata evidentemente de una reflexión tardía sobre las posiciones que sostiene hacia el final de la década de 1510, es posible pensar que Las Casas tiene desde temprano en su ministerio una convicción clara sobre la libertad natural de los indígenas y que sobre ella está sustentado gran parte del proyecto colonizador que está proponiendo.

la idea de este tipo de colonización. Demetrio Ramos ha mostrado que esta idea ya venía siendo impulsada por los dominicos en La Española desde 1513 y, más específicamente, por fray Pedro de Córdoba, quien había encargado a Antonio de Montesinos gestionarla en la corte española mientras Las Casas buscaba cómo proteger a los nativos de las islas en 1516 ("P. Córdoba y Las Casas" 175-210). Ante el avance depredador de las expediciones españolas en la costa de la isla de Trinidad y Cumaná, Córdoba considera que la única forma de restablecer la paz y comenzar la cristianización de los nativos consiste en vedar el acceso a los exploradores españoles, construir fortalezas en las cuales los misioneros dominicos y franciscanos puedan protegerse y desde las cuales puedan salir a predicar a los nativos e iniciar un intercambio comercial con ellos. Al obrar de este modo se evitará la creciente captura y deportación de indígenas de la Tierra Firme hacia La Española. En este orden de ideas, los jerónimos reciben como parte de sus instrucciones el colaborar con los dominicos para que las ideas de estos se implementen, nombrando alguien encargado de administrar los rescates con los nativos y permitiendo la presencia en esta región sólo de los religiosos dominicos y franciscanos (Donis Ríos 103-06). Sin embargo, de modo similar a lo que sucede en las islas, los jerónimos no logran implementar ninguna de estas medidas. Los asaltos de los exploradores españoles para obtener perlas, lo mismo que las capturas y deportaciones, comenzarán a incrementarse a partir de 1515, provocando el rechazo de los nativos de la región hacia los religiosos (Ramos 194-200). Posiblemente Las Casas conoce desde el año 1517 tanto las ideas de fray Pedro de Córdoba como los problemas que se están presentando en la región debido a las conversaciones que sostiene con él en Santo Domingo y por medio de sus cartas. Sin embargo, sólo hasta 1519 comienza a gestionar el proyecto de colonización pacífica de la Tierra Firme por sí mismo, introduciendo algunos ajustes en las propuestas de Córdoba.

Según el relato que Las Casas ofrece en *Historia de las Indias*, la idea de una colonización pacífica de la Tierra Firme emerge una vez que desiste de sus intentos de enviar labradores a las islas. El Consejo de Indias no ha cumplido con lo que le había prometido en términos de apoyo económico para enviar y sostener dichos labradores hasta que éstos pudiesen sostenerse por sí mismos, el proceso de reclutamiento ha sido malogrado por Berrio, ha tenido noticias de que la despoblación de las islas es casi total en ese momento y ha leído una carta de fray Pedro de Córdoba en la que informa que los asaltos de los cristianos en la Tierra Firme están haciendo daño a la población indígena (3 [fols. 315-315v]: 2203). Por ello, el clérigo decide dedicar sus esfuerzos a que se le conceda el control de una región en la que sólo él, junto con los dominicos y los franciscanos puedan entran a cristianizar sin que haya españoles seglares cometiendo desmanes en ella (3 [fols. 388v-389]: 2327-28).

Como hemos dicho, este proyecto implica que, junto con los religiosos y él, se permita la entrada de cincuenta seglares justos, amigos suyos, que busquen "por vías lícitas hacer riquezas" (3 [fol. 390]: 2330). En la medida en que estos seglares justos trabajen la tierra y comercien con los nativos de forma pacífica, el rey tendrá ganancias, los nativos perderán el temor a los cristianos y, por ende, su cristianización pacífica a cargo de los religiosos será viable. En palabras de Las Casas, el clérigo "fundó en esta negociación todo el bien, libertad y conversión de los indios, en el puro interese temporal de los que le habían de ayudar a conseguillo" (3 [fol. 389v]: 2329). Las dificultades que habían enfrentado sus proyectos anteriores le habían mostrado al clérigo que la principal, si no única motivación que movía a los cristianos a viajar a las Indias y poblarlas, era el provecho personal. Así que decide hacer de esta motivación un medio que haga posible la cristianización pacífica de los indígenas.

Esta idea de sacar ventaja del interés económico de algunos seglares y ponerlo a trabajar al servicio de la cristianización de los indígenas ha suscitado interpretaciones divergentes por parte de Bataillon y Giménez Fernández. El primero considera que esta empresa se diferencia de las anteriores propuestas del clérigo en que es "un plan económico más que nada comercial" (117). Las Casas deja de presentarse como el reformador o el líder de un grupo de labradores para convertirse en un recaudador de impuestos que posee el monopolio sobre una extensa región que él considera puede hacer productiva mediante la explotación de los recursos que hay en ella por parte de sus justos amigos y el intercambio de mercancías con los nativos de la región. Según Bataillon, si bien Las Casas está preocupado por proteger a la población indígena de los desmanes de los españoles, sus esfuerzos se dirigen a obtener el control de un vasto territorio vedado al acceso de los colonos españoles, con excepción de los que él autorice, y en el cual él gozará de un monopolio tributario en una empresa en la cual él y los colonos asumen los riesgos económicos con la esperanza de obtener grandes réditos para ellos y la corona. Esto, considera Bataillon, es una concesión a la codicia, sustentada en un buen propósito, que coloca a Las Casas en la posición de defender un proyecto demasiado ambicioso e incierto que termina por fracasar no sólo material sino moralmente (125).

Giménez Fernández, por su parte, reconoce como Bataillon un cambio significativo entre el proyecto de colonización pacífica de la Tierra Firme y lo que el clérigo anteriormente ha intentado gestionar. En concreto, ve en este proyecto el tránsito de una posición doctrinaria de parte de Las Casas, la cual abogaba por una transformación radical en el gobierno de las Indias en aras de proteger a la población indígena, hacia una posición posibilista en la cual, inspirado por la carta que Fray Pedro de Córdoba (3 [fol. 315-315v]: 2330), propone una estrategia en la cual los intereses de la corona y la ambición de los colonos españoles propicien la protección de las poblaciones indígenas de la Tierra Firme y su posterior cristianización. Basado en la narrativa que propone Las Casas en *Historia de las Indias* y, más específicamente, los argumentos allí expuestos (3 [fols. 395v-455]: 2339-2426), Giménez Fernández arguye que el clérigo no renuncia durante ese tránsito a los principios fundamentales que rigen sus gestiones desde 1516, a saber, la crítica a los desmanes cometidos por los conquistadores y encomenderos, la defensa de la población indígena, a la que reconoce como libre y abierta a la cristianización, y la crítica a la encomienda (Giménez Fernández, *Bartolomé de Las Casas* 2: 648-53).

El cambio, en consecuencia, radica en los medios a través de los cuales Las Casas busca defender estos principios una vez que las circunstancias en medio de las cuales realiza sus gestiones han cambiado. Primero, la posición humanista en la corte española ha cedido ante una posición más interesada en el provecho económico obtenido en las Indias. Segundo, la situación en la Tierra Firme exige una intervención más rápida y efectiva para evitar que la disminución de la población indígena que ha sucedido en las islas se repita allí. Tercero, la corte flamenca desconoce lo que está sucediendo en las Indias. Por último, la anarquía en el gobierno de las Indias parece imposibilitar cualquier reforma orgánica en el gobierno de éstas (Giménez Fernández, *Bartolomé de Las Casas* 653-54). En ese contexto, Las Casas acoge y ajusta las ideas de fray Pedro de Córdoba, tratando de satisfacer el interés de la corona española y el interés de los colonos con tal de que ello permita que los religiosos puedan trabajar en la cristianización de los indígenas de la región de la Tierra Firme. Las Casas sabe que está proponiendo un negocio que puede sonar contrario a lo que ha venido defendiendo. Sin embargo, en una de las réplicas que dirige a sus objetores, y que Giménez Fernández resalta en su defensa del clérigo, éste último declara que, al enlazar la defensa de la población indígena de la Tierra Firme con la propuesta de un negocio provechoso para la corona española y para los vecinos que lo acompañen en su proyecto, está aceptando que no será sino promoviendo ese negocio que su defensa de los nativos tendrá alguna posibilidad de avanzar. Recordando la negativa de las autoridades a respaldar sus proyectos previos, el clérigo identifica a los nativos con Cristo y responde a uno de los detractores de su proyecto:

> Hanme respondido que no ha lugar, porque sería tener la tierra ocupada los frailes sin que della tuviese renta el rey. Desque vi que me querían vender el Evangelio y, por consiguiente, a Cristo, y lo azotaban y abofeteaban y crucificaban, acordé comprarlo, proponiendo munchos bienes, rentas y riquezas temporales para e rey, de la manera que vuestra merced habrá oído (3 [fol. 413v]: 2366-67)

En este proyecto de colonización pacífica de la Tierra Firme, Las Casas propone una estrategia tan radical como ambigua. En la tardía reconstrucción de los hechos que Las Casas propone en el libro tercero de *Historia de las Indias* el obispo intenta dejar en claro que su propósito era la salvaguarda de los nativos y que ello implicó una concesión a los intereses de la corona y de los posibles colonizadores. Sin embargo, los documentos provenientes de la época de sus gestiones (1519-1520) muestran que las dificultades que tiene que sortear el clérigo para obtener la aprobación de su proyecto le obligan a introducir un gran número de concesiones que hacen muy improbable que el proyecto alcance su objetivo primordial. En cualquier caso, este proyecto introduce una innovación con respecto a las gestiones anteriores. Las Casas busca que se le conceda autoridad sobre una tierra que no conoce directamente, de la que sólo tiene información por medio de los religiosos dominicos y franciscanos. Probablemente ello explica lo ambicioso de su petición y lo difuso de sus propuestas. Sin embargo, para lo que nos interesa en este libro, en todas ellas hace mención de los cautivos como uno de los recursos necesarios para el avance de sus proyecto. Esto es llamativo dado que esta persistente referencia a los cautivos contrasta con la incipiente pero ya clara conciencia que tiene Las Casas acerca de la necesidad de salvaguardar la libertad de los nativos como condición necesaria para la cristianización de éstos últimos. Revisemos ahora las referencias a los cautivos en los documentos que han llegado hasta hoy provenientes de esta tercera etapa.

En el Memorial que escribe en marzo de 1519, el cual parece ser un fragmento de un memorial más largo que no ha llegado hasta hoy y que es considerado tanto por Bataillon como por Giménez Fernández como la primera formulación del proyecto de colonización pacífica de la Tierra Firme a su cargo, el clérigo propone lo que podría estar caracterizado como un nuevo comienzo en la colonización española de lo que conocemos hoy como la costa norte de Venezuela ("Memorial de remedios para Tierra Firme (1519)" 55-60). Considera que la mejor manera de proceder en esta región consiste en iniciar un proceso de reconciliación entre los nativos y la corona española que repare los daños que han venido siendo cometidos por los seiscientos o setecientos españoles que ya viven allí y que han estado dedicados a atacar a los indígenas de la región con el propósito de obtener oro y riquezas lo mismo que esclavizarlos, todo ello sin pagar tributo al rey. En consecuencia, siguiendo la propuesta de fray Pedro de Córdoba, Las Casas propone la construcción de tres fortalezas que conformen un triángulo, una de cuyas aristas estará en la costa y que estarán habitadas por cien cristianos (55-6). Utilizando estas fortalezas como su base de operaciones, los cristianos se encargarán de anunciar a los nativos las intenciones del rey de restablecer la paz con ellos, negociar pacíficamente y cristianizarlos (56-7). Para promover que los cristianos quieran ir a poblar esta región, el clérigo propone un conjunto de medidas que les favorecen, esto es, préstamos del rey para que puedan comenzar a rescatar con los nativos, bajas tasas de tributación durante los primeros años, permisos para cultivar en grandes extensiones de tierra, títulos nobiliarios y absoluciones papales si mueren contritos (57-8).

Junto con estas medidas para promover la llegada de nuevos colonos, Las Casas propone la construcción de un almacén, propiedad del rey, en el cual los colonos puedan comprar provisiones, así como la recaudación de impuestos que tendrán que ser pagados tanto por colonos como por los nativos y el nombramiento de obispos que se dediquen a proteger a los indígenas, organizando la labor de los predicadores y vigilando el comportamiento de los cristianos. Llamativamente, el clérigo considera que los recursos necesarios para implementar este plan tienen que salir de aquellos que han venido explotando injustamente esta región, a los cuales el rey les enviará cartas en las que les dirá que conoce sus delitos y que para obtener perdón del Papa tendrán que dar dinero para el plan que intenta reparar los daños que han hecho. Esta misma estrategia deberá aplicarse a los que han obtenido riquezas en las islas (59-60). Como incentivo para que otros que tienen riquezas en las islas presten dinero para financiar el proyecto, Las Casas propone lo siguiente:

> Hay algunas personas que podrán prestar a Vuestra Alteza dineros para los gastos presentes que son menester para las islas, y a los que prestaren haga Vuestra Alteza merced que puedan tener y llevar *hasta quince esclavos negros*, y muchos habrá que de muy buena gana presten mill y dos mill castellanos y quinientos según tovieren. (60, énfasis mío)

Este incentivo de permitir la importación de "quince esclavos negros" para los que presten dinero para el proyecto, contrasta poderosamente con lo que Las Casas afirma a renglón seguido cuando demanda la liberación de los cautivos indígenas y el fin de las expediciones que tienen como propósito obtener cautivos en la Tierra Firme:

> Lo que luego conviene hacer es que vayan un par de carabelas y vayan por las cuatro islas y recojan todos los esclavos indios que se han traído de la Tierra Firme y los lleven a poner en ella en su libertad para asegurar toda la tierra como está dicho y que luego de las dichas carabelas vaya una provisión a Vuestra Alteza, o con la primera nao que fuere, en que se mande y apregone que ninguno haga en aquella tierra entrada alguna contra los indios como agora se hacen, sino que antes desde la çibdad, les envíen mensajeros de paz y trabajen por todas las vías que pudieren de los asegurar y tener pacíficos, para cuando fuere la persona que hobiere de ir a hacer lo sobredicho. (60)

Esta es la cuarta ocasión en la cual el clérigo sugiere la introducción de cautivos en las islas. Ellos son representados aquí como incentivo para que algunos presten los dineros necesarios para iniciar el proyecto de colonización pacífica de la Tierra Firme, uno de cuyos puntales fundamentales es la devolución de los cautivos indígenas a sus tierras y el fin de las esclavizaciones.

En el "Proyecto de Capitulación y asiento con el emperador Carlos V para la pacificación y conversión de la Tierra Firme, desde el río dulce (o de los Aruacas) hasta mil leguas por la costa de mar abajo" que Las Casas presenta en julio de 1519 (Pérez Fernández, *Inventario* 821-28), el clérigo define las condiciones en las cuales tomará control de la región para pacificar a sus nativos y enviar ganancias al rey. De entrada, pide mil leguas que van desde la costa de Paria hasta el Darién y la expulsión de Pedrarias Dávila y sus hombres de toda esta región (822). Se compromete pacificar a todos los indígenas que la habitan y a cristianizar veinte mil de ellos en el lapso de dos años, enviando rentas cada vez mayores al rey a medida que pasen los años. Promete que "todo se hará sin violencia y con amor a los indios, se trabajará con suma diligencia en su conversión a Dios y sumisión al rey, y todo sin gasto alguno del rey" (823).

Para poder llevar a cabo ese proyecto, Las Casas pide que el rey le asigne cincuenta hombres que le acompañen y ayuden, doce religiosos dominicos y franciscanos y diez indígenas de las islas que le sirvan como intérpretes y que los indígenas de la Tierra Firme que han sido tomados como cautivos y deportados a La Española sean liberados y devueltos a su tierra. Sin embargo, lo más llamativo del proyecto es el extenso listado de privilegios que el clérigo solicita para sus cincuenta socios. En tanto que éstos se mantengan bajo su mando, éstos gozarán de una porción significativa de las rentas reales. Obtendrán del rey la distinción nobiliaria de "Caballeros de la Espuela Dorada",[31] la cual podrán lucir por un tiempo en Tierra Firme pero después en cualquier parte del reino (824-25). Tendrán exenciones tributarias y prelación en la adjudicación de fortalezas y territorios. Podrán rescatar oro y perlas de manera exclusiva sin pagar tributos por los insumos que importen para explotar estas riquezas. Lo único que no podrán hacer es someter a la población indígena. El clérigo es enfático en solicitar que "los indios de la Tierra Firme no se den en guarda, ni encomienda, ni servidumbre a los españoles, estando los indios domésticos y en su obediencia y tributarios" (826). Ahora bien, uno de los privilegios con los que sí podrán contar los cincuenta socios del clérigo son los cautivos. Las Casas solicita que:

> Después de hechos algunos pueblos españoles, de los que se han de hacer, pueda llevar cada uno de los cincuenta de Castilla *tres esclavos negros* para su servicio a la tierra, la mitad hombres y la mitad mujeres; y después que estén hechos los diez pueblos y hobiese cantidad de gente de españoles, si pareciere al digo clérigo que conviene, pueda llevar cada uno de los cincuenta *otros siete negros esclavos*, la mitad hombres y la mitad mujeres. (Pérez Fernández, *Inventario* 825, énfasis mío)[32]

A pesar de todas las variaciones y ajustes a las que es sometido el texto a lo largo de su discusión, la idea de permitir que los cincuenta socios del clérigo puedan introducir cautivos para su servicio se mantiene en todas las

---

[31] El título de Caballero de la Espuela Dorada es una dignidad que tiene su origen en la corte de Aragón. El rey otorgaba esta dignidad a quien hubiese prestado un gran servicio al reino. Sin embargo, para obtener esta dignidad no bastaba con que se hubiese prestado este servicio. Además de ello, el candidato debía poseer buen linaje, esto es, provenir de una familia noble o con algún padre o abuelo militar, tener rentas o feudo, armas, arnés, caballo y experiencia en las artes de la guerra. Véase Morales Roca 7-8.

[32] Sobre este pasaje hay tres anotaciones que vale la pena hacer. En primer lugar, aunque en las últimas correcciones de su primer borrador Las Casas cambió el número de pueblos de diez a tres, no cambió el número de cautivos. Véase *Inventario* 840. En segundo lugar, en el segundo borrador, que data de mayo de 1520, se añade una aclaración con respecto a la licencia de Gorrevod: "con tanto que esto se entienda sin prejuicio de la merced e licencia que tenemos dada [el 18 de agosto de 1518] al gobernador de Bressa para sacar cuatro mil esclavos a las Indias y Tierra Firme deste asiento" 209. En tercer lugar, en el libro tercero de la *Historia de las Indias*, Las Casas recuerda esta parte de su proyecto del siguiente modo: "Item, que después de hechos algunos pueblos de españoles, de los que se habían de hacer, pudiese llevar cada uno de los cincuenta de Castilla tres esclavos negros para su servicio a la dicha tierra, la mitad hombres y la mitad mujeres, y después que estuviesen hechos los diez pueblos y hobiese cantidad de gente de españoles, si pareciere al dicho clérigo que convenía, pudiese llevar cada uno de los cincuenta siete otros esclavos la mitad hombres y la mitad mujeres" (3 [fol. 393v] 483).

correcciones que se hacen al proyecto de capitulación y asiento. En la versión definitiva de éste queda claro que este incentivo no sólo es para sus socios sino también para el clérigo:

> Otrosí, que después que en la dicha Tierra Firme estovieren echos e hedificados algunos de los pueblos que conforme a este asiento avéis de hazer, que vos el dicho Bartolomé de las Casas e los dichos çinquenta onbres podáis llevar e llevéys destos nuestros reynos *cada uno de vos, otros tres esclavos negros para vuestro serviçio*, la mitad dellos onbres, la mitad mugeres, e que después que estén echos todos los tres pueblos e aia cantidad de gente de cristianos en la dicha Tierra Firme, e pareçiendo a vos al dicho Bartolomé de las Casas que conbiene así, que podáis llevar *vos e cada uno de los dichos cinquenta onbres otros, cada siete esclavos negros para su serviçio*, la mitad onbres e la mitad mugeres, e para ello se vos den todas las çédulas de liçençia que sean menester; con tanto que ésto se entienda sin prejuyzio de la merçed e liçençia que tenemos dada al governador de Bresa para pasar quatro mill esclavos a las Indias e Tierra Firme. ("Asiento y capitulación" 404, énfasis mío)

En un contexto en el cual la introducción de cautivos africanos como mano de obra parece inevitable, el asiento y capitulación que suscribe Las Casas con el rey hace de ellos parte de la negociación. El texto hace uso de la expresión "esclavos negros" para referirse a los cautivos, lo cual indica que el clérigo ya ha asumido la creencia según la cual los cautivos deben ser africanos. Sin embargo, los cautivos considerados aquí parecen ser ladinos e inicialmente ligados al servicio personal de Las Casas y sus socios. Por esta razón, el texto distingue los cautivos que entrarán como parte del proyecto de Las Casas de aquellos que serán introducidos como parte de la licencia concedida a Gorrevod.

Finalmente, el último documento escrito por Las Casas que proviene de esta época es el proyecto de colonización pacífica desde la Trinidad hasta Nicaragua que Las Casas elabora junto con Diego Colón, probablemente entre septiembre y octubre de 1519 y que ha llegado hasta hoy bajo el título de "Memorial de Don Diego Colón, virrey y almirante de las Indias a S.C.C. Mag. el Rey". Como lo hemos dicho más arriba, con este proyecto el clérigo intenta agilizar el trámite del proyecto que viene promoviendo desde julio de 1519. El clérigo y Diego Colón tienen relación desde 1510 cuando éste último es gobernador de La Española. En el año 1515 Diego Colón ha regresado a la península ibérica con el fin de continuar su lucha para mantener los privilegios obtenidos por su padre y heredados por él. Desde entonces establece contacto más directo con Las Casas y en 1518 éste último le ayuda a mantener sus derechos sobre Cuba (Giménez Fernández, *Bartolomé de Las Casas* 2: 704). A mediados de 1519 Las

Casas lo contacta para que le ofrezca al rey edificar, haciendo uso de sus propios recursos, diez fortalezas a lo largo de las mil leguas que, piensa el clérigo, posee la costa de la Tierra Firme. Dichas fortalezas servirán como bastiones a partir de las cuales cincuenta hombres puedan negociar con los nativos (*Historia de las Indias* 3 [fol. 458]: 2432). El clérigo considera que los recursos y la experiencia que tienen tanto Diego Colón como su hermano Hernando Colón pueden dar mayor credibilidad a su proyecto y, en consecuencia, agilizar su aprobación y puesta en marcha. Sin embargo, el problema surge cuando Hernando Colón sugiere a su hermano que debe solicitar al rey que le conceda "la gobernación perpetua de toda la tierra donde hiciese las fortalezas" (3 [fol. 458v]: 2433). Según la versión que ofrece Las Casas en *Historia de las Indias*, haber introducido esta condición impidió que el proyecto se aprobara pues era una cuestión en disputa que hizo que la corte viera en el proyecto de Colón una estrategia para obtener lo que no había logrado alcanzar por otros medios legales. Ahora bien, más allá de su fracaso, el texto es relevante para nuestro argumento dado que, como los otros textos, incluye la presencia de cautivos africanos dentro del proyecto de colonización de la Tierra Firme.

Aunque mantiene la misma estructura del proyecto de asiento y capitulación que Las Casas ha presentado en julio de 1519, el proyecto que elabora junto con Diego Colón entrega toda la responsabilidad logística a éste último. Esto produce un texto en el que se puede reconocer, de un lado, el esfuerzo de Las Casas por salvaguardar la libertad de los indígenas de la Tierra Firme y, del otro, el interés de Colón por obtener beneficios para él y para la corona española mediante la explotación de las riquezas de esta región. En el texto, Colón comienza afirmando: "me ofrezco con mi persona e hazienda, para que aya efecto cierta negociacion que delante de V. M. Se habia propuesto por parte del clerigo Las Casas para el remedio de la Tierra Firme" (Giménez Fernández, *Bartolomé de Las Casas* 2: 707).[33] Las Casas entonces deviene, en consecuencia, una suerte de asesor de un proyecto que logísticamente está totalmente bajo el mando de Diego Colón. Esto implica algunos ajustes en la formulación del documento. Colón habla como alguien que ha gobernado en las islas y considera poseer privilegios únicos sobre estos territorios. Por ende, sus condiciones son mucho más precisas y sus pretensiones son mucho más ambiciosas que las de Las Casas.

---

[33] La edición que sigue Giménez Fernández es la publicada en Londres en 1854 bajo el título *Memorial de Diego Colón (1520)*.

En primer lugar, Colón se compromete a hacer que todos los nativos tributen y que, en consecuencia, las rentas del rey aumenten significativa y rápidamente. En segundo lugar, afirma que va a construir diez pueblos donde los colonos sean bien tratados. Y, en tercer lugar, se compromete sostener a los misioneros. Para que pueda hacer esto, Colón solicita al rey que interceda ante el Papa para que éste conceda el perdón a todos los que participen en el proyecto, sin especificar el número de personas que participarán en él. Además, pide la liberación de todos los indígenas que han sido esclavizados en la Tierra Firme, la eliminación de las encomiendas y la supresión de la gobernación del Darién y Castilla de Oro, la cual Las Casas había denunciado como fuente de opresión indígena en tanto que había estado a cargo de Lope de Sosa y sus hombres. Más aún, Colón acepta la presencia de un tesorero y un contador de la corona española que recauden las ganancias que correspondan al rey. La influencia del clérigo es evidente en todos estos aspectos de la redacción del texto.

Sin embargo, existen otros aspectos del texto que atienden más a los intereses particulares de Colón que al proyecto que ha concebido inicialmente Las Casas. Estos aspectos posiblemente tienen que ser aceptados por el clérigo para obtener el apoyo del hijo del almirante. Cuando el texto enumera los privilegios a los que Colón podrá acceder por ser responsable del proyecto, la codicia de la que habla Bataillon comienza a prevalecer claramente sobre el propósito de proteger a los indígenas. Colón pide veinte mil ducados para financiar el proyecto, abandonando la idea de que sean los colonos quienes financien el proyecto y ofreciendo plazos amplios para comenzar a recibir los pagos. En consecuencia, se presenta como un inversionista paciente que esta dispuesto a prestar pero no a regalar algo a la corona. Mantiene gran parte de los privilegios tributarios que Las Casas había solicitado para sus cincuenta socios pero asumiéndolos para él, agregando el privilegio de expropiar o establecer el precio de bienes que considere necesarios para el avance del proyecto y pidiendo ganancias adicionales por su condición de heredero del Almirante. Además, solicita que a los que participen en el proyecto se les de plazo para pagar a la corona sus deudas, que él pueda trasladar indígenas que tengan experticia en ciertas áreas de explotación de los recursos –idea que Las Casas rechazaba dado que podía ser utilizada para capturar y deportar nativos fuera de sus tierras– y controlar el nombramiento de quienes están a cargo del gobierno y justicia en la región que esté a su mando. Sin embargo, uno de los puntos donde más claramente queda clara la ambición de Colón es la petición que hace de cautivos africanos:

10° *Licencia para importación de mano de obra esclava para la concesión.* —Ytem que porque los trabajos corporales que a los principios se an de ofrecer, an de ser muchos, en hazer los pueblos, y en todas las otras cosas, que por obra se an de poner, y porque los cristianos sean de alguna manera relevados dellos, y pues no se han de constreñir ni forçar los yndios a ninguna cosa, V. M. me mande dar licencia para que pueda llevar a mi costa cada tres años treinta esclavos negros, para poner en todos los trabajos que se ofrecieren como dicho es.

11° *Concesión de esclavos negros a los pobladores.* —Ytem para repartir entre los vecinos de los dichos pueblos, porque no an de tener yndios, V. M. mande dar licencia que se puedan llevar hasta quinientos esclavos negros los cuales yo reparta entre ellos dando a cada uno segund los servicios que V. M. hicieren. (Giménez Fernández, *Bartolomé de Las Casas* 2: 710-711)[34]

En el memorial de 1516, el clérigo había solicitado veinte cautivos para cada comunidad; en el de 1518, cuatro para cada cristiano y veinte para todo aquel que edificase ingenio de azúcar; en el de 1519, quince para todos aquellos que prestasen dinero para el proyecto de colonización pacífica de la Tierra Firme; finalmente, en el borrador del proyecto de colonización de 1519 y que sirve de base para el documento definitivo de capitulación y asiento de 1520, primero tres y luego siete para cada uno de los cincuenta labradores. En este proyecto de colonización de octubre de 1519, Diego Colón solicita cautivos tanto para los pobladores como para él, otorgándose el privilegio de distribuirlos todos según su parecer. Propone como límite treinta cautivos para su servicio personal y quinientos para los pobladores. Los ahora decididamente denominados "esclavos negros" han devenido en el proyecto de Colón y Las Casas mano de obra necesaria para que los indígenas puedan mantener su libertad pero, más que nada, un privilegio que Colón sueña con administrar a su antojo. La idea de unos cautivos integrados en familias gobernadas por un labrador que funge como padre de ellos y de los indígenas, y que se esbozaba en la utopía que Las Casas probablemente escribió junto con Reginaldo de Montesinos en 1517, ha dado paso aquí a un ambicioso proyecto de explotación de la Tierra Firme en el cual la incierta promesa de la libertad de los indígenas se sostiene en la inevitable y creciente opresión de los cautivos africanos. Este proyecto conjunto de Colón y Las Casas fue rechazado por el Consejo de Rey. Las ambiciosas pretensiones de Colón, quien ya tenía pleito con la corona por los privilegios que había heredado de su padre, hicieron que esta propuesta no encontrara

---

[34] En la edición inglesa de Whittingham esta cita corresponde a las páginas 4-5.

ningún apoyo. A pesar de ello, bien puede decirse que ella delinea lo que será el sendero de la opresión de los cautivos africanos en las Indias.

El rechazo de la propuesta que hace con Colón hace que el clérigo coloque toda su atención en su propio proyecto de colonización pacífica de la Tierra Firme. Ahora bien, si la aprobación de dicho proyecto ha resultado tortuosa, su implementación terminará en un fracaso. Entre el 14 y el 19 de mayo de 1520 se dan los últimos toques al texto de la Capitulación y asiento que Las Casas ha propuesto. El clérigo ha pedido mil leguas, pero sólo recibe trescientas. El texto es firmado por el emperador el 19 de mayo. Adriano de Utrech (futuro papa Adriano VI) se encarga de organizar el regreso de Las Casas a las Indias con los labradores. Sin embargo, este último sólo consigue reclutar veintiocho labradores en Sevilla y veinticinco en Sanlúcar de Barrameda. De esta última ciudad parte el 14 de diciembre de 1520. No tenemos noticia documentada de que Las Casas haya llevado cautivos en esa expedición. El 10 de febrero de 1521 llega a Puerto Rico con los labradores y está allí hasta el 2 de abril aproximadamente. Viaja a La Española para poner al tanto a las autoridades acerca de la capitulación pero éstas lo confunden y lo engañan y cuando regresa a Puerto Rico varios de los labradores se han ido en expediciones a capturar nativos. De tal modo que llega a Cumaná el 14 de agosto sólo acompañado de cinco o seis criados, el contador real Miguel de Castellanos y otros seis labradores contratados a sueldo (Pérez Fernández, *Fray Bartolomé* 48). Las Casas se establece al lado de la casa de los franciscanos pero debido a que los colonos de la isla de Cubagua continuamente organizan asaltos esclavizadores en la zona, Las Casas decide ir a La Española para protestar ante el alcalde mayor de la Isla, Francisco de Vallejo, dejando encargado a su criado Francisco de Soto como jefe del asiento colonizador. En enero de 1522, Las Casas se entera de que su proyecto en Cumaná ha sido atacado por los indígenas y destruido totalmente. Esto provoca que el fraile tenga que reconsiderar radicalmente las estrategias que tiene que seguir en su intento de proteger a los indígenas. Entre marzo y septiembre de 1522, Las Casas delibera y, asesorado por Fray Betanzos, decide hacerse dominico. Para alegría de los dominicos y descanso momentáneo de los encomenderos, Las Casas desaparecerá de la escena pública mientras recibe su formación religiosa. Las Casas no logra poner en práctica su proyecto de colonización pacífica de la Tierra Firme ni mucho menos introducir un solo cautivo africano como parte de él.

1.3 *El surgimiento jurídico del cautivo africano en las Indias*

Más allá del fracaso de los proyectos del clérigo Las Casas, la presencia de los cautivos africanos en las Indias hacia el final de la década de 1510 es ya inocultable. Prueba de ello es que ya existe de parte de los colonos de La Española una demanda de ellos como necesidad básica para el avance de los asentamientos españoles. Así, el 15 de noviembre de 1520 los procuradores de los pueblos de La Española elevan una petición a Diego Colón en la que denuncian los problemas que ha traído el monopolio y los altos precios de las licencias al tiempo que solicitan libertad de importación de cautivos para todos los colonos sin que ello implique la derogación del monopolio dado a Gorrevod (Giménez Fernández, *Fray Bartolomé de Las Casas* 2: 565).

Simultáneamente con estos problemas concernientes al suministro de cautivos bozales, comienzan a surgir otros problemas en lo que refiere al comportamiento de los cautivos que ya están en las islas. En una carta escrita el 4 de diciembre de 1519, los dominicos de La Española denuncian, además de los maltratos que sufren los indígenas a manos de los españoles, algunos casos de maltrato de los cautivos africanos hacia ellos:

> Theniendo el Comysario Mayor [Nicolás de Ovando] un hombre loro por cocinero, thernia para que llevasen las ollas e sartenes e aparatos de cocina, 20 o 30 yndios en logar de mulos, e sito alguno se enoxaba, el dicho negro o loro echaba mano de un puñal que thernia, e cortábales la cabeza e esta pena le daba, e si le decían porque lo facia, decia él que no le abia dado sinon una bofetadilla, que tal que se thraia por refrán en esta Ysla: "Dios te guarde de la bofetada del fulano loro"; non sabemos cómo se llamaba. (CDIA 35: 208-09)[35]

Otra denuncia del mismo estilo se halla en la misma carta con respecto a los cautivos que fungen como capataces en las minas:

> Estos mineros por recoxedores siempre por la mayor parte, eran xentes viles en tanto que acaecía los chrysthianos poner por minero un esclavo negro, el cual lo mismo facia con las yndias que si fuera blanco [esto es, yacer con ellas en presencia de su esposo después de haberlo amarrado de pies y manos, azotado y arrojado debajo de la cama] con tal poca cortesía e acatamiento. Donde un relyxoso de la casa de Sancto Domingo oyó descir a un oyfcial de Su Alteza como si contara otra cosa en que nada fuera, que thernia un negro por minero, el cual se lechaba con todas las yndias, e las sobaba de tal manera, que a las queran mochachas de poca edad las facia viexas, e

---

[35] "Loro" designa a una persona de tez oscura. Sin embargo, existe en los textos de la época una tendencia a distinguir al loro del negro asociándolo con una condición de mulato.

una dellas le rogó un dia a este sobredicho ofycial de Su Alteza, que non la pusiese con fulano, minero negro, porque dos años que le descia que eran muchachas e el las abia fecho viexas. (CDIA 35: 230-31)

A las noticias sobre maltratos padecidos por los indígenas a manos de los cautivos se agregan informaciones sobre levantamientos. Éstas constituyen el motivo que conduce a la aparición de legislaciones que determinarán, más que cualquier proyecto de Las Casas, la representación del cautivo africano en las Indias. El primer levantamiento acerca del cual tenemos una significativa documentación ocurre a finales de 1521. En su *Historia general y natural de las Indias*, Gonzalo Fernández de Oviedo (1535) afirma que éste tiene lugar el "segundo día de la Navidad de Cristo, en principio del año mill e quinientos e veinte dos" (108-11).[36] Los alzados matan algunos cristianos, asaltan algunos ingenios y reclutan cautivos e indígenas para su causa. Sin embargo, son perseguidos por los colonos quienes finalmente los capturan y los ajustician. En términos de representación es importante anotar que para Fernández de Oviedo este levantamiento genera una gran tensión dentro de la isla dado que permite identificar dos grupos. De un lado, están los que Fernández de Oviedo caracteriza principalmente como "negros malhechores" que matan españoles, asaltan ingenios y roban ganado e indígenas.[37] De otro lado, se hallan los que el mismo Fernández de Oviedo presenta como heroicos y astutos colonos que, dirigidos por Diego Colón, Melchor de Castro y Francisco Dávila, y ayudados por caballos, logran derrotar a los esclavos alzados, matando a unos en batalla y ahorcando a otros al tiempo que dan gracias a Dios por su victoria (410-11).[38]

El impacto que genera este levantamiento en las autoridades de la isla es tal que pocos días después, el 6 de enero de 1522, se promulga en la isla el primer corpus de Ordenanzas que tienen como propósito confrontar "las

---

[36] Nótese que Fernández de Oviedo toma como comienzo del año el día de navidad.
[37] En este contexto es importante llamar la atención sobre el hecho de que, según el mismo Fernández de Oviedo, la mayoría de los esclavos levantados son "de la lengua de los jelophes" 108. En su libro *Servants of the Allah. African Muslims Enslaved in the Americas*, Sylviane Diouf argumenta que esta rebelión hizo que los jelofes adquirieran particular visibilidad ante los colonos españoles quienes desde entonces comenzaron a caracterizarlos como arrogantes, desobedientes, rebeldes e incorregibles. Diouf arguye que la causa de este carácter se halla en el origen musulmán de estos cautivos y el conocimiento previo que poseían de estrategias de combate con caballos, razón por la cual pudieron resistir por algún tiempo a los intentos de los colonos españoles de reprimir el levantamiento 145-50; "Hispaniola" 520-22.
[38] Tanto Guillot en *Negros rebeldes y negros cimarrones*, como Diouf en "Hispaniola Revolt (1522)", consideran este como el capítulo inicial de las rebeliones africanas en América.

El peor de los remedios

fugas e idas que hacen [los esclavos negros] del servicio de sus señores porque de allí provienen la mayor parte de los dichos daños pasados y que de ellos se sospechan o esperan haber" (Deive, "Ordenanzas" 282). Las ordenanzas son concebidas explícitamente como respuesta al levantamiento y como intento de prevención de otros levantamientos en el futuro. En ellas encontramos algunos elementos que clarifican cuál es la representación de los esclavos que predomina en ese momento.

En primer lugar, estas ordenanzas no proponen en principio una identificación entre la esclavitud y un grupo específico definido en términos raciales. Ellas están dirigidas a "todos los negros, blancos y canarios que son esclavos" (Deive 282). Sin embargo, en algunos pasajes el texto identifica negros y cautivos. No sabemos si esta variación, llamativa en un texto relativamente corto, responde a un descuido o a que la mayoría de los esclavos que hay en la isla son identificados como negros debido a la creciente importación de esclavos bozales.

En segundo lugar, las ordenanzas establecen los procedimientos y castigos que deben ser seguidos por los amos y los encargados de los esclavos cuando éstos últimos se fugan. En este segundo aspecto las ordenanzas proponen una legislación en la que, de un lado, los amos son compelidos, so pena de multas, a mantener control sobre los desplazamientos de sus cautivos, denunciar rápidamente las fugas y ayudar a recapturar los esclavos fugados de otros. De otro lado, los cautivos son sometidos a azotes, amputación de los pies y ahorcamiento, los cuales son concebidos como castigos no sólo para las fugas sino también para faltas tales como el porte de armas que no sean un cuchillo, el abandono del territorio del amo o la colaboración con otros intentos de fuga (283-84). En consecuencia, se trata de una legislación concebida sobre la distinción entre dos grupos (amos y esclavos) sobre los cuales las ordenanzas se aplican en formas e intensidades radicalmente diferentes. Sobre los amos sólo pueden recaer multas. Sin embargo, sobre los cautivos pueden recaer castigos corporales que pueden llegar hasta la muerte. Los cautivos, en consecuencia, son representados como mercancías que son otorgadas por la corona a los pobladores españoles para avanzar en la colonización de la isla. En este sentido, la ordenanza catorce afirma:

> Ordenamos que cada y cuando que de algún negro se hiciese justicia de muerte por haber andado huído se pague al señor del negro o blanco de los venidos de España que sea esclavo, treinta pesos de oro del arca, salvo si hubiese hecho delito o delitos de

> más de la fuga porque merezca la dicha pena de muerte, que en tal caso no se le ha de pagar por él casa alguna, y si no los hubiesen o faltasen en algún tiempo que así para lo susodicho como para lo demás contenido en estas ordenanzas se reparta entre los que tuviesen esclavos conforme a la necesidad que hubiese. (Deive, "Ordenanzas" 285)

En tercer lugar, estas ordenanzas proponen la generación de lo que podríamos denominar una burocracia específicamente dedicada a mantener la observancia de las normas y obtener los recursos implicados en su ejecución (285-86). Para que esto sea posible, se ordena la creación de un arca sostenida por un impuesto a la venta de cada cautivo, el registro de todos los cautivos que lleguen a la isla y la divulgación a todos ellos de estas ordenanzas.

En consecuencia, podemos decir que esta legislación, motivada a partir del levantamiento, refuerza la representación del cautivo bozal como fuerza que una vez capturada tiene que ser ajustada a las necesidades de los colonos en Indias. Si bien en esta temprana legislación el origen de los cautivos no parece ser una inquietud fundamental sí lo es la producción de ellos como grupo particular, sometido a un régimen específico y con un incipiente aparato institucional creado para garantizar su sometimiento. En este sentido, la representación del cautivo bozal es fruto de ciertas suposiciones cognoscitivas pero, más que nada, resultado de todo un conjunto de disposiciones normativas en las cuales el clérigo Las Casas no posee participación alguna.

Sin embargo, el impacto de este levantamiento no se queda ahí. En 1575, el viajero italiano Girolamo Benzoni publica por primera vez su *Historia del Nuevo Mundo*. En ella hace referencia a este levantamiento, no con el fin de exaltar la valentía y astucia de los españoles frente a los cautivos, sino para mostrar que dicho levantamiento responde a las crueldades cometidas por los españoles y expresa una creciente capacidad de organización y resistencia por parte de aquellos: "a causa de estas grandísimas crueldades, algunos de ellos [negros de Guinea] se dieron a la fuga ya en los primeros tiempos, yendo por la isla como desesperados, y tanto se han multiplicado que han dado que hacer, y lo siguen dando, a los españoles que viven en ella" (162). Sin embargo, este tipo de aproximación crítica no es la que predomina en el mundo indiano español.[39] En 1589 en sus *Elegías de varones ilustres de Indias*, Juan de Castellanos hará referencia a este hecho para reivindicar una vez más las virtudes de los

---

[39] Más adelante, en el capítulo 5 de nuestra exposición, volveremos sobre esta aproximación de Benzoni a las rebeliones de esclavos en la Española.

españoles a la hora de confrontar a los Gilosos (nombre que da probablemente a los Jelophes) a los que caracteriza como "muy guerreros con vana presunción de caballeros" y "viles y bárbaros" (48-49).

Con la entrada de Las Casas a la orden de los Dominicos en 1522 se cierra el primer ciclo de defensa de los indígenas en su vida pero también su primer ciclo de intervenciones en el inicio de trata de cautivos africanos hacia las Indias. Lo primero que vale la pena resaltar es que, al menos por lo que muestran las fuentes que hemos presentado hasta ahora, Las Casas sugiere cinco veces la introducción de cautivos africanos. Sus sugerencias no son las únicas que favorecen el inicio del tráfico ni parecen ser tan decisivas como sí lo son, por ejemplo, los pareceres de los jerónimos. Las Casas tampoco es una voz decisiva en la construcción del bozal representado como mano de obra fundamental en el proceso de colonización de las Indias. Sus esfuerzos entre 1516 y 1521 se concentran en tratar de evitar el exterminio de los indígenas proponiendo un conjunto de estrategias, una de las cuales es la introducción de cautivos provenientes de la península ibérica. Llama la atención, además, que Las Casas no parece estar enterado de los levantamientos de cautivos y, mucho menos, de las legislaciones que comienzan a producirse para reforzar el control sobre ellos. Sin embargo, lo que sí puede notarse es que Las Casas está introduciendo dos elementos que aparecerán en el desarrollo posterior de la trata: el vínculo entre esclavitud y producción de azúcar y, lo que es tal vez más importante, la representación del cautivo africano como mano de obra necesaria para colonización europea de las Indias. En pocas palabras, hasta este momento Las Casas es más que nada subsidiario de ideas que están en el ambiente. La inserción de estas ideas y, más que nada, de las representaciones de los cautivos presentes en ellas dentro de sus incipientes proyectos de cristianización será decisiva en las siguientes etapas de su ministerio.

2. La primera crítica al tráfico de cautivos africanos y la defensa de los nativos americanos contra la esclavización (1521-1540)

2.1 La crítica al monopolio

En la relación de Las Casas con el tráfico de cautivos africanos podemos establecer un segundo momento que consiste en la crítica que él hace al monopolio en la trata hacia las Indias. Un acercamiento a esta crítica nos permitirá reconocer una primera toma de posición explícita de Las Casas en lo concerniente a la introducción y venta de cautivos, y cierta transformación en su representación de ellos.

Después de que su proyecto de colonización en Cumaná queda abruptamente interrumpido, el clérigo Las Casas decide hacerse dominico. Ingresa a la Orden en 1522. Entre 1523 y 1526 hace su profesión religiosa y realiza estudios de exégesis, teología, filosofía, derecho e historia. A partir de 1527 es nombrado superior de la casa de los dominicos en Puerto Plata, poblado ubicado en la costa nororiental de La Española, donde es puesto a cargo de ocho frailes. Ese mismo año decide dar comienzo a la redacción de su *Historia de las Indias*, obra cuya redacción finalizará más de treinta años después. En 1533 comienza la redacción del *De unico vocationis modo*, texto que posiblemente finaliza en 1534 (Parish y Weidman, *Las Casas* 31, 91-2) y en el cual, animado por haber participado en la pacificación del cacique Enriquillo, propone que los nativos americanos sean cristianizados de forma pacífica, esto es, sin hacer uso de la fuerza y de la violencia sino sólo de la paciencia y la persuasión.

Durante todo este período que va de 1520 a 1535 las peticiones de cautivos africanos por parte de los colonos se siguen incrementando y, en consecuencia, se siguen otorgando licencias para todas las islas al tiempo que se enfatiza la necesidad de que el número de cautivos en cada lugar no sobrepase en proporción un cuarto de la población total (Pérez Fernández, *Fray Bartolomé* 66). Sin embargo, los problemas continúan. De un lado, la entrega de un segundo monopolio a Gorrevod en 1522 despierta aún más críticas por parte de los colonos y las autoridades indianas. Esto obliga a que la Corona revoque el monopolio el 15 de enero de 1523, autorizando el libre pero distribuido ingreso a las islas de los cuatro mil esclavos que habían sido acordados con Gorrevod y entregando a éste, a manera de indemnización, los derechos de almojarifazgo sobre estas licencias (Friede 123-24). Esta liberalidad en el otorgamiento de las licencias provoca que el contrabando de esclavos siga incrementándose. Por otro lado, los cautivos persisten en sus intentos de rebelión y fuga. Las autoridades indianas consideran que ello se debe a la condición ladina de varios de éstos y no, como posteriormente se afirmará, a la condición jelofe o musulmana de ellos. Ello provoca que, el 11 de mayo de 1526 desde Sevilla, el emperador despache una real cédula que firma Francisco de Los Cobos. Según dicha cédula:

> Por cuanto estoy informado que, a causa de llevar *negros esclavos ladinos* destos nuestros reinos a la isla Española, *los peores y de más malas costumbres que se hallan*, porque acá no se quieren servir dellos, *e imponen y aconsejan a los otros negros mansos* que están en la dicha isla pacíficos y obedientes al servicio de sus amos, han intentado y probado muchas veces de se alzar y [se] han alzado e ídose a los montes y hecho otros delitos, y nos fue suplicado y pedido por merced [que] cerca dello mandásemos proveer de remedio mandando... Por ende, por la presente declaramos y mandamos que ningunos ni algunas personas, agora no de aquí en adelante no puedan pasar ni pasen a la dicha isla Española ni a las otras islas e tierra firme del mar Océano ni a ninguna parte dellas, ningunos negros que en estos nuestros reinos o en el reino de Portugal hayan estado un año, *salvo de los bozales que nuevamente los hubieren traído de sus tierras*. (Encinas, *Cedulario Indiano* 4: 384, énfasis mío)

A la representación del cautivo bozal como mano de obra disponible se agrega ahora la visión de él como fuerza dócil que no ha sido pervertida por la vida en la península ibérica. Ahora bien, la exclusión de los ladinos del tráfico hacia las Indias va acompañada del énfasis en criterios tales como el número y el género de bozales que deben ser traídos a estas tierras. El trabajo de las minas y el aumento en el número de los ingenios va generando una incesante necesidad de mano de obra que se ajuste a las condiciones de las islas y a los esfuerzos implicados tanto en la extracción del oro como en la producción de azúcar.[40]

---

[40] Una petición del 30 de marzo de 1526 es expresión clara de esta necesidad. Los oidores de la Audiencia de Santo Domingo, Espinosa y Zuazo, firman una relación en la que proponen cómo poblar La Española, y

Llamativamente, el incremento de la población cautiva en Santo Domingo va de la mano con una creciente despoblación de indígenas y españoles en la isla. La llegada de los conquistadores a las tierras de Castilla de Oro (1515), Nueva España (1518) y Perú (1531) provoca que muchos de los colonos españoles comiencen a moverse hacia esas tierras en busca de mejor fortuna. Una Información del 16 de abril de 1520 asegura que de los quince pueblos que había en la isla sólo quedan en ese momento doce y en ruinas (CDIA 1: 386-91). En 1528 sólo quedan ocho poblaciones algunas de las cuales mantienen su nombre y sólo diez o doce vecinos (CDIA 34: 556). La única prosperidad poblacional se da en Santo Domingo y se debe a que produce "a cabsa de los edificios de ingenios e gente de negros que se han metido en ella" (CDIA 11: 343-48).

Intentando satisfacer la creciente demanda de cautivos africanos e implementar una estrategia para la introducción de ellos que subsane los problemas provocados por la cesión de las licencias a Gorrevod, la Corona decide asignar de manera exclusiva a la casa Welser la importación de éstos a partir de 1528 (Ramos Pérez, "Negocio" 10).[41] Este asiento es concedido inicialmente por cuatro años, pero se prorroga hasta 1538, momento a partir del cual se implementará un sistema de licencias (Cortés López, *Esclavo* 39-44). Este asiento hace parte de un conjunto de acuerdos que la corona española establece con la casa Welser y que permiten a esta última explorar ciertas partes de la Tierra Firme para extraer oro y especias mediante la introducción de mineros alemanes (Otte, *Cédulas* 245-52; Ramos Pérez, "Negocio" 10-20). En dicho contexto, el propósito del asiento es que los Welser introduzcan cuatro mil cautivos africanos a las Indias, siendo una tercera parte de ellos mujeres. Esta licencia hace parte de una estrategia de la corona tendiente a combatir

---

afirman que los vecinos están dispuestos a armar pueblos, al menos uno de cincuenta casados, la mitad españoles y la otra mitad negros, todos traídos de España. Estos oidores piden que a los pueblos que estén cerca de las minas (la Concepción de La Vega, Puerto Real, San Juan de la Maguana) "Vuestra Majestad les haga la merced de les mandar socorrer con mil *negros bozales* mandándoselos dar fiados a un precio que Vuestra Majestad fuese servido (...) Porque los negros es acá hacienda sigura e tan perpetua, especialmente siendo casados, e la tierra muy favorable para ellos, porque no tienen riesgo, suplicamos a Vuestra Majestad este capítulo se vez y se provea porque nos paresce que es uno de los más principales que se pueden proveer para la población y perpetuidad de esta isla (...) Y en caso que Vuestra Majestad no sea servido que estos negros se trayan por los oficiales de Vuestra Majestad y de su hacienda real ... haga merced a los vecinos de esta ciudad de Santo Domingo, con los que de esta isla se juntaren con ellos, para que ellos tengan maña cómo se traigan los dichos negros... y en lo de repartir los dichos negros se cometa a esta Real Audiencia" CDIA 11: 354-60, énfasis mío.

[41] El texto de esta licencia se encuentra en el Apéndice 1.

el creciente contrabando de cautivos, tomando ventaja de la infraestructura, prestigio, solvencia económica y tasa que la casa Welser ofrece pagar por la licencia de importación de cada cautivo. En este sentido, el asiento intenta desestimular, de un lado, las transacciones que los mercaderes genoveses y portugueses hacen directamente con los colonos y, de otro lado, el transporte de cautivos sin licencia en las naves que transportan cautivos para los cuales ésta sí se ha adjudicado (Cortés López 2004: 75-81). Sin embargo, el asiento posee una ambigüedad que ha sido agudamente señalada por Ramos Pérez, a saber, no deja en claro cuál deber ser la forma de distribución de los cautivos que son importados entre los alemanes y los demás colonos ("Negocio" 40). En consecuencia, las dificultades tanto en el transporte y la comercialización de los cautivos, lo mismo que las malas relaciones que los colonos mantienen con la casa Welser, dado el interés que ésta última tiene en adquirir control de la producción minera y de los cautivos para su exclusivo beneficio, llevan a que, de un lado, ésta se vea abocada a pleitos y renegociaciones de lo pactado con la Corona y, de otro lado, a que los problemas de suministro y precio de cautivos no encuentren mejoría (Friede 124-27; Ramos Pérez "Negocio" 56-77).

Además de ello, algunos documentos permiten inferir que los mercaderes, contraviniendo el mandato real, siguen importando cautivos berberiscos. En este sentido, el 19 de diciembre de 1531, en Medina del Campo, la reina despacha una real cédula a los oficiales de la Casa de Contratación de Sevilla en la que ordena que no pase a las Indias ningún cautivo blanco berberisco sin licencia real, como está mandado (Encinas, *Cedulario Indiano* 4: 383). Esta inquietud sobre el tipo de esclavos que se importan vuelve a ser expresada el 28 de septiembre de 1532 cuando la reina despacha otra real cédula a los oficiales de la Casa de Contratación de Sevilla en la que ordena que no envíen a las Indias cautivos negros Jelofes (variación de "jolofo" o senegalés) sin licencia real debido a que se considera que ellos son los responsables de los levantamientos en las islas (*Cedulario Indiano* 4: 383). Como puede notarse, a la base de muchas de estas normas se halla la preocupación constante acerca de los levantamientos de los cautivos en las islas. Sin embargo, llama la atención que en poco tiempo se pasa de la creencia según la cual el impulso a la rebelión proviene de la condición ladina de algunos de los cautivos a la creencia según la cual este impulso se debe a su origen Jelofe.

Junto con estos problemas y ajustes en la trata, encontramos el surgimiento de nuevas legislaciones sobre los cautivos que principalmente buscan conjurar los intentos de fuga de éstos[42] y, más aún, una propuesta de liberación de ellos después de que cumplan con cierto tiempo de trabajo. En octubre de 1526 un dominico procedente de Indias, según Isacio Pérez Fernández, podría ser fray Tomás Berlanga, quien presenta un Parecer al emperador en el cual afirma:

> Item... sería bien que Su Majestad hiciese una ley en aquellas tierras que el negro que hubiese servido a su amo quince años sin se le ausentar, fuese libre. Item, que el negro que hubiese sacado a su amo quince marcos de oro, por el mismo cargo fuese libre, y año de servicio por marco de oro. Item, que todos los negros fuesen casados dentro de cierto tiempo. Para esto dar orden cómo los negros que agora están en la isla entrasen en la misma ley; y podríaseles a sus amos hacer alguna equivalencia de indio o indios, según que se ordenase, porque los moradores que agora son no tuviesen razón de se quexar de la tal ley. Item, que cualquiera negro horro que quisiese comprar a su mujer e hijos, supiese lo que le había de llevar su amo por ellos. (Serrano y Sanz 151)

En cierto sentido, como respuesta a este Parecer, el emperador manda una carta al gobernador de la Nueva España consultando sobre la conveniencia de que los cautivos africanos sirviendo algún tiempo se casen y, pagada alguna cantidad a su dueño, queden libres (*Cedulario Indiano* 4: 398). Sin embargo, parece que este tipo de propuestas no encuentra mayor resonancia. La liberación de cautivos estará ligada, como veremos más adelante en el caso de Pedro Carmona, a una concesión discrecional del amo y no a la retribución por los trabajos que ellos realizan.

En este contexto de reconfiguración de la trata, la cual pasa y deja de ser un negocio administrado por la discreción del rey para convertirse en un elemento articulado dentro de los proyectos de colonización de la Indias, la figura del ahora dominico Las Casas vuelve a reaparecer después de seis años de formación religiosa. En 1528, fray Bartolomé de Las Casas participa en la redacción de un Memorial de denuncias de los desmanes infringidos contra los indígenas. Es su primer texto de denuncia como dominico y marca el reinicio

---

[42] El 12 de octubre de 1528, el emperador aprobará este conjunto de normas que serán ajustadas, aumentadas y sancionadas varias veces a lo largo del siglo XVI. Tenemos noticia acerca de estas normas a través del "Extracto de Ordenanzas formadas para el sosiego y seguridad de los esclabos negros de la isla Española, aprobadas el 12 de octubre de 1528, 1535, 42, 45, 29 de abril de 1544 y 22 de mayo del mismo año, confirmadas por el Consejo de Indias en 22 de septiembre de 1547 y de otras formadas por el cabildo secular de aquella isla y presentadas a la Audiencia en 27 de abril de 1768". Estas normas serán la base de los códigos negros creados por los franceses y los españoles en los siglos XVII y XVIII. Para una presentación y análisis de estas normas puede consultarse el libro de Manuel Lucena Salmoral *Los códigos negros de la América Española*.

de sus actividades en defensa de los indígenas.[43] Fruto de estas denuncias de Zumárraga, Berlanga, Montesinos y el mismo Las Casas, el 2 de agosto de 1530 se proclama una Real Provisión por la cual se prohíbe la esclavitud de los nativos.

El 20 enero de 1531, Las Casas escribe una carta al Consejo de Indias denunciando los desmanes cometidos por los españoles en Venezuela, Santa Marta, el Darién, Honduras y Yucatán ("Carta al Consejo de Indias" 65-80). Esta carta posee un estilo distinto al de los primeros memoriales. Mientras que éstos presentan sin mayor preámbulo un listado de remedios con soluciones específicas para cada región impactada por la colonización española, esta carta propone una más bien corta lista de remedios precedida por un largo preámbulo en el cual Las Casas conmina a los miembros del Consejo de Indias a asumir cabalmente, so pena de condenación eterna, las responsabilidades que tienen en lo que concierne a la protección y cristianización pacífica de los habitantes de Indias, quienes han sido objeto de múltiples vejámenes por parte de cristianos que, lejos de comportarse como ovejas entre lobos, se han comportado como lobos entre ovejas (72-73).

Dentro de sus denuncias, Las Casas tiene algunos comentarios en contra de la casa Welser y los acuerdos que la corona ha firmado con ella. Las Casas considera que estos acuerdos sólo promueven el saqueo de las riquezas, el despoblamiento de los territorios a los cuales les han permitido acceso y el enriquecimiento exclusivo de Alemania. Expresando su disgusto por esta situación, pregunta retóricamente a los miembros del Consejo de Indias: "por qué, señores, hazéis tantas liberalidades de lo que no conosçéis ni sabéis que dais, ni podéis dar, con tanto perjuizio de Dios y de los próximos" (73). Ahora bien, el disgusto de Las Casas es entendible dado que la corona otorga a la casa Welser autorización para explotar los territorios en los que el proyecto de colonización liderado por Las Casas ha fallado en 1521. Sin embargo, Las Casas no hace en su crítica ninguna mención al asiento que la corona ha otorgado a la casa Welser, el monopolio para la importación de cuatro mil cautivos africanos. Lo que más le preocupa es que la presencia de los alemanes en la Tierra Firme sólo continuará la explotación de los indígenas contra la cual él ha venido luchando.

---

[43] El texto de este memorial no ha llegado hasta nosotros. Tenemos noticia de él gracias al trabajo realizado por Parish y Wiedman quienes, con base en las informaciones aportadas por otros textos, concluyen que Las Casas pudo tener decisiva participación en la redacción de un parecer de los dominicos en contra de la esclavización indígena el cual fue entregado por dos de ellos en la corte en 1529. Véase *Las Casas* 90-1; CDIA 11: 243-49.

El peor de los remedios

Una vez que ha hecho su elogio y conminación de los consejeros, lo mismo que su diagnóstico de la situación en las Indias, Las Casas propone dos tipos de remedios, uno para las partes de Tierra Firme y Yucatán y otro para las islas. El remedio para Tierra Firme –aquella en la que se encuentran los alemanes de la casa Welser– consiste en sacar a los que se encuentran allí explotando a los nativos y nombrar quince o veinte frailes junto con varios religiosos quienes, bajo la égida de un obispo y con el apoyo de un caballero con cien soldados, edifiquen un fuerte desde el cual se dediquen a cristianizar pacíficamente y a promover que los nativos paguen tributos al rey de España (76-8). El remedio para Yucatán es el mismo sólo que en vez de cien hombres sólo se deben enviar cincuenta (78-9). Ahora bien, el remedio para las islas consiste en que los pocos nativos que quedan sean liberados y cristianizados sin que tengan que pagar tributo ya que "harto lo han sudado" (79), dándoles dónde vivir y manteniéndolos. En cuanto al remedio para los cristianos que habitan las islas, Las Casas declara:

> El remedio de los cristianos [destas islas] es éste, muy cierto: que S. M. tenga por buen prestar a cada una de estas islas *quinientos e seiçientos negros*, o lo que paresçiere que al presente bastaren para que se distribuyan por los vecinos, e que oy no tienen otra cosa sino indios. E los que más vecinos vinieren, a tres e a cuatro, e a seis, según que mejor paresçiere a la persona que lo oviere de hazer, e se los fien por tres años, *apoteçados los negros a la mesma deuda*, que al cabo del dicho tiempo será Su Majestad pagado; e terná poblada su tierra; e abrán crecido mucho sus rentas, así por el oro que se sacará de las minas, como por las aduanas y almoxarifazgos e otros intereses que mucho crecerán. (79, énfasis mío)

En esta sexta sugerencia Las Casas ya ha incorporado la representación según la cual los cautivos han de ser negros e introducidos como una mercancía que se reparte a crédito entre los colonos y asegura el poblamiento de las tierras, evitando cualquier tipo de explotación de la mano de obra indígena. Ahora bien, después de que ha terminado la carta, Las Casas añade a ésta un colofón en el que afirma:

> Por tener tanto cuidado de abreviar en esta carta, aunque no he podido, dexo muchas cosas harto necesarias de dezir en ella. E una es que en las fortalezas que se han de fazer se pueden tanbién hazer pueblos de los cristianos que allí quisiesen ir a bibir, no por sueldo del rey, sino de las granjerías de la tierra, e podrían llevar *esclavos negros o moros de otra suerte*, para servirse, o bibir por sus manos, o de otra manera que no fuese por perjuizio de los indios.

> Una, señores, de las grandes causas que an ayudado a perderse esta tierra e no se poblare más de lo que se ha poblado, alos menos de diez o honze años acá, es no *conçeder libremente a todos cuantos quisieren traer las liçençias de los negros, la cual yo pedí y alcançe de S. M.*; no, cierto, para que se vendiese a ginoveses ni a los privados que están sentados en la corte, e a otras personas que por no afligillas dejo de dezir, sino para que se repartiese por los vezinos y nuevos pobladores que viniesen, e para remedio e livertad e resuello de los indios que estaban oprimidos, que saliesen de tal cativerio; pues Dios me avía puesto el remedio dellos, e la población desta tierra en las manos, e todo me lo conçedió V. M. Pero poco aprobechó, por las causas dichas, e porque no entendí yo más en los negocios, tomándome Dios para mi mayor seguridad.
> Tengan V.S. e mercedes por muy malos servidores del rey a quien pidiere merced y licencia para negros, si saben el daño que hazen, e si no lo saben, avísenles dello; e antes Su Majestad saque diez mill ducados de su Cámara e *haga merced dellos a quien meresçiere darle licencia de negros*; que menos daño verná a su serviçio que si solamente concediese licencia de treinta negros; porque quitan treinta vezinos cristianos, e, por consiguiente, quinientos e mill, andando por presçio el repartir destas liçençias. Abran la puerta a todos, que no saben el daño que al Rey fazen, e poblarse la tierra muy largamente, y verán el provecho de no vender las dichas licencias. (79-80, énfasis mío)

Con respecto a este pasaje, es necesario hacer diversas consideraciones. En primer lugar, Las Casas habla de la posibilidad de introducir cautivos negros y moros en las Indias. Dado que ya desde 1526 la importación de cautivos que no fueran bozales está prohibida, esta afirmación de Las Casas puede ser fruto de un descuido en su escritura, una muestra de que no conoce muy de cerca las legislaciones sobre importación de esclavos o, simplemente, la expresión de una creencia según la cual tanto los cautivos negros como moros pueden ser considerados como bozales. No tenemos elementos para decidir al respecto.

En segundo lugar, Las Casas formula su primera crítica al tráfico y, más en concreto, al monopolio dado primero a Gorrevod y luego a la casa Welser en el comercio de cautivos. Las Casas se considera a sí mismo como quien logró que el rey aceptara otorgar licencia para importar cautivos de África hacia las Indias, "la cual yo pedí y alcançe de S. M.". Ello lo pone en posición de poder exigirle a la corona española que conceda la libertad de importar cautivos a todo el que viva en las islas y así lo quiera. Las Casas considera que dando esta libertad se garantizará que el propósito inicial de su sugerencia se cumpla efectivamente, a saber, asegurar el poblamiento de los nuevos territorios sin que ello implique la subyugación de los nativos.

En esta crítica, Las Casas suscribe las quejas hechas por colonos y autoridades indianas en ese momento tanto a Gorrevod como a la casa Welser. Sin embargo, es necesario reconocer que Las Casas no parece preocupado por los temas de la procedencia de los cautivos sino por su disponibilidad y precio para quienes los necesitan en las Indias. Su crítica se concentra en los problemas de suministro y precio de los cautivos y no en el hecho de que la trata exista. Aunque este momento Las Casas está teniendo fuerte polémicas con las autoridades indianas y que, como fruto de la presión de los oidores, el vicario provincial le hace regresar desde Puerto de Plata hacia Santo Domingo en septiembre de 1532 y le prohíbe que predique, su percepción del tráfico de cautivos es muy similar a la de aquellos contra los que está combatiendo a favor de los indígenas. Su crítica a la trata se dirige a la forma cómo ésta es practicada en las islas, no tiene nada que ver con un interés particular en defender a los cautivos africanos y se concentra en la posibilidad de proteger a la casi eliminada población indígena, manteniendo la presencia de colonos españoles.

Desde la perspectiva de los colonos y de Las Casas mismo, el problema de los monopolios es que no solucionan la escasez de cautivos y aumentan el precio afectando la propuesta de los frailes jerónimos para repoblar las islas, la cual consiste en la explotación de las minas y en la promoción de los recién introducidos ingenios de azúcar. Dichos ingenios exigen la importación de mano de obra cautiva, la cual ha sido explícitamente solicitada por los frailes jerónimos. Éstos, de hecho, conceden al menos treinta licencias a los vecinos de La Española, ayudas económicas hasta de quinientos pesos e incluso encomiendas de indios con el fin de construir ingenios (Pérez Fernández, *Fray Bartolomé* 77-78). Sin embargo, el monopolio de la trata afecta este proceso al punto de hacerlo fracasar, según la perspectiva de los vecinos de La Española.[44] En esta

---

[44] Desde muy temprano, el 15 de febrero de 1521, los vecinos de La Española, en una Petición ya han expuesto los problemas ligados a la importación de esclavos, en particular, el sesgo en la distribución y el alto precio de ellos: "Hasta ahora, las comunidades desta isla no han reclamado, con la esperanza [de] que habiendo sido certificados que los habían de traer mucha cantidad de negros e que traídos los habrían en convenibles precios; e agora, habiendo pasado más de dos años [de] la dicha merced en los cuales se traían, que hobieran traído mucha cantidad de negros, no han venido sino muy pocos e de tal calidad que son de muy poco provecho a cabsa [sic] de haberlos en los lugares que los compran a menos precio; y éstos son traídos e traen e reparten e encierran entre cinco o seis personas, con los cuales Melchor Centurión, que tiene aquí cargo de vender los dichos negros, tiene fechos partidos para que los paguen en azúcar, por manera que así de los que han vendido como de los que esperan y son en camino, y no se tiene ninguna esperanza [de] que otras personas de más de las cinco o seis puedan haber otros algunos esclavos porque traen tan pocos quel dicho Melchor Centurión no puede cumplir con mucha parte de lo que así debe, cuanto más con otras personas con quien no tiene fechos partidos; y, puesto cabso [sic] que truxeran negros en cantidad, no los dan ni quieren dar sino a muy subidos precios, porque no le dando lo que quieren los envía a sus estancias a minas y labores en granjerías que en esta ciudad ha comprado y compra el dicho Centurión, no lo pudiendo hacer, seyendo como es contra las premáticas de España e prohibido en estas partesque no pasen a ella genoveses algunos ni puedan

misma línea, según la cual el monopolio sólo ha beneficiado a Gorrevod y a los genoveses, Las Casas escribirá casi treinta años después, en el libro tercero de la *Historia de las Indias*:

> Fue muy dañosa esta merced [la concesión del monopolio a Gorrevod] para el bien de la población destas islas, porque aquel aviso que de los negros el clérigo había dado era para el bien común de los españoles, que todos estaban probes y convenía que aquello se les diese de gracia y de balde, y como después los ginoveses les vendieron las licencias y los negros por munchos castellanos o ducados —que se creyó que ganaron en ello más de doscientos y ochenta y aun trecientos mil ducados— todo aquello se sacó dellos, y para los indios ningún fructo [sic] dello salió, habiendo sido para su bien y libertad ordenado, porque al fin se quedaron en su captiverio hasta que no hobo más que matar. (3 [307v-308]: 2191)

La queja de Las Casas muestra que, para él, el principal propósito de la introducción de cautivos africanos, esto es, detener el exterminio de los nativos, no pudo ser cumplido y la despoblación de la islas continuó su curso. Esta despoblación, provocada por el exterminio de indígenas y por la partida de españoles hacia Tierra Firme, promueve el contrabando de esclavos entre los vecinos que persisten en quedarse en las islas, resguardándose en la licencia general concedida en 1526 para que todos los que quisieran importaran esclavos africanos (Cortés López, *Esclavo* 75-81).

Según Isacio Pérez Fernández, Bartolomé de Las Casas ya había anticipado lo que más tarde sería denunciado por los vecinos de La Española, esto es, las desventajas del monopolio (*Fray Bartolomé* 81-3). Lo que importa enfatizar ahora es qué es lo que Las Casas critica en el uso de monopolio para administrar la trata. En el mismo capítulo 102 del libro tercero de su *Historia de las Indias*, Las Casas recuerda:

> Habló el clérigo al Rey afirmándole que Su Alteza debía de hacer merced al dicho gobernador de Bressa de los veinte y cinco mill ducados de su cámara, porque les sería muy más barato, según el daño y el deservicio que había de rescebir en no asentar la población destas islas, que por entonces se comenzaba, de lo cual necesariamente habían de suceder otros munchos inconvenientes y daños; pero como el Rey tenía

---

comprar haciendas raíces ni otros bienes algunos" Giménez Fernández, *Bartolomé de Las Casas* 2: 565. La protesta de los vecinos está asociada con su propuesta de derogar la licencia dada a Gorrevod: "la cual dicha licencia piden su derogación de la que Su Majestad hizo al dicho gobernador de Bressa; porque, aunque V. S. conceda la dicha licencia, no va contra lo que S. M. tiene concedida al dicho gobernador de Bressa, cuanto que no hará otra merced hasta tanto que se haya cumplido la suya" 564-65.

por entonces pocos dineros, y no se le podía por entonces dar todo a entender, no aprovechó nada. (3 [308]: 2192)

De acuerdo con este pasaje, Las Casas habría recomendado al rey, alrededor de 1518, que éste pagase la cantidad que Gorrevod pedía por la licencia para que éste no la vendiera a los genoveses y se evitaran así los problemas producidos por la venta de las licencias. Sin embargo, el rey no tenía recursos para hacerlo. Radicalizando este mismo argumento según el cual la implementación de la trata africana hacia las Indias no permitió la protección de los nativos, en el capítulo 129 del libro tercero de su *Historia de las Indias* las Casas hace la siguiente consideración:

> había entonces [1518] en esta isla hasta diez o doce negros que eran del rey, que se habían traído para hacer la fortaleza que está sobre y a la boca del río, pero dada esta licencia y acabada aquella, siguiéronle otras muchas siempre, de tal manera que se han traído a esta isla sobre treinta mil negros, a todas estas Indias más de cien mil, según creo, y nunca por eso se remediaron ni se libertaron los indios, como el clérigo Las Casas no pudo más proseguir los negocios y el Rey ausente y los del Consejo cada día nuevos e ignorantes del derecho, que eran obligados a saber. (474)

En este pasaje, Las Casas declara que, no obstante estar consciente de los problemas concernientes a la importación de esclavos desde mucho antes de 1531, no pudo proseguir estas discusiones porque, como lo hemos señalado más arriba, desde 1521 hasta 1531 Las Casas se dedica principalmente a formarse como dominico y sólo a partir de 1528 vuelve a gestionar su defensa de los indígenas. Sólo hasta 1531 vuelve su atención hacia el tráfico de cautivos africanos pero debido a que la explotación de los nativos americanos no parece haber cedido a pesar de haberse promovido el ingreso de una mayor cantidad de cautivos africanos.

No es fácil establecer la precisión de estas afirmaciones de Las Casas, redactadas en 1559, acerca de sus críticas tempranas al monopolio en el comercio de esclavos. La formulación más temprana de esta crítica la tenemos en el texto de 1531 cuando los problemas ya han aparecido y han sido denunciados por otros. Es difícil establecer qué está buscando Las Casas al presentarse como alguien que anunció los problemas del monopolio mucho antes que otros lo hicieran. En el orden cronológico, ningún texto del fraile de los que han llegado hasta nosotros ofrece indicación de esta preocupación antes de 1531. Cuando nos dediquemos más adelante a los apartados dedicados a su arrepentimiento, propondremos una hipótesis al respecto. De momento, nos interesa enfatizar solamente que la crítica de Las Casas no abandona sino que, antes bien, radicaliza la representación según la cual los cautivos africanos son una fuerza laboral necesaria para evitar la despoblación de las islas.

Su argumento es que precisamente la ausencia de una adecuada cantidad de cautivos ha causado el despoblamiento de las islas y que el rey debe tomar todas las medidas necesarias para que la afluencia de ellos hacia las Indias sea abundante y rápida. Su propuesta del abandono del monopolio, de tal modo que todo el que necesite esclavos pueda importarlos por sus propios medios, expresa una perspectiva desde la cual los cautivos africanos aparecen como recurso que tiene que ser proveído del modo más efectivo posible. Lo que motiva la crítica de Las Casas no es la idea de humanidad sino el proyecto de una colonización que precisa mano de obra abundante. Las Casas entiende que el avance de esta colonización implica que los cautivos puedan circular como mercancía sin las trabas que introduce primero el sistema de privilegios y prebendas caballerescos de la corte flamenca y, posteriormente, la figura del monopolio.

Si seguimos la pista planteada por Foucault en *Las palabras y las cosas* (164-209) cuando afirma que una de las características que define la transformación epistemológica que va del Renacimiento (siglo XVI) a la Época Clásica (siglo XVII) es el surgimiento de una representación de la riqueza como objeto de intercambio expedito y no de acumulación misteriosa, bien podemos ver que Las Casas anuncia esta transformación epistemológica para el caso de los cautivos africanos en las Indias. Su representación de ellos como mercancía que tiene que ser importada de acuerdo con las necesidades de los colonos hace explícita una transformación que va de una concepción caballeresca de la esclavitud, que ve en el cautivo un prisionero de guerra, hacia una concepción mercantil que ve en él un insumo necesario para adelantar un proyecto colonizador que de otro modo está condenado al fracaso. Más aún, si seguimos la pista de Agamben, para quien el cautivo está en los límites de la constitución de lo social, podemos decir que la crítica que hace Las Casas al monopolio muestra que la colonización española de las Indias mantiene ese límite pero variando el criterio que lo define. Mientras que en la España peninsular ese límite es la diferencia religiosa que produce la esclavitud doméstica, en las Indias ese límite será la demanda de mano de obra que produce al cautivo africano como mercancía necesaria para el avance de la colonización. Sin embargo, estos dos límites estarán traslapados y la legislación que intenta controlar los cautivos será prueba de ello.

2.2 La lucha contra la esclavización indígena

El 1 de febrero de 1533, el vicario general de la Orden de los predicadores, fray Juan de Feynier, nombra a Las Casas visitador en La Española y en San Juan. Este parece ser un espaldarazo a la gestión de denuncia que viene realizando Las Casas. A pesar de que el 7 de junio de 1533 los oidores envían una carta al Consejo de Indias criticando la labor del fraile como contraria al proceso de colonización, su nombramiento como visitador le da la posibilidad de moverse por estas islas más libremente. En concreto, Las Casas decide ir a hablar con Enriquillo, un jefe indígena que se había levantado desde 1519 en la región de El Baoruco, iniciando su viaje a finales de agosto de 1533 y permaneciendo en la región hasta mediados de septiembre posiblemente (Pérez Fernández, *Cronología* 516). Durante este tiempo, Las Casas persuade a Enriquillo para que acoja la propuesta de pacificación hecha por las autoridades españolas y éste último regresa a Santo Domingo en junio de 1534.[45]

Un detalle sobre el que vale la pena llamar la atención es que, hablando del levantamiento de Enriquillo, en su *Historia general y natural de las Indias* (1535) Gonzalo Fernández de Oviedo habla de la participación de los cautivos africanos en dicho levantamiento:

> Quiero deçir que era la causa desto. Quando los chripstianos, seyendo pocos, vençian é destruian á los indios (que eran muchos), dormian sobre las daragas ó rodelas con las espadas en las manos, y estaban en vela con los enemigos. Quando Enriquillo hacia esas cosas, dormian los chripstianos en buenas é delicadas camas, envueltos en grangerias de açúcar y en otras en que las personas é memorias andando ocupadas, no les dexaban libremente entender en el castigo de los indios rebelados con la atençion é diligencia que se requeria: é no se avia de tener en tan poco, en especial viendo que cada dia se yban é fueron á fueron á juntar con este Enrique é sus indios algunos negros; de los

---

[45] Las referencias a este episodio se encuentran en dos cartas de Las Casas, "Carta al Consejo de Indias (20-4-1534)" 82 y "Carta a un personaje de la corte (15-10-1535)" 94. En los capítulos 125 a 127 del libro tercero de la *Historia de las Indias* [fols. 373-82] 2303-16 Las Casas hace una presentación de los inicios del levantamiento de Enriquillo entre 1519 y 1522. Sin embargo, es necesario decir que la participación de Las Casas en la pacificación del cacique Enriquillo ha sido duramente controvertida por Cipriano de Utrera y Ramón Menéndez Pidal, quienes han puesto en cuestión el protagonismo que Las Casas se adjudica a sí mismo en este episodio. Véase Utrera, *Polémica*; Menéndez Pidal, *Padre Las Casas* 73-90. Ambos coinciden en que el proceso de pacificación no fue producto del trabajo de Las Casas, quien sólo tuvo contacto con Enriquillo cuando el proceso estaba muy adelantado con Francisco de Barrionuevo y no determinó de manera decisiva el curso que dicho proceso siguió. Sin embargo, Pérez Fernández lo mismo que Parish y Weidman consideran que los encuentros que Las Casas sostiene con Enriquillo son pieza clave para que éste decida someterse a la corona española y aquél elabore su argumento en pro de una cristianización pacífica de los amerindios en *De único vocationis modo*. Una presentación reciente de la figura histórica de Enriquillo pueden encontrarse en Altman.

> quales ya hay tantos en esta isla, á causa destos ingenios de açúcar, que paresce esta tierra una efigie ó imagen de la misma Ethiopia (Libro V, Capítulo IV: 141).[46]

Es conocido el desprecio que Fernández de Oviedo tiene por los indígenas y que Las Casas denunciará en su *Historia de Indias*. En este pasaje, el cronista trata de explicar el éxito que tienen los ataques de Enriquillo como consecuencia del descuido de los cristianos para estar preparados para contrarrestar dichos ataques y, además, del hecho de que algunos cautivos africanos se le han unido. Las Casas no hace ninguna mención a esta alianza entre indígenas y cautivos africanos en sus alusiones a Enriquillo, en quien ve exclusivamente un líder cristiano indígena rodeado de otros indígenas. Además, Fernández de Oviedo hace una afirmación que expresa de manera diciente el temor que algunos colonos españoles comienzan a sentir con respecto a la transformación en la población de la isla: "de los quales [negros] ya hay tantos en esta isla, á causa destos ingenios de açúcar, que paresce esta tierra una efigie ó imagen de la misma Ethiopia" (141).

El 2 o 3 de enero de 1534, Las Casas protesta ante la audiencia de La Española la esclavización de trescientos indígenas provenientes de Tierra Firme (Pérez Fernández, *Cronología* 360). El 30 de abril escribe una carta al Consejo de Indias defendiéndose de las acusaciones hechas por los oidores en la carta del 7 de junio de 1533 ("Carta al Consejo de Indias (20-4-1534)" 81). En octubre de 1534 escribe una carta, hoy perdida, a Juan Bernal Díaz de Luco, personaje de la corte española, denunciando la despoblación de las islas debida al maltrato que reciben los indígenas, la esclavización de éstos, las encomiendas y la mala gobernación al tiempo que propone algunos remedios (Parish y Weidman, *Las Casas* 93, nota 34). En ese mismo mes de octubre llega fray Berlanga, nombrado obispo de Panamá y juez de cuentas de los tesoros obtenidos por Pizarro en el Perú, quien va en camino hacia Tierra Firme para cumplir sus labores. Las Casas se le une junto con otros tres religiosos y deja La Española a fines de 1534. Termina así su ciclo caribeño que había sido interrumpido sólo por sus viajes a España y por su corta y fallida estadía en Cumaná.

Entre 1535 y 1540, Las Casas consagra su labor misionera para defender a los indígenas en Nicaragua, Guatemala y Honduras contra los intentos de esclavización liderados por algunos de los conquistadores. Durante este tiempo,

---

[46] Fernández de Oviedo dedica los capítulos IV al IX y XI del libro V de su *Historia general y natural de las Indias* a exponer el levantamiento de Enriquillo y en el capítulo XI específicamente habla acerca de la participación de Las Casas en su pacificación.

concebirá y comenzará a desarrollar su proyecto de cristianización pacífica de una región considerada como tierra de guerra a la que rebautizará como la Vera Paz, proyecto que liderará hasta 1547 (Saint-Lu 11-186). Para el fraile es muy claro que la esclavización indígena es inaceptable e ilegítima aunque siga siendo practicada por las expediciones españolas. Debido a esta defensa entabla duras polémicas con varios conquistadores y encomenderos pero obtiene el apoyo de varias autoridades eclesiásticas quienes lo elegirán como uno de sus voceros principales ante las cortes de España hacia donde partirá en 1540.

Las Casas comienza su viaje llegando a Cartagena de Indias en enero de 1535. Luego continúa hacia Panamá donde realiza la penosa travesía del istmo con el fin de continuar hacia Perú. Sin embargo, las dificultades climáticas y la escasez de provisiones en su viaje por el océano Pacífico hacen que él y sus compañeros de viaje abandonen su propósito de ir a Perú y decidan dirigirse hacia Nicaragua, donde llegan en agosto de 1535, con el fin de trabajar en la conversión de los indígenas de esta región. Allí, Las Casas se entera de las esclavizaciones de indígenas y del traslado de éstos hacia Panamá y Perú como fuerza de trabajo. Ante esta situación, el 15 de octubre de 1535 Las Casas eleva una súplica al emperador con el fin de que se le entregue la región del Desaguadero de la Laguna para evangelizar a los indígenas presentes allí a condición de que, so pena de muerte, se prohíba la entrada de aquellos que no sean religiosos a dicha región sin permiso de éstos últimos (Pérez Fernández, *Inventario* 229-31).

Pocos días después, Las Casas escribe una "Carta a un personaje de la corte (15-10-1535)", probablemente dirigida al consejero Bernal Díaz de Luco, en la cual busca informar de la situación en Nicaragua y Guatemala con respecto a la esclavización de los indígenas y promover que la súplica que ha escrito al emperador encuentre eco en el Consejo de Indias. En esta carta, el estilo de Las Casas ha variado significativamente. Ya no trata de proponer remedios sino de hacer un recuento de todos los males provocados por los cristianos en la regiones de Nicaragua y Guatemala con el fin de lograr que se prohíba el ingreso de expedicionarios españoles en estos lugares para que los excesos cometidos por ellos cesen y la cristianización de sus habitantes sea exclusiva responsabilidad de los frailes. Apelando a su experiencia previa en las Indias y la autoridad que ella le brinda para proponer sus denuncias y propuestas, Las Casas arguye que mientras que la expansión española en las Indias siga siendo liderada por cristianos cuya principal motivación es la codicia por el oro, las esclavizaciones injustificadas de indígenas continuarán, su cristianización no será posible y los intereses del rey –esto es, tener más tributos y vasallos– no serán servidos. Más aún, Las Casas considera que de seguir la situación como hasta ahora, se replicará en Nicaragua y Guatemala el despoblamiento ocurrido en La Española y Venezuela.

Ahora bien, no hay en esta carta ninguna sugerencia tendiente a introducir cautivos africanos en Nicaragua y Guatemala. Sin embargo, encontramos en ella un pasaje en el cual Las Casas deja entrever su parecer con respecto a la relación entre la esclavización de los indígenas y la esclavización de los africanos:

> También ha vuestra merced de trabajar que se quite el hierro que se les concede [a los indios], y agora vino concedido para herrar esclavos. Porque públicamente hacen indiferentemente a chicos y grandes como dije, y los van a vender a Panamá y al Perú; y así se acabará muy brevemente toda esta tierra. Y mire que esta provincia es la más necesaria de todas estas partes del mar del Sur, y *no es como la Española, que se pueden hacer ingenios y meter negros*, y por tanto, acabados estos indios, no habrá mas memoria y se perderá el rey lo mejor del mundo. (95 énfasis mío)

Junto con la aclaración según la cual es injustificado esclavizar indígenas en la región de Nicaragua y Guatemala, Las Casas retoma el lazo entre la esclavitud, los ingenios y la isla de La Española que ya había establecido en sus primeras sugerencias de introducir esclavos. No obstante estar totalmente comprometido en la defensa de los indígenas contra la esclavización, nada en este comentario de Las Casas parece indicar algo como una posibilidad de cuestionamiento de la esclavización de africanos en las Indias sino, antes bien, el reconocimiento de ésta como una práctica necesaria para la colonización de la Española. Este es un punto en el cual podemos notar claramente que la defensa que hace Las Casas de los nativos americanos no está basada en un concepto de humanidad que incluye a todo ser humano sino en un concepto de cristianización que ve en el indígena alguien que no puede ser esclavizado, pero mantiene la necesidad de la esclavización africana. Más aún, Las Casas puede identificar a los españoles con los nativos americanos pero su representación de los africanos le impide pensar alguna posibilidad de identificación con ellos. En la misma carta, Las Casas afirma de los nativos americanos:

> no son moros que resisten la fe, ni tienen ni invaden lo ajeno, sino son lo que fuimos en España antes que nos convirtiesen los discípulos de Santiago, y aún harto mejores en esto y más aparejados para recibir la fe que nosotros. (94)

En noviembre del año 1535, llega el nuevo gobernador Rodrigo de Contreras quien decide hacer una expedición de Conquista con cincuenta hombres precisamente a la región que Las Casas ha pedido liberar de la presencia de cristianos, esto es, Desaguadero de la Laguna. Contreras pide a Las Casas ser el capellán de esa expedición y éste responde que sólo aceptará estar en la expedición si él mismo es el capitán y el capellán. Esto implica que lo que se realizará será una expedición pacífica. Contreras se niega y, como respuesta, Las Casas se niega a confesar a los expedicionarios, predicando además en contra de la expedición. La expedición de Contreras fracasa y éste culpa a Las Casas de ello lo cual hace que el fraile se mueva hacia Guatemala en agosto de 1536. Llamativamente, como respuesta a la súplica que ha elevado en octubre de 1535, el rey expedirá una cédula el 7 de julio de 1536 en la que ordena que por espacio de dos años nadie entre en la región asignada a Las Casas a no ser con expresa autorización de este último. El proyecto de la Vera Paz parece comenzar a encontrar su curso (Saint-Lu 37-8).

Llegados a Guatemala, Las Casas y sus compañeros se organizan, y hacia fines de agosto de 1536 aquél hace un viaje a México con el fin de legalizar su situación de pertenencia a la provincia de Santiago (México) y ya no más a la de la Santa Cruz (las islas) y para apoyar al obispo en la Junta Eclesiástica en la que discutirán algunos aspectos de la evangelización de los indígenas. Según Parish y Weidman, en esta Junta Las Casas promueve la cristianización pacífica de los indígenas, la preparación adecuada para su bautismo y la lucha contra su esclavización basado en el borrador de *De único vocationis modo*, texto que viene elaborando y que servirá de base para la redacción de la encíclica papal *Sublimis Deus*, promulgada en 1537 por Paulo III (1992: 36-7). La junta termina a fines de noviembre. A fines de enero de 1537, Las Casas se halla de regreso en Guatemala y es nombrado por el obispo Marroquín Vicario Episcopal mientras él va a España a consagrarse como obispo y a reclutar frailes evangelizadores. En esta posición Las Casas acompaña al gobernador interino, Pedro de Alvarado, a la visita de tasación de tributos de los indios (Pérez Férnández, *Fray Bartolomé* 81). Cuando regresa a Santiago de Guatemala, Las Casas predica contra las conquistas y sigue promoviendo la evangelización pacífica considerada por la mayoría de vecinos de la ciudad inadecuada para enfrentar a los nativos de Tezulutlán (Tierra de guerra).

Cuando Marroquín regresa –se ha consagrado en México y no en España– Las Casas deja de ser vicario episcopal y comienza a predicar contra los excesos en la tasación de tributos, a los cuales considera injustos e inmoderados. Sin embargo, decide dejar de predicar para evitar mayores escándalos. Sin embargo, en una carta del 27 de marzo de 1538, el obispo alienta a Las Casas a seguir predicando. En mayo el obispo discute con la comunidad la necesidad de traer más predicadores de España. Además, los dominicos son convocados al capítulo provincial de México. En consecuencia, fray Angulo y fray Cáncer irán a México, y Ladrada y Las Casas irán a España. En mayo se cierra la casa y todos se marchan a México. Los dos últimos (Ladrada y Las Casas) van a pedir autorización para el viaje.

Durante 1539, Las Casas prepara en México su viaje a España. Los objetivos de este viaje son, en primer lugar, reclutar frailes para la evangelización de las Indias, en segundo lugar, informar al emperador sobre la situación en las nuevas tierras y, en tercer lugar, lograr el respaldo real para la evangelización pacífica de Tezulutlán, proyecto en el que Las Casas está particularmente interesado (Pérez Fernández, *Fray Bartolomé* 84). En la segunda mitad de noviembre de 1539 redacta y envía una Relación al Consejo de Indias "sobre la negligencia de los españoles de Guatemala en instruir en la fe a los indios y a los negros; y suplica se ponga remedio" (Pérez Fernández, *Inventario* 279-81). No ha llegado hasta hoy copia de ese documento. Éste es mencionado por Remesal quien, en el capítulo XX del libro tercero de su *Historia general de las Indias y particular de la gobernación de Chiapa y Guatemala* (1619), afirma que el Consejo de Indias promulga el 9 de enero de 1540, "a instancias del padre Fray Bartolomé de Las Casas" (381), una cédula con el fin de promover la enseñanza en la fe católica entre indígenas y cautivos africanos. En esta cédula, que Remesal incluye en su texto, el rey ordena que:

> Se señale una hora determinada en la cual *se junten todos los indios, así esclavos, como libres y los negros que hubiere dentro de los pueblos*, a oír la doctrina cristiana y proveáis persona que tenga cuidado de se la enseñar y compeláis a todos los vecinos de ellos, que envíen sus indios y negros a aprender la doctrina sin les impedir ni ocupar en otras cosas hasta tanto que la hayan sabido. (382, énfasis mío)

El documento que, según Remesal, motiva la redacción de esta cédula sería el único en el que Las Casas, hasta ahora, establece alguna cercanía entre los nativos y los cautivos africanos en términos de instrucción religiosa. Sin embargo, no hay ningún desarrollo de esta idea en otros textos de Las Casas de esta época que hayan llegado hasta hoy.

A fines de diciembre de 1539, el fraile sale de Guatemala y toma camino hacia Trujillo (Honduras). En febrero de 1540, llega a Trujillo (Honduras) donde pide una carta de recomendación al cabildo la cual obtiene el 12 de marzo de 1540. En marzo llega a Puerto de Caballos, y en la segunda mitad de marzo parte hacia España. La defensa que hace Las Casas de los indígenas durante estos años que van de 1535 a 1540 es clara y decidida. Sin embargo, no encontramos ningún tipo de consideración o acción similar con respecto a los cautivos africanos. Probablemente, en las regiones donde se mueve Las Casas en este momento, excepción hecha de Santo Domingo, su contacto con los esclavos provenientes de África es mínimo y, como lo hemos visto por la carta que escribe en 1535, su representación de ellos como fuerza necesaria para la colonización de La Española permanece inalterada. Dada la gran cantidad de mano de obra indígena aún existente en América central, lo mismo que los costos y dificultades implicadas en el transporte de esclavos africanos, los conquistadores concentran en esta zona sus esfuerzos en la esclavización indígena respaldada por algunas regulaciones promulgadas por la corona. En consecuencia, la esclavitud indígena se halla en el centro del trabajo pastoral de Las Casas y será la mayor fuente de informaciones sobre la base de las cuales formule sus argumentos contra la esclavitud indígena en su "Tratado sobre los indios que se han hecho esclavos", publicado en 1552.

A pesar de que Las Casas no parece estar enterado de ello, durante estos años que van desde 1532 hasta 1540, los problemas concernientes a la escasez de cautivos africanos, su precio y los intentos de fuga persisten en el Caribe. Como parte del intento de controlar los levantamientos, el 7 de agosto de 1535 la reina despacha una real cédula en la que prohíbe que estos cautivos puedan cargar armas pública o secretamente (Encinas, *Cedulario Indiano* 4: 388). Además, durante estos años comenzamos a tener noticia de legislaciones que tratan de regular los conflictos entre ellos y los indígenas. En primer lugar, el 20 de noviembre de 1536, la emperatriz despacha una Real Provisión dirigida a Francisco Pizarro en la que afirma:

> Otrosí ordenamos y mandamos que qualquier negro que hiciere mal tratamiento a qualquiera de los dichos naturales, no aviendo sangre sea atado en la picota de la ciudad o la villa donde acaeciere, y allí le sean dados cien açotes públicamente, y si hiziere o sacare sangre a lo dichos naturales, le sean dados los dichos cien açotes y las penas que, según la calidad y la gravedad de la herida mereciere por derecho y costumbre destos reinos; y pague el señor de tal negro el daño y menoscabo y costas que al tal indio se le recrecieren; y, no lo queriendo pagar, sea vendido para la paga dello. (Encinas, *Cedulario Indiano* 2: 245)

En esta misma dirección, el príncipe manda el 17 de diciembre de 1541 que no haya cautivos africanos en las encomiendas:

> A nos se nos ha hecho relación que, de tener los pueblos de indios que les están encomendados negros se siguen inconvenientes, porque son los tales indios muy perjudicados por ayudarles en sus borracheras y otras malas costumbres como hurtarles sus haciendas y hacerles otros muchos daños, y me ha [sido] suplicado mandasse que ningún negro estuviesse en pueblo de indios, o como la mi merced fuesse lo qual visto por los del Consejo de las Indias de Su Majestad, fue acordado, que devia mandar dar esta cedula para vos, e yo tuvelo por bien; porque vos mando que veays lo susodicho, y proveays en ello lo que vierede, que mas convenga. (Encinas, *Cedulario Indiano* 2: 225)

Estas legislaciones, que pretenden proteger a los indígenas del tratamiento y de ciertas costumbres de los cautivos africanos, permiten reconocer el surgimiento de representaciones de éstos últimos que les adjudican capacidad de influenciar y agredir a los nativos americanos. Si bien las primeras legislaciones promovían la unión de los dos grupos, estas legislaciones más recientes promueven su separación enfatizando la amenaza que implica para los nativos la cercanía de los cautivos africanos. El principal interés de estas legislaciones es reforzar el control tanto de las poblaciones indígenas como africanas gracias a una persistente descalificación moral de éstas últimas. La representación del cautivo africano como agresor e incitador de comportamientos inaceptables para el indígena es el rasgo más saliente en estas legislaciones.

En consecuencia, podemos decir que en esta etapa Las Casas formula sus argumentos en contra de la esclavización indígena y, si seguimos la pista planteada por Parish y Weidman, estos argumentos encuentran gran eco y desarrollo en las juntas de México de 1536 (Las Casas 89, nota 23A). Sin embargo, su contacto con los esclavos africanos parece ser poco y no hay mayor documentación al respecto. La esclavización indígena aparece como uno de los ejes centrales de la crítica de Las Casas. Dicha crítica, sin embargo, no es elaborada por el fraile desde una pretensión universalista sino desde la coyuntura concreta provocada por la subyugación europea de los indígenas en varias regiones de Centroamérica. La idea de humanidad que Las Casas posee en este momento está constituida sobre la base de una cristianización que ve en el indígena su objetivo primordial. Sin embargo, ya sea por desconocimiento o por indiferencia, dicha cristianización no reconoce al cautivo africano como uno de sus objetivos, salvo en la referencia hecha por Remesal a la real cédula de 1540 la cual, sin embargo, no encuentra resonancia significativa en otros textos de Las Casas. El silencio de Las Casas con respecto a la esclavización africana bien puede ser entendido como el resultado de la persistencia en sus proyectos de una creencia. Según dicha creencia, los esclavos africanos hacen parte de la cristianización de los indígenas como fuerza laboral que puede aliviar la explotación de éstos. Sin embargo, la observación que hace en la "Carta a un personaje de la corte (15-10-1535)" (95) deja entrever que Las Casas no considera necesaria la introducción de esta fuerza laboral en la región de Nicaragua.

3. Destellos de la esclavitud africana en la naturalización lascasiana de los indígenas: la etapa deportadora libre, la Brevísima relación de la destruición de indias, *el encuentro con los cautivos Juanillo y Pedro Carmona, y la reconsideración de los conceptos infiel y bárbaro (1540-1556)*

Dadas las dificultades producidas por los monopolios, las autoridades españolas deciden no promover nuevos tratos de este tipo una vez que el contrato con la casa Welser termina en 1538. Desde 1538 hasta 1595 el tráfico de cautivos hacia las Indias estará regido por el sistema de licencias, constituyendo lo que Pérez Fernández denomina la primera etapa deportadora libre. A partir de 1595 comenzará a funcionar el sistema de asientos. En este contexto, en el cual el ingreso de cautivos africanos a las Indias es creciente, sin que ello implique necesariamente un alivio de la situación de los nativos americanos, Las Casas desarrolla la parte más conocida de su defensa de los indígenas hasta que muere en 1566. En lo que sigue, perseguiremos las transformaciones que Las Casas expone en su percepción de los cautivos africanos hasta 1556, año en el cual redacta los capítulos de su *Historia de las Indias* dedicados a la conquista portuguesa de las islas Canarias, Puerto Santo, Madera y la costa occidental de África.

Durante estos años podemos distinguir cuatro etapas. En primer lugar, tenemos la etapa que va de 1540 a 1544, la cual se caracteriza por las gestiones que desarrolla Las Casas en España para obtener la aprobación de las Leyes Nuevas (1542), la redacción de la *Brevísima relación de la destruición de Indias* –compuesta en 1542, aunque será publicada en 1552–, su nombramiento como obispo de Chiapa en marzo de 1544 y su regreso a las Indias. Durante esta etapa, Las Casas hará sus últimas sugerencias de introducir cautivos africanos en las Indias. En segundo lugar, tenemos la etapa que va de 1544 a 1547 y que se caracteriza por el corto el ministerio que desarrolla Las Casas como obispo de Chiapa y que terminará con su regreso a Europa en 1547. Durante esta etapa, Las Casas tiene su encuentro con el cautivo Pedro Carmona. Según Isacio Pérez Fernández, este encuentro será decisivo en la transformación de Las Casas en lo que concierne a su relación con los cautivos africanos. Examinaremos esta afirmación. En tercer lugar, tenemos la etapa que va desde 1547 hasta 1552. Esta etapa se caracteriza por ser el momento más intenso dentro de las polémicas que Las Casas sostiene defendiendo a los nativos americanos, en particular, contra Sepúlveda y por la publicación de sus *Tratados* en 1552. Durante esta etapa, Las Casas reelabora sus conceptos de infiel y de bárbaro abriendo la posibilidad de un uso más amplio de estos conceptos. Consideramos que la reelaboración de estos conceptos es un paso importante en la transformación que tendrá Las Casas en su representación de los africanos cautivos en América. Finalmente, en cuarto lugar, tenemos la etapa que va de 1552 a 1556. Durante esta etapa Las Casas decide comenzar la redacción de su *Historia de las Indias*. Esta decisión lo conducirá a escribir en 1552 un prólogo en el que expresa las razones de su decisión y a escribir, probablemente entre 1553 y 1554, la *Apologética Historia Sumaria*, texto independiente que, sin embargo, inicialmente es concebido como parte de la *Historia de las Indias*. Al final de esta cuarta etapa y en medio de un ambiente intelectual crecientemente preocupado por las esclavizaciones portuguesas en África, Las Casas adquiere conocimiento de las crónicas portuguesas y, como consecuencia de ello, transforma su parecer sobre la forma como los portugueses llevan a cabo las esclavizaciones en África. Consideramos que cada una de estas cuatro etapas aporta elementos específicos que permiten entender lo que Las Casas hace en los capítulos de la *Historia de Indias* dedicados a la conquista de las islas Canarias, Puerto Santo, Madera y la costa occidental de África.

Durante los dieciséis años que van desde 1540 a 1556 se darán varias transformaciones en el tráfico de cautivos africanos hacia Las Indias. Además del incremento en el número de cautivos importados y las legislaciones creadas para ellos, comenzarán a surgir tanto críticas a las esclavizaciones como reflexiones y crónicas que intentan demostrar la legitimidad de dichas esclavizaciones. Aunque Las Casas probablemente no conoce todas estas reflexiones, una breve referencia a ellas nos permitirá examinar hasta qué punto las consideraciones de Las Casas introducen una perspectiva diferente con respecto al problema. Esta referencia será tema del capítulo cuarto.

3.1 *Las Leyes Nuevas*, la Brevísima relación de la destrucción de Indias, *el nombramiento de Las Casas como obispo y sus últimas peticiones de cautivos africanos (1540-1544)*

A mediados de julio de 1540, Las Casas llega a Madrid. Aprovecha que el emperador está en Flandes para avanzar en algunos de los encargos que tiene, particularmente, el envío de religiosos a México y Guatemala. A comienzos de octubre, comienza a gestionar la evangelización de Tezulutlán y logra ponerla en marcha gracias a varias cédulas reales. Terminados estos encargos, escribe el 15 de diciembre una carta al emperador, quien aún se encuentra en Flandes, pidiéndole permiso real para quedarse en España hasta que pueda entrevistarse personalmente con él y hablar sobre lo "tocante a la universalidad de aquel Nuevo Mundo" ("Carta al emperador (15-12-1540)" 99). Este es el objetivo primordial de su visita dado que las gestiones de los jerónimos no han dado resultado en lo que concierne a la protección de los indígenas americanos. Entre marzo y octubre de 1541, el fraile permanece en Talavera gestionando más cédulas reales y redactando las denuncias y remedios que presentará al emperador.

El 17 de enero de 1542 el emperador llega a Valladolid, después de haber sido derrotado en Argel. Las Casas lo está esperando y pide audiencia para informarle la situación en las Indias. En abril, finalmente Las Casas tiene su encuentro con él y le expone los problemas y remedios concernientes a los habitantes de las Indias. Como consecuencia de este encuentro, el emperador visita el Consejo de Indias en mayo de ese año y destituye a tres de sus miembros (dos consejeros y el presidente Loaísa), convocando una junta extraordinaria en Valladolid mismo en la cual Las Casas funge como informante acerca de los desmanes cometidos en las Indias y los remedios posibles para dichos desmanes. Además, el emperador nombra una comisión para que redacte unas Ordenanzas basadas en la información y los remedios propuestos por Las Casas. La comisión le pide a éste que haga un sumario de los remedios. Él lo redacta proponiendo treinta y cuatro remedios a la comisión. Estos remedios sirven de base para la redacción de las Leyes Nuevas (Parish y Weidman, *Las Casas* 102, nota 62; Parish, *Las Casas ante la Congregación* 8).

Basado en la idea según la cual la protección de los nativos constituye no sólo un precepto divino sino el mejor medio de promover los intereses de la corona española en las Indias ("Conclusiones sumarias" 119-20), Las Casas presenta un listado de dieciséis remedios universales y dieciocho particulares. Los remedios generales proponen el fortalecimiento de la presencia de la corona española en las Indias por medio de funcionarios que cuiden del bienestar de los nativos, el aumento de la presencia de religiosos que cristianicen a estos nativos y el control de los que migran desde España hacia las Indias (120-24). Los remedios particulares son más polémicos. Las Casas solicita que inmediatamente se ordene el cese de las guerras, conquistas y expediciones que tienen como propósito la captura y esclavización de nativos y que la presencia de los cristianos se limite a fortalezas desde las cuales negocien oro con los nativos (124). Una vez que ello se haga, Las Casas propone el despliegue de misioneros que, de forma pacífica, cristianicen a los nativos y los conduzcan a convertirse en vasallos que tributen al rey (124-26). Sin embargo, el remedio particular más polémico que propone Las Casas es la terminación de las encomiendas:

> El octavo remedio, ques el fin de todos los remedios de las Indias, es: que su Magt. es obligado de precepto divino a encorporar en su real corona, todos los indios de todas las Indias como vasallos libres que son y quitallos de las encomiendas de los cristianos y no dallos pocos ni muchos por vasallos, ni con otro título alguno a ningún xpristiano de ninguna calidad que sea. (126)

En consonancia con esta afirmación, una significativa parte del memorial se dedica a presentar veinte razones por las cuales la encomienda es inaceptable (126-28). El esfuerzo de Las Casas consiste en mostrar el poder destructivo de la encomienda y que, por ende, ésta es totalmente contraria a la cristianización y a los intereses de la corona. La octava razón que propone Las Casas para sostener este argumento son los maltratos a los que son sometidos los indígenas a manos de quienes asisten a los cristianos en el manejo de las encomiendas.

> Serian agraviados los indios con muchas e inconportables cargas, la una el servicio de sus naturales señores, la otra el servicio de su Magt. la otra y ques la misma muerte, la tiranía infernal de los xpristianos y de sus estançieros, que son los carniçeros y de todos sus moços *y aún de sus negros*; y esto en contra de la ley divina y natural y contra charidad. (126-27, énfasis mío)

Con esta observación, según la cual los nativos pueden terminar siendo explotados no sólo bajo las cargas de los encomenderos y de sus mozos sino "aún de sus negros", Las Casas parece estar apropiando un elemento que se encuentra en el ambiente desde el mismo comienzo de la presencia de los cautivos africanos en las Indias, a saber, la preocupación de las autoridades españolas acerca de los agravios cometidos por éstos contra los nativos y la necesidad de proteger a éstos últimos de dichos agravios. Sin embargo, hay un elemento adicional en la observación que hace Las Casas. Dicho elemento consiste en el uso de la expresión "y aún de sus negros", la cual parece indicar que para él los abusos de los cautivos africanos expresan el grado más extremo de la dominación a la que puede ser sometido el nativo.

Una vez que ha señalado que el principal remedio para las Indias es la eliminación de la encomienda, el fraile propone la eliminación de la esclavización indígena y de los trabajos de carga, minas y pesca de perlas para los nativos. Considera que estos trabajos excesivos han sido decisivos en el debilitamiento y exterminio de ellos. Sin embargo, en ese preciso pasaje en el que defiende a los indígenas en contra de la esclavización y de los trabajos excesivos, Las Casas afirma:

> el 14° remedio es, que por una de las cosas prinçipales que ha destruido y destruyen y matan aquellas gentes, es echar cargas los xpristianos a los indios y usar dellos como de bestias y no ha bastado ni basta poner leyes ni limitaçiones ni penas, es necesario que Su Magt. prohiba por su real constitución y muy solene por graves penas, que por ninguna vía, ni color, ni neçesidad, ni en ningún tiempo, sea osado spañol ninguno de echar carga a indio, chica ni grande, por dádiva ni promesa, ni paga que le prometa, porque se escusarán grandes y muchas perdiciones y muertes y despoblaciones de tierras. Para esto mandar sea, que se adoben luego los caminos que más se tratan en todas las Indias, cada ciudad villa o lugar de spañoles, especialmente los caminos de las minas y los de los puertos, sin que entiendan mi trabajen los indios en el adobo dellos, porque allí los matarán y vexarán, sino que *los adoben con esclavos negros a costa de las dichas ciudades*, para que puedan andar carretas y recuas como allá las hay, y puede aver mejor que acá de cavallos ("Conclusiones sumarias" 129, énfasis mío).[47]

---

[47] Existen propuestas simultáneas hechas por otros que mantienen resonancia con esta propuesta de Las Casas. En primer lugar, el 15 de enero de 1543, desde Puerto Caballos (Honduras), el obispo de Guatemala, Francisco Marroquín, firma una carta en la que dice: "es menester que... V. Mt. Favorezca a estas gobernaciones [de Guatemala y Honduras] con alguna cantidad de negros para sustentar lo que una vez se aderece [los caminos]; cosa muy cumpliera a su real servicio" Pérez Fernández, *Fray Bartolomé* 92. En segundo lugar, el 15 de enero de 1545 en Puerto Caballos Honduras, el licenciado Alonso de Maldonado firma una carta al emperador en la cual le informa sobre el estado de la gobernación de Guatemala. En esta carta afirma que, primero, para hacer algunos caminos y dada la escasez de indios, "hay necesidad que Vuestra Majestad haga merced de [=a] esta gobernación para este efecto de cuarenta negros que podrán abrir caminos; y los oficiales de Vuestra Majestad tendrán cuidado de estos negros como cosa de Su Majestad, y los venderán cuando se acaben los caminos que se harán en poco tiempo"; segundo, para abrir caminos y hacer obras públicas en Gracias a Dios y Comayagua, se utilicen los indios que pertenecían a Alvarado, "aunque todavía habría necesidad de veinte negros porque, como he dicho, en esta gobernación hay pocos indios"; y, tercero, para las minas de Ulancho en la que hay

En este pasaje de Las Casas vuelve a hacerse presente su convicción según la cual la mano de obra indígena debe dejar de ser explotada de manera intensiva. Sin embargo, lo que llama la atención es el hecho de que la mano de obra cautiva africana es concebida por el fraile ahora no sólo como un reemplazo de la mano de obra indígena sino, más aún, como mano de obra necesaria en la construcción de lo que lo que llamaríamos la infraestructura de la colonización, a saber, vías que faciliten el desplazamiento de los colonos y los bienes extraídos de las minas. De nuevo, es necesario enfatizar que para Las Casas la defensa de los nativos americanos está enmarcada dentro de una visión de la colonización en la cual los cautivos africanos son necesarios como mano de obra. Podría decirse que esta es la séptima ocasión en la que Las Casas sugiere la introducción de ellos.

Más adelante, entre el 22 de junio y el 10 de octubre en Monzón de Aragón o entre el 16 de octubre y el 13 de noviembre de 1542, Las Casas redacta en Barcelona un memorial de respuestas acerca de varios puntos sobre los que ha sido interrogado en relación con el documento que ha enviado a la comisión nombrada por el emperador. En dicho Memorial, Las Casas recomienda dar a los colonos algunos cautivos africanos como parte del respaldo económico que la corona debe brindar para que la colonización de las Indias sea exitosa. Si bien, en dicho memorial reitera su rechazo a cualquier forma de esclavización indígena, afirma:

> Podrá Su Majestad dar por algunos años a algunas personas señaladas y hacerles merced a uno de cincuenta mil maravedís, a otro, de ciento, a otros, de más, y a otros, de menos para que se ayuden en la tierra a poblar, hasta que en ella se arraiguen; y también *mandalles prestar o fiar algunos esclavos negros que les paguen dentro de tres o cuatro años*, o como su real voluntad merced fuera en lo cual recibirá muy grandes ayudas y mercedes, puesto quel dar de los dineros no es muy necesario para dicha población, porque sin ellos se hará, puesto que confesamos que por algún tiempo dellos será provechoso y crecerá más la dicha población, y en caso que Su Majestad haga la dicha merced, sean que sus oficiales paguen los dichos dineros y no los libren en los indios, porque no tomen los cristianos ocasión de hacelles agravios. ("Memorial de remedios (1542)" 116, énfasis mío)

---

mucha cantidad de oro se introduzcan más cautivos africanos porque "saca cada esclavo medio peso [de oro] por día, y a ducado. Hay mucha cantidad de negros ya en ellas, que serán hasta mill e quinientos con los que allá hay y están en este Puerto [de Caballos] para ir… y, como entra cantidad de negros, cada día han de descubrir más" CDIA XXIV: 343-51. Como puede notarse, la representación del cautivo africano como mano de obra en la construcción de caminos parece ser una creencia extendida.

Esta es la octava ocasión en la cual Las Casas sugiere la introducción de esclavos cautivos africanos. Como en las ocasiones anteriores, ellos son concebidos por Las Casas como condición para que la colonización de las Indias pueda avanzar. Sin embargo, hay un elemento que llama poderosamente la atención en este pasaje y es la idea de Las Casas según la cual estos cautivos pueden ser fiados o prestados a los colonos por algunos años. La representación de ellos como mercancía parece mantenerse totalmente indiscutida para Las Casas en este momento. Ahora bien, existe un punto sobre el que vale la pena llamar la atención. Pérez Fernández enfatiza que en las Leyes Nuevas de 1542 hay una inclusión de los cautivos africanos cuando se habla de la explotación de perlas:

> 25. Porque nos ha sido fecha relación que de la pesquería de las perlas averse hecho sin la buena orden que convenía se an seguido *muertes de muchos indios y negros,* mandamos que ningun indio libre sea llevado a la dicha pesquería contra su voluntad, so pena de muerte. Y que el obispo y el juez que fuere a Veneçuela hordenen lo que les paresçiere para que los esclavos que andan en la dicha pesquería, *ansí indios como negros,* se conserven y çessen las muertes. Y si les paresçiere que no se puede escusar a *los dichos indios y negros* el peligro de muerte, çesse la pesquería de las dichas perlas, porque estimamos en mucho mas, como es razón, la conservaçión de sus vidas que el interese que nos pueda venir de las perlas. ("Leyes Nuevas" 218, énfasis mío)

La redacción de las Leyes Nuevas, sancionadas en octubre de 1542, está motivada en gran medida por las denuncias de Las Casas acerca de los maltratos infringidos por los españoles a los indígenas. De esas denuncias conocemos un resumen que es la *Brevísima relación de la destrucción de las Indias,* la cual es redactada en 1542 probablemente por petición de algún cortesano pero publicada sólo hasta 1552. La información que presenta el capítulo titulado "De la Costa de las perlas y de paria y de la isla de Trinidad" parece estar en la base de la redacción de la ley en cuestión (66-71). No existe en este capítulo una sola alusión a los cautivos africanos. Todo él se refiere a los indígenas. Sin embargo, Pérez Fernández considera que el informe presentado por Las Casas incluía a los cautivos africanos y por ello fueron incluidos en la formulación de la ley (Pérez Fernández, *Bartolomé de Las Casas* 152). Tal vez, el texto del cual la *Brevísima relación* es síntesis de una larguísima relación de denuncias que leyó en las juntas de Valladolid en 1542 y que hoy está perdida (Pérez Fernández, *Inventario* 286). Dicha relación contendría alusiones a los indígenas y a los cautivos africanos. No tenemos otros documentos que prueben ello. Parece preferible pensar que la inclusión de los cautivos africanos se debe más a un interés de las autoridades españolas que a una iniciativa que provenga de Las Casas. Como lo hemos visto hasta ahora, y lo seguiremos viendo, el fuerte énfasis que Las Casas hace en la defensa de los indígenas contrasta con el desconocimiento que tiene hasta este momento de su vida acerca de los cautivos africanos, salvo en su consideración de ellos como fuerza laboral necesaria en la colonización de las Indias. Este contraste entre lo denunciado por él y lo establecido por la corona en las Leyes Nuevas parece ser una clara muestra de ello.

En febrero de 1543 y después de haber leído las Leyes Nuevas, Las Casas redacta un Memorial crítico con respecto a lo que considera algunas debilidades del documento. Debido a sus comentarios, se agregarán seis leyes complementarias el 4 de junio sancionadas por el príncipe (Konetzke 1: 222-26). El 1 de marzo el emperador presenta a Las Casas al Papa para el obispado de Chiapa. El 10 de marzo, Las Casas regresa a Madrid y se encuentra con el hecho de que ha sido presentado por el emperador para ser obispo. Aunque en principio rechaza la nominación, termina aceptándola a fines de abril por presión de los dominicos que ven en su aceptación de un obispado la oportunidad de mostrar su compromiso con los nativos. Las Casas acepta y pide que su obispado cubra Yucatán, Soconusco y Tezulutlán. Se le concede todo. Además, logra el nombramiento de cuatro obispos para las Indias.

A fines de octubre, Las Casas eleva una Petición al emperador Carlos V como parte de su proceso de preparación para viajar a la diócesis que ha recibido. La súplica 22 que hace dentro de esa Petición puede ser considerada como la novena ocasión en la que sugiere la introducción de cautivos africanos en las Indias.

> Que porque el dicho obispo tiene intincion de servir mucho a Dios y a V. M. en dar manera para que las tierras de todo el dicho obispado de Chiapa y Yucatán sean pobladas de españoles, nuevos pobladores que el en ella entiende y espera meter y también para mantener los religiosos que agora an de pasar con el e yr a aquellas dichas provincias/ para lo qual entiende como cosa muy necesaria senbrar y hazer labranças de caçabi que se llaman conucos/ Suplica a V. M. *le haga merced de darle licencia para que pase dos dozenas de esclavos negros*, libres de todos derechos así en Sevilla con en las Yndias/ Con tal condición que, si no los ocupare en lo susodicho y para mantenimiento de los religiosos y pobladores, que pague los derechos a V. M. cinco veces doblados. (Parish, *Las Casas* 9, énfasis mío)

Hasta ahora Las Casas sólo había sugerido la introducción de cautivos africanos para otros, pero esta es la primera vez que tenemos noticia documentada de que Las Casas pide cautivos, veinticuatro, para su servicio. Las Casas, primero,

El peor de los remedios

los pide para servir en oficios de agricultura, no en las minas, los ingenios o la construcción de vías y, segundo, aprovecha su condición de obispo para pedir la exención de impuestos por el ingreso de estos cautivos en las Indias. Además, el documento incluye una cláusula según la cual habrá una estricta penalización económica en caso de que ellos no sean ocupados en aquellos oficios para los que expresamente han sido asignados en el documento. Según Isacio Pérez Fernández, esta es la última vez que Las Casas sugiere la introducción de cautivos africanos en sus escritos. De hecho, más que una sugerencia es una petición de cautivos para su servicio. Pide veinticuatro probablemente no sólo para él sino también para cada uno de sus acompañantes. Sin embargo, debido quizá al retiro de uno de sus compañeros, sólo se le otorgará licencia para veinte esclavos, cuatro explícitamente otorgados para su servicio. En consecuencia, el 13 de febrero de 1543 el rey da la licencia en Valladolid

> para que destos reinos y señoríos podáis pasar y paséis a nuestra Indias, islas y tierra firme del mar Océano cuatro esclavos negros para servicio de vuestra persona y casa, libre de todos los derechos, ansí de los dos ducados de la licencia de cada uno dellos como de los derechos de almojarifazgo. (Fabié 2: 96)

El 20 de marzo Las Casas llega a Sevilla y el 30 del mismo mes es consagrado Obispo. El 28 de junio de 1544 sale de Sevilla hacia las Indias con los cuatro cautivos africanos que ha pedido para su servicio personal.[48] Parte de nuevo para Las Indias el 29 de junio con 8 o 9 personas de séquito, 46 dominicos y cuatro esclavos propios, uno de los cuales se llama Juanillo, del cual sólo tenemos alguna noticia por medio de la *Historia general* de Remesal, publicada por primera vez en 1619 (Tomo 3: 965), y de la *Historia de la Provincia de San*

---

[48] Ese 28 de junio los oficiales de la Casa de Contratación de Sevilla redactan una escritura de traspaso de estas cuatro licencias como parte del viaje de Las Casas hacia su diócesis. La licencia reza: "e para rreçibir e cobrar qualquier oro e plata e otras cosas que enbiaremos de las Yndias del mar oçeano e a nos fueren enbiadas e lo/ rreçebir de quien e con derecho deuan e del rreçibo dello dar e den las cartas de pago e/ de fin e quito que convengan e otrosy para que puedan en nuestro nombre pasar e pasen a las dichas Yndias cuatro esclavos negros de que thenemos merçed e liçençia de Su Magestad.... Don Fray Bartolomé de las Casas, Obispo de Ciudad Real de la provincia de Chiapa, otorga poder a Pedro Gutiérrez, Juan Galvarro, Lucas de la Sal y Andrés Pérez para todos sus asuntos y particularmente para que en su nombre lleven a Indias cuatro esclavos negros que por virtud de cédula tenía concedidos el otorgante (RAHPS. Libro del año: 1544. Oficio: XV. Escribanía: Gaspar Lopes. Folio: 127. Fecha: 28 de junio)". *Catálogo de fondos Americanos* 2: 485. También tuvieron esclavos el obispo Zumárraga de México, Marroquín de Guatemala, Pedraza de Honduras y San Luis Beltrán, quien no era obispo, sino evangelizador de la Nueva Granada.

Vicente de Chiapa de Francisco Ximénez, terminada en 1719 pero publicada sólo hasta 1929 (393-94).

Durante el tiempo en el cual Las Casas realiza estas gestiones en España, continúa el incremento en las peticiones de cautivos africanos y el número de licencias otorgadas. Además, la introducción de éstos se extiende hacia América central y Perú. Esto produce cierta inquietud entre algunos colonos que ya comienzan a percibir la significativa transformación poblacional que algunas regiones experimentan. Así, el 26 de marzo de 1542, en Santo Domingo, el arcediano Álvaro de Castro firma una carta dirigida al Consejo de Indias en la cual aconseja: "que se pusiese remedio en los negros, que hay muchos; que creo yo pasan de 20.000 o 30.000 negros los que hay en esta isla, y no hay en toda ella 1.200 vecinos que tengan haciendas en el campo y saquen oro" (Pérez Fernández, *Fray Bartolomé* 91).

Además de esto, aparecen legislaciones que, en primer lugar, buscan la integración de los esclavos africanos mediante su adoctrinamiento, en segundo lugar, expresan alguna apertura con respecto a ciertas peticiones de libertad interpuestas por ellos y, en tercer lugar, flexibilizan de las penas aplicadas a los cimarrones. El gestor de estas medidas es el presidente del Consejo de Indias, García de Loaísa.[49] De otra parte, aparecen legislaciones tendientes a controlar el desplazamiento de los cautivos africanos. El 4 de abril de 1542 el emperador despacha una real cédula a la justicia y regimiento de Panamá en la que manda que ellos no anden de noche por las ciudades (Encinas, *Cedulario Indiano* 4: 390). Finalmente, aparecen algunas legislaciones que enfatizan sobre cuestiones étnicas y religiosas. Así, el 1 de mayo de 1543, el príncipe despacha

---

[49] Las medidas son las siguentes: el 9 de enero de 1540, desde Madrid, García de Loaísa despacha una real cédula a don Pedro de Alvarado y a Francisco Marroquín, gobernador y obispo de Guatemala respectivamente, en la que manda en que se instruya en doctrina cristiana a los indígenas y a los cautivos africanos. El 15 de abril, el mismo García de Loaísa despacha una real cédula a las Audiencias de Indias en la que manda que "si algún negro o negra u otro tenido por esclavo reclamaren libertad, los oigan y hagan justicia y no sean maltratados" (*Recopilación de las Leyes de Los Reinos de Indias*, Libro VII, Título 5, ley 8) y otra real cédula en la que ordena que la pena de castración, recibida por los cautivos alzados, no se ejecute en el caso de los cimarrones (*Cedulario Indiano* IV: 387). Luego, García de Loaísa despacha una real cédula el 7 de diciembre en la que manda al gobernador de Cartagena de Indias que no proceda contra los cautivos alzados que de su voluntad se redujeren (*Cedulario Indiano* IV: 394). En esta misma dirección, el mismo García de Loaísa despacha una real cédula el 7 de diciembre en la que ordena que si los cimarrones alzados vinieren en paz en el tiempo señalado, puedan ser perdonados por una vez (*Recopilación de Las Leyes de los reinos de Indias*, Libro VII, título 5, ley 24 ¿7 de septiembre?). El 21 de septiembre de 1544 el príncipe despacha una real cédula dirigida al licenciado Alfonso López Cerrato, juez de la residencia de La Española en la que manda que los cautivos no trabajen en fiestas y oigan misa (Konetzke I: 231).

una real cédula desde Sevilla en la que manda que no pasen esclavos mulatos a Indias (*Cedulario Indiano* 4: 384). En esta misma dirección de una partición étnica y religiosa en el comercio de cautivos, el 14 de agosto, en Valladolid, el príncipe despacha una real cédula en la que manda que las autoridades indianas (virreyes, audiencias, gobernadores y justicias) averigüen qué esclavos o esclavas berberiscos o libres, nuevamente convertidos de moros e hijos de judíos, residen en Indias y los echen de ellas a España en los primeros navíos (*Cedulario Indiano* 4: 382). Más allá de su disparidad, todas estas legislaciones apuntan a la creación de una población concebida como mano de obra fuerte, flexible y dócil que estará crecientemente cobijada bajo el nombre "bozal".

Junto con estas legislaciones, en La Española se organizará una primera síntesis legislativa con respecto a los cautivos africanos cuando el 29 de abril y el 22 de mayo de 1544 se fijen las Ordenanzas para el sosiego y seguridad de los "esclavos negros" de la isla Española, las cuales serán confirmadas por el Consejo de Indias el 22 de septiembre de 1547. Estas ordenanzas no son producidas en un solo momento sino que recogen legislaciones que van desde 1525 hasta 1544 y que están focalizadas en tres puntos: primero, evitar y castigar tanto las fugas como los levantamientos entre los cautivos sin importar cuál sea su procedencia ("negros", "blancos" o "berberiscos"); segundo, controlar las relaciones que los cautivos tienen con otros grupos y, particularmente, su acceso a ciertos bienes y a las armas; y, tercero, controlar las actividades de algunos africanos y africanas libres que ya comenzaban a aparecer en las colonias.[50] Las Casas no parece tener conocimiento de todas estas legislaciones.

A diferencia del monótono uso que hace Las Casas de la expresión "esclavos negros", estos documentos introducen un complejo vocabulario para hablar de los esclavos en las Indias. Dicho vocabulario reconoce que éstos están lejos de conformar un conjunto homogéneo. En otras palabras, mientras que Las Casas parece suponer la existencia de un grupo que cobija bajo la expresión "esclavos negros", estas legislaciones reconocen que ese grupo tiene que ser producido por medio de exclusiones y controles que alejen los peligros que implica para la dominación y productividad de los esclavos la presencia, en medio de ellos, de variaciones religiosas o raciales. Sin embargo, el 31 de marzo de 1541 el rey

---

[50] "Extracto de Ordenanzas formadas para el sosiego y seguridad de los esclabos negros de la isla Española, aprovadas el 12 de octubre de 1528, 1535, 42, 45, 29 de abril de 1544 y 22 de mayo del mismo año, confirmadas por el Consejo de Indias en 22 de septiembre de 1547 y de otras formadas por el cabildo secular de aquella isla y presentadas a la Audiencia en 27 de abril de 1768". Ver Lucena Samoral, *Regulación* 67-8.

envía una real cédula en la que pide a Francisco de Vitoria que resuelva una inquietud planteada por Las Casas.

> [Las Casas] nos ha hecho relación que conviene y es necesario, que se proyva y defienda que ninguno baptice en aquellas partes *yndio ni negro ni otro infiel adulto*, hasta que, conforme a la sagrada escriptura y dotrina de los santos y a la costumbre de la universal Iglesia, sean en la fee católica doctrinados, tanto tiempo quanto suficientemente ovieren menester para ser dignos de rrecevr el sancto bautismo. (Hinojosa 245, énfasis mío)

Parish y Weidman afirman que el esfuerzo de Las Casas por cualificar las condiciones en las que se practica el bautismo de adultos en las Indias es uno de los principales propósitos de su trabajo pastoral durante los años 1536 a 1539, ya que ello coincide con su convicción según la cual la cristianización de los indígenas debe ser llevada a cabo por medios pacíficos y de manera racional (*Las Casas* 78). Esta real cédula parece ser prueba de los logros de este esfuerzo. Vitoria contestará al rey en un texto titulado "Parecer de los teólogos de la universidad de Salamanca sobre el bautismo de los Indios", en el cual suscribe en mucho la posición de Las Casas según la cual el bautismo de los "bárbaros que viven bajo los españoles en las Indias" debe ser precedido por una preparación adecuada (CDIA 3: 543-53). Para lo que nos interesa en este trabajo, este episodio muestra un reconocimiento de Las Casas de los problemas que implica la introducción de cautivos africanos adultos no bautizados en las Indias y un incipiente intento de asimilación de éstos a los indígenas. Sin embargo, no hay mayor desarrollo de esta idea en el corpus lascasiano.

En consecuencia, podemos decir que hasta 1544, cuando regresa a Las Indias convertido en obispo, Las Casas mantiene en sus grandes rasgos la misma representación de los esclavos que ha tenido desde mediados de la década de 1510 cuando hace su primera sugerencia de introducir cautivos africanos. A esta representación, que básicamente ve en ellos una fuerza laboral que remplaza la mano de obra indígena, el obispo ha agregado ahora un reconocimiento de la diferencia entre los indígenas y los cautivos africanos, esto es, la superioridad de éstos sobre aquellos en términos de fuerza laboral y, más que nada, de la necesidad de esa fuerza laboral cautiva para adelantar la colonización de las Indias. Ahora bien, esta representación lascasiana de los cautivos comparte algunos de los rasgos de las representaciones más extendidas de ellos que hay hasta ese momento. Sin embargo, un punto decisivo en el que estas representaciones divergen es que, mientras que para Las Casas la fuerza laboral cautiva africana parece no presentar ningún tipo de problema, para las autoridades indianas ella aparece como una fuerza que tiene que ser controlada de diversas maneras dada su continua capacidad de fuga y sublevación. Las diversas regulaciones producidas durante la primera mitad del siglo XVI enfatizan la necesidad no sólo de introducir sino de formar un "esclavo bozal" concebido como alguien que trabaje mucho pero sin amenazar la colonización española. Las Casas parece no estar al tanto de todas estas inquietudes hasta este momento de nuestra exposición.

Como un intento de explicar la posición que Las Casas mantiene sobre los cautivos africanos hasta este momento, Isacio Pérez Fernández propone dos razones de lo que él denomina la ceguera de Las Casas con respecto a la situación de ellos (Pérez Fernández, *Bartolomé de Las Casas* 164ss). Esta ceguera consistiría en que Las Casas, no obstante defender de manera decidida y vehemente a los indígenas americanos con respecto a la esclavitud, no extiende esta defensa hasta los cautivos africanos ni mucho menos impugna la trata africana. Las razones que esgrime Pérez Fernández para esta ceguera son dos. De una parte, su desconocimiento sobre la situación de los cautivos africanos en las Indias y, de la otra, su creencia según la cual ellos son capturados y esclavizados en guerras justas en la costa occidental de África.

En primer lugar, Pérez Fernández considera que el conocimiento que tiene Las Casas de los cautivos africanos entre 1514 y 1547 es muy diferente del que tiene de los nativos americanos. Entre 1516 y 1532 el tráfico está apenas comenzando y Las Casas se está concentrado en su defensa de los nativos y luego en su proceso de formación como dominico. Luego, entre 1532 y 1547, Las Casas se dedica a defender la causa de los indígenas de manera más decidida y sus continuos viajes no le permiten tampoco adquirir información sobre los cautivos africanos. Además, Las Casas no encuentra en principio que los ingenios produzcan una mayor situación de explotación y sufrimiento para los cautivos africanos que la que experimentan en África antes de ser trasladados a las Indias.

En segundo lugar, y este es el punto más importante para Pérez Fernández, Las Casas, como gran parte de los españoles de su tiempo, considera que la esclavización de africanos y posterior deportación de ellos hacia las Indias es aceptable dado que es la consecuencia de guerras justas entre los portugueses y los infieles de Guinea. En otras palabras, Las Casas considera que la guerra hecha a los infieles africanos es similar a la guerra que se hace contra los musulmanes de la costa norte de África, la cual también produce cautivos. Para Las Casas, entre 1514 y 1547, los cautivos provenientes de la costa occidental de África y aquellos provenientes de la costa norte de África pueden ser cobijados bajo la misma categoría de infieles que, una vez capturados por los cristianos en la guerra, pueden devenir justamente cautivos. Sólo hasta 1545, según Pérez Fernández, el ahora obispo comienza a dudar de esta creencia gracias a su encuentro con el esclavo Pedro Carmona y, en 1552, por el conocimiento textual que adquiere acerca de la forma cómo los africanos son esclavizados. A partir de ese momento entenderá que no son guerras justas sino intereses económicos privados los que rigen el tráfico de esclavos africanos hacia las Indias (Pérez Fernández, *Bartolomé de Las Casas* 167).

Las dos razones esgrimidas por Pérez Fernández son sugerentes pero, desde nuestro punto de vista, tratan de explicar la representación que Las Casas tiene de los cautivos africanos desde lo que llegará a saber después de ellos y no desde lo que efectivamente sabe y, más importante, de la forma cómo se los representa durante los años en que hace sus diversas sugerencias de introducirlos en las Indias. A diferencia de Pérez Fernández, consideramos que Las Casas sí sabe acerca de los cautivos africanos, al punto de que los considera muy importantes para la colonización de Las Indias como insumo necesario para el avance de ésta. En ese punto, Las Casas entiende la esclavitud en las Indias como forma de explotación que es necesaria para el éxito de la colonización europea y no como castigo aplicado sobre hombres que profesan creencias diferentes. Su defensa de los nativos americanos intenta proteger a un grupo particular que considera cristianizable sin negar la esclavitud como práctica necesaria en la colonización de las Indias. En este sentido, tal vez no debemos hacernos la pregunta por qué Las Casas no defiende a los cautivos africanos del mismo modo que defiende a los nativos de Indias. Dada la información que tenemos hasta ahora, lo que tal vez deberíamos preguntarnos es por qué Las Casas comienza a defender a los indígenas de la esclavización en un contexto en el cual las prácticas colonizadoras portuguesas y españolas representan al no-europeo como mano de obra que tiene que ser explotada hasta su agotamiento total sin importar su procedencia. En ello, tal vez nunca podremos ponderar suficientemente lo que significa, como irrupción inesperada, la conversión de Las Casas en 1516 y la articulación que ésta tiene con la predicación de los dominicos en La Española y, más precisamente, las denuncias de Antonio de Montesinos.

En consecuencia, tenemos registro documentado de que Las Casas sugiere la introducción de cautivos africanos a las Indias en ocho ocasiones y en una ocasión pide cuatro cautivos para su servicio. No hace estas sugerencias y esta petición porque desconozca cómo viven y/o cómo son capturados. Las Casas pide cautivos porque los considera fuerza laboral necesaria para la colonización de las Indias que se diferencia de los nativos americanos y que debe ser comercializada del modo más expedito posible. Para Isacio Pérez Fernández, esta representación comenzará a cambiar a partir de su regreso a las Indias como obispo de Chiapa. A continuación, examinaremos esta afirmación.

3.2 *El regreso a Indias, la paliza a Juanillo y el encuentro con Pedro Carmona (1544-1547)*

El regreso de Las Casas a las Indias como obispo de Chiapa en 1544 bien podría ser leído como el relato de una decepción que produce un pronto regreso a España en 1547 para nunca más regresar. Durante este viaje, Las Casas chocará con la persistente resistencia de los encomenderos y las autoridades indianas a la implementación de las Leyes Nuevas. Además, el 20 de octubre de 1545, la Real Provisión de Malinas revoca la parte de la ley 30 que prohibía las encomiendas hereditarias, esto por presión de los encomenderos (Konetzke 1: 236-37). Este es otro fuerte revés para la implementación de las Leyes Nuevas. Sin embargo, Parish y Weidman consideran estos años decisivos en la vida de Las Casas en el sentido de que durante ellos el obispo madura las ideas que defenderá en los debates que sostendrá en España en la década de 1550 y las estrategias que le permitirán una más efectiva defensa de los indígenas en la corte. En este sentido, Parish y Weidnam consideran que la participación de Las Casas en las Juntas de religiosos que tienen lugar en México entre julio y noviembre de 1546 definirá el derrotero de su actividad pastoral hasta el final de sus días, esto es, la lucha en contra de la encomienda y la esclavización indígena, y el uso del poder eclesiástico para denunciar y no absolver a todos aquellos partícipes y cómplices en estas actividades (*Las Casas* 62). Para lo que nos interesa en este trabajo, este viaje marca también, lo que Pérez Fernández considera como el inicio de la transformación de Las Casas en su representación de los cautivos africanos en Las Indias. Durante este viaje, Las Casas se salva de una golpiza gracias a su esclavo Juanillo y se encuentra con el esclavo Pedro Carmona.

En septiembre de 1544, Las Casas llega a Santo Domingo y está allí hasta el 14 diciembre. Se entera de que algunos procuradores de Nueva España están yendo hacia España con el fin de protestar contra las Leyes Nuevas y de que en Perú hay levantamientos contra dichas leyes. Entre el 17 y el 20 de diciembre, mientras se dirige hacia su diócesis, su nave queda en medio de un huracán entre Jamaica y las islas Caimán. Esto provoca que Las Casas sólo pueda llegar a la Ciudad Real de los Llanos de Chiapa hasta el 9 de marzo de 1545. Llega con ocho de su séquito, veintinueve dominicos y tres seglares. El 19 de mayo inicia un viaje hacia Tezulutlán y el 10 de julio prosigue hacia Gracias a Dios (Honduras) que es la capital de la así denominada Audiencia de Los Confines, creada por las Leyes Nuevas. Entre junio y noviembre Las Casas permanece allí. Posiblemente, por estos días tiene su encuentro con el esclavo Pedro Carmona. Sobre este encuentro volveremos más adelante. El propósito de Bartolomé de Las Casas durante su estadía en Gracias a Dios es consagrar al nuevo obispo de Nicaragua, fray Antonio de Valdivieso, y pedir al presidente que ponga en marcha las Leyes Nuevas. No logra nada en lo que refiere a las Leyes Nuevas y, antes bien, es recibido con insultos cuando regresa el 23 de diciembre a la Ciudad Real de los Llanos. En esta fecha todavía lleva consigo a su esclavo Juanillo (Pérez Fernández, *Inventario* 692).

Durante este regreso a Chiapa sucede un episodio sobre el cual vale la pena llamar la atención. La animadversión de los habitantes de la Ciudad Real de los Llanos ha recibido particular atención por parte de dos historiadores dominicos. En primer lugar, Antonio de Remesal en el capítulo VIII del libro VII de su *Historia general de las indias occidentales y particular de la gobernación de Chiapa*, publicada por primera vez en 1619, narra las vicisitudes padecidas por el obispo mientras regresa a su sede episcopal. Utilizando un tono hagiográfico, Remesal cuenta que, no obstante tener noticia del rechazo que va recibir de parte de los feligreses de su diócesis, Las Casas decide dirigirse a la Ciudad Real de los Llanos de Chiapa. En su camino de regreso, Las Casas duda acerca de si debe continuar su camino hacia la ciudad o alejarse de ella, razón por la cual ordena que su equipaje, el cual viene antecediéndole en el camino, sea devuelto a donde él se encuentra. Esto provoca que tres indígenas enviados por los contradictores de Las Casas para avisar su llegada se confundan acerca de su venida, se descuiden y terminen encontrándose con el obispo inesperadamente. Al verse descubiertos en su misión, se rinden a sus pies y le piden perdón por participar en la celada en contra suya. Las Casas los perdona y, para evitar que sean castigados por aquellos que los han enviado, concibe una estrategia que consiste en enviarlos de regreso a la ciudad atados y con uno de sus acompañantes, fray Vicente Ferrer, para que los que los han enviado crean que han sido capturados y, por ende, no sean objeto de represalias. Remesal añade que Las Casas "hizo también esto porque no se echase la culpa de la prisión a dos o tres españoles que venían en su compañía, y a un negro que le servía y andaba siempre con él, para pasarle los ríos, por ser alto de cuerpo" (3: 960). Más allá de la fiabilidad histórica de Remesal, es interesante notar que su relato presenta a Las Casas teniendo un cautivo para su servicio personal.

El relato de Remesal avanza narrando que Las Casas llega a la sede episcopal en medio de los resquemores de los principales del pueblo quienes le piden que los trate como "personas de calidad" a lo que el obispo responde humildemente que no es otro su propósito. Logra así apaciguarlos a todos menos a un regidor que, arrogantemente a los ojos de Remesal, pide al obispo acudir a las casas de los principales de la ciudad si necesita algo de ellos o si quiere convencerlos de su causa (3: 962-63). La respuesta que Remesal coloca en boca de Las Casas es contundente. Si el asunto a tratar concierne a los bienes de los principales, éste será tratado en sus casas. Pero si el asunto concierne a "cosas tocantes al servicio de Dios", el obispo los mandará a llamar y tendrán que venir a él si son cristianos (3: 963). La respuesta de Las Casas produce temor en los principales y uno de ellos, el secretario del cabildo, le pide respetuosamente que les asigne confesores. Las Casas acepta la petición pero designa confesores que están de acuerdo con sus puntos de vista y sólo unos pocos de los preferidos por sus interlocutores, ya que los absuelven fácilmente de los pecados relacionados con las encomiendas. Esta posición del obispo vuelve a caldear los ánimos de los principales de la ciudad y tiene que salir escoltado por los padres de La Merced quienes le salvan de recibir una golpiza.

Poco después de llegar a la casa de los mercedarios, los colonos vuelven a aparecer molestos y armados por el hecho de que los indígenas que habían mandado a avisar de la llegada de Las Casas hayan sido atados y capturados (3: 964-65). La coartada que Las Casas ha concebido para protegerlos, a saber, decir que habían sido capturados por él y sus acompañantes, se ha tornado motivo de furia para los pobladores de la ciudad. Un tal San Pedro de Pando ironiza que el protector de indos está atando indios y que después "enviará memoriales contra nosotros a España" (3: 965). Otro "caballero de solar" comienza a insultar a Las Casas, a lo cual el obispo sólo responde diciendo que no replicará ni castigará insultos que no se dirigen a él sino a Dios. Remesal agrega que, mientras esto sucede en la celda del obispo,

> En el patio del convento un ciudadano tomó pendencia con Juanillo, el negro del obispo, sobre porfiar con él, y decirle que él había atado a los indios y sobre esto le dio un golpe de pica tan recio, que le tendió en el suelo. Acudieron los padres de la Merced a favorecer al negro, y dos de ellos mozos de buen ánimo y fuerzas, vengaron

también el golpe, que desembarazaron bien presto toda la casa de seglares por más armados que entraron en ella, y no faltaron despojos de la refriega. (3: 965)

La vívida narración que hace Remesal del castigo recibido por Juanillo ofrece una aproximación a la compleja relación que existe entre Las Casas, el cautivo africano que está a su servicio personal y los contradictores del obispo. El cautivo africano se convierte en la víctima de éstos últimos quienes, arguyendo que consideran inaceptable que él haya atado a los indígenas, terminan por descargar sobre él toda la violencia que no pueden descargar sobre el obispo o sobre fray Vicente.

En 1715, otro dominico, Fray Francisco Ximénez termina su *Historia de la provincia de San Vicente de Chiapa y Guatemala*, la cual sólo será publicada hasta 1929. En ella, Ximénez vuelve sobre este episodio. Sin embargo, no lo narra por sí mismo sino que introduce una crónica escrita alrededor de 1546 por fray Tomás De la Torre, uno de los dominicos que acompañan a Las Casas durante su viaje a Chiapa en 1545 y a cuyo manuscrito Ximénez tiene acceso.[51] La narración de Torre es mucho más cruda y menos hagiográfica que la de Remesal. Aunque en rasgos generales propone la misma secuencia de eventos propuesta por éste último en su relato, la narración de De la Torre ofrece una imagen del obispo de Chiapa asediado desde antes de su llegada a la Ciudad Real de los Llanos de Chiapa por la malquerencia y aún el deseo de algunos de los habitantes de la ciudad de acabar con su vida y, en dado caso, con la de todos los religiosos de la ciudad. (391). Por ello, los religiosos que están en la ciudad intentan convencerlo para que no venga a ella. Sin embargo, Las Casas insiste en que quiere pasar la fiesta de Navidad en su sede episcopal.

En este contexto, la versión que ofrece De la Torre sobre lo sucedido al "esclavo negro" de Las Casas varía un poco. Por una parte, según su relato, Las Casas manda sólo a su cautivo con los tres indígenas que ha atado (392), lo cual hace un poco más entendible la furia de los habitantes de la ciudad cuando se dan cuenta de lo que les ha sucedido a quienes habían enviado a espiar el regreso de Las Casas. Lo que estos habitantes encuentran no es un fraile dominico y un cautivo africano con tres indígenas apresados por ellos sino a un "negro" que ha capturado a tres de "sus indios". De otra parte, cuando explica por qué

---

[51] Ximénez introduce la crónica de Tomás de la Torre, con interpolaciones, en los capítulos XXIV a LXXIV del libro segundo de su *Historia* 249-487. El episodio que nos interesa está narrado en el capítulo LVI 388-94. Existe una edición independiente y más reciente de este texto, véase Tomás de la Torre, *De Salamanca, España, a Ciudad Real, Chiapas (1544-1546)*.

alguien ataca al cautivo africano mientras Las Casas discute con los principales de la ciudad, el relato de De la Torre no señala como razón principal el hecho de que él haya capturado a los tres indígenas sino que "viendo el diablo que el obispo no daba lugar a revueltas, movió á uno de aquellos á tomar pasión con el negro diciendo que él había atado a los Yndios y écho mano y acudió gente y cayó el negro en tierra" (394). Del mismo modo que en el relato de Remesal, De la Torre afirma que los frailes de la Merced acudieron en ayuda del cautivo africano y lograron dispersar a los atacantes. En ninguna de las dos versiones de lo sucedido sabemos cuál fue la reacción del obispo ante lo sucedido ni qué pasó posteriormente con el cautivo. Además, este no es un episodio al que Las Casas haga alusión en alguno de sus escritos. Se trata de un episodio que recogió De la Torre en su crónica y que Remesal en 1619 y Ximénez en 1715 recogieron y ajustaron en sus textos.

No obstante no ser escritos por Las Casas, estos textos nos envían a un momento decisivo en su vida. En ese momento, de una parte, el obispo de Chiapa confronta el rechazo contundente de las Leyes Nuevas por parte de los colonos de su diócesis y, de otra, vislumbra la posibilidad de que él y otros religiosos sean objeto de violencia por parte de dichos colonos. En ese momento decisivo, en el cual Las Casas, los otros religiosos y los colonos parecen ser los protagonistas, dos fuentes tempranas sobre la vida de Las Casas dan protagonismo a un cautivo africano que funge como receptor de la violencia que inicialmente iba a ser descargada sobre el obispo, permitiendo su apaciguamiento. Insinuado en el relato de Remesal pero explícito en el de De la Torre, el "esclavo negro" se convierte en el chivo expiatorio que salva al obispo de una violencia que parecía ineludible. "Juanillo" salva la vida de Las Casas. ¿Qué lectura hizo Las Casas de este evento? ¿Promovió éste algún tipo de transformación en su representación de los cautivos africanos? No lo sabemos ni por sus escritos, ni por los escritos de Remesal o De la Torre quienes enfatizarán más la cercanía que el obispo tuvo con fray Vicente Ferrer, fray Rodrigo de Ladrada y fray Luis Cáncer. Sin embargo, sabemos que, al menos desde la navidad de 1545, el ya sexagenario obispo de Chiapa comienza a entablar una relación personal y vital al menos con un cautivo africano.

Una vez instalado en la Ciudad Real de los Llanos, Las Casas encuentra una carta de Francisco Tello de Sandoval en la cual es convocado a la junta de obispos que se va a celebrar en México en junio de 1546. A fines de febrero de 1546, parte para México a la junta de obispos. Llega el 11 de junio para participar en ésta la cual se extenderá hasta noviembre. La junta decide vetar el tema de los esclavos indios y del servicio de los indios por lo cual Las Casas organiza a fines de julio, con licencia del virrey, una Junta religiosa, paralela a la junta de obispos, en la que se tratarán los temas vedados. Esta defensa de los esclavos se enmarca dentro del esfuerzo de Las Casas por hacer que las Leyes Nuevas se cumplan a cabalidad.

Entre el 1 y el 10 de noviembre, Las Casas redacta el *Aquí se contienen unos avisos y reglas para los confesores* (más conocido como el *Confesionario*) y nombra confesores para su diócesis. En este texto, Las Casas realiza una dura condena a la esclavización de indígenas colocándola como el principal pecado que debe ser confesado y reparado por los confesores si quieren recibir la absolución. El 16 de noviembre parte para Oaxaca, llega allí el 1 de diciembre quedando a la espera de la formación de la flota que va para España. Las Casas decide regresar a España considerando que es la mejor forma de forzar la implementación efectiva de las Leyes Nuevas. Luchando por ello pasará el resto de su vida.

Volvamos ahora sobre el encuentro de Las Casas con el esclavo Pedro Carmona.[52] El 22 de agosto de 1547 comienza el expediente de juicio que Carmona inició para obtener su libertad. Según Pérez Fernández (*Fray Bartolomé* 117-23), Carmona es un cautivo africano ladino posiblemente comprado en Lisboa. Llega a Las Indias alrededor de 1516, es decir, dentro de las primeras deportaciones, acompañado de su madre y teniendo 13 o 14 años de edad. Su amo es Pedro Almodóvar, vecino de la ciudad de Puerto Rico. Carmona trabaja en las minas y, debido a que su amo le permite tener algunos dineros, puede comprar una cautiva africana también ladina, Isabel Hernández, con la que se casa alrededor de 1534. En 1541 Almodóvar muere mientras que Carmona trabaja en las minas. Como parte de su testamento, Almodóvar le otorga la manumisión a él y a su esposa Isabel al tiempo que le deja "un negrillo" (posiblemente su hijo), 2 yeguas y 25 pesos de oro de minas. Sin embargo, cuando Carmona regresa para hacer efectiva su herencia, el albacea de ésta, un tal García de Villadiego, esconde el testamento. Carmona entonces regresa a las minas y Villadiego aprovecha su ausencia para vender su mujer, Isabel, a un clérigo que va para La Española. En 1542, Carmona regresa a reclamar

---

[52] Dado que dentro de nuestra exposición el caso de Pedro Carmona es más que nada un elemento entre otros que nos ayuda a entender la transformación de Las Casas en su representación de los cautivos africanos, seguiremos la presentación que hace Isacio Pérez Fernández del caso, *Fray Bartolomé* 117-23. Un estudio detallado de este caso y sus fuentes, si bien puede ser muy valioso dada la cantidad de información que ofrece sobre la vida de los esclavos en las Indias en la primera mitad del siglo XVI, rebasa en mucho los límites de este trabajo. Estudios adicionales sobre este texto han sido propuestos por Giménez Fernández 2: 116-23 y Badillo 10-2.

a García de Villadiego pero éste, lejos de atender sus reproches, lo vende a un vecino llamado Hernando Alegre quien desea ponerle grillos. Tratando de evitarlos, Carmona regresa a las minas.

En 1543, cuando llega el obispo Rodrigo de Bastidas a Puerto Rico, Carmona va a quejarse a él para pedirle justicia y luego se dirige a La Española, junto con el hijo de Hernando Alegre, Francisco Alegre, para buscar a su mujer Isabel. Sin embargo, Francisco Alegre, por secreta recomendación de su padre, vende a Carmona al mercader Gaspar de Torres ante la posibilidad de perderlo por la vía jurídica.[53] Hernando Alegre muere al poco tiempo y Carmona queda como esclavo de Gaspar de Torres. Carmona se queja ante el alcalde de La Española, Alonso de Peña, pero éste sentencia que sea devuelto a su dueño. Luego apela ante la Audiencia pero tiene que esperar hasta abril de 1543 cuando el juez de residencia Alonso López de Cerrato llega. Éste, debido al poder que tiene Gaspar de Torres en la isla, sentencia que Carmona continúe como esclavo de este último. Carmona apela de nuevo y le piden que traiga pruebas desde la isla de San Juan. Carmona no puede obtener estas pruebas porque a los pocos días de su apelación Torres le pone grillos y lo manda con su mujer Isabel a Puerto Caballos, Honduras, donde ambos son vendidos de nuevo por Alonso del Castillo, agente de Torres, en 1544.

Carmona continúa quejándose ante el cura y otros quienes le recomiendan que vaya a Gracias a Dios para quejarse ante la Audiencia Real, la cual tiene como presidente a Alonso de Maldonado. Carmona llega allí en 1545 y continúa enfrentando todos los recursos que interpone Torres para alargar el pleito. Ante todo esto, Carmona decide abandonar Gracias a Dios e ir a España para presentarse ante el rey (Pérez Fernández, *Fray Bartolomé* 119).

La pregunta que surge enseguida es cómo es posible para un cautivo hacer este tipo de viaje. La hipótesis de Pérez Fernández es que Carmona tiene contacto con Bartolomé de Las Casas en Gracias a Dios, Honduras, en 1545. Sin embargo, no tiene pruebas explícitas de ello. Lo que sí tiene son datos que testifican que Carmona y Las Casas estuvieron en Gracias a Dios al mismo tiempo. Carmona llega en 1545 a Gracias a Dios y sabemos que Las Casas está allí entre el 21 de julio y el 10 de noviembre de 1545, poco antes del incidente

---

[53] Según Cortés López, Gaspar de Torres es el mayor comerciante de esclavos hacia América entre 1545 y 1550. Ostenta el récord de haber enviado 2317 esclavos y trata de obtener, infructuosamente, el monopolio en el comercio de cautivos africanos una vez que el monopolio de la casa Welser termina "1544-1550" 68. Podemos vislumbrar, en consecuencia, la gran dificultad que implica para Pedro Carmona tratar de hacer efectiva su libertad una vez que ha sido vendido a este poderoso mercader.

con Juanillo en la Cuidad Real de los llanos de Chiapa. Posiblemente, en estos meses se da el encuentro entre Las Casas y Carmona y el fraile tiene noticia, por vía de Carmona, de las injusticias que se han cometido contra él. Carmona declara en su expediente que él "asentó con el dicho obispo [Las Casas] para venirse a apelar al Consejo de Indias" (Pérez Fernández, *Fray Bartolomé* 120). Además, es posible que la flota de Las Casas, procedente de Veracruz, y la flota de Carmona, procedente de Puerto Caballos, se encuentren en La Habana. En su expediente, Carmona afirma que su viaje contó con el apoyo de Las Casas: "en cuya conserva [de Las Casas] yo vine a seguir mi justicia" (*Fray Bartolomé* 121). En otras palabras, desde La Habana hasta la Terceira de Azores, Carmona y Las Casas viajan probablemente en la misma flota. No sabemos si a partir de allí cada uno sigue su camino o si Las Casas lleva consigo a Carmona a lo largo de su recorrido por Lisboa y luego por Aranda de Duero. Lo que sí sabemos es que a fines de agosto de 1547 ambos están en dicha ciudad debido a que allí se encuentra el Consejo de Indias. Lo que pide Carmona al Consejo son cuatro cosas: (1) la libertad para él y su esposa; (2) la recuperación del testamento por parte del obispo de San Juan, Monseñor Bastidas, y la reparación de los daños que le han sido causados; (3) provisiones a Juan Cáncer, hombre tenido por cristiano y recto en San Juan de Puerto Rico, para que en ausencia del obispo Bastidas, se encargue del asunto y (4) protección.

Según Carmona, el Capitán Alonso de la Peña, vecino de La Española, tratando de contrariar a Las Casas y haciendo uso de falsos testigos informa al licenciado Ronquillo, alcalde de la corte, que Carmona es un cautivo fugitivo que debe ser apresado. Ronquillo pone en prisión a Carmona. Sin embargo, éste alega que no puede ser apresado ya que existe un pleito previo acerca de su libertad. Para poder ser liberado, el Consejo le exige una fianza que es preparada por el procurador de Carmona, Antonio de Beltranza, y presentada al escribano del Consejo Aparicio de Ayardia. El expediente afirma:

> Presente el Reverendísimo Señor Don Fray Bartolomé de Las Casas, obispo de Chiapa, que es en los reinos de la Nueva España e Indias, dixo que el abonaba e abonó al dicho Antonio de Beltranza para esta dicha fianza; e por ello obligaba e obligó sus bienes temporales que de derecho puede obligar. E ambos otorgaron obligación en la forma e la firmaron de sus nombres. Testigos fueron presentes: fray Luis Cáncer e fray Rodrigo de Adrada e Pedro de Fuentes, criado de Su Señoría Reverendísima e que es al presente en esta corte. (Pérez Fernández, *Fray Bartolomé* 122)

El peor de los remedios

El 15 de septiembre la fianza es reiterada, presentada al Consejo de Indias por Carmona y aceptada por éste. Sin embargo, sólo hasta el 24 de septiembre el Consejo da la orden para que Carmona sea sacado de la cárcel. El 6 de noviembre logra que la causa se mantenga en el Consejo de Indias ya que Ronquillo desea que ésta sea devuelta a La Española. Lo mismo que pasa con Juanillo, no sabemos lo que pasa con Pedro Carmona después.

Pérez Fernández considera que el contacto con Carmona y la intervención de Las Casas en el proceso son el primer paso dentro de la toma de conciencia y acción práctica del obispo en lo que concierne a los esclavos africanos en América. En esto disiente de la idea de Milhou (53) según la cual Las Casas sólo llega a adquirir conciencia y posiciones a favor de los esclavos africanos en 1555 dado que aún en ese año todavía apoya un conjunto de peticiones de Baltasar García entre las cuales se encuentra una solicitud de esclavos negros (Pérez Fernández, *Fray Bartolomé* 115). El argumento de Pérez Fernández contra Milhou es que, si bien Las Casas respalda el conjunto de las peticiones, no es claro que tenga claridad sobre todas y cada una de las cosas que está solicitando. Tampoco está de acuerdo con la idea de que Las Casas adquiere conciencia del asunto de la esclavitud africana en América hasta 1552, fecha en la que se publica la primera década de Barros (que ha sido publicada el 28 de junio de ese año). El argumento principal que esgrime Pérez Fernández es que Las Casas apoya a Carmona en su viaje a España para pedir justicia y colabora en el pago de su fianza cuando éste es apresado (*Fray Bartolomé* 121-22). En consecuencia, según Pérez Fernández, hay en Las Casas un primer tipo de acción a favor de un cautivo africano, lo cual nos permite pensar que comienza a darse en él una transformación en la representación que tiene de los cautivos africanos en las Indias.

No obstante lo interesante es que el caso de Pedro Carmona como memoria de una muy temprana lucha de un cautivo africano por su libertad, existe un punto que hace difícil sostener la idea según la cual podemos convertir esa historia y, particularmente, las intervenciones de Las Casas documentadas en ella, en prueba de una transformación en la representación que tiene el obispo de Chiapa de los cautivos africanos. En primer lugar, no tenemos ningún documento en el cual Las Casas hable de este asunto. Esto es particularmente extraño en alguien quien, como Las Casas, se caracteriza por denunciar explícitamente lo que considera injusto, proponer abiertamente remedios para ello y dejar registro escrito de su intervención. En el caso de Carmona, todo lo que tenemos son unas cuantas alusiones a Las Casas hechas por el mismo Carmona en su expediente. Esto no quiere decir que Carmona esté mintiendo. No podemos olvidar que el expediente es un documento legal y que Las Casas paga una fianza para permitir la salida de Carmona de la cárcel. Lo que indica el silencio de Las Casas es que probablemente su apoyo a la causa de Carmona expresa más un respaldo a una persona particular que ha sido tratada injustamente que una impugnación de su creencia según la cual los cautivos africanos son una fuerza laboral necesaria para la colonización. Desde la Edad Media, la manumisión otorgada por el amo es considerada como una posibilidad legítima de liberación del esclavo sin que ello implique en lo más mínimo una reconsideración del sistema esclavista (Alfonso X, *Siete Partidas* 3: 121-22). Las Casas puede apoyar a Carmona sin que ello signifique un cuestionamiento a la introducción de cautivos africanos en las Indias.

Sin embargo, hay un punto en el cual la historia de Carmona es interesante para nuestra investigación. La intervención de Las Casas en ella marca el comienzo de un proceso en el cual el obispo comienza a adquirir conocimiento acerca de la forma como los africanos son esclavizados. El caso de Pedro Carmona es la puerta de entrada para que Las Casas comience a explorar la esclavitud africana en las Indias, no todavía la trata transatlántica. Si bien Las Casas no habla de Carmona y parece muy apresurado decir que su encuentro con este esclavo produce una transformación en su previa representación de los cautivos, podemos reconocer que a partir de este momento encontraremos en Las Casas un interés por la esclavitud que hasta ahora no había aparecido. Juanillo y Pedro Carmona, dos figuras que nunca menciona Las Casas en sus escritos y que probablemente no transformarán en principio su representación de los cautivos africanos serán, sin embargo, quienes den pie para que Las Casas comience a reconsiderar esta representación. Este interés estará mediado por la intensificación, a partir de 1547, de las polémicas que Las Casas entabla con respecto a la esclavitud de los nativos americanos y, en particular, la exploración que hace Las Casas de las categorías "infiel" y "bárbaro" en algunos de los textos que escribe en ese momento. Eso es lo que expondremos a continuación.

3.3 La intensificación de las polémicas con respecto a la esclavitud indígena y el nuevo concepto de infiel (1547-1550)

A mediados de marzo de 1547, Las Casas parte de Veracruz hacia España pasando por Lisboa. Las razones de este pronto regreso a Europa son el fracaso en la implementación de la Leyes Nuevas (confrontadas por los colonos y/o simplemente no aplicadas) y la necesidad de comunicar al príncipe esta situación. El obispo llega a mediados de junio a Aranda de Duero e informa al Consejo de Indias sobre la situación en la Audiencia de Confines y, como consecuencia de sus informes, el presidente de la audiencia, Alonso de Maldonado, es destituido y reemplazado por Alonso López de Cerrato, quien es propuesto por el mismo Las Casas. En Aranda de Duero, Las Casas también se entera de las gestiones realizadas por los encomenderos para impedir la puesta en práctica de las Leyes Nuevas. Además, Las Casas adquiere conocimiento de que Juan Ginés de Sepúlveda ha redactado su *Democrates Secundus*. Este texto está respaldado por los encomenderos. En dicho texto, Sepúlveda aplica a las guerras de la conquista de las Indias lo que ha escrito en 1535 con respecto a las guerras contra los turcos y los moros en su *Democrates Primus* (Castilla Urbano 93-120). Las Casas se entera de que Sepúlveda está buscando obtener licencia para imprimirlo. El obispo se opone frontalmente a la publicación de ese texto, no obstante la fama que tiene Sepúlveda como cronista y escritor de diálogos humanistas, y logra impedir que se otorgue la licencia para su impresión.[54]

Las Casas se dedica durante el otoño de 1547 a pensar asuntos relacionados con la evangelización de la Verapaz y a introducir algunos ajustes a las reglas 5ª y 8ª de su *Confesionario*. En febrero de 1548, anticipando algunos de los ataques que puede recibir, Las Casas entrega el manuscrito de su *Confesionario* a Carranza y a dos profesores del colegio de Valladolid para que lo juzguen y ellos lo aprueban. En marzo, llega a Alcalá y entrega el manuscrito de su *Confesionario* a otro maestro de teología. Lo mismo hace en Salamanca, donde entrega el manuscrito a otros profesores de teología para que lo aprueben y éstos lo hacen sin mayor discusión. En contraste con la aprobación que tiene su libro, el libro de Sepúlveda es reprobado tanto en Alcalá como en Salamanca. En julio, Las Casas regresa a Valladolid y, tal como se lo temía, es acusado de "alta traición" y "herejía" por Sepúlveda sobre la base de la regla 7 de su libro del *Confesionario*. Según dicha regla, no sólo los conquistadores sino también los pobladores que hayan tenido repartimiento de Indios, "si estuvieren en artículo de muerte", deben restituir todos los bienes a los indígenas que han esclavizado y, si éstos no están vivos, la restitución debe ser hecha a los herederos de ellos (375). Los contradictores de Las Casas ven en ello una impugnación al señorío de los reyes de Castilla sobre las Indias. Debido a esta acusación, Las Casas se tiene que defender ante el Consejo Real de Castilla, luego ante el

---

[54] Sólo hasta 1892 hay una edición de este texto realizada por Marcelino Menéndez Pelayo.

Consejo Real de Indias y, posteriormente, ante el emperador mismo recibiendo en los dos primeros casos reconvenciones, haciendo defensas de sí mismo y redactando para el emperador un documento en el cual reelabora la regla 7 de su *Confesionario*. En consecuencia, entre octubre y noviembre de 1547, Las Casas redacta su texto "Treinta proposiciones muy jurídicas" donde reitera su posición afirmando que:

> sin perjuicio del título y señorío soberano y real que a los reyes de Castilla sobre aquel orbe de las Indias pertenece, todo lo que en las Indias se ha hecho, ansi en lo de las injustas y tiránicas conquistas como en lo de los repartimientos y contiendas ha sido nulo, ninguno y de ningún valor ni fuerza de derecho, por haberlo hecho todo tiranos puros, sin causa justa ni razón ni auctoridad de su príncipe y rey natural. (214)

Como consecuencia de toda esta discusión, el Consejo de Indias promulga el 28 de noviembre de 1548 una real cédula mandando a recoger los manuscritos del *Confesionario* que corrían por las audiencias de Nueva España, Nueva Galicia y Los Confines. Por su parte, el Consejo General de la Inquisición entrega el texto a varios juristas que lo enjuician pero sin que el asunto pase a instancias ulteriores.

En noviembre de 1549, Las Casas redacta el *Tractatus comprobatorius imperio soberani* (texto actualmente perdido). Posteriormente, este texto es traducido parcialmente bajo el título "Tratado comprobatorio del imperio soberano". En esta obra, Las Casas explora de nuevo la regla 7 de su "Confesionario" con el fin de establecer la legitimidad de la presencia de Castilla en las Indias. En dicho tratado, Las Casas afirma:

> Lícita e justamente pudo la Sede Apostólica y romano Pontífice repartir e dividir entre los reyes cristianos, que para ello le plugo elegir, la parte del mundo que poseen los infieles, o donando o concediendo o cometiendo a cada uno de los reinos e provincias, que bien visto le fue, puesto que diferentemente según la diversidad de los infieles. (438)

El vocabulario de Las Casas en este texto adquiere un alcance global en el sentido de que pretende dar al Papa jurisdicción sobre todo territorio conocido. Para él, el Papa está legitimado para repartir el mundo infiel entre los reyes cristianos para que éstos lo hagan cristiano. Los argumentos en los que sostiene esta posición son tres: en primer lugar, el oficio y obligación que tiene el romano Pontífice de traer a todos los infieles al evangelio por medio de predicadores idóneos (438-39); en segundo lugar, el poder que tiene la Sede Apostólica de tomar "lícitos y cristianos medios" para llevar a cabo dicha evangelización (439-40); y, en tercer lugar, el derecho, poder y jurisdicción que tiene el romano Pontífice de conceder a particulares ciertas cosas para el bien y utilidad del pueblo o del reino (440). El poder del romano Pontífice está ligado al hecho de que, en aras de la evangelización de los infieles, él puede disponer de todo lo necesario para que dicha evangelización sea posible:

> La Sede Apostólica e romano Pontífice, como rey e príncipe universal en el mundo, tiene poder, derecho e jurisdicción sobre todos los infieles e sobre sus reinos, cuanto fuere necesaria y conveniente a la predicación de la fe, dilatación y ampliación de la universal Iglesia y culto divino, y conversión dellos, y los dichos actos de descubrir las tierras y cognsocer los reinos y tener noticia de las gentes, disponer los medios, quitar los impedimentos (que los reyes solos pueden hacer), son necesarios; e así la dicha división y concesión es necesaria para esto. (440)

Para Bartolomé de Las Casas, ejemplos de este poder, derecho y jurisdicción son, en primer lugar, la donación del reino de Jerusalén a Carlo Magno, en segundo lugar, la división de África entre los reyes de Castilla y Portugal, en tercer lugar, la concesión de la India a Portugal y, en cuarto lugar, las Indias a Castilla y León (442).

Dentro de esta visión universalista, Las Casas introduce un nuevo elemento cuando afirma que existen diversas clases de infieles y que ello determina el tipo de donación que hace el Papa a cada reino cristiano para que cristianice. Un tipo de infieles son los que habitan Hierusalem y África:

> Pero hay mucha diferencia entre aquestas donaciones, por lo cual dejimos, en el corolario, deferentemente según la diversidad de infieles. Y es ésta: que las donaciones del reino *de Hierusalem y de los de África y los semejantes, usurpados y detenidos tiránicamente por los infieles, cuales son los moros e turcos, hostes públicos y enemigos, manifiestos perseguidores nuestros y de nuestra católica fe,* cuando de aquellos reinos faltase dueño, y, del legítimo señor, sucesor, pertenece a la Sede Apostólica de derecho divino e por auctoridad de su presidencia universal y apostolado e la jurisdicción que en el mundo alcanza, proveer, a los tales reinos, de príncipe y rey cristiano, y éste en favor de la fe e religión cristiana y culto divino. (442, énfasis mío)

Las Casas considera que los reinos de Hierusalem y de África han sido concedidos a los reyes de Castilla y de Portugal para ser recuperados de los infieles moros y turcos quienes los han usurpado a los cristianos y que, por ello, es lícito hacer uso de la guerra y del sometimiento a servidumbre con el propósito de recuperar esos reinos. Para Las Casas África designa en este momento el norte de lo que ahora conocemos como el continente africano, poblado principalmente por musulmanes. Sin embargo, Las Casas considera que no es lícito declarar la guerra a todo infiel, algunos de los cuales no han usurpado cosa alguna a los cristianos y, por ello, no puede hacerse guerra legítima a ellos.

> Muy diferente es de las dichas [donaciones y concesiones hechas contra los moros e infieles que han usurpado tierras] es la donación y concesión, y la razón de ella, que hizo e hiciere a los reyes cristianos, la Sede Apostólica, de los reinos e tierras que tienen y poseen los infieles, que nunca la fe rescibieron ni oyeron, ni, si eran cristianos en el mundo, supieron ni creyeron, como clara parece la razón de la diferencia. (445)

Las razones que hacen diferente estas donaciones a las anteriores son cuatro: en primer lugar, estos infieles habitan tierras o reinos que se hayan usurpado a los cristianos; en segundo lugar, no han hecho daño ni injuria a los cristianos; en tercer lugar, no son enemigos de la fe católica; finalmente, no ensucian ni contaminan con sus vicios las tierras cristianas sino sólo las suyas. En estos argumentos se nota persistentemente la consideración que hace Las Casas de la indefensión de la segunda clase de infieles. Ellos no son una amenaza para el mundo cristiano y, por ello mismo, ellos pueden y deben ser incluidos dentro del mundo cristiano de manera pacífica, no obstante sus conductas abyectas.

> Y para esto no son menester violencias ni guerras, sino paz y amor, mansedumbre, vida cristiana y caridad; la entrada pacífica y combide a nos creer y a recibirnos con paz; la gobernación temporal, que en ellos se asentare, real y natural, sin perjuicio ni daño de sus personas, bienes y libertad, toda ordenada principalmente para su provecho y utilidad, como de personas libres, que solo se nos encomiendan para las convertir e salvar. Y así parece la diferencia, que en estas donaciones hay. (445-446)

La razón que subyace a esta posición a favor de una cristianización pacífica es que, en sus propias palabras,

> a los infieles pertenecelles de derecho natural todos los estados e dignidades e jurisdicciones reales en su reinos e provincias de derecho e ley natural, como a los cristianos, e cerca desto ninguna diferencia se puede asignar (...) La prueba desto es porque, sin diferencia, infieles o fieles son animales racionales, y por consiguiente competelles y serles cosa natural vivir en compañía de otros, y tener ayuntamientos, reinos, lugares y ciudades, y por consiguiente tener gobernadores y reyes, y competerles tenellos, y los que lo son pertenecelles de ley e derecho natural. La razón y prueba es porque el derecho natural es común a todos los hombres del mundo, y entre todas las gentes poco más o menos siempre se hallará. (454)

La pregunta que surge inmediatamente es cómo concilia Las Casas su reconocimiento de la presencia de la razón natural en todos los hombres, incluidos todos los que él denomina infieles, con la necesidad de una cristianización promovida por el romano Pontífice con la ayuda de los príncipes cristianos. En otras palabras, Las Casas reconoce la igualdad de todos los hombres en términos de razón natural pero, al mismo tiempo, supone la primacía del cristianismo como mensaje religioso que tiene que se ser expandido. ¿Cómo puede mantener esta dicotomía sin que considere que sea un conflicto? La respuesta parece estar en un criterio: la superioridad de las costumbres practicadas por los cristianos. Este criterio funciona del siguiente modo:

> la influencia exterior, como cabeza, por la gobernación justa temporal, reformando y ordenando tantas gentes y tantos pueblos, y tan amplísimos y extendidos reinos y costumbres, quitando poco a poco las horruras e defectos de sus policías, que necesariamente se siguen y resultan, como en todas las otras naciones del mundo de la infidelidad, e fundando, asentando y arraigando la limpia, justa y legítima manera de vivir, que trae consigo la fe y la cristiandad. (471)

Así, el reconocimiento de humanidad en Las Casas no expresa una inclusión de todo ser humano dentro de una categoría formal o abstracta sino el sometimiento del infiel a dos criterios de juicio establecidos y aplicados por el cristiano: la guerra justa y la superioridad de las costumbres cristianas. Estos dos criterios permiten distinguir dos tipos de infieles: de un lado, los turcos y los moros y, de otro lado, los infieles del Nuevo Mundo. Las Casas considera que la nueva gentilidad que ha sido conocida en Indias no se ajusta a la gentilidad conformada por los infieles moros y turcos sino a una gentilidad que tiene que ser evangelizada de modo pacífico.

El punto que vale la pena resaltar por ahora es que, aunque Las Casas introduce una decisiva distinción entre dos tipos de gentilidad, una a la que los príncipes cristianos pueden hacer la guerra y someter a servidumbre y otra a la cual no es aceptable hacer esto, todavía mantiene en el *Tratado comprobatorio* la idea según la cual África y sus habitantes pertenecen al primer tipo de gentilidad. Esto es explicable porque, como lo hemos dicho más arriba, para él África significa la parte norte del continente africano la cual había sido conquistada por el Islam durante gran parte del medioevo. Sin embargo, es interesante notar que esta discusión le está permitiendo a Las Casas comenzar a expandir el uso del concepto "infiel pacífico" más allá de la circunscripción particular que había hecho hasta ahora de este concepto al caso de los habitantes de las Indias.

Durante 1549, junto con un trabajo de intensa escritura doctrinal, Las Casas sigue impulsando la aplicación de las Leyes Nuevas de 1542. En particular, Las Casas está interesado en que la ley 21, que prohíbe la esclavización de nativos, se cumpla. Según Isacio Pérez Fernández, debido a la presión del obispo de Chiapa, la Corona Española promulga varias directrices con respecto a la conquista y al tratamiento de los nativos americanos.[55] Todas estas legislaciones intentan combatir las esclavización de indígenas, las formas disimuladas de ella y las estrategias utilizadas por los conquistadores para justificarla. Lo llamativo de todas estas legislaciones es que en ninguna de ellas aparece la esclavitud africana en las Indias como problema. La sofisticada legislación que intenta enfrentar todas las pretendidas justificaciones de los conquistadores para la esclavización de los indígenas, contrasta con la legislación que, como hemos visto en el capítulo anterior, intenta mantener un control sobre las poblaciones africanas esclavizadas en las Indias.

Por esta misma época, Las Casas redacta su "Tratado sobre los indios que se han hecho esclavos". El argumento principal de este tratado es que "todos los indios que se han hecho esclavos en las Indias del mar Océano, desde que se descubrieron hasta hoy, han sido injustamente hechos esclavos, y los españoles que poseen a los que hoy son vivos, por la mayor parte, con mala consciencia, aunque sea de los que hobieron de los indios" (254). Este tratado es el texto en el cual más detenidamente Las Casas presenta y desarrolla los argumentos en contra de la esclavización indígena. Para organizar su argumento, Las Casas utiliza gran parte de los argumentos medievales acerca de la guerra justa, mostrando que no se han cumplido los requisitos que definen una guerra como justa y, por ende, no hay justificación para las esclavizaciones.

Su exposición intenta demostrar que, en primer lugar, todas las esclavizaciones llevadas a cabo por los españoles en Indias no han sido fruto de guerras justas sino de agresiones y engaños realizados sin la autorización del príncipe (221-30); en segundo lugar, los españoles que tienen indígenas como esclavos los tienen con mala consciencia, es decir, a sabiendas o con fuertes indicios acerca de la ilegitimidad de la forma cómo han sido esclavizados por otros españoles (230) y, en tercer lugar, los españoles que han recibido esclavos de los indígenas también los tienen con mala consciencia dado que la esclavitud

---

[55] Pérez Fernández identifica entre 1548 y 1551 diecisiete normativas reales tendientes a confrontar la esclavización de los indígenas y los malos tratos contra ellos. Ver *Fray Bartolomé* 99-102. Esto indica que las Leyes Nuevas comienzan a ser implementadas, al menos en el papel, mediante un complejo conjunto de normas específicas.

practicada por éstos últimos es fruto de injusticias propias de infieles que no tienen conocimiento de Dios (231-33). A partir de la demostración de estas tres afirmaciones, las cuales sustenta con una gran cantidad de autores de la tradición eclesial, Las Casas saca como consecuencia que todos los indígenas sin excepción deben ser liberados (254-58), los obispos deben insistir en dicha liberación (258-71) y, reiterando la posición esgrimida en el *Confesionario*, los religiosos deben absolver a todos aquellos que tienen indios como esclavos sólo después de que los hayan liberado (271-73). Llama la atención en este texto que, no obstante la claridad y la radicalidad con la que Las Casas presenta sus argumentos en contra de la esclavización indígena, no hay un solo pasaje en el que encontremos una extensión de estos argumentos hacia los cautivos africanos. Podría argumentarse que Las Casas desea mantenerse concentrado en el tema de la esclavización indígena y que, además, introducir el tema de la esclavización de africanos podría traer más problemas que ventajas para su argumento, dado los contradictores adicionales que produciría introducir un tema como este, más en un momento en el cual la colonización de las Indias está exigiendo cada vez más mano de obra.

Sin embargo, atendiendo a lo que dice de África en su *Tratado comprobatorio*, creemos que se puede defender la hipótesis según la cual aún en este momento Las Casas considera que la esclavización llevada a cabo en África se hace en el marco de la guerra justa y, más aún, es necesaria si se quiere pensar una alternativa para el problema de la esclavización indígena. Además, esto nos permite reiterar, en contra de lo que defiende Pérez Fernández, que el respaldo que Las Casas da a la causa del esclavo Pedro Carmona no es expresión de una transformación significativa en su representación de los cautivos africanos sino un apoyo a un caso de manumisión contemplado dentro de la legislación sobre esclavitud vigente en ese momento.

3.4 *La polémica con Sepúlveda y la redefinición del bárbaro (1550-1552)*

En el año 1550, comienza a gestarse la polémica intelectual más conocida sostenida por Las Casas durante su vida. Dentro de nuestra exposición, la referencia a esta polémica es necesaria porque ella implica una elaboración del concepto bárbaro en Las Casas que será decisiva en su posterior acercamiento al problema de la esclavitud en África. El primero de mayo de 1550, se imprime en Roma la *Apologia pro libro de iustis belli causis (apud indos)* de Sepúlveda. Este texto sintetiza los argumentos del *Democrates Secundus* y responde a las objeciones que, con el fin de impedir su publicación, habían sido planteadas por el obispo de Segovia, Antonio Ramírez, y por las universidades de Salamanca y Alcalá (Castilla Urbano 187-88). A mediados de mayo, Las Casas se entera de la publicación de la *Apologia* de Sepúlveda, pide la retirada de los ejemplares que puedan llegar a España y redacta su *Apología contra los adversarios de los indios*, una obra en castellano de la que no tenemos versión disponible en la actualidad (Pérez Fernández, *Inventario* 548-50).

A mediados de agosto, Las Casas renuncia a su obispado en Chiapas y deviene "obispo en la corte". Su edad (66 años) y algunas dolencias hacen inviable la idea de volver a realizar un tortuoso viaje a las Indias una vez más. Las Casas se concentra entonces en su participación en las sesiones de la Junta de Valladolid que van desde mediados de agosto hasta mediados de septiembre.[56] En su muy conocido comentario sobre la disputa entre Las Casas y Sepúlveda, Lewis Hanke afirma:

> Sepúlveda declared that the Indians, being rude persons of limited understanding, ought to serve the Spaniards, and applied to the Indians Aristotle's theory that, since some beings are inferior by nature, it is only just and natural that prudent and wise men have dominion over them for their own welfare as well as for the service of their superiors. If the Indians failed to recognize this relationship and resisted the Spaniards, just war could be waged against them and their persons and property would pass to the conquerors. (122)

Si revisamos algunos textos de Sepúlveda, en particular su *Demócrates segundo o De las justas causas de la guerra contra los indios* o sus argumentos en la disputa que sostiene con Las Casas, podemos decir que la afirmación de Hanke es acertada y recoge de manera precisa los argumentos básicos de Sepúlveda con base en los cuales quiere justificar la guerra contra los nativos americanos. Ahora bien, tratando de precisar el argumento de Hanke, quisiésemos proponer que lo específicamente aristotélico del argumento de Sepúlveda a favor de la guerra contra los indígenas se halla en su intento de identificación de éstos con los bárbaros que Aristóteles introduce en su argumento y de los españoles con aquellos que Aristóteles describe como superiores por naturaleza. Esta identificación, de

---

[56] Se organizan seis sesiones. Sepúlveda habla en la primera sesión y Las Casas habla las cinco sesiones restantes. Las sesiones son los sábados 16, 23 y 30 de agosto y los sábados 6, 13 y 20 de septiembre. Fray Domingo de Soto hace un *Sumario* de lo dicho por los informantes. Sobre la base de este sumario, Sepúlveda extrae doce *Objeciones*. Sobre la base del *Sumario* y de las *Objeciones* de Sepúlveda, Las Casas redacta doce *Réplicas*.

un lado, representa a los indígenas como inferiores por naturaleza y susceptibles de ser esclavizados por aquellos que son considerados por Sepúlveda como superiores, a saber, los españoles. De otro lado, esta identificación legitima la guerra en caso de que ellos se resistan a ser sometidos al señorío de los españoles. Lo interesante del asunto es la forma cómo Sepúlveda lleva a cabo esta identificación y hasta qué punto Las Casas logra o no proponer un argumento contra esa identificación. Nuestra hipótesis es que Las Casas demostrará que Sepúlveda no ha entendido todos los matices que sobre los bárbaros hay en los textos de Aristóteles y sus intérpretes (especialmente Santo Tomás) y, en consecuencia, su identificación de los indígenas como bárbaros a los que hay que hacerles las guerra y de los españoles como civilizados que tienen todo el derecho a declararla es ligera e inconsistente.

En lo que sigue, en primer lugar, reconstruiremos el argumento de Sepúlveda tal como se presenta en la polémica que sostiene con Las Casas en 1551 y, en segundo lugar, expondremos cuáles son los argumentos que Bartolomé de Las Casas contrapone a Sepúlveda. El punto clave de esta polémica es la redefinición de la categoría de "bárbaro" que Las Casas propone. Esta reconstrucción del concepto "bárbaro", junto con la que ha realizado del concepto "infiel" en sus escritos del final de la década de 1540, será el marco dentro del cual Las Casas proponga una nueva interpretación de las crónicas portuguesas y, en particular, una nueva representación de los africanos y su esclavización.

3.4.1 *Buscando un bárbaro para esclavizar*

En primer lugar, el argumento aristotélico de Sepúlveda aparece en cuatro ocasiones dentro de la polémica. Aparece dos veces en la presentación que hace Soto del debate y que sirve como preámbulo a las réplicas que hace Sepúlveda a las críticas y contra-objeciones de Las Casas. Aparece por tercera vez en las objeciones que hace Sepúlveda a las consideraciones de Las Casas y, por cuarta vez, en las objeciones que Las Casas escribe como respuesta a las objeciones de Sepúlveda.

Según la exposición de Soto, uno de los argumentos que esgrime Sepúlveda (de hecho, el segundo) para justificar la guerra contra los indígenas es que por "la rudeza de sus ingenios, son gente servil y bárbara, y por ende obligada a servir a los de ingenio más elegante, como son los españoles" ("Disputa" 106). Más adelante, justo antes de la presentación que hace de la respuesta de Las Casas a ese argumento, Soto escribe: "resta responder a la razón de Sepúlveda

2ª, que se fundaba en la barbariedad de aquella gente, por la cual dicen ser de su naturaleza siervos y obligados por ende a ser nuestros súbditos" (129). En tercer lugar, la posición de Sepúlveda aparece expuesta por él mismo en la objeción octava que él propone a las consideraciones de Las Casas. Allí, atacando la observación de Las Casas según la cual los indígenas no son bárbaros dado que tienen ciudades y policía, Sepúlveda arguye:

> Bárbaros se entiende (como dice Sancto Tomás 1 *Politicorum lectione prima*) los que no viven conforme a la razón natural y tienen costumbres malas públicamente aprobadas entre ellos; ora esto les venga por falta de la religión, donde los hombres se crían brutales, ora por las malas costumbres y la falta de buena doctrina y castigo. Pues ser estos hombres de poca capacidad y depravas costumbres, pruébase por lo dicho de casi todos los que de allá vienen, y principalmente por la Historia general, libro 3, capítulo 6, scripta dellos por cronista grave y diligente en inquirir las cosas, y que ha estado en las Islas y Tierra Firme muchos años. ("Disputa" 141-42)[57]

Finalmente, la posición de Sepúlveda aparece mencionada por Las Casas del siguiente modo: "A lo que repite de bárbaros, lo que repetir al doctor no convenía, porque ni entiende a Sancto Tomás y disimula con la doctrina de Aristóteles en su doctrina" (164).

El argumento básico de Sepúlveda consiste en aplicar a los indígenas la categoría aristotélica de bárbaro con el fin de justificar tanto su esclavización como la guerra en su contra si se resisten a ser subyugados. Como hemos dicho al inicio de esta sección, lo que importa es establecer cuál es el significado que tiene para Sepúlveda la categoría bárbaro aplicada a los indígenas. Para perseguir este asunto, tal vez el texto más significativo es el *Demócrates segundo*. En dicho texto, Sepúlveda argumenta que la tercera causa de la guerra justa, después de repeler la fuerza por la fuerza (primera causa) y recobrar las cosas injustamente arrebatadas (segunda causa), es "el someter con las armas, si por otro camino no es posible, a aquellos que por condición natural deben obedecer a otros y rehúsan su imperio. Los filósofos más grandes declaran que esta guerra es justa por ley de naturaleza" (289).

Cuando Sepúlveda caracteriza a aquellos que por naturaleza mandan y a aquellos que por naturaleza están sometidos, utiliza como criterio de su

---

[57] Sepúlveda parece estar haciendo referencia a la *Historia general y natural de las indias, islas y tierra firme del mar Océano* de Gonzalo Fernández de Oviedo. Llama la atención el modo cómo Sepúlveda focaliza su lectura en las descalificaciones de los indígenas dejando de lado otros aspectos del texto que llaman la atención sobre las intrigas entre los españoles y la explotación a la que son sometidos los indígenas.

distinción la diferencia en dos aspectos: el entendimiento y las costumbres. En este sentido, afirma que "los filósofos llaman servidumbre a la torpeza de entendimiento y a las costumbres inhumanas y bárbaras" (291). Luego, extendiendo el argumento a todo tipo de situaciones, afirma que esta relación por la cual lo superior subordina a lo inferior está a la base de todas las relaciones en la naturaleza, esto es, de los hombres con los animales y aún del alma con respecto al cuerpo. Esto le permite enfatizar su argumento según el cual "los que exceden a los demás en prudencia e ingenio, aunque no en fuerzas corporales, estos son, por naturaleza, los señores; por el contrario, los tardíos y perezosos de entendimiento, aunque tengan fuerzas corporales para cumplir todas las obligaciones necesarias, son por naturaleza siervos, y es justo y ágil que lo sean, y aun lo vemos sancionado por la ley divina misma" (293). Lo que le interesará persistentemente a Sepúlveda será reconocer el vínculo que hay entre señorío e ingenio superior y cómo este vínculo legitima la existencia de la guerra justa. Pocos renglones después del párrafo que hemos citado, Sepúlveda citará directamente a Aristóteles para sustentar su argumento:

> Parece que la guerra nace en cierto modo de la naturaleza, puesto que una parte de ella es el arte de la caza, del cual conviene usar no solamente contra las bestias, sino también contra aquellos hombres que, habiendo nacido para obedecer, rehúsan la servidumbre: tal guerra es justa por naturaleza (293).[58]

Este pasaje de Aristóteles, con el que Sepúlveda conecta el problema de la servidumbre natural con el de la guerra, está en la *Política* (1256b20-25). Sin embargo, está fuera de la reflexión aquello que explícitamente hace Aristóteles sobre la esclavitud en ese libro (1253b1-1255b40). Se halla en la siguiente sección en la cual Aristóteles identifica y caracteriza los medios naturales de adquisición de la propiedad (1256a1-1256b39). Estos medios anteceden al cambio y al comercio, los cuales son considerados por él como derivados y, en cierto sentido, parasitarios con respecto al primer modo de adquisición. En dicha sección, Aristóteles hace de los modos de adquisición a la vez modos de existencia. En consecuencia, de acuerdo al modo predominante de adquisición

---

[58] En su versión inglesa, el pasaje de Aristóteles en la *Política* dice así: "Now if nature makes nothing incomplete, and nothing in vane, the inference must be that she was made all animals for the sake of man. An so, in one point of view, the art of war is a natural art of acquisition, for the art of acquisition includes hunting, an art which we ought practice against wild beast, and against men who, though intended by nature to be governed, will not submit; for war of such natural kind is naturally just" 1256b20-25.

de los bienes, existen cuatro modos de existencia: nómada, agricultor, bandolero, pescador y cazador (1256b1-3). Según Aristóteles, aunque la mayoría de los hombres viven del cultivo de la tierra, en los pueblos se combinan estos modos de adquisición.

Para completar su argumento, Aristóteles establece una jerarquía según la cual las plantas están al servicio de los animales y los animales al servicio del hombre. Mientras que los animales domésticos están para el servicio y el alimento de éste, los animales salvajes le proporcionan diversos modos de subsistencia que incluyen el vestido. En toda esta jerarquía Aristóteles reconoce que la naturaleza no hace nada incompleto ni en vano y que, en ese sentido, la guerra puede ser considerada como un medio natural de adquisición que se dirige hacia las fieras y hacia ciertos hombres que, aunque han nacido por naturaleza para obedecer, se resisten a ser sometidos.

En el contexto de los argumentos de Aristóteles acerca de la esclavitud, esta consideración enfatiza que una de las formas de adquisición de esclavos puede ser la guerra. Sin embargo, dentro de la argumentación aristotélica esta consideración aparece después de que el mismo Aristóteles ha discutido la dificultad que implica el hecho de que se produzcan esclavos a causa de la guerra (1255a3-b15). Esta dificultad surge del hecho de que, según él, no existe un acuerdo acerca de si la esclavización por vía de la guerra es justa o no. De acuerdo con algunos, este tipo de esclavización es siempre injusta. Sin embargo, para otros este tipo de esclavización es siempre justa. Aristóteles considera que la dificultad surge porque existe un vínculo entre virtud y fuerza que se pone de presente en la guerra. En ciertos casos, la virtud puede hacer uso de la fuerza. En otros casos, el uso de la fuerza puede implicar virtud. Dada esa yuxtaposición, algunos proponen dos conceptos de justicia: uno en términos de benevolencia y otro en términos de dominio del vencedor. Según el primer punto de vista, el vencedor debe exhibir que la virtud impera sobre la fuerza y mostrar benevolencia no esclavizando. Según el segundo punto de vista, la justicia es la ley del más fuerte y, por ende, la esclavitud está siempre justificada para el vencedor.

Aristóteles considera que el problema de las dos posiciones en conflicto radica en que están sustentadas en concepciones relativas de la justicia, es decir, concepciones que pueden olvidar que la relación entre el amo y el esclavo no es el resultado del mero uso de la fuerza o de la ausencia de ésta sino de la presencia de la virtud en el amo. "The other views have no force or plausibility against the view that the superior in virtue ought rule, or be master" (1255a19-20).

La salida propuesta por Aristóteles es difícil de entender. Al parecer, el punto que él busca enfatizar es que la sola presencia de la guerra no puede ser considerada como causa de la esclavización, sino que a la base de ella tiene que encontrarse la virtud. El problema de la justicia de la esclavización está sustentado en la virtud que exhibe el vencedor y que le da validez a la esclavización aún en el caso de que ésta se haya hecho por medio de la guerra. Ahora bien, lo que también es necesario agregar es que Aristóteles nunca niega que la virtud para imponerse pueda hacer uso de la fuerza. Sin embargo, lo que sí parece estar interesado en señalar es que sin esa apelación a la virtud del amo como base natural de la esclavización la posición que afirma que la guerra es razón suficiente para la esclavización es insostenible.

Prueba de que la fuerza no es suficiente para legitimar la esclavitud por vía de la guerra es que aquellos que defienden la guerra como forma legítima de esclavización tienen que introducir una distinción entre ellos y los bárbaros. En otras palabras, tienen que añadir al principio según el cual la guerra es una forma justa de esclavizar que ese principio sólo es aplicable para los bárbaros. "Wherefore Hellenes do not like to call Hellenes slaves, but confine the term to the barbarians. Yet in using this language, they really mean the natural slave of whom we spoke at first; for it must be admitted that some are slaves everywhere, other nowhere" (1255a19-20). En consecuencia, aún en las posiciones más extremas, cualquier concepción particular de la esclavitud (de justicia relativa, en términos aristotélicos) siempre tiene que suponer la existencia de una esclavitud natural que hace aceptable y útil la relación entre el amo y el esclavo. En este contexto, el concepto de barbarie sirve para poner un límite a la guerra como criterio legítimo de esclavización. Al hacer de la barbarie el criterio que legitima la esclavización por vía de la guerra justa, Aristóteles introduce uno de los argumentos más utilizados pero también más problemáticos dentro del posterior debate sobre la esclavitud.

Podemos decir, en consecuencia, que en Aristóteles se dan dos argumentos sobre la esclavitud que serán decisivos para todo el debate posterior y, desde luego, para la apropiación que hace Sepúlveda de él: en primer lugar, el reconocimiento de la esclavitud natural y, en segundo lugar, la inclusión de la guerra como forma legítima de sometimiento de aquellos bárbaros que se resisten a asumir su condición natural de esclavos. Sobre el primer argumento, la posición de Aristóteles es clara. Existen hombres que por naturaleza son esclavos. Sin embargo, el segundo argumento implica un problema para Aristóteles. Dicho problema radica en demostrar que la guerra tiene legítimas razones para ser declarada y producir esclavos. La única forma de establecer la legitimidad de la guerra es adjudicar la condición de barbarie al pueblo al cual se le declara. La barbarie será la prueba de que existe una condición natural que legitima la guerra y la esclavización pero, al mismo tiempo, la forma de establecer un límite que impida que el "civilizado" capturado pueda ser considerado como esclavo. No sabemos si Aristóteles, un extranjero en Grecia, esté totalmente de acuerdo con ello, lo cierto es que expone la existencia de dicha estrategia de esclavización por vía de la guerra.

Al establecer este vínculo entre la esclavización por la guerra y el señalamiento de la barbarie en el otro, Aristóteles abre el espacio para todas las discusiones posteriores que harán de la caracterización del extranjero como bárbaro la pretendida base natural que hace legítima su esclavización por vía de la guerra. En consecuencia, en primer lugar, Sepúlveda se mantiene como aristotélico en el sentido de que utiliza como uno de sus argumentos fundamentales la condición natural de servidumbre de algunos hombres. En segundo lugar, Sepúlveda lleva a Aristóteles más allá de sí mismo al hacer de la barbarie de los indígenas el modo de legitimación de la guerra contra ellos y de su esclavización. Esta barbarie, considerada por Aristóteles como una distinción utilizada por aquellos que defienden la guerra como forma legítima de esclavización pero que les permite mantenerse inmunes a ella, será en el caso de Sepúlveda el resultado de una comparación en la cual España aparecerá a los ojos de Sepúlveda como el modelo de cristiandad y Las Indias serán consideradas como el lugar del límite con la animalidad.

En este sentido, no obstante mantener un marco aristotélico de argumentación, Sepúlveda hace dos ajustes en su exposición. En primer lugar, mientras que Aristóteles introduce la barbarie para mostrar la insuficiencia de la guerra como criterio exclusivo que legitima la esclavización, Sepúlveda invierte los elementos del argumento de Aristóteles haciendo de la barbarie el argumento que legitima la guerra y, por ende, la esclavización. En segundo lugar, Sepúlveda da contenido cristiano al marco aristotélico de argumentación. Sin embargo, no cuestiona en ningún momento sus suposiciones básicas acerca de la esclavitud natural. Dos citas del *Demócrates segundo* de Sepúlveda muestran esto de manera contundente:

> Bien puedes comprender ¡On Leopoldo! Sé que conoces las costumbres y naturaleza de una y otra gente, que con perfecto derecho los españoles imperan sobre estos bárbaros del Nuevo Mundo e islas adyacentes, los cuales en prudencia, ingenio, virtud y

humanidad son tan inferiores a los españoles como los niños a los adultos y las mujeres a los varones, habiendo entre ellos tanta diferencia como la que va de gentes fieras y crueles a gentes clementísimas, de los prodigiosamente intemperantes a los continentes y templados, y estoy por decir que de monos a hombres. (305)

Compara ahora estas dotes de prudencia, ingenio, magnanimidad, templanza, humanidad y religión, con las que tienen esos hombrecillos en los cuales apenas encontrarás vestigios de humanidad, que no sólo no poseen ciencia alguna, sino que ni siquiera conocen las letras ni conservan ningún monumento de su historia sino cierta oscura y vaga reminiscencia de algunas cosas consignadas en ciertas pinturas, y tampoco tienen leyes escritas, sino instituciones y costumbres bárbaras. (309)

La caracterización que hace Sepúlveda de los indígenas como bárbaros no niega la existencia entre ellos de una vida en común o de cierta organización social. Lo que enfatiza es la inaceptabilidad de ciertas costumbres, así estas costumbres estén públicamente aceptadas entre ellos, y la existencia en ellos de una capacidad inferior para entender. Tal vez ahí se halla la mayor fidelidad de Sepúlveda a Aristóteles: enfatiza que la diferencia entre los hombres se da por su capacidad de entender y, más aún, hace de esa diferencia un criterio de superioridad de unos frente a otros. Sin embargo, podemos decir que ahí se halla también su mayor apropiación/traición de Aristóteles: haberle dado a las costumbres españolas la condición de herederas de esa forma de auto-identificación que legitima la guerra y la esclavización de los otros. Ahí es donde Las Casas concentrará sus ataques. Él mostrará que el uso del concepto de barbarie en Sepúlveda es inadecuado.

3.4.2 *Bárbaros pero de cierto tipo*

Una vez que hemos establecido cuál es la forma cómo Sepúlveda utiliza los argumentos de Aristóteles sobre la esclavitud natural y los ajusta al caso de los indígenas en Las Indias, vale la pena que revisemos cuales son los contra-argumentos que propone Bartolomé de Las Casas en la disputa que sostiene con él. Podríamos decir que los argumentos de Las Casas en contra de Sepúlveda son tres. En primer lugar, Las Casas introduce matices sobre el concepto de barbarie que le permiten argumentar que los nativos americanos poseen una clase de barbarie que no debe ser enfrentada por medio de la guerra sino por medio de otro tipo de estrategias. En segundo lugar, Las Casas muestra que, desde la perspectiva cristiana, la guerra no puede ser concebida como la única ni aún como la mejor forma de enfrentar la barbarie. Finalmente, en tercer lugar,

Las Casas hará un duro juicio de la posición de Sepúlveda a la que catalogará de ignorante con respecto a la situación de los indígenas y las acciones de los conquistadores en Las Indias, incapaz de entender los matices de la tradición aristotélica con respecto a la barbarie e inconsistente para seguir hasta el final las consecuencias de sus propios argumentos.

La posición de Las Casas se expone en tres partes de la discusión: en primer lugar, en la presentación que hace Soto de ésta; en segundo lugar, en la alusión que hace Sepúlveda al comentario de Las Casas dentro de sus propias respuestas y, finalmente, en la contra-respuesta que da Las Casas a Sepúlveda.

En primer lugar, según la presentación que Soto hace del debate, Las Casas argumenta que existen tres tipos de barbarie. La primera está ligada a la rareza de costumbres, la segunda a la falta de "lenguas aptas para que se puedan expresar por caracteres y letras", y la tercera a "los que por sus perversas costumbres y rudeza de ingenio y brutal inclinación son como fieras silvestres que viven por los campos sin ciudades ni casas, sin policía, sin leyes ni ritos ni tratos que son de *iure gentium*" (129-30). Según Soto, para Las Casas los indígenas se inscriben dentro del segundo tipo de barbarie, la cual nunca fue considerada por Aristóteles como causa justificada de guerra. Sólo a la tercera clase de barbarie aplica la consideración del filósofo según la cual los bárbaros deben ser cazados como fieras y esclavizados. De hecho, lo más interesante de esta primera intervención radica en la forma cómo Soto narra la descripción que hizo Las Casas de los indígenas americanos:

> El señor obispo contó largamente la historia de los indios mostrando que aunque tengan algunas costumbres de gente no tan política pero no son en este grado bárbaros [en el tercer sentido], antes son gente gregátil y civil que tienen pueblos y casas y leyes y artes y señores y gobernación y castigan no sólo los pecados contra natura, más aun otros naturales con pena de muerte. (130)

En segundo lugar, en su octava objeción a los argumentos de Las Casas, Sepúlveda sintetiza el argumento de su contendor diciendo que para Las Casas la existencia de ciudades y policía muestra que los indígenas no son bárbaros (141). Ciertamente, este no es el argumento de Las Casas. Tal vez por esa razón, en la réplica que hace Las Casas a esta octava objeción de Sepúlveda –tercera ocasión en que su posición aparece dentro de la polémica–, el obispo enfatiza cuál es el tipo de bárbaro al que se está refiriendo cuando hace alusión a los indígenas.

Las Casas comienza esta octava réplica diciendo que Sepúlveda ni ha entendido a Santo Tomás y que disimula a Aristóteles (164) y hace referencia a la categorización de los bárbaros que ha propuesto en su *Apología*.[59] Según dicha caracterización, existen cuatro tipos de bárbaros (tres establecidos por Santo Tomás y uno que agregará Las Casas). En primer lugar, bárbaro significa en sentido lato el "hombre cruel, inhumano, fiero, inmisericorde, y que aborrece toda razón humana por ira o naturaleza" (17-18), llegando a ser peor que cualquier animal. Para Las Casas, en este sentido, cualquier hombre puede llegar a ser tenido como bárbaro en tanto que cometa acciones de violencia descomunal (como las de los españoles en Las Indias), olvide toda razón y decoro o se acerque a la bestialidad. De entrada, la contraposición que hace Sepúlveda entre indígena bárbaro y español civilizado es impugnada por las Casas quien muestra que, dados entre otros casos los comportamientos de algunos españoles en Las Indias, bien puede decirse de ellos que se han comportado como bárbaros en el primer sentido de la palabra.

En segundo lugar, están "los que carecen de lengua escrita correspondiente a su idioma materno —como es entre nosotros el latín— y, por ende, no saben expresar en él lo que piensan, por lo que en cuanto a las letras y erudición son considerados rudos e incultos" (20). Se trata de bárbaros en sentido relativo, es decir, hombres que, siguiendo a Aristóteles en la *Política* (1285a17-19) son gobernados por un monarca que asemeja a un tirano pero que está constituido legal y hereditariamente, posee una guardia mercenaria y es obedecido por sus súbditos a causa de la costumbre. Más adelante, en el capítulo 4 de su *Apología* (31-38), Las Casas considera que los indígenas americanos pueden ser asemejados a este tipo de bárbaro, lo cual no significa que no tengan razón y puedan ser considerados siervos por naturaleza. Antes bien, tienen estructuras políticas, ingenio y capacidad de aprender las cosas que se les enseñan. En este sentido, Las Casas acusa en Sepúlveda su ignorancia acerca de los indígenas americanos, su confianza total en las informaciones de Fernández de Oviedo pero, más que nada, su incapacidad para establecer matices entre los diversos tipos de barbarie y considerar que, dada una diferencia de costumbres, la pretendida superioridad de un pueblo (el español) le autoriza para cometer todos los desmanes sobre otro pueblo al que considera poseedor de costumbres

---

[59] Las Casas está haciendo alusión probablemente a la versión de la *Apología* que no conocemos pero que será, junto con los documentos referentes a la discusión con Sepúlveda, la base del texto de la *Apología* que conocemos hoy. En nuestra exposición seguiremos esta segunda versión *Apología* 16-44.

inferiores (los indios). Ahora bien, no obstante considerar que la carencia de escritura no legitima la guerra contra los indígenas, Las Casas continúa creyendo que dicha carencia permite reconocer una superioridad de los españoles sobre ellos, haciéndoles a éstos últimos bárbaros.

En tercer lugar, están los bárbaros propiamente dichos entendidos como aquellos pocos hombres "faltos de razón, de costumbres propiamente humanas y de todo lo que entre los hombres se acepta por costumbre" (22). Según Bartolomé de Las Casas, ellos son los que Aristóteles denomina siervos por naturaleza y sobre los cuales aconseja que sean cazados como fieras. Son "salvajes, hombres imperfectos y pésimos, errores o monstruos de la naturaleza en la especie racional" (24). El obispo enfatiza que son rarezas y que por ello mismo no puede pensarse que, dado el poder de Dios y la forma como creó la naturaleza, los habitantes del otro lado del océano sean tal tipo de bárbaros (25). Ahora bien, aún en el caso de estar enfrente de este tipo de bárbaro y dados los preceptos cristianos, la responsabilidad por su civilización es de los gobernantes y la persuasión y el amor deben ser utilizados con el fin de corregirlos. En ello, según Las Casas, la perspectiva cristiana del amor debe predominar sobre la perspectiva aristotélica de la corrección a través del castigo. "¡Al diablo Aristóteles!" es su famosa expresión (29).

Finalmente, en cuarto lugar, son considerados como bárbaros los que no han recibido el evangelio (39-43). También en este caso, Las Casas recomienda no el uso de la fuerza sino de la persuasión para traer a los infieles hacia el evangelio.

Si regresamos a la disputa con Sepúlveda, una vez que ha hecho referencia a esta caracterización, Las Casas recuerda que ha colocado a los indígenas en la segunda especie de barbarie (aquella que surge de la carencia de lengua escrita correspondiente a su idioma materno) y que, además, en esa misma categoría están los bárbaros a los que se refiere Aristóteles en el libro III de la *Política*, esto es, muchas de las naciones aún existentes o aún la misma España tal como era vista por los romanos en el pasado. Para el obispo sería inicuo pensar que esas naciones deberían ser invadidas y subyugadas por el hecho de existir esa clase de barbarie en ellas. De hecho, reprocha fuertemente a Sepúlveda el hecho de que olvida que durante algún tiempo España fue considerada como una nación bárbara por los romanos y que, sin embargo, esto no autorizó su destrucción total por parte de ellos. Este desconocimiento del pasado de España y de su condición de nación bárbara desde la perspectiva de los romanos constituye para Las Casas una de la grandes inconsistencias de los argumentos de Sepúlveda. Ahora bien, en el caso de los indígenas, Las Casas enfatiza de nuevo las costumbres políticas y de policía que ellos poseen, lo mismo que la capacidad que tienen para aprender y ser adoctrinados de acuerdo con el buen ejemplo de los evangelizadores.

Dicho esto, lanza sus críticas contra la ignorancia de Sepúlveda con respecto a lo que efectivamente pasa en Las Indias, por su excesiva confianza en los testimonios de hombres cuyo comportamiento ha sido inaceptable y, particularmente, por usar como fuente de sus argumentos la *Historia general* de Fernández de Oviedo: "de los indios capital enemigo. Júzguese por los prudentes si para contra los indios es idóneo testigo" (379). Así, Las Casas impugna la identificación que hace Sepúlveda de los nativos americanos con los bárbaros. Lo hace no porque considere que no son bárbaros sino porque considera que son cierto tipo de bárbaros a los que no hay que declararles la guerra.

En octubre de 1550, mientras espera que las sesiones de la junta sean reanudadas, Las Casas se entera de que Sepúlveda ha enviado ejemplares de su *Apologia* a las Indias y pide que estos ejemplares sean recogidos. Se generan entonces reales cédulas para que esto se cumpla. En noviembre, Las Casas le solicita al superior provincial de los dominicos de la provincia de Castilla poder vivir en el Colegio de San Gregorio de Valladolid. En noviembre se celebra una junta sobre la perpetuidad de las encomiendas promovida por algunos procuradores de Perú. A la junta asiste Las Casas acompañado de Rodrigo de Ladrada. La junta no llega a nada. Desde este año, los dominicos de Perú, al igual que lo vienen haciendo desde antes los de Centroamérica y la Nueva España, comienzan a hacer consultas a Las Casas sobre los problemas referentes a los indígenas.

El 16 de enero de 1551, la reina María anuncia que las reuniones de la junta no podrán ser reanudadas el 20 de enero, como había sido pensado al inicio, sino hasta abril. Entre el 11 de abril y el 14 de mayo, se lleva a cabo la segunda parte de las sesiones de la Junta sobre las guerras de conquista de Las Indias. El resultado de la Junta es desalentador para Las Casas porque no todos los jueces votan. En consecuencia, el veredicto de la junta queda en suspenso y, en términos administrativos, la labor de la junta es nula. Sin embargo, Las Casas logra que algunos elementos de la real provisión del 16 de abril de 1550, la cual prohíbe las conquistas y descubrimiento en el Perú hasta que se examine adecuadamente su justificación (Encinas, *Cedulario Indiano* 4: 255), se mantengan al menos hasta 1556, que la palabra conquista sea eliminada del vocabulario legal y que Sepúlveda le diga en 1553 que lo deje en paz "habiendo ya dado el fin que deseaba a la disputa y controversia" (Pérez Fernández, *Bartolomé de*

Las Casas 104). Las Casas obtiene su victoria sobre Sepúlveda utilizando una de las más antiguas estrategias filosóficas: no parar de discutir sino hasta agotar al adversario.

Entre el invierno y la primavera de 1551 (posiblemente también en parte del verano), Las Casas redacta su *Adversus persecutores et calumniatores novi orbis ad oceanum reperti Apologia*, esto es su "Apología en latín" (Pérez Fernández, *Bartolomé de Las Casas* 103). Además de la relevancia de este texto para nuestro trabajo, a la que ya hemos hecho alusión, por la exploración que ofrece de la categoría "bárbaro" que Las Casas hace en él, este texto es importante por sus alusiones a África. Ellas indican que la representación que tiene Las Casas de los bárbaros africanos como infieles a los cuales es legítimo hacerles la guerra permanece intacta en gran medida. En otras palabras, la transformación conceptual de Las Casas sigue comprometida con su representación de los indígenas pero no indica la inclusión de otros grupos dentro de su concepto de infiel o bárbaro cristianizable de forma pacífica.

Hay, sin embargo, un hecho llamativo. En el capítulo VI, discutiendo el argumento de Sepúlveda según el cual la guerra contra los indígenas está justificada por el pecado de idolatría y los sacrificios humanos, Las Casas afirma que ello sólo es válido si están bajo una condición de sujeción, es decir, si son súbditos de quien pretende castigarlos. En este sentido, los judíos y los moros pueden ser castigados cuando viven en reinos cristianos y cometen tales delitos. En este contexto, Las Casas afirma:

> Tratemos ahora de los infieles que habitan reinos gobernados por soberanos infieles, como son *los moros de África*, los turcos, los escitas, los persas y aquellos sobre los cuales versa esta discusión: los indios. Ciertamente, aunque cometan crímenes horrendos contra Dios entre ellos mismos y dentro de su territorio, e incluso con respecto a la religión, ni la iglesia ni los soberanos cristianos pueden darse por enterados de eso ni castigarles por ellos, pues carecen de jurisdicción, que es el fundamento necesario de todos los actos judiciales, sobre todo en cuanto a poder castigar a alguien. Por tanto, allí el emperador el soberano o el rey no tiene jurisdicción, sino que se considera como un particular cualquiera y todos sus actos carecen de validez jurídica. (46, énfasis mío)

Es interesante notar que Las Casas parece intentar introducir en este pasaje algún matiz en sus alusiones a África. Aunque sigue manteniendo su identificación entre los africanos y los moros, declara que no es legítimo castigar a los súbditos de aquellas regiones mientras no haya jurisdicción cristiana sobre los territorios que habitan. Sin embargo, esto no quiere decir que no se pueda hacer guerra justa a los soberanos infieles que gobiernan sobre ellas. Antes bien, más adelante vuelve a enfatizar la legitimidad de la guerra practicada sobre aquellos que han usurpado territorios cristianos. Al respecto, Las Casas afirma:

> Primero: *si poseen injustamente reinos arrebatados a gentes cristianas, sobre todo si en ellos viven cristianos.* En este caso están el imperio de Constantinopla, Rodas, Hungría, Belgrado y *África*, toda la cual en otro tiempo dio culto a Cristo. Ya que nos afrentan continuamente por poseer estos reinos, la iglesia puede reducir a acto la jurisdicción que tiene sobre ellos en hábito, para recuperar por la fuerza de la guerra los territorios que son suyos, porque no queda otro remedio. (110, énfasis mío)

En este pasaje, Las Casas continúa concibiendo África como lo que hoy conocemos el norte del continente africano. Además, sigue sosteniendo que esta tierra fue antiguamente tierra cristiana que ha sido usurpada a los cristianos por los moros. Por ello, es plausible hacer guerra justa a los que viven y dominan en esas tierras. Su identificación de los africanos con los infieles a los que ha de hacerse la guerra parece mantenerse intacta. En el capítulo LI Las Casas vuelve sobre este argumento. Discutiendo con Sepúlveda la interpretación que éste hace de San Gregorio Magno y de otros doctores en el sentido de que éste último aprobaría llevar a cabo guerras contra gentiles porque una vez sometidos se podría anunciar la fe con mayor seguridad entre ellos, Las Casas afirma que las palabras de San Gregorio enfatizan que se puede hacer guerra cuando se trata de reinos cristianos que han caído en manos de lo paganos o de los herejes "para recuperar las provincias que en otro tiempo fueron jurisdicción cristiana" (314). Las Casas cita el caso de las guerras contra los vándalos y los moros en África que, según él, estaban invadiendo territorios de la iglesia universal.

> San Gregorio no alaba a Genadio [Exarco de África que recupera una región para la iglesia] por haber combatido a los paganos para que se hiciesen cristianos, sino porque ha recuperado unas provincias o territorios que en otros tiempo habían sido de la iglesia cristiana, y una vez vencidos estos crueles enemigos, podía propagarse la luz del evangelio por las regiones vecinas ocupadas por ellos. (315)

En la base de este argumento existe la creencia medieval europea según la cual África, esto es, lo que conocemos hoy como el norte del continente africano, ha sido territorio cristiano en la antigüedad que después fue usurpado por los musulmanes. Finalmente, como prueba de que Las Casas en poco o nada ha cambiado su representación de los africanos, no obstante su reconsideración de las categorías infiel y bárbaro, podemos citar el capítulo LVI de la *Apología* en el cual Las Casas introduce una distinción entre los indígenas (dóciles) y lo que dice Tolomeo de los bárbaros: "Los pueblos que Tolomeo dice que son semejantes a las fieras, viven en Mauritania en África, junto al lugar que llamamos comúnmente cabo de Aguer, donde viven los árabes llamados comúnmente alárabes" (341).

En este último pasaje, no aparece la representación del africano como bárbaro que ha usurpado las tierras de los cristianos sino como fiera que parece encajar en el tercer tipo de bárbaro que ha tipificado en su *Apología*, esto es, como aquellos pocos hombres "faltos de razón, de costumbres propiamente humanas y de todo los que entre los hombres se acepta por costumbre" (22) y que, en consecuencia, pueden ser considerados como siervos por naturaleza que deben ser corregidos mediante la persuasión y el amor. Al decir esto, Las Casas estaría afirmando que esta parte de África puede ser esclavizada dado el tipo de bárbaros que la habitan. Si bien ellos no son objeto de guerra justa, sí son objeto de esclavización dada su condición de siervos por naturaleza. Aunque esta es la única alusión de este tipo que encontramos en el texto de la *Apología*, podemos decir que es consonante con la representación que hasta ese momento tiene Las Casas de África y sus habitantes y, más aún, con la representación que justifica la esclavización de ellos.

El recorrido a través de los textos producidos por Las Casas entre 1547 y 1552 muestra que si bien el obispo ha reelaborado sus conceptos "infiel" y "bárbaro" no ha extendido el uso de estos conceptos más allá de sus intereses específicos en la defensa de los nativos americanos. En otras palabras, Las Casas ha transformado sus conceptos pero no su representación de los cautivos africanos. En consecuencia, la pregunta que tenemos que hacernos ahora es qué es lo que posibilita la transformación de esta representación. ¿Qué hace que Las Casas extienda el uso de sus conceptos "infiel" y "bárbaro", entendidos como gentiles que pueden ser cristianizados sin ser esclavizados hasta los habitantes de la costa occidental de África, lugar de donde provienen los así denominados "esclavos negros"?

Recordemos que la hipótesis que defiende Pérez Fernández es que esta transformación comienza en el encuentro con el caso del esclavo Pedro Carmona en Honduras en 1545. Sin embargo, como hemos visto hasta ahora, no hay indicios claros de ello ni en ese encuentro ni en la posterior reelaboración de las categorías "infiel" y "bárbaro". Esto no quiere decir que este encuentro, el incidente en la Cuidad real de los Llanos de Chiapa con Juanillo y estas reelaboraciones conceptuales no sean importantes en la posterior transformación que tendrá Las Casas en su representación de los africanos esclavizados. Lo que quiere decir es que ellas no explican de manera suficiente la transformación de esa representación. Para que ella tenga lugar son necesarios algunos elementos adicionales. Nuestra hipótesis es que estos elementos serán al menos dos.

En primer lugar, tenemos el encuentro que tiene Las Casas con las crónicas portuguesas como parte de su trabajo de redacción final de la *Historia de las Indias*. Estas crónicas introducirán a Las Casas nuevos territorios de cara a los cuales el obispo tendrá que reajustar las categorías que ha venido utilizando hasta ahora. En segundo lugar, tenemos el debate sobre la esclavitud que comienza a surgir en Portugal y en España entre los años 1555 y 1556. Además de sus elementos críticos, este debate mostrará que la esclavización practicada por los portugueses en la costa occidental de África no puede ser entendida como una expansión de las guerras de religión sostenidas entre ibéricos y moros durante la así denominada reconquista de la península. En otras palabras, no es la expansión de su concepto de humanidad sino la ampliación del territorio susceptible de ser cristianizado lo que mueve a Las Casas a reconsiderar la aplicación de sus categorías de infiel y bárbaro.

Sin embargo, para llegar a ese punto en el cual las crónicas portuguesas y el debate sobre las esclavizaciones practicadas por los portugueses en la costa occidental de África se tornan problemas que le exigen a Las Casas reconsiderar su concepción de la cristianización de los infieles, es necesario dar un paso más en su itinerario intelectual. Ese paso consistirá en su decisión de comenzar la redacción final de su *Historia de las Indias*. Esta decisión le implicará a Las Casas reconocer la relevancia de Portugal dentro del proceso del así llamado descubrimiento de América y, más en concreto, determinar en qué medida España es heredera de las prácticas esclavistas portuguesas.

3.5 *La redacción de la* Historia de las Indias *y la* Apologética Historia Sumaria *(1552-1556)*

El intento de redacción final de la *Historia de las Indias*, texto que probablemente concibió y comenzó a redactar en 1527, es consecuencia del propósito que tiene Las Casas en 1552 de completar un texto que cuente la verdad sobre lo sucedido en las Indias sin limitarse al propósito de la defensa de los indios. En palabras de Edmundo O'Gorman:

> El año 1552 marca una nueva etapa en la vida de Las Casas, anda por setenta y ocho años de edad, desde hace cinco reside en España y nunca más volverá a la Indias. No cejará, es cierto, en proseguir la lucha a favor de sus ideas acerca del tratamiento que

debe dársele a los indios y respecto a los derechos que éstos tienen frente a los españoles; pero su intervención en esos asuntos es mucho menos activa y, por consiguiente, cuenta con tiempo para sus trabajos históricos. Por último, si en la corte todavía debió tenérsele respeto, no cabe duda que su influencia había declinado considerablemente, puesto que la política de la Corona se encaminó por rumbos bien contrarios a los que él deseaba y a sus proyectos más caros. En otras palabras, que a partir de 1552, lo único de verdadera importancia que le quedaba por hacer al padre Las Casas era dejar testimonio de sus ideas y dedicarse a corregir y completar su *Historia* ("La apologética historia" XXIII).[60]

Esto no quiere decir que el tema de la defensa de los indígenas sea dejado de lado. No es casual que el desarrollo de la *Historia de las Indias* de pie para que Las Casas escriba la muy elaborada defensa de ellos que conforma la *Apologética Historia Sumaria*. Más bien, esto quiere decir que Las Casas emprenderá el proyecto de entender y establecer la verdad sobre las circunstancias que produjeron la conquista de las Indias por parte de los españoles. En el prólogo del texto, escrito en 1552, Las Casas afirma:

> Resta, pues, afirmar con verdad solamente moverme a dictar este libro la grandísima y última necesidad que por muchos años a toda España, de verdadera noticia y lumbre de verdad en todos los estados della cerca deste Indiano Orbe, padecer he visto; por cuya falta o penuria ¡cuántos daños, cuántas calamidades, cuántas jacturas, cuántas despoblaciones de reinos, cuántos cuentos de ánimas cuanto a esta vida y a la otra hayan perecido y con cuánta injusticia en aquestas Indias, cuántos y cuán expiables pecados se han cometido, cuánta ceguedad y tupimiento en las conciencias, y cuánto y cuán lamentable perjuicio haya resultado y cada día resulte, de todo lo que ahora he dicho, a los reinos de Castilla! Soy certísimo que nunca se podrán numerar, nunca ponderar ni estimar, nunca lamentar, según debería, hasta en el final y tremebundo día del justísimo y riguroso juicio divino. ([fol. 7]: 336)

En esta declaración de Las Casas acerca de la verdad como motivo que impulsa la redacción de su *Historia de las Indias* hay tres elementos que vale la pena resaltar. En primer lugar, la verdad, y no cierta reivindicación y/o denuncia específica, aparece como propósito central del texto. En consecuencia, no estamos ante un texto que responda a una coyuntura o a una necesidad transitoria sino al imperativo de la enunciación de la verdad acerca de ciertos

---

[60] Cabe anotar que O'Gorman es de los que considera que Las Casas nació en 1474. De ahí que diga que el obispo cuenta con setenta y ocho años de edad en 1552. Nosotros, siguiendo a Parish and Weidman en "Correct Birthdate", preferimos aceptar el parecer más extendido en la actualidad que coloca su nacimiento en 1484.

hechos acontecidos en las Indias. Hechos que él ha testimoniado durante largo tiempo, sobre los cuales ha leído y de los cuales busca ofrecer una interpretación cristiana basada en la escritura y en los padres de la iglesia. Las Casas considera que la enunciación verdadera de estos hechos es importante no sólo porque pone de manifiesto las injusticias cometidas en Las Indias sino porque el desconocimiento de estos hechos ha sido causa de esas injusticias.

En segundo lugar, esta verdad es acerca del "Indiano Orbe". Esta idea de una verdad sobre lo sucedido en el conjunto de las Indias provoca que el texto no sólo se dedique a los sucedido en las Indias sino a lo sucedido en Castilla, Portugal y África −entendiendo por ello no sólo la parte norte de lo que conocemos como el continente africano sino también la costa occidental de éste− en tanto que regiones en las que suceden hechos que son decisivos para entender lo que acontece en Las Indias. En consecuencia, el texto adquiere para Las Casas lo que contemporáneamente denominamos una dimensión transatlántica en el sentido de que vincula diversas regiones dentro de un relato que denuncia, desde una perspectiva cristiana, las injusticias cometidas en ellas y establece la conexión que existe entre dichas injusticias.

Finalmente, en tercer lugar, esta enunciación de la verdad está marcada por un cierto pesimismo. Hablando de todas las injusticias cometidas en las Indias, Las Casas dirá "soy certísimo que nunca se podrán numerar, nunca ponderar ni estimar, nunca lamentar, según debería, hasta en el final y tremebundo día del justísimo y riguroso y divino juicio" ([fol. 8]: 338). Esta idea de una enunciación de la verdad que no repara suficientemente las injusticias que enuncia puede conducir hacia la idea de que dicha enunciación posee algo de impotencia ya que reconoce su incapacidad para subsanar las injusticias que denuncia. En cierto sentido, la denuncia de la verdad queda desvinculada del esfuerzo de una reparación concreta. Sin embargo, en el caso de Las Casas, esta desvinculación entre la verdad y la acción concreta libera la enunciación de la verdad hasta sus consecuencias más radicales o, en otras palabras, hacia un señalamiento de las razones que han hecho que, desde su punto de vista, la conquista de las Indias haya sido una historia colmada de injusticias.

Las Casas señalará que la historia de las Indias está marcada por el desconocimiento de al menos cuatro cosas: el designio divino que permitió los descubrimientos para que se salvasen las almas de los gentiles, la dignidad de toda criatura racional, la oportunidad que tienen todas las gentes de acceder a la salvación y la posibilidad de cristianizar pacíficamente a todas las gentes no obstante la imperfección de sus costumbres ([fols 8v-9v]: 338-

40). La consecuencia de este desconocimiento ha sido que lo que era medio para la salvación, a saber las cosas temporales y profanas necesarias para la cristianización, se haya convertido en fin. Esto provoca, según Las Casas, que se hayan atacado y subyugado gentes infieles que no habían usurpado tierras ni atacado a los cristianos sino que vivían en sus tierras pacíficamente, "teniéndolas por bestias incapaces de doctrina y de virtud, no curando más de ellas cuanto eran o servían de uso a los españoles" ([fol. 12]: 343-44). Las quejas y denuncias particulares de Las Casas en sus anteriores textos devienen ahora elementos de una narración en la cual el desconocimiento y la injusticia devienen los grandes protagonistas. Según él, la cristianización de nuevas gentes, que era el designio de la Providencia al permitir el descubrimiento de las Indias, pasó a segundo plano para dar paso a la explotación intensiva de las gentes que habitaban esas tierras. En este sentido, Arias considera que en el prólogo de *Historia de las Indias* Las Casas busca no sólo legitimar su autoridad como narrador, práctica esta común en los textos renacentistas, sino proponer "una justificación intelectual del contradiscurso colonial que introduce" (*Retórica* 19). Esta justificación está basada tanto en el conocimiento que tiene de los hechos que narra como en su capacidad de articular esos hechos dentro de la tradición intelectual y retórica del siglo XVI. "El prólogo de la *Historia de las Indias* se presenta como un lugar para negociar intelectualmente una visión anticolonial con la erudición humanística y escolástica como armazón de un método" (22).

No obstante que la decisión de terminar la *Historia de las Indias* es tomada por Las Casas en 1552 y registrada en el prólogo que acabamos de reseñar, el efectivo desarrollo de la redacción y, más en concreto, de los pasajes que nos interesan sólo se dará hasta 1556. Las razones de este retraso son la publicación de sus *Tratados* en 1552, la redacción de su *Apologética Historia Sumaria* entre 1553 y 1554 y, finalmente, las diversas gestiones que tiene que realizar a favor de los indígenas. Sin embargo, durante estos años encontramos algunas alusiones a los cautivos africanos en los escritos del obispo.

En 1552, en el informe que presenta al Consejo de Indias criticando los repartimientos de indígenas practicados por el licenciado Cerrato en Guatemala, Las Casas pide al rey que:

> No consienta que hombre de todos ellos [los vecinos viejos y conquistadores] entre en los pueblos, ni calpisque, *ni negro*, ni hombre suyo, ni muchos menos sus mujeres, porque esta es la raíz de consumir y asolar los indios, y mientras esta no se quitare y desarraigare Vuestra Alteza tenga por cierto que los indios han de perecer y la tierra

quedar perdida y malaventurada, como lo está la isla Española y los reinos y provincias demás. ("Informe al Consejo" 271, énfasis mío)

Este pasaje de Las Casas reitera su interés en mantener separados a los indígenas de todos aquellos grupos que puedan hacerles daño. Considera que cada vez que los nativos entran en contacto con dichos grupos son agredidos y destruidos. Por ello, enfatiza la necesidad de que nadie diferente a los misioneros tenga relación con ellos. Las Casas presenta un listado de los grupos que considera como agresores de los indígenas. Los dos grupos que encabezan el listado son los capataces de los encomenderos, llamados "calpixques", y los "negros". No es claro si con esta designación se está refiriendo a los cautivos africanos o a los africanos libres que trabajan para los encomenderos. De hecho, a continuación de la expresión "negro", Las Casas agrega las expresiones "hombre suyo" y "sus mujeres" las cuales pueden designar más precisamente a los cautivos africanos y a las esposas de los vecinos viejos y encomenderos. Sin embargo, el punto que vale la pena señalar es que en la escritura de Las Casas emerge una representación de los "negros" que ve en ellos un grupo opresor de los indígenas que puede ser colocado en la misma lista con otros de sus opresores.

En 1552, Las Casas regresa a Sevilla y como fruto de la difusión de sus textos comienza a recibir poderes legales de los indígenas para representarlos y a recibir peticiones de religiosos en la solución de problemas indianos.[61] Entre 1553 y 1554 se dedica a la redacción de la *Apologética Historia Sumaria*. Este libro es concebido inicialmente como una sección de la *Historia de las Indias* pero termina convirtiéndose en un texto independiente.[62] El propósito

---

[61] Tal vez el caso más notable que tenemos a este respecto es la participación que tiene Las Casas en las denuncias que el líder caxcán, Francisco Tenamaztle, hace ante el Consejo de Indias en 1555. A pesar de haberse entregado pacíficamente a las autoridades españolas en 1551, después de haberse rebelado por diez años en la Nueva Galicia, Tenamaztle es conducido encadenado a Sevilla donde llega a comienzos de 1553 para defenderse de las acusaciones que se han hecho en contra suya por rebelarse. Allí se encuentra con Las Casas quien no sólo le auxilia, consiguiéndole alojamiento en el colegio de San Pablo, sino que además le ayuda a preparar su defensa en un texto en el que denuncia las injusticias que él y su grupo ha sufrido desde la llegada de los conquistadores a su tierra. Ver Portilla 137-49. El caso de Tenamaztle y la participación de Las Casas en su defensa han sido estudiados por León-Portilla en *Francisco Tenamaztle* y por Carrillo Cázares 1: 163-93.

[62] No tenemos una fecha exacta para la redacción de este texto. En su estudio introductorio a la *Apologética Historia Sumaria*, O'Gorman afirma que, aunque no se puede indicar una fecha precisa para su composición, nada indica que haya sido compuesta antes de 1552 y que, probablemente, Las Casas redactó este texto entre 1555-1556 en el Colegio San Gregorio de Valladolid, concibiéndolo como parte de su *Historia de las Indias* y, más en concreto, como continuación del capítulo 67. Sin embargo, Pérez Fernández, en su "Estudio Preliminar" a la *Brevísima relación de la destruición de África* afirma que las fechas

de la *Apologética Historia Sumaria* es, como su título lo indica, hacer una defensa de los habitantes de Indias basada en una presentación de "las cualidades, disposición, descripción, cielo y suelo destas tierras, y condiciones naturales, policías, repúblicas, manera de vivir e costumbres de las gentes destas indias Occidentales y Meridionales cuyo imperio soberano pertenece a los reyes de Castilla" (*Apologética* 283). Según Arias, "Las Casas trata de demostrar, desde una compleja perspectiva que es a la vez histórica, empírica y cristiana que los pueblos amerindios poseen los requisitos establecidos por Aristóteles de una verdadera sociedad guiada por los principios de la civilidad, el orden y la armonía" (*Retórica* 69).

En este contexto, no es gratuito que después de la extensa presentación que Las Casas hace de las tierras y los habitantes de las Indias, enfatizando las cualidades y bondades tanto de aquéllas como de éstos, Las Casas termine retornando a sus conceptos de barbarie, elaborados en sus discusiones con Sepúlveda, para afirmar que la única barbarie que se puede adjudicar justamente a los habitantes de Indias es su condición de gentiles, es decir, carecer de "verdadera religión y fe christiana" (*Apologética* 1583). Aunque Las Casas reconoce la existencia de razón en los habitantes de las Indias, lo cual se muestra en su capacidad para entender, llevar una vida moderada, tener una vida en común y poseer ritos religiosos, reitera lo que ha dicho en la *Apologia* en el sentido de que estas gentes poseen elementos de otra barbarie asociada con el hecho de carecer de "letras o literal locución", ser humildes al extremo de obedecer "en extraña y admirable manera a sus reyes" y "no hablar bien nuestro lenguaje ni nos entender", aunque esta tercera característica es recíproca, es decir, también podría ser atribuida por los indígenas a los españoles (*Apologética* 1590-92).

En la *Apologética Historia Sumaria* encontramos referencias a África, Etiopía y a los cautivos africanos en las Indias. Las referencias sobre África y Etiopía recogen informaciones que existen sobre estas regiones en autores grecolatinos y medievales, las cuales Las Casas incluye sin mayor examen para proponer comparaciones que resaltan las bondades de Las Indias. Estas referencias no constituyen una exposición organizada acerca de estas regiones, las cuales son consideradas, en consonancia con la cartografía propuesta por Ptolomeo, como territorios que están más allá del Mediterráneo desde la perspectiva de los Europeos y que colindan con los límites del mundo (Medeiros 61-119). Esta

---

propuestas por O'Gorman para la redacción de la *Apologética Historia Sumaria* son muy tardías y que es preferible pensar que esta obra es redactada y terminada entre 1553 y 1554, 31-32.

comparación entre Las Indias, de un lado, y África y Etiopía, del otro, responde a cuatro criterios: los dioses a los que rinden culto, los sacrificios que ofrecen a dichos dioses, las costumbres y su aceptación del cristianismo. A continuación, precisaremos los elementos que más resalta Las Casas en lo que tiene que ver con África y Etiopía. Ello nos permitirá reconocer mejor la novedad que introduce cuando en su *Historia de las Indias* hable de la costa occidental de África.

En la *Apologética Historia Sumaria* África no designa un continente sino la región mediterránea de lo que actualmente conocemos como el continente africano.[63] Según Las Casas, África fue una región habitada por varios pueblos: mauros, cartagineses, cirenaicos, númidas (o nómadas), atlantos, auses, psylli, nasamones, troglodistas y vándalos, entre otros. Las Casas no es muy consistente en el uso de estos nombres algunos de los cuales diferencia en algunos pasajes de su exposición y superpone en otros. Según él, estos pueblos rendían culto a diversos dioses. Mientras que algunos de ellos veneraban dioses provenientes de la tradición greco-latina como Baco, Júpiter, Marte, Venus, Neptuno y Ceres (675, 846-47, 987, 1000, 1021), otros rendían culto a dioses con forma de animales como el carnero o asociados con las moscas (661) o las águilas (654-55). Además de esto, Las Casas señala el culto que algunos pueblos de África ofrecían a sus reyes, al alma de los difuntos (662) y, aún al sol, a la luna (661) y al agua (854).

En cuanto a los sacrificios, Las Casas señala que se practicaban en África sacrificios de animales (982) pero más frecuentemente sacrificios de humanos (987, 1021-22, 1128). Llamativamente, Las Casas señala que el gusto por los sacrificios en los andaluces proviene de su contacto con estos pueblos africanos (1130). En cuanto a las costumbres de los pueblos de África, Las Casas resalta la existencia de la poligamia (1289, 1300), el incesto (1296) y el privilegio real sobre las vírgenes (1304-5) en algunos de ellos. En cuanto a las costumbres funerarias, Las Casas enfatiza lo que hacen estos pueblos antes de enterrar a sus muertos (1428, 1430, 1432) y el hecho de que varios de estos pueblos no los entierran sino que los lanzan a los ríos (1431) o los mantienen en vasos funerarios (1433-34). Finalmente, en lo que concierne a la aceptación del cristianismo, Las Casas señala que un pueblo de África que puede ser comparado con aquellos pueblos que, por resistir al cristianismo o atacar a los cristianos, merecen ser atacados son los vándalos ("vuándalos", en su uso dentro del texto). Afirma que

---

[63] En la *Geographiae* de Ptolomeo, que Las Casas probablemente conoce, África esta conformada por Mauritania, África menor y Egipto, como regiones costeras, y Libia y Etiopía, como regiones interiores.

"hacen justa y prudentemente los príncipes cristianos cada vez que pueden, que van a buscar a los moros y a los turcos y otros semejantes bárbaros, como eran los vuándalos en África en los tiempos de Justiniano" (1588), agregando que ellos fueron los que destruyeron África en tiempos de San Agustín (1589).

En cuanto a Etiopía, Las Casas introduce algunas anotaciones particulares no obstante que tiende a presentarla, en consonancia con la cartografía medieval, como una región que se encuentra en los confines de África y del mundo conocido. Lo primero que Las Casas enfatiza de Etiopía es su sequedad y esterilidad, lo mismo que la existencia de serpientes y bestias peligrosas en estas tierras (254). Esto le permite suscribir la idea según la cual el calor hace que los habitantes de esta región tengan su piel negra y sus facultades intelectuales se encuentren alteradas. Esta adhesión a lo que Arias caracteriza como "la teoría de la *climata* que se desarrolla en los textos más diseminados de cosmología medieval durante el Renacimiento" (69) le permitirá hacer una caracterización negativa de los habitantes de esta región:

> En las tierras excesivamente cálidas, los que se engendran en ellas nacen, como son los de Etiopía, negros universalmente o por la mayor parte, según Ptolomeo en su *Quadripartito*, tractato 2°, capítulos 2° y 3°. Así como tienen los cuerpos negros y secos y las cabezas y cabellos ásperos y feos y los miembros también no bueno, así alcanzan las ánimas que siguen las cualidades malas del cuerpo en ser de bajos entendimientos y costumbres silvestres, bestiales y crueles y complixión en gran exceso cálida por el muy gran calor que tienen. (409-10)[64]

Lo segundo que resalta Las Casas con respecto a Etiopía es que algunos de los pueblos de Etiopía tuvieron como dioses al día, a un cerro y, más aún, a las tortugas y los lobos (360). Además, resalta el poder que tienen los sacerdotes entre los pueblos que habitan esta región al punto de que ellos pueden ordenar la muerte de un rey (940, 1144). No obstante compartir varias características con el resto de habitantes de África tales como la poligamia y el incesto (1289, 1295) lo mismo que la costumbre de lanzar los cuerpos de sus difuntos a los ríos (1433, 1447), Las Casas destaca en estos pueblos, debido a su cercanía con Egipto, la capacidad de conservar sus cadáveres (1447), haber sido los primeros en practicar la circuncisión (1481-82) y, lo que es más relevante, ser los primeros en haber practicado la idolatría. En este orden de ideas, cuando

---

[64] Esta misma posición según la cual el color de la piel está determinado por el clima es expuesta por Las Casas en un tono más comparativo en el capítulo 22 de la *Apologética* donde vuelve a insistir no sólo en que el clima provoca la diferencia en el color de la piel sino en el entendimiento, 379-80.

Las Casas afirma que el cristianismo debe ir a todos lugares de la tierra pone el ejemplo de San Mateo, quien según la tradición medieval, fue el primero que cristianizó "en Ethiopía hasta Egipto, donde tuvo su origen y asiento y colmo la irracional idolatría, adorando las sucias y vilísimas bestias, y Ethiopía, que abundó de costumbres no menos irracionales, como todo queda en diversos capítulos declarado" (1574).

Estas afirmaciones acerca de África y Etiopía que, como hemos dicho, no son parte de una exposición sistemática de Las Casas acerca de ellas sino de su intento por comparar a los habitantes de las Indias con otros pueblos de acuerdo con la información proveída por la tradición antigua y medieval europea, nos muestran que, en primer lugar, Las Casas no introduce a la costa occidental de África en su exposición. En toda la *Apologética* sólo hay una referencia muy pasajera a Guinea. Hablando de los sacrificios, ceremonias y ritos de los totonacas, dice que los sacerdotes se untaban en la cara y en el cuerpo un betún que los hacía quedar "muncho más negros que los negros de Guinea" (Cap. 171: 1181). Eso es todo. Ello es entendible dado que la tradición de cara a la cual Las Casas está haciendo su defensa es de los nativos americanos, nada sabe de la costa occidental de África. Sin embargo, es llamativo que Las Casas también desconozca la influencia del islam en la costa mediterránea de África. Los musulmanes, llamados "moros" en el texto, sólo son mencionados un par de veces a los largo de éste y más que nada al final para enfatizar que son bárbaros a los que está justificado hacer al guerra. Esto nos permite afirmar que los habitantes de la costa occidental de África serán una innovación temática en *Historia de las Indias* que, como veremos introducirá nuevos retos en su exposición. Ellos serán una de las más llamativas innovaciones temáticas de la *Historia de las Indias* con respecto a la *Apologética*.

Ahora bien, en cuanto a los cautivos africanos en las Indias, Las Casas ofrece en su *Apologética* tres alusiones sobre las cuales vale la pena llamar la atención. En primer lugar, hablando del pan de cazabí, uno de los alimentos propios de La Española, y del declive en su producción, Las Casas afirma que dicho declive se debe a que los españoles han venido a las Indias a extraer riquezas "a costa de las vidas y los trabajos ajenos", razón por la cual no permitieron que los nativos pudieran seguir produciendo este pan de cazabí ya que ellos (los españoles) traían harina con la cual podían subsistir. Una vez que los antiguos vecinos exterminaron a los nativos, los nuevos vecinos de la isla "comenzaron a *traer negros que en lugar de los indios pasados heredaron los trabajos*, hallan el mismo provecho y aún mayor en los ingenios de azúcar y otras granjerías" sin preocuparse por producir este pan de cazabí nunca más debido a la poca rentabilidad que encontraban en él (336-37, énfasis mío).

En este mismo sentido, Las Casas afirmará que en el momento en que él escribe existen en La Española cuarenta o cincuenta ingenios de azúcar "y disposición para hacer doscientos, que valen más y son más provechosos al linaje humano que cuanta plata y oro y perlas en Inglaterra" (366). De nuevo, el vínculo explícito entre La Española y los ingenios de azúcar aparece en el texto de Las Casas. Lo que tendríamos que preguntarnos a partir de la segunda cita es hasta qué punto el incremento de dichos ingenios implica, para él, el incremento en la importación de la mano de obra africana.

En segundo lugar, encontramos una alusión específica a la vida de los cautivos africanos en La Española. Hablando de las bondades de la isla, Las Casas anota la poca probabilidad de supervivencia que tienen los piojos y pulgas en ella. Según él, los marineros y sus pasajeros "hierven de aquesta fruta" (los piojos). Sin embargo, una vez que las naves vienen hacia las Indias y llegan a las islas Canarias o Azores, los piojos mueren y sólo vuelven a reaparecer cuando la gente regresa a España (361). Sin embargo, Las Casas hace la siguiente acotación: "Los vecinos naturales indios desta isla criaban en las hamacas, sus camas, y también en sus cabezas hartos piojos; perecidos ya todos los indios y sucedido en esta tierra tanta multitud de negros, no sé como les va de piojos (361, énfasis mío).

Este comentario es llamativo porque parece establecer un vínculo particular entre los piojos y dos grupos que son los indígenas y los cautivos africanos. No obstante afirmar que los piojos desaparecen en los españoles que vienen en las naves una vez que se acercan a las islas, Las Casas señala que los piojos permanecen entre estos dos grupos. Un comentario de este mismo tipo encontramos más adelante en el mismo capítulo. Hablando de las niguas y de lo molestas y dolorosas que son para los habitantes de las islas ya que no sólo hacen nido sino que se reproducen en los pies creando bolsillas de liendras que tienen que ser extirpadas con mucho cuidado para prevenir una mayor reproducción de las niguas y daño de los pies, Las Casas dice:

> Y como en aquellos tiempos primeros andaban nuestros españoles monteando por su propia culpa los indios que huían de su braveza y crueldad, calzados con alpargates, y no sabían lo que las niguas eran, ni sacarlas, olvidábanse de los pies y podríanse en ellos y escupían infinitas liendres, con las cuales se cundían en muchos otros lugares, y así padecíanse mucha manquedad, aflicción y trabajos. Dije calzados con alpargates, porque allí se esconden aquellas pulguillas más que en otro calzado; quien anda

El peor de los remedios

calzado con calzas y zapatos, y mejor si con borguecíes, por maravilla le puede entrar alguna. Los indios dellas recibían poco daño, aunque andaban descalzos; lo uno por la limpieza de se lavar muchas veces y lo otro porque tienen mucha diligencia en como las sienten sacarlas. *Lléganse mucho a la suciedad, y porque los negros son sucios y no se acostumbran lavar, o también quizás porque su carnadura es más que otra dispuesta para ellas, son dellas más fatigados.* (363, énfasis mío)

Estos comentarios de Las Casas son escritos por él alrededor de veinte años después de haber abandonado La Española. Recordemos que a finales de 1535 Las Casas sale hacia Centroamérica y nunca vuelve a vivir en La Española. En consecuencia, la pregunta que surge es cuál es la fuente de comentarios tan específicos y degradantes acerca de la vida de los cautivos africanos en Las Indias. Una respuesta posible es que Las Casas tiene acceso a este tipo de informaciones por vía de todos aquellos que vienen a pedirle ayuda desde las Indias para la protección de los indígenas. Sin embargo, en estos comentarios, especialmente algunos apartados del segundo acerca de las niguas, Las Casas se presenta como testigo de primera mano lo cual nos permite inferir que él tenía conocimiento antes de 1535 de la vida de los cautivos en La Española y, más aún, ya tenía algún tipo de valoración de la forma como ellos vivían allí. También es probable pensar que Las Casas está mezclando en su texto recuerdos personales con informaciones recibidas de otros. Si tal es el caso, podríamos arriesgar la hipótesis según la cual Las Casas no sólo está narrando sino generando ciertas representaciones tanto de los indígenas como de los cautivos en Las Indias. Estas representaciones parecen responder más a un intento de diferenciación entre los unos y los otros que a un intento de asimilación de todos ellos en la categoría mundo humano total. Dentro de esa diferenciación los nativos aparecen como víctimas y los cautivos africanos no sólo como fuente necesaria de mano de obra sino también como secuaces de sus opresores españoles. Volvamos ahora a la vida de Las Casas.

A comienzos de 1555, el padre Andrés de Olmos (O.F.M.) le pide a Las Casas que gestione su proyecto de evangelización pacífica de Tampico y Tamaulipas. Las Casas lo agencia. A propósito del asunto de la concesión de las encomiendas, fray Bartolomé Carranza de Miranda (1503-1576) escribe a Bartolomé de Las Casas el 6 de junio informándole de la situación. Carranza de Miranda no sólo es una figura reconocida en ese momento por su participación en el Concilio de Trento y en las Juntas de Valladolid, sino porque cuenta en ese momento con el favor de Felipe II. Por ello, cuando Las Casas recibe la carta suya a comienzos de julio escribe como respuesta a ella la que se ha denominado la "Carta magna". En ella, defiende sus *Tratados* y expone sus argumentos en contra de la concesión de las encomiendas y, más aún, de la encomienda misma en un momento en el que los encomenderos peruanos están presionando al príncipe Felipe para que les entregue la concesión de las encomiendas a perpetuidad. De hecho, en diciembre de 1555, el príncipe Felipe se encuentra en Bruselas (procedente de Londres) y los procuradores peruanos van detrás de él con la esperanza de que apruebe esta petición y, con el fin de obtener su propósito, aumentan su oferta a siete o nueve millones de ducados por la concesión (Pérez Fernández, *Bartolomé de Las Casas* 111).

En esa "Carta magna", escrita alrededor de agosto de 1555, encontramos un comentario sobre los cautivos africanos. Las Casas reafirma lo que ha dicho en textos anteriores, a saber, que el único remedio adecuado para las Indias es la revocatoria de las encomiendas o repartimientos. Para sostener su argumento, discute siete asuntos propuestos por Carranza tendientes a establecer cuál es la mejor forma de gobernar Las Indias. El segundo de estos asuntos propone que es

> necesario dar asiento en la gobernazión de la Yndias, espiritual y temporal, y si no, que como se a destruido tan grande parte dellas, con la que oy ay se destruirán todas y que para esto es de ver qué orden terná menos incombenientes, porque cualquiera que se diere terná algunos. ("Carta al maestro" 285)

El asunto propuesto por Carranza, al menos tal como Las Casas lo parafrasea, deja entrever una posición según la cual la encomienda puede ser considerada en cierto sentido como solución sino perfecta, al menos sí necesaria para el gobierno de Las Indias. Por esta razón, el obispo se apresura a responder de manera tajante que la encomienda debe ser descartada radicalmente como solución al gobierno de Indias. De hecho, sólo la eliminación de ésta puede ser remedio para las indias ya que ella ha sido la principal causa de la despoblación y exterminio de la población indígena y el medio más socorrido por los colonos españoles para saciar su codicia. Las Casas propone, en consecuencia, siete razones que justifican la eliminación de la encomienda. La tercera de estas razones reza del siguiente modo:

> La tercera, porque sin causa justa son privados de su libertad natural, siendo pueblos y gentes libres y tiniéndolos repartidos los españoles hombres y mugeres, viejos y niños, sanos y enfermos, chicos y grandes e señores e súbditos, son reducidos a miserrima servidumbre. *Y no sólo de un señor, que es el tirano commendero, pero a sus moços y a sus esclavos negros, a sus hijos y a todos quantos aquellos en familiaridad y serviçio y parentesco perteneçen.* Todos los roban, todos los comen, todos los afflixen, todos los amedrentan, de todos tiemblan

y a todos sirven; y sobre todos los angustian y atormentan y desuellan, quando las señoras mugeres de los infelices comenderos se van a olgar y recrear a los pueblos, que con ellos verdaderamente no sean menos cruelmente que si fuesen vívoras o tigres, a acaeçido señoras déstas a dar tantos azotes con sus mismas manos, teniendo delante a quien pudiera mandarlo, a una yndia, hasta que la yndia ispiró antes que ella de darle azotes artase. ("Carta al maestro" 286, énfasis mío)

De nuevo, la representación del cautivo africano como secuaz del victimario europeo vuelve a surgir en este texto con un énfasis que hemos notado en pasajes anteriores ("pero a sus moços y esclavos negros") y que muestra que para Las Casas la agresión por parte del cautivo africano al indígena implica un ultraje mayor. A partir de esta alusión y de las otras dos a las que acabamos de hacer referencia, podemos decir que comienza a configurarse en los textos de Las Casas una representación de estos cautivos como grupo diferenciado con respecto a los indígenas. La pretendida inclusión de los cautivos africanos dentro del concepto de humanidad al que ya pertenecen los nativos americanos, defendida por Pérez Fernández, no parece ser una característica de esta representación. Antes bien, Las Casas enfatiza las molestias que produce, para la vida de éstos y la idea de gobierno de Las Indias que él tiene, la presencia de aquellos.

Pérez Fernández considera que la redacción del libro primero de la *Historia de las Indias* tiene lugar entre 1555 y 1556. Más concretamente, en 1556 probablemente Las Casas redacta los capítulos 17 a 27 de la *Historia de las Indias* en Valladolid después de haber leído la primera de las *Décadas* de João Barros la cual, como lo hemos mencionado más arriba, ha sido publicada en junio de 1552 (Pérez Fernández, *Bartolomé de Las Casas* 33-35). Según el mismo Peréz Fernández, estos capítulos forman una sección que mantiene cierta independencia con respecto a la exposición que Las Casas viene haciendo en la *Historia de las Indias* sobre el descubrimiento de las Indias por Cristóbal Colón, introduciendo una digresión que demuestra un particular interés de Las Casas sobre este asunto.

Ahora bien, la pregunta que podemos hacernos es acerca de las razones que llevan a Las Casas a dedicar una particular atención a las expediciones portuguesas en las islas del atlántico y la costa occidental de África. La respuesta que ofrece Pérez Fernández consiste en afirmar que esta exposición responde, en primer lugar, a la lectura que hace el obispo de ciertos documentos que se producen durante la primera parte de la década de 1550 sobre este asunto (36-49) y, en segundo lugar, a la inquietud que viene teniendo Las Casas desde su encuentro con el esclavo Pedro Carmona (*Fray Bartolomé* 117-23). Sin embargo, como lo hemos mostrado en el capítulo anterior, no existen indicios significativos de que el encuentro con el esclavo Carmona y la participación del obispo en la querella que éste interpone tratando de hacer efectiva su libertad hayan transformado de manera significativa su representación de los cautivos africanos en Las Indias como mano de obra necesaria para los proyectos de colonización. Su silencio con respecto al episodio de Juanillo en la ciudad Real de los Llanos de Chiapa parece apoyar esta hipótesis. Además, como lo hemos enfatizado en la exposición de los documentos lascasianos producidos entre 1547 y 1556, el silencio de Las Casas con respecto a los cautivos africanos sólo parece ser interrumpido por algunas alusiones a las nocivas consecuencias que tiene para los nativos y el gobierno de las nuevas tierras la presencia de los cautivos africanos.

En consecuencia, parece plausible pensar que fue la lectura de ciertos textos producidos entre 1552 y 1556 lo que movió a Las Casas a introducir una particular consideración acerca de la esclavización portuguesa en su *Historia de las Indias*. Es necesario ahora establecer cuáles fueron algunos de estos textos, los problemas que introdujeron y, más que nada, la forma cómo dichos textos tornaron problemática la representación que el obispo tenía hasta ese momento de los cautivos obtenidos en la costa occidental de África como mano de obra adquirida de forma supuestamente legítima y convertida en mercancía necesaria para los proyectos de colonización. Aunque probablemente Las Casas no conoce todos estos textos, ellos nos permitirán reconstruir el trasfondo que le conmina a escribir los capítulos 17 a 27 del libro primero de su *Historia de las Indias*.

4. *Los cautivos africanos como problema en las Indias y en la Península (1545-1556)*

Mientras que Las Casas desarrolla su defensa de los indios en España entre 1547 y 1552, escribe su *Apologética Historia Sumaria* entre 1553 y 1554 y redacta el libro primero de su *Historia de las Indias* entre 1555 y 1556, varios hechos relevantes suceden tanto en Las Indias como en Europa con respecto a los cautivos africanos. De estos hechos existen varios registros que no siempre son producidos por las autoridades o los colonos españoles sino por cronistas, viajeros e intelectuales con intereses y perspectivas diferentes a los de la corona española. Al aproximarnos a estos registros, podemos notar que desde mediados del siglo XVI la presencia en Las Indias de los cautivos provenientes de la costa occidental de África comienza a inquietar a ciertos escritores. La creencia según la cual la expansión del cristianismo justifica la esclavización de todos los infieles y, en particular, la esclavización de los habitantes de esta zona de África comienza a ser cuestionada desde diversos puntos de vista. Si bien la guerra justa persiste como el principal argumento esgrimido por los tratantes para justificar la esclavización, diversos cuestionamientos comienzan a ser formulados de modo cada vez más persistente en torno a la existencia de una guerra justa en el caso de las expediciones portuguesas en la costa occidental de África.

En este capítulo exploraremos algunos de los textos en los cuales estos cuestionamientos aparecen, enfatizando el modo en que dichos cuestionamientos problematizan la idea según la cual los habitantes de la costa occidental de África pueden continuar siendo considerados como infieles enemigos de los cristianos que deben ser atacados y esclavizados por tal razón. En primer lugar, exploraremos los apartados que Girolamo Benzoni dedica en su *Historia del Nuevo Mundo* (1565) a la vida de los "Mori di Guinea", como él denomina a los cautivos africanos, en Las Indias. Este texto, producido a partir de los recuerdos que Benzoni tiene de su viaje por Las Indias entre 1541 y 1556, introduce una visión alternativa con respecto a la visión española y lascasiana en lo que concierne a la presencia de los cautivos africanos en Las Indias, dando particular relevancia al poder que adquieren los esclavos prófugos dentro de la isla de Santo Domingo.

En segundo lugar, expondremos las respuestas que Vitoria ofrece en una carta de 1546 con respecto a la legitimidad de las esclavizaciones que vienen siendo practicadas por los portugueses en la costa occidental de África desde mediados del siglo XV. Este texto puede ser considerado el primer intento de responder, haciendo uso del marco doctrinal más reconocido en ese momento, a los problemas que comienza a introducir dentro del discurso cristiano la esclavización practicada por los portugueses.

En tercer lugar, exploraremos un conjunto de legislaciones que aparecen entre 1548 y 1553. Estas legislaciones enfatizan la necesidad de importar cautivos africanos que estén desligados de influencias musulmanas y, particularmente, evitar que estos cautivos tengan acceso al uso de armas. Tal como lo han intentado hacer legislaciones anteriores, estas nuevas legislaciones están dirigidas a hacer de ellos una fuerza laboral dócil. Sin embargo, estas nuevas legislaciones radicalizan la tendencia hacia una segregación de los cautivos promovida a través de medios jurídicos.

En cuarto lugar, examinaremos un tratado producido alrededor de 1550 en Portugal y la introducción que escribe João de Barros a sus *Décadas de Ásia* (1552). Estos textos, patrocinados por el rey Juan III de Portugal, comparten algunos de los argumentos expuestos en las doctrinas de Vitoria y Las Casas con respecto a la cristianización de los infieles pero utilizan estos argumentos para el caso de los habitantes de la costa occidental de África, intentando justificar las acciones de los portugueses en esta región. Además del interés que implica el reconocer el uso de la doctrina producida para Las Indias como parte de un esfuerzo por entender lo sucedido en África, un recorrido a través de estos textos nos permitirá establecer de qué modo la esclavización portuguesa en África sigue siendo defendida cuando Las Casas escribe su *Historia de las Indias*, produciendo un conjunto de argumentos que Las Casas tendrá que enfrentar y discutir a lo largo de su escrito.

Finalmente, en quinto lugar, nos aproximaremos a dos caracterizaciones de los esclavos negros que Francisco López de Gómara propone en su *Historia general de las Indias* (1555) y a dos críticas directas contra la esclavización practicada por los portugueses en la costa occidental de África. La primera es la crítica formulada por Fernando de Oliveira en su *Arte do Guerra do Mar* (1555) y la segunda por Domingo de Soto en su *De Iustitia et Iure* (1556). Aunque ninguna de estas críticas ofrece un rechazo de la esclavitud como tal, ambas denunciarán la inaceptabilidad de los procedimientos practicados por los portugueses para obtener los cautivos en la costa occidental de África que luego transportan hacia Europa como mercancía. Una breve alusión a los comentarios que hace López de Gómara acerca de los cautivos africanos nos permitirá mostrar de qué modo la segregación promovida por medios jurídicos encuentra eco en la crónica de López de Gómara. Una referencia a las críticas de Oliveira y Soto nos permitirá reconocer la creciente inquietud que existe en ciertos círculos dominicos con respecto a la esclavitud y la eventual inspiración que encuentra Las Casas en ellos para plantear y desarrollar su propia crítica en la *Historia de las Indias*.

Es necesario enfatizar que nuestro interés al aproximarnos a estas fuentes heterogéneas consiste en mostrar los cuestionamientos y reflexiones que se introducen en ellas con respecto a una representación según la cual los habitantes de la costa occidental de África son infieles a los que se les puede declarar justamente la guerra y esclavizar legítimamente. No nos interesa resaltar el éxito jurídico o institucional de estos textos, particularmente de aquellos que cuestionan las practicas esclavistas. De hecho, ninguno de los textos que cuestiona dichas prácticas logra que las esclavizaciones portuguesas se detengan o tan siquiera disminuyan. Sin embargo, estas fuentes expresan la crisis de una representación con respecto a los cautivos africanos. Esta crisis provoca que Las Casas también tenga que hacer una reconsideración de lo que ha creído hasta este momento con respecto a los cautivos africanos e introduzca en su *Historia de las Indias* una consideración específica sobre las esclavizaciones practicadas por los portugueses en las islas del Atlántico y en la costa occidental de África.

4.1 *Los recuerdos de Benzoni acerca de los "Mori di Guinea" (1565)*

En 1565, el viajero italiano Girolamo Benzoni publica su *Historia del Nuevo Mundo*. En ella, Benzoni hace un recuento de su viaje por Las Indias entre 1541 y 1556. Se trata de un recorrido que comienza en 1541 en lo que hoy conocemos como la parte oriental de la costa de Venezuela y continúa por la península de la Guajira en Colombia, Puerto Rico, La Española y la costa caribeña de Colombia, Panamá y Costa Rica. Luego, Benzoni cruza el istmo de Panamá y navega por el Pacífico hasta alcanzar Guayaquil y Quito en Ecuador. Después regresa hacia el norte, recorre la costa pacífica de Panamá y Costa Rica, adentrándose después por Nicaragua y Honduras hasta llegar a Puerto Caballos. De allí parte hacia La Habana de donde sale hacia Europa en 1556. Benzoni pasa por lugares que Las Casas ha recorrido durante sus viajes por Las Indias. Sin embargo, no se encuentran porque parte del viaje de Benzoni tiene lugar cuando Las Casas ya ha partido hacia España. La última estancia de Las Casas en Guatemala y Honduras fue entre 1544 y 1547, y Benzoni solo alcanza estas regiones en la parte final de su viaje.

Para lo que nos interesa en nuestro trabajo, Benzoni relata al comienzo del libro segundo de su *Historia* la situación en que viven los "mori di Guinea" desde que comenzaron a ser traídos por los españoles como remplazo ante la escasez de indígenas (63). De acuerdo con Benzoni, aunque inicialmente fueron introducidos con el fin de trabajar en las minas de oro y plata, los "mori di Guinea" fueron asignados posteriormente al trabajo en los ingenios de azúcar, el pastoreo de rebaños y el servicio de sus amos. Benzoni enfatiza las crueldades de los españoles con sus cautivos. Describe los maltratos y los castigos inventados específicamente para ellos, en particular la Ley de Bayona –castigo que consiste en empalar al esclavo, azotarlo y luego rociar sobre su cuerpo aceite caliente y pimienta– y la forma cómo los entierran sus amos en la tierra durante toda una noche dejándoles sólo descubierta la cabeza (63-64). Estos hechos no son referidos por las legislaciones, las crónicas españolas o los textos de Las Casas. Como hemos visto hasta ahora, gran parte de estos textos se dedican a mostrar a los indígenas como víctimas de los españoles y los cautivos africanos, pero no hacen ninguna alusión a los maltratos padecidos por éstos últimos.

Una vez que ha expuesto esta situación de opresión, Benzoni pasa a presentar los levantamientos que se han producido entre los cautivos africanos. A diferencia de lo que afirman los textos que hemos venido trabajando hasta ahora, los cuales arguyen que las rebeliones se deben a la condición ladina o mora de algunos de los rebeldes, Benzoni afirma que estas rebeliones son una respuesta de los cautivos al trato que reciben (64). De acuerdo con Benzoni, las fugas y rebeliones se han presentado desde la llegada de los esclavos a la isla de Santo Domingo, haciendo que los prófugos se dispersen por la isla "disperati" (desesperados), multiplicándose de tal modo que han puesto a los españoles en aprietos. De nuevo, el contraste con los textos producidos por los españoles hasta ese momento es interesante. Mientras que aquellos tratan de presentar las fugas como hechos puntuales confrontados por medio de las legislaciones, la perspectiva de Benzoni apunta a que las rebeliones han sido constantes y están lejos de ser controladas por los españoles.

Benzoni, además, reconoce las diferencias que existen entre diversos grupos de cautivos (guineos, manicongos, jalopes, zapes y berberíes). Afirma que estas diferencias han provocado guerras entre ellos en África, las cuales los portugueses han aprovechado para obtener cautivos. Estas diferencias persisten aún en Las Indias. Sin embargo, ellas quedan superadas por las alianzas que estos grupos crean para enfrentar a los españoles. Estos últimos, para confrontar los levantamientos, han creado grupos que persiguen a los prófugos o han disuadido a ciertos cautivos para que les ayuden a capturar a los alzados. Sin embargo, los fugitivos han logrado hacer frente de forma cada vez más exitosa al asedio de los españoles, llegándose a multiplicar en número de siete mil en 1545 (64). El texto de Benzoni, en consecuencia, introduce un conjunto de detalles etnográficos que distan mucho de la distinción entre ladino, moro y bozal que parece predominar en la representación española de los africanos cautivos. Hecha esta contextualización, Benzoni introduce una referencia a un hecho sucedido alrededor de 1543 cuando Luis Colón, hijo de Diego Colón y nieto de Cristóbal Colón, es aún gobernador de la Capitanía General de Santo Domingo:

> Estando yo en Tierra Firme se corrió la noticia de que los cimarrones, como los españoles llaman en estas tierras a los prófugos, se habían alzado en una revuelta general y que, recorriendo toda la isla, se entregaban a cometer todos los desafueros de que eran capaces, por lo que el almirante don Luis de Colón y el presidente y los auditores de Santo Domingo les enviaron unos mensajeros rogándoles y suplicándoles que aceptasen vivir pacíficamente, que lo mismo harían con respecto a ellos, sin hostigarlos más, y que si querían sacerdotes o frailes que los adoctrinasen y les enseñasen la doctrina cristiana, con mucho gusto se lo enviarían. A esta oferta respondieron los prófugos que bien querían la ley de Cristo y creían en ella, pero que no deseaban su Amistad, porque no se fiaban de sus promesas. (64-65)

Sorprende en este pasaje de Benzoni la representación que ofrece de los esclavos fugados como grupo organizado, con proclividad al cristianismo, no obstante su rechazo a los españoles, y la capacidad que este grupo tiene de poner condiciones a las autoridades españolas en la isla. No encontramos referencia similar a esta en los textos escritos por los españoles, aunque algunos de ellos reconozcan la existencia de grupos de cautivos levantados (Marte 401-2, 404-5). La representación que ofrece Benzoni enfatiza mucho más su diferencia con respecto a la perspectiva española cuando finaliza sus comentarios acerca de la presencia de los "mori di Guinea" en Las Indias afirmando que "muchos españoles sostienen que la isla, dentro de poco, se verá dominada por ellos" y que, debido a ello, las autoridades de la isla han redoblado la vigilancia y controlado la emigración de españoles de ella (65). Ya hemos encontrado comentarios acerca de las preocupaciones producidas por la gran cantidad de cautivos en algunos pasajes de Gonzalo Fernández de Oviedo cuando afirma que la isla ya parece ser Etiopía. Sin embargo, el interés de Benzoni consiste en mostrar no sólo el eventual poderío que pueden llegar a tener los esclavos en términos de cantidad sino de organización y predominio militar sobre los españoles.

Por ultimo, Benzoni hace alusión a la propuesta hecha por Alonso López de Cerrato, gobernador de la isla entre 1543 y 1548, y quien fue un reconocido defensor de la implementación radical de las Nuevas Leyes de 1542, en particular, de lo concerniente a la lucha contra la esclavización indígena (Sherman 129-78). Según el cronista italiano, cuando López de Cerrato llega a la isla como presidente, esforzándose por hacer cumplir "la provisión de la libertad de los indios", abre el camino para que todos obtengan su libertad (Benzoni 65).[65] En otras palabras, de acuerdo con Benzoni, López de Cerrato otorga la libertad a todos los esclavos indígenas. Como es de esperarse, continúa el cronista italiano, esta decisión provoca airadas protestas de los vecinos a los cuales él responde: "puesto que Su Majestad el emperador le ha dado libertad a los indios, a mí no me parece justo que los españoles los retengan como esclavos contra la decisión de aquel" (65). Sin embargo, esta decisión de liberar a los esclavos indígenas no se mantiene por mucho tiempo. Una vez que los españoles comienzan a emigrar de la isla, movidos no sólo por la imposibilidad de mantener sus cautivos indígenas sino por el temor al poder creciente de africanos sublevados, López de Cerrato "se echó para atrás y cerró las puertas" (65).

---

[65] En un informe enviado al emperador el 23 de abril de 1545, López de Cerrato afirma que cuando llegó a Santo Domingo a comienzos de 1545: "Pregonaronse luego las Ordenanzas que se nos dieron sobre libertad de Indios, i encontinenti, se pusieron en libertad todos los naturales desta isla que son mui pocos" Marte 408. El mismo López de Cerrato declara que intentó en otras partes de la Audiencia declarar la libertad de los nativos obtenidos de manera injusta pero reconoce que "es negocio este muy trabajoso y odioso" 409, dada la resistencia de los colonos a él y las dificultades para establecer la legitimidad de las esclavizaciones.

En este punto es interesante notar que López de Cerrato menciona persistentemente en sus informes a la corona española su preocupación por el poder de los que denomina "negros alzados" en la isla (Marte 403-21). Si bien reconoce que a su llegada en 1543 las autoridades de la isla han tratado de controlarlos por medio de expediciones que buscan capturarlos y evitar que sigan asaltando y matando españoles, durante los primeros años de su gestión afirma que una manera de evitar estos levantamientos consiste en dar buen trato a los cautivos y, lo que es más llamativo aún, poner en libertad o expulsar a los "esclavos ladinos" con el fin de sólo tener cautivos bozales. En un informe que envía al emperador en septiembre de 1544, afirma:

> He observado que a ninguno que trata bien sus esclavos se le va ninguno. Para adelante convendría que no huviere muchos esclavos ladinos nacidos en la tierra, porque esta es una mala nacion mui atrevidos i mal inclinados, i son los que amotinan i se hacen capitanes: los bozales no son así. Lo mismo se vido en lo de Enriquillo. Convendria o ahorrallos, porque estos no pretenden sino libertad, o echallos de la isla. (Remediese. Haga ordenanzas para el buen tratamiento de los Negros. En lo demas platique con los Regidores i principales de la tierra, i con parecer de todos provea lo que conviene). (Marte 404)

A pesar de proponer inicialmente esta idea de una pacificación de los alzados por vía del buen trato y aún de la liberación o exilio de los cautivos ladinos, López de Cerrato opta finalmente por la vía tradicional de pacificación. Incrementa los ataques contra los alzados con el fin de debilitarlos aún más. Como resultado de ello, en uno de sus últimos informes a la corona en 1548 declara que gracias a su trabajo "halle esta isla con gran número de negros alzados, i la dejo llana con 30 ingenios molientes i corrientes i cuando yo vine no molían 10, i esta ciudad muy ennoblecida i poblada" (Marte 420).

En este contexto, la novedad del relato de Benzoni no radica en que aporte nuevos hechos sino en el enfoque que da a ellos, mostrando a los españoles como vecinos asediados por los africanos cimarrones. El detallado estudio de Sherman reconoce en López de Cerrato un decidido trabajo en contra de la esclavización indígena que, sin embargo y del mismo modo que Las Casas, tolera y promueve la esclavización de los africanos. Sin embargo, lo que sabemos gracias a Benzoni es que la lucha de los cautivos africanos por su libertad, como respuesta a los maltratos infringidos por sus captores y alcanzada mediante su capacidad de organización, comienza a cuestionar la representación que se tiene hasta ese momento de los "mori di Guinea" como mano de obra llamada a remplazar la mano de obra indígena. La transitoria propuesta de López de Cerrato de tratar mejor a los cautivos y liberar a los ladinos parece ir en esa dirección.

El impacto de la obra de Benzoni es significativo. Ésta es rápidamente incorporada como parte de la campaña de desprestigio desatada en Europa desde finales del siglo XVI contra la conquista española de Las Indias. En 1595, treinta años después de su primera publicación, Theodor de Bry, quien publicará en 1597 un conjunto de diecisiete grabados en su edición alemana de la *Brevísima destruición de Indias*, elabora un conjunto de grabados basados en el texto del viajero italiano. Estos grabados quedarán incluidos en su colección titulada *América* (1999) y estarán acompañados de una traducción al latín de algunos de los apartados de los textos de Benzoni a los que acabamos de hacer referencia. No obstante su compromiso con una estilística renacentista y su origen propagandístico, estos grabados pueden ser considerados como el primer registro iconográfico que tenemos de la crisis que implicó para la conciencia europea la existencia de la esclavitud Africana en las Indias. Ellos convirtieron a Benzoni con respecto a los cautivos africanos, en lo que Las Casas fue con respecto a los indígenas, a saber, en una fuente de primera mano cuya divulgación sirvió para impugnar la esclavitud practicada por los españoles y, más que nada, los privilegios ligados a la explotación intensiva de la mano de obra africana en Las Indias. Volvamos ahora a mediados del siglo XVI.

4.2 *Las respuestas de Vitoria (1546)*

Alrededor de 1546, Francisco de Vitoria, quien había escrito en 1539 su tratado *De Indis*, escribe una carta a Fray Bernardino de Vique "acerca de los esclavos con que trafican los portugueses, y sobre el proceder de los escribanos" (173). En dicha carta, Vitoria responde a cuatro dudas que le habían sido planteadas sobre la legitimidad en la forma cómo los portugueses adquirían los esclavos en sus viajes a lo largo de la costa occidental de África, denominada como Guinea en el texto.[66] La primera duda surge porque se decía que los portugueses utilizaban en Guinea juguetes como señuelos para atraer a los que querían hacer cautivos. La segunda duda era a propósito de la guerra justa como criterio válido de esclavización especialmente cuando la guerra no había sido entre los bárbaros y los portugueses sino entre los bárbaros mismos. La tercera

---

[66] Nótese que la palabra Guinea comienza a ser más consistente en el uso de los textos e introduce una clara diferencia geográfica con respecto a lo que en ese momento se nombra como África.

duda era sobre si, dado que entre los habitantes de Guinea existía la práctica de comprar a un condenado a muerte para salvarlo de la muerte, una vez que se había comprado un cautivo que iba a ser condenado a muerte para salvarlo de este modo de ella, su cautiverio debía ser temporal o perpetuo. Finalmente, la cuarta duda era sobre si se podía confiar en que el rey de Portugal y su consejo no iban a permitir contrataciones injustas (175). Como puede notarse, las dudas propuestas a Vitoria no son acerca de la legitimidad de la esclavitud y la trata como tales sino acerca de la manera en la que éstas eran llevadas a cabo por los portugueses en la costa occidental de África.

En su respuesta a estas preguntas, Vitoria esboza lo que podríamos denominar una primera reflexión doctrinal acerca del tráfico portugués de cautivos africanos hacia Europa. El encabezado de la carta de Vitoria es irónico. Afirma que en el tema de la contratación con los portugueses siempre habrá cosas que criticar. Así que los que tratan de estos asuntos prefieren como regla general no hacer preguntas muy incisivas, cerrar los ojos y seguir el parecer de la mayoría (173). No obstante hacer esta observación introductoria –la cual podría desestimular el propósito de hacer un examen cuidadoso de las cuestiones propuestas por quien le ha escrito la carta–, Vitoria agrega una respuesta particular a cada una de las preguntas.

En primer lugar, con respecto al uso de señuelos para capturar africanos, Vitoria afirma que "si se tuviese por cierto que los portugueses se alzan con ellos por aquella forma de ruindad, yo no sé por dónde los pueda nadie tener por esclavos" (173). Al decir esto, Vitoria introduce una de las objeciones que llegará a ser más frecuente con respecto a la trata y, especialmente, la compra de cautivos por parte de los españoles a los portugueses. Según esta objeción, si el cristiano tiene alguna duda en la forma cómo son obtenidos los cautivos en África por los portugueses, es decir, no en guerra justa, debería abstenerse de comprarlos. Sin embargo, Vitoria no parece considerar que esta sea la situación más frecuente en el caso de los cautivos que capturan los portugueses, sino que la mayoría de aquéllos han sido obtenidos en guerra justa por éstos o han sido vendidos a éstos por otros que los han capturado en guerra justa y que, además, el rey de Portugal no permitiría ese tipo de engaño. En consecuencia, no debe haber mayor duda al respecto por parte de los compradores (174). Vitoria considera que pueden haber guerras justas entre infieles, no sólo entre cristianos e infieles, y que, en consecuencia, pueden haber esclavizaciones legítimas entre ellos.

En segundo lugar, Vitoria avanza en esta misma dirección y afirma que no debe haber duda acerca de la legitimidad de la esclavización así esta haya sido en guerras entre bárbaros porque "los portugueses no son obligados a averiguar la justicia de las guerras entre los bárbaros. Basta que este es esclavo, sea de hecho o de derecho, y yo le compro llanamente" (174). Esta segunda respuesta de Vitoria pone de presente que la procedencia de los cautivos no parece ser un problema mayor para él cuando dicha procedencia es una guerra entre bárbaros. En este sentido, Vitoria no parece estar preocupado por la definición de guerra justa entre los bárbaros. Como veremos más adelante, este será uno de los puntos más polémicos en el posterior debate que dará Las Casas sobre la esclavitud.

En tercer lugar, Vitoria considera que la legitimidad de comprar un cautivo para librarlo de la muerte podría ser dudosa si se tratara de la compra de un ser libre en tierras cristianas. Sin embargo, "siendo en tierra donde se puede uno hacer esclavo por muchas maneras y voluntariamente venderse ¿por qué no se podrá voluntariamente dar por esclavo del que le quisiere rescatar, especialmente que si en la misma tierra otro natural le rescatase, queda verdaderamente por esclavo?" (174). En otras palabras, Vitoria considera que en tierras extranjeras es válido comprar a un reo de muerte para salvarlo convirtiéndolo en esclavo. Más aún, él considera que esa persona rescatada puede ser esclavo toda su vida. Ahora bien, esta tercera respuesta le permite introducir un comentario acerca de lo que él considera verdaderamente inaceptable dentro del proceso de esclavización, a saber, el trato que reciben los cautivos cuando son conducidos hacia Europa:

> Mayor escrúpulo y más que escrúpulo es, que ordinariamente los traen inhumanamente, no se acordando los señores que aquellos son su prójimos, y de lo que dice San Pablo, que el señor y el siervo tienen otro señora quien el uno y el otro han de dar cuenta. Que si los tratasen humanamente, sería mejor la suerte de los esclavos inter cristianos, que no ser libres en sus tierras; demás que es la mayor buenaventura venir a ser cristianos. (174)

Este pasaje introduce muy temprano los elementos básicos del debate sobre la esclavitud africana tal como es practicada por los portugueses en la costa occidental de África. En primer lugar, Vitoria no niega la legitimidad de la esclavitud en ciertos casos sino que enjuicia el tratamiento que reciben los esclavos cuando son transportados hacia Europa. En segundo lugar, establece un vínculo entre el amo y el esclavo que es la existencia de un mismo Dios para ambos. Este Dios, de una parte, incita al amo a tratar bien a su esclavo y, de otro lado, incita al esclavo a ver su situación como algo favorable dado que se encuentra esclavizado en tierras cristianas. El argumento de la cristianización de todos los infieles, defendido por Vitoria y Las Casas, introduce una posibilidad de un vínculo entre el amo y el esclavo. Sin embargo, dicho vínculo no elimina la superioridad estamental que el amo pretende tener sobre el esclavo y, desde la perspectiva de Vitoria, la posibilidad de evangelizar al infiel aprovechando su condición de esclavo. Este argumento acerca de las ventajas de la esclavización estará presente en algunas de las reflexiones portuguesas que aparecen sobre el tema a mediados del siglo XVI y Las Casas tendrá que volver sobre él cuando haga su reinterpretación de las crónicas portuguesas.

Finalmente, para responder la cuarta duda que se le presenta, Vitoria considera que es improbable que el rey y su consejo acepten como válidas contrataciones injustas en el tráfico de esclavos desde África así esto suceda frecuentemente (174). Al parecer, Vitoria considera que el rey y su consejo son incorruptibles en este tipo de asunto aún en el caso en el cual la injusticia sea una práctica extendida. De hecho, su mayor desconfianza se dirige hacia los escribanos a quienes considera los principales difusores de este tipo de opiniones. Según Vitoria, con tal de ganar más, los escribanos pueden presentar al rey y su consejo como permisivos con las injusticias en tráfico de esclavos. Con ello terminan las respuestas de Vitoria.

Es necesario insistir en el hecho de que Vitoria no está ni mucho menos preocupado por interrogar la legitimidad de la esclavitud como tal sino por establecer la legitimidad de la forma cómo se lleva a cabo la esclavización en ciertos casos y por el trato que reciben los esclavos cuando son transportados. A partir de las respuestas que da en esta carta, puede afirmarse que Vitoria considera que la esclavitud es válida en dos casos: en el contexto de la guerra justa y como forma de evitar la pena de muerte. En este sentido, lo que es más llamativo de Vitoria es que, en primer lugar, él parece considerar que la guerra justa no se limita a la guerra entre cristianos y no-cristianos sino que incluye también la guerra entre bárbaros y, en segundo lugar, no parece considerar la esclavización injusta sino como un problema menor que no interroga el sistema esclavista como tal. Sin embargo, Vitoria introduce un elemento que hasta ahora no había aparecido en los registros españoles que tenemos acerca de la esclavitud, a saber, la representación del cautivo africano como alguien que sufre a causa de la esclavitud y, en particular, por las condiciones en que es trasladado desde Guinea hacia Europa. La representación del cautivo que sufre a causa del engaño que ha permitido su captura y del traslado que permite su llegada a Europa encuentra en los argumentos de Vitoria un primer registro. Este reconocimiento del sufrimiento del cautivo africano, entendido como apelación al cristiano, será de gran relevancia en el juicio que haga Las Casas de las prácticas esclavistas de los portugueses.

4.3 *Las legislaciones racializadas, borrando al "moro" y produciendo al "negro" (1548-1553)*

Mientras que el debate doctrinal acerca de la esclavitud comienza a configurarse en la península, nuevas legislaciones dirigidas específicamente hacia los cautivos africanos siguen apareciendo. Como lo hemos señalado en capítulos anteriores, estas legislaciones surgen principalmente como respuestas a los levantamientos y, en consecuencia, tienen como propósito fundamental producir una fuerza laboral dócil. Para lograr este propósito, ellas proponen, por un lado, medidas más generales ligadas al control de la procedencia de éstos y, por otro lado, medidas más precisas ligadas al control de los comportamientos de los cautivos en Las Indias. Sin embargo, todas estas legislaciones, así como los temores que están a la base de ellas, tendrán que ceder ante la creciente necesidad de mano de obra esclava. Esto provocará tensiones en la representación jurídica de los cautivos africanos vistos a la vez como una presencia amenazante pero también como una necesidad insoslayable dentro del proceso de colonización.

En 1548, la implantación de las minas y los ingenios en Centroamérica exige, del mismo modo como ha sucedido en las islas del Caribe pocos años atrás, la importación de mano de obra africana. Así, el 4 de febrero de 1548, desde Guatemala, el obispo Marroquín firma una carta al emperador en la que afirma: "en los ingenios que se comienzan a hacer de azúcar en Chiapa, es trabajo grande y grave. Las sementeras y posturas de cañas y cosecha no se escusa, y el cortar madera y leña (...) busquen negros, que ansí conviene en todas estas cosas" (Marroquín 239). El mismo obispo Marroquín escribe el 1 de agosto una carta al emperador en la cual pide "meter en estas provincias cinco o seis mil negros que sean buenos (...) y acabarse esta vexación de los tamemes" (Marroquín 239). En la misma dirección, el 3 de noviembre, en San Salvador, el licenciado Alfonso López de Cerrato firma una carta en la que asegura que hay mucho oro y plata pero harían falta muchos negros (Pérez Fernández, *Fray Bartolomé* 97).

Sin embargo, esta creciente importación de cautivos desde África continúa produciendo inquietudes entre las autoridades indianas debido al poder que parecen tener, desde la perspectiva de las autoridades, los cautivos africanos sobre los indígenas. El 28 de enero de 1549, en su Relación al Consejo de Indias, Pedro de la Gasca escribe:

> E cosa que en gran manera importa, no sólo para el bien, conservación y reparo destos pobres naturales, que hasta aquí ni de sus haciendas, hijos, comidas, ni mujeres tenían más de lo que les quería dexar cualquier perdido que pasaba por el camino. E sus personas han sido tan poco tenidas e tan mal tratadas que no solo a los españoles han traido a cuestas en hamacas, pero aun las indias que para su servicio e suciedades los vagabundos tenían, y *a sus negros y negras*. ("Relación de Gasca...": 376-77, énfasis mío)

Esta creciente importación de mano de obra sigue acompañada por la promulgación de directrices que intentan controlar el tipo de cautivos que son trasladados a Las Indias. El 16 de julio de 1549 en Valladolid, la reina despacha una 4eal Cédula a los oficiales de la de Casa Contratación de Sevilla en la que ordena que no pase a Las Indias "ningún esclavo negro que sea de Levante, ni que se haya traído de allá, ni otros ningunos negros que se hayan criado con moriscos, aunque sean de la casta de los negros de Guinea" (Encinas, *Cedulario Indiano* 4: 383-84). La razón de esta prohibición es que el encarecimiento de los cautivos en Portugal, Guinea y Cabo Verde ha provocado que los cautivos sean comprados en Cerdeña, Mallorca, Menorca y otras partes de Levante, región habitada principalmente por musulmanes. El problema de los cautivos provenientes de estas regiones radica en que son, según la misma real cédula,

> dizque casta de moros y otros tratan con ellos y en tierra nueva, donde se planta agora nuestra sancta fe católica no conviene que gente desta calidad pase a ella por los inconvenientes que podrían suceder: vos mando que en ninguna manera y por ninguna vía deseéis ni consintáis passar a las nuestra Indias, islas e Tierra firme del mar Océano, ningún esclavo negro, que sea de Levante ni se aya traído de ayá, ni otros ningunos negros que se hayan criado con Morisco, aunque sean de casta de negros de Guinea. (*Cedulario Indiano* 4: 383-84)

Aunque el principal propósito de la real cédula consiste en prohibir la introducción de cautivos que tengan vínculos con los musulmanes, este pasaje introduce un énfasis importante dentro de nuestra exposición. La esclavización ahora comienza a balancearse más decididamente hacia la designación de los cautivos como "negros". De un vocabulario según el cual los cautivos podían ser "moros", "berberiscos" o "negros", pasamos ahora a un vocabulario en el cual el "negro" aparece como el único sujeto susceptible de ser esclavizado. "Negro" se convierte en el sustrato a partir del cual se hacen las diferentes especificaciones entre los cautivos que pueden ser introducidos en Las Indias y los que no pueden serlo.

De aquí en adelante el cautivo africano, designado como "esclavo negro", se convierte en el eje de un conjunto de legislaciones y reflexiones que intentan transformarlo en fuerza de trabajo y entender su condición de esclavitud como producto de su desconocimiento del cristianismo. De ahí surge el rechazo a cualquier vínculo con los musulmanes que, como hemos venido mostrando a lo largo de nuestra exposición, son considerados como un peligro para los proyectos de colonización. En este sentido, el 13 de noviembre de 1550 la reina promulga una real cédula en la que ordena que sean expulsados de Indias todos los esclavos berberiscos.

> Sepades que nos somos informados que a esas partes [Islas e Tierra firme del mar Océano] han pasado y de casa día passan algunos esclavos y esclavas Berberiscos y otras personas libres, nuevamente convertidos de moros e hijos de ellos, estando por nos proveído que en ninguna manera passen por los muchos inconvenientes que por experiencia ha parecido que de los que han passado se han seguido. Y porque se escusen los daños que pudieren hazer los que huvieren pasado y de aquí en adelante passaren, porque en una tierra nueva como esa, donde nuevamente se planta la Fe, conviene que se quite toda ocasión, porque no se pueda sembrar y publicar en ella la secta de Mahoma ni otra alguna, en ofensa de Dios nuestro Señor, y perjuizio de nuestra Santa Fe Católica. Visto y platicado en el nuestro Consejo de Indias, fue acordado que deviamos mandar que todos los esclavos y esclavas berberiscos, personas nuevamente convertidas de Moros y sus hijos, como dicho es, que en essas partes hubiere, sean echados de la isla y provincia donde estuvieren, y enviados a estos Reynos, de manera que en ninguna forma queden en essas partes, y sobre ello mandar dar esta nuestra carta para vos en la dicha razón, e nos tuvímoslo por bien. (4: 382)

Como contrapartida de la real cédula anteriormente citada del 16 de julio de 1549, que hacía de los "negros" el sustrato del cautiverio, esta real cédula de 1550 intenta borrar por completo la presencia de los moros dentro de la población cautiva en Las Indias. Esto muestra claramente que, al menos desde la perspectiva de cierta legislación producida para los cautivos africanos en Indias, la pretendida guerra justa contra los infieles musulmanes no puede ser considerada como fuente de cautivos para Las Indias ya que los cautivos obtenidos en este tipo de guerras no son reconocidos por estas legislaciones como mano de obra legítimamente transportable a los nuevos territorios. Esto introduce una nueva crisis en la representación de los cautivos africanos que se encuentran en Indias. Estos cautivos no son de origen musulmán porque, precisamente, las legislaciones han pedido que no lo sean. En consecuencia, la pregunta que surge cada vez con más insistencia es, dado que no son musulmanes ni de origen musulmán, cuál es la razón de la captura y traslado de estos habitantes de la costa occidental de África hacia Las Indias. Sobre ello volveremos en la siguiente sección de nuestra exposición.

Paralelamente a esta legislación que trata de evitar la importación de cautivos que hayan tenido algún vínculo con los musulmanes, también aparece la legislación que prohíbe a los africanos tanto cautivos como libres cargar armas. El 18 de febrero de 1552, en Toro, el príncipe despacha una cédula a la Audiencia de los reyes en la cual prohíbe que los africanos que fungen como escoltas traigan armas. La razón de ello es que: "A nos se ha hecho relación que no conviene que en las provincias sujetas a esa audiencia ningún negro trayga espada, ni puñal porque de haberse traido estas armas con libertad hasta aquí, se han seguido muertes de indios y otros inconvenientes, y me ha sido suplicado lo mandasse remediar como cessassen dichos daños, o como la mi merced fuesse" (4: 389). De nuevo, los conflictos de los africanos con los nativos y, más en concreto, las agresiones de aquellos contra éstos últimos aparecen como principal motivo para la promulgación de estas legislaciones. En esta misma dirección, el 11 de agosto en Monzón de Aragón, el príncipe despacha otra real cédula a la Audiencia de la Nueva España en la que pide que se revise el asunto de las licencias para portar armas que han sido otorgadas a algunos cautivos.[67]

Todas estas legislaciones tendientes a controlar la procedencia de los cautivos y su comportamiento en Las Indias están relacionadas con el creciente temor que produce entre los vecinos españoles la presencia de cada vez mayor

---

[67] "A nos se ha hecho relacion que nos tenemos dadas algunas licencias a algunas personas de essa nueva España, para que puedan *traer consigo dos o tres o cuatro negros con armas*, por lo qual ha acaecido y acaece muchos escándalos y alborotos, porque mientras sus amos estan en Missa o en negocios; los dichos negros van por los pueblos, y con las dichas armas ofenden a muchas personas, en tal manera que ha acaecido matar algunos españoles, y mancar a Indios, y que por ser esclavos de personas favorecidas, se disimula con ellos el castigo dello, y las personas que en esto son ofendidas, quedan sin alcanzar justicia: aplicandome lo mandasse proveer y remediar de manera que los dichos negros no pudiesen traer ni traxessen las dichas armas, y mandasse suspender qualesquier cedulas que tuvieren dadas para traer las dichas armas o como la mi merced fuesse. Lo qual visto por los del Consejo de Indias de su Majestad, fue acordado que devia mandar esta mi cedula para vos, e yo tuvelo por bien. Porque vos mando que veais lo suso dicho y proveais como convenga, y veais las licencias que estan dadas para poder traer armas en essa dicha nueva España, y guardeis y hagais guardar aquellas que fuere justo que se guarden e tuvieren necesidad las personas que tuvieren las dichas licencias, de traer criados consigo con armas, y a los otros no les guardeis las tales licencias, y los que se hubieren de guardar, sea solamente para traer en su acompañamiento las dichas personas, criados Españoles, y *no esclavos negros con armas, porque los negros no convienen que las traigan*" *Cedulario Indiano* 4: 389, énfasis mío.

cantidad de ellos. Este temor, sin embargo, tiene que ceder ante la creciente necesidad de mano de obra, las ventajas económicas que la trata produce a la corona española en términos de impuestos y, más que nada, el descontrol y la especulación que se presenta en la importación de esclavos (Cortés López, "1544-1550" 70). Como hemos visto en el capítulo tres, dado que la concesión de las licencias esclavistas a monopolios no da resultado como forma de hacer accesible a los colonos la mano de obra esclava, desde 1532 la corona española liberaliza la adjudicación de las licencias como principal estrategia para promover y controlar el tráfico de cautivos africanos hacia Las Indias. De hecho, entre 1544 y 1550 tenemos el periodo más prolífico de concesión de licencias durante el siglo XVI: 18.942 (Cortés López, "1544-1550" 70; *Esclavos* 61-62). Sin embargo, esta liberalidad en la concesión de las licencias no logra ni asegurar el abastecimiento de cautivos ni controlar el tráfico ilegal de ellos. Como respuesta a ello, en 1552, el príncipe despacha un conjunto de ordenanzas a la Casa de Contratación de Sevilla prohibiendo el paso de cualquier cautivo sin licencia y, en particular, el paso de esclavos berberiscos, moros, judíos y mulatos.[68]

Al revisar este documento, nos damos cuenta de que el intento de controlar el tráfico ilícito de los cautivos va acompañado de una persistente inquietud con respecto a la procedencia de éstos, particularmente, en lo que concierne a su pasado musulmán o judío. De una parte, el documento reconoce la existencia de cautivos de procedencia y trasfondos religiosos diversos. Afirma que los cautivos pueden ser blancos, negros, loros o mulatos. Sin embargo, de otra parte, el documento enfatiza la exclusión dentro del tráfico hacia Las Indias de los berberiscos, moros, judíos y mulatos –algo que parece extraño dado que la palabra mulato aparece en la lista de los esclavos que pueden tener licencia–. El

---

[68] Hay que notar el doble criterio de clasificación que propone este documento. De un lado, la licencia que tiene que ser otorgada para pasar el esclavo y, de otro lado, los criterios racial, religioso y geográfico que se superponen de un modo que no es claro: "Otrosi, mandamos que no se puedan passar a las dichas Indias esclavos ni esclavas ningunas, sin nuestra licencia, *blancos ni negros, ni loro, ni mulato*: la cual licencia se presente ante los dichos oficiales de la casa de contratación, so pena que el esclavo que de otra manera se llevare o passare a la Indias, sea perdido por el mismo hecho, y aplicado a nuestra camara y fisco: y los dichos nuestros oficiales, asi de la dicha casa, como los otros oficiales de las Indias, y las justicias dellas tomen todos los tales esclavos para nos, sin los deportar ni dar en fiado: y si el esclavo que ansi se passare sin licencia, o fuere *Berberisco, de casta de Moros o Iudios, o mulato*, lo buelban a costa de quien lo hubiere passado, a la casa de contratación, y lo entreguen a los oficiales della, por nuestro: y la persona que el tal esclavo morisco passare, incurra en pena de mil pesos de oro, la tercia parte para nuestra camara, y la tercia parte para el juez que lo sentenciare: y si la persona fuere vil y no tuviere de que pagar, le den cien açotes" *Cedulario Indiano* 4: 381, énfasis mío.

punto sobre el que vale la pena llamar la atención es que, desde la perspectiva de la legislación con respecto a las licencias, la procedencia del cautivo parece no ser tan importante como su trasfondo religioso y, desde luego, su legalidad como mercancía por la que se han pagado las licencias exigidas.

En el mismo año 1552 tiene lugar un hecho que legislativamente cambiará de manera decisiva el decurso de la importación de cautivos africanos hacia las Indias desde la segunda mitad del siglo XVI en adelante. En ese año aparece lo que Cortés López considera el primer asiento de esclavos, al menos en el papel ("1544-1550" 71; *Esclavo* 68).[69] El 14 de agosto, el príncipe firma este asiento con Hernando de Ochoa para pasar por seis años, desde 1553 hasta 1559, 23.000 esclavos negros dando 184.000 ducados en pago. El propósito de este asiento, considerado por Otte Sander como la última gran operación de los genoveses en el comercio de Sevilla, es controlar el tráfico de cautivos, delegando la autoridad real y la exclusividad con respecto a la importación de éstos al titular del asiento (Cortés López, *Esclavo* 68; Otte Sander, *Sevilla* 273-75). Para evitar que tenga el aspecto de un monopolio o, mejor decir, para maquillar su condición de monopolio, se obliga a Hernando de Ochoa a otorgar por lo menos quinientas licencias durante cada año que dure el asiento a todo el que quiera pasar cautivos (*Esclavo* 69).

El vocabulario utilizado en el texto del asiento para referirse a los cautivos no introduce ninguna acotación racial o religiosa para referirse a ellos. Sin embargo, introduce acotaciones de género. El texto enfatiza la necesidad de introducir "esclavos y esclavas" (69). El silencio con respecto a los aspectos raciales y religiosos, y el énfasis en las cuestiones de género marca una variación que será reafirmada por la legislaciones sobre esclavos durante la segunda mitad del siglo XVI. En estas legislaciones, de un lado, las preocupaciones en torno al origen de los cautivos van quedando progresivamente cobijadas bajo la identificación entre el "esclavo" y "negro". De otro lado, las preocupaciones en torno al comportamiento de éstos dan pie para crear legislaciones que convierten al "negro" y a la "negra", más allá de la distinción entre su condición de cautivo o libre, en objeto de diversas restricciones y controles (*Cedulario Indiano* 4: 381-410). En el lapso de cuarenta años el cautivo africano ha dejado de ser un cautivo entre otros para convertirse en el principal objeto de una trata para la cual el primer factor de identificación es el color de la piel.

---

[69] El primer asiento de esclavos efectivo se firma en 1595 con Reynel. Véase Cortés López, *Esclavo* 67.

Sin embargo, el asiento firmado con Ochoa no logra ponerse en práctica. A mediados de mayo de 1553, el príncipe convoca una junta de teólogos con el fin de examinar la licitud del asiento que ha firmado con Hernando de Ochoa. Los teólogos se muestran contrarios a él no por la cuestión de la libertad de los cautivos africanos sino por el carácter monopolístico de este asiento y, según el mismo Cortés López, por la presión de los mismos tratantes que se verían afectados por la puesta en práctica de dicho asiento ("1544-1550" 71). En consecuencia, el 26 de junio el príncipe anula el asiento. Según el príncipe:,

> El assiento de las licencias de los esclavos para las Indias que se tomó con Hernando Ochoa en dias passados, se ha deshecho de su voluntad, y porque ha paresçido a algunos theologos que era cargo de conciencia poner estanco en esto y assi se le han de volver los dineros que tiene dados en cuenta del dicho assiento, que con el interesse de lo passado montarán hasta çiento cuarenta mil ducados poco más o menos. (*Esclavo* 69)

Se volverá entonces al modelo de la liberalización de las licencias cuyo valor seguirá incrementándose. Ello hará que dichas licencias vayan quedando cada vez más en manos de algunos pocos mercaderes hasta que en 1580 Felipe II, proclamado rey de Portugal, adopte la figura de los *Rendeiros* después de una negociación con los mercaderes portugueses. En 1595, el mismo Felipe II implementará el sistema de asientos con los portugueses que regirá el tráfico de esclavos durante la primera parte del siglo XVII (*Esclavo* 69-73).

Lo que nos interesa resaltar en el episodio del asiento de Ochoa es que, no obstante el fracaso en su implementación, en él se expresa el temprano predominio de las legislaciones que intentan promover la introducción de cautivos africanos sobre aquellas que intentan mantener un control sobre el tipo de ellos que llegan a Las Indias. El intento de implantación del asiento de Hernando de Ochoa muestra que, desde mediados del siglo XVI, la representación de los cautivos como necesidad imperará sobre la representación de éstos como amenaza. La introducción abundante de ellos se tornará la prioridad y las preocupaciones sobre su comportamiento y los peligros que ellos implican para la evangelización quedarán supeditados a dicha prioridad. El color de la piel y el género de los cautivos serán los factores determinantes para la trata. Su procedencia y trasfondo religioso pasarán a un segundo plano.

El 4 de mayo de 1553, el virrey de la Nueva España, Luis de Velasco, firma una carta dirigida al emperador en la que afirma que "hay en esta Nueva España más de veinte mill [negros] y van en aumento; y tantos que podrían ser que pusiesen la tierra en confusión" y solicita que no se den más licencias para pasar cautivos (Pérez Fernández, *Fray Bartolomé* 99). Desde luego, su propuesta no es acogida. Tal vez esa es la última vez en que alguien hace eco de las palabras del gobernador Ovando cuando en 1502 pidió que no se enviaran más cautivos africanos a La Española. La idea de una colonización sin ellos se hará impensable y su control en Las Indias ya no será un problema de regulaciones migratorias sino de policía.

Esta forma de entender y tratar a los esclavos tiene, sin embargo, un contrapeso en la península donde comienzan a intensificarse las preguntas en torno a la legitimidad de la esclavitud y el tratamiento que reciben los cautivos cuando son transportados desde África. Estas preguntas adquieren ahora un tono mucho más radical que el que había sido utilizado por Vitoria en sus reflexiones, dando pie para la producción de un conjunto de textos que intentan legitimar las acciones llevadas a cabo por los portugueses.

4.4 *Los intentos de legitimación de la guerra justa y la esclavización*

Hemos hecho alusión a las respuestas dadas por Vitoria a ciertas inquietudes planteadas por fray Bernardino Vique con respecto a las esclavizaciones portuguesas en la costa occidental de África. Alrededor de la década de 1550 estas inquietudes se hacen más frecuentes y comienzan a generar no sólo preguntas con respecto al tráfico de cautivos africanos sino, más ampliamente, con respecto a la legitimidad de los privilegios papales obtenidos por la corona Portuguesa desde el siglo XV para conducir, so pretexto de cristianizar, expediciones hacia la costa de occidental de África y la India. Tal como argumenta Carl Schmitt en *El Nomos de la tierra*, la exploración de las nuevas tierras y la subyugación de las poblaciones que las habitan se enlazan de manera constante en los proyectos ibéricos conquistadores durante el siglo XVI bajo la retórica de la cristianización (74-82). Lo que legitima la invasión y la dominación por parte de España y Portugal es la promesa de una evangelización que extenderá la *Respublica Christiana*.

Ahora bien, cuando las informaciones obtenidas acerca de los desmanes cometidos por las naciones conquistadoras comienzan a circular, la vigencia de los privilegios otorgados por el Papa para la cristianización comienza a ser puesta en tela de juicio. Mantener estos privilegios es importante para la corona portuguesa principalmente porque ellos le permiten mantener el ventajoso monopolio sobre el comercio de cautivos africanos en Guinea. Dicho monopolio ha sido obtenido por Portugal durante la segunda mitad del siglo XV a partir de un complejo proceso que ha involucrado no sólo las donaciones papales sino también la firma con Castilla de los tratados de Alcaçovas el 4 de noviembre de 1479 y Tordesillas el 5 de junio de 1494 (García y García 293-310; Cortés López, "Importancia de la esclavitud" 249-69). Si bien García y García interroga la efectiva relevancia de estas donaciones y tratados en el efectivo desarrollo de las empresas coloniales en ese momento, lo cierto es que, como veremos a continuación, los portugueses recurrirán a esos documentos para justificar y mantener su exclusividad en el comercio de cautivos en estas regiones.

Además, dado que Portugal es el principal proveedor de esclavos para España y esta última está teniendo un fuerte debate acerca de la legitimidad de la colonización de Las Indias y la esclavización de los indígenas, la corona portuguesa quiere mantener clara la distinción entre esa esclavización y la esclavización practicada en Guinea. En otras palabras, así como España intenta legitimar sus acciones en los territorios y poblaciones sobre las que ejerce poder en las Indias implementando un conjunto de legislaciones que aseguran la cristianización y protección de los indígenas, los portugueses intentan legitimar sus intervenciones sobre los territorios y poblaciones de las islas del Atlántico y la costa occidental de África demostrando que sus acciones promueven la cristianización de los infieles y que la esclavización es legítima en ese contexto.

Comienza a surgir entonces en la corona portuguesa un interés por promover textos a través de los cuales se intenta demostrar la legitimidad de sus acciones en la costa occidental de África. Particularmente, Juan III de Portugal (1502-1557, reinado 1521-1557), ferviente defensor de las conquistas portuguesas como medio de difusión del cristianismo, comienza a promover la edición y producción de textos doctrinales e históricos que muestren las bondades que han traído para la evangelización de los infieles las expediciones portuguesas.

Existe un tratado portugués que, según Pérez Fernández, pudo influir directamente en la decisión de Las Casas de redactar una sección en su *Historia de las Indias* dedicada explícitamente al problema de la conquista de las islas atlánticas y la costa occidental del África por los portugueses. El título de este tratado es *Por que causas se pode mover guerra justa contra infiéis* (Pérez Fernández, "Estudio preliminar...*África*" 37-43). No conocemos el autor de este tratado ni su fecha exacta de composición. Lo que sí sabemos es que este tratado es una respuesta a una consulta hecha por el rey Juan III de Portugal con respecto a la legitimidad de las conquistas llevadas a cabo por los portugueses desde mediados del siglo XV hasta la primera mitad del XVI. Por ello, se puede inferir que el tratado es anterior a 1557, año en el que el rey muere.

Basado en los autores que cita, las referencias históricas que hace y el tipo de posición doctrinal que defiende, Pérez Fernández considera que se trata de un texto escrito por alguien que en gran medida sigue las doctrinas de Vitoria tal como han sido expuestas en *De Indis* (1539) y concuerda en varios aspectos con la posición de Las Casas con respecto a los habitantes de Indias. En consecuencia, según Fernández, "este tratado surgió en Portugal hacia 1550 o poco después, como resonancia de la polémica sobre las conquistas que promovió Las Casas en Castilla, lo cual provocó un florecimiento de tratados o pareceres sobre el tema de las guerras de conquista en las Indias Occidentales" ("Estudio preliminar...*África*" 41-42). El rey de Portugal en ese momento, Juan III, quien era reconocido por ser un ferviente defensor de la fe católica, habría pedido a algún escritor de escuela vitoriana escribir un tratado en el que hiciese una defensa de las expediciones llevadas a cabo tanto por él como por sus antecesores con el fin de demostrar la legitimidad de ellas.

No sabemos a ciencia cierta si Las Casas conoció este tratado. Sin embargo, las tesis expuestas en él recogen un argumento que intenta legitimar los negocios que vienen practicando los portugueses en la costa occidental de África. Como veremos en nuestra exposición de los capítulos dedicados por Las Casas en su *Historia de las Indias* a las conquistas portuguesas, la confrontación de esta posición y de las crónicas portuguesas que la respaldan será parte fundamental de su trabajo. Por eso consideramos necesario hacer una presentación de este texto.

El texto *Por que causas se pode mover guerra justa contra infieis* comienza afirmando, de acuerdo con lo dicho por Santo Tomás de Aquino (*Suma de Teología* 40), que existen tres criterios que permiten establecer si una guerra es justa: una autoridad que la declara, una causa justa y una recta intención (676-77). En consecuencia, lo que propone el texto es una exploración de estos tres asuntos en relación directa con las expediciones llevadas a cabo por los portugueses en la costa occidental de África.

Con respecto a la autoridad, el texto solamente propone la tesis según la cual toda comunidad perfecta, a través de sus ministros y oficiales de justicia, tiene el poder de enmendar y castigar por vía armada tanto a sus súbditos como a los que no lo son cuando aquellos o éstos ocupan lo que es de la comunidad injustamente o hacen algún tipo de ofensa a ella. La comunidad puede hacer uso de la vía armada porque, de un lado, no hay nada que esté por encima de ella y, de otro lado, los agresores pueden resistirse al castigo (677). Además, este poder de castigar es dado por la Providencia Divina a los reyes, príncipes y señores absolutos como un medio decisivo para la conservación, protección y gobierno de la comunidad.

Con respecto a las causas de la guerra justa, el texto propone una consideración mucho más amplia y comienza presentando las que considera las dos causas de toda guerra justa. En primer lugar, la guerra justa intenta cobrar lo que ha sido injustamente robado o tomado. Este cobro se hace a quienes no quieren restituir, satisfacer o recompensar aquello que han robado o tomado injustamente. Este cobro se persigue en los casos en que es posible obtener satisfacción o recompensa por aquello que ha sido robado o tomado. En segundo lugar, la guerra justa busca enmendar una ofensa que quienes la han cometido no reparan o no reparan satisfactoriamente de acuerdo con los ofendidos. Esto hace que los agredidos ataquen a los agresores y estos últimos se defiendan.

En consecuencia, la caracterización de una guerra como justa depende de la justificación y de la manera cómo los adversarios esgrimen las razones de su enfrentamiento. En otras palabras, la guerra justa funciona a la manera de un litigio en el cual cada parte expone sus argumentos. Sin embargo, el autor reconoce que si este tipo de justificación es difícil en tiempos de paz, es mucho más difícil en tiempos de guerra. En ese tipo de guerras en las que las justificaciones se tornan dudosas a los súbditos no les queda más salida que apoyar las razones de su señor, así sean injustas. Ello los excusará. Sin embargo, no quedan excusados los que vienen a servir en ellas como mercenarios a sueldo (677-78).

La causa de guerra justa esgrimida por los príncipes cristianos contra los "mouros d'Africa e turcos d'Asia" es que éstos han usurpado tierras que anteriormente pertenecieron a los cristianos (678). Debido a la existencia de esta causa justa, los príncipes están autorizados por el Papa a hacer suyas las tierras y bienes que ganaren (678). Esto le permite inferir al autor que no son guerras justas aquellas que se declaran a gentiles y moros que viven en tierras que no han sido ocupadas antes por los cristianos. Si volvemos a la primera razón, nos damos cuenta de que ellos no han usurpado nada a los cristianos y, por ende, no pueden ser objeto de guerra justa en el primer sentido. En consecuencia, tomar las tierras y someterlos sería un pecado que tendría que ser restituido por aquellos que los cometieron o por sus herederos. Dichas conquistas, según el texto, son: "rapinas e ladroices grandes –ainda que vão palliadas com aparencias de conversão de infiéis" (678). En este punto el autor no parece querer criticar a la corona portuguesa sino lanzar sus invectivas, haciendo uso de un vocabulario muy cercano al utilizado por Las Casas, contra la corona de Castilla y sus avances sobre las Indias occidentales.

Con respecto a la segunda causa de guerra justa, esto es, la reparación de una ofensa, el autor recuerda que Cristo mandó predicar el evangelio con la doctrina y el ejemplo a la manera de ovejas que van en medio de lobos (678-79). Por ende, los predicadores deben presentarse como embajadores pacíficos del evangelio. Siguiendo a Vitoria, el autor afirma que estos embajadores pacíficos, sin embargo, deben ser respetados por todos los pueblos a los que van a ofrecer el evangelio ya que ellos lo presentan no como algo que se impone sino como algo que toda criatura racional está en capacidad de aceptar o rechazar libremente. En consecuencia, los príncipes cristianos pueden declarar guerra justa para reparar las agresiones y rechazos contra los predicadores sólo en caso de que éstos sean perseguidos y agredidos por gentes de otras naciones o ellas impidan la predicación del evangelio. El propósito de esta guerra es someter dichas naciones para que la predicación y la aceptación de la fe cristiana se facilite (679). De manera similar a la causa anterior, el texto enfatiza que, debido a los esfuerzos implicados en la guerra justa, "craro esta que os estados terras provincias e regnos que na tal guerra se conquistarem pertencem ao senhorio e fiquão súbditos do rey com autoridade e poder do qual se conquistarão" (679). Este es el caso de los moros. Ellos rechazan los predicadores del evangelio porque simplemente los aborrecen, indistintamente del comportamiento de dichos predicadores. Por ello, merecen ser sometidos y subyugados por los príncipes cristianos (680).

Sin embargo, de nuevo el autor se vale de esta segunda causa para señalar que no es justa la guerra, que los príncipes cristianos declaran a aquellos que, sin haber recibido previamente la predicación pacífica del evangelio, son asaltados y saqueados por conquistadores que vienen junto con los predicadores. Este tipo de acción es no sólo contraria al evangelio sino que genera rechazo hacia éste por parte de los gentiles que no ven en los predicadores y los cristianos sino mal ejemplo (680). Por ello, los predicadores deben ser acompañados de hombres que promuevan el comercio honesto y la comunicación pacífica y sólo por algunos otros que los protejan de los peligros a los que puedan estar expuestos (680). De nuevo, sus críticas parecen encaminarse hacia la corona de Castilla y sus ataques, ya conocidos en Europa, contra los habitantes de Las Indias.

El autor del texto aprovecha este apartado de su exposición para señalar que el rey Don Manuel (1469-1521, reinado 1495-1521) sólo hizo la guerra contra los reinos de la India como forma de enmendar los ataques y engaños que se perpetraron contra los pacíficos comerciantes que llegaban allí y que, del mismo modo, sólo hizo la guerra contra los moros por haber usurpado éstos las tierras de los cristianos. Como puede notarse, el texto introduce una sutil pero relevante variación al considerar que el rechazo o el engaño de los comerciantes puede ser considerado como motivo de guerra justa. Esto abre las posibilidades de apelación a la guerra justa en un gran número de circunstancias. Sin embargo, lo que el autor desea enfatizar es que, a diferencia de aquellos que han atacado poblaciones indefensas que no han recibido predicación previa, los portugueses sólo han atacado a los moros, según él, reconocidos enemigos de la fe cristiana en el norte de África, y a las gentes de la India que han intentado engañar a los pacíficos comerciantes portugueses.

Después de que ha esgrimido las causas anteriores, el autor examina otra causa de guerra justa esgrimida por algunos doctores y que consiste en decir que la guerra justa está justificada por las costumbres bárbaras de algunos pueblos, particularmente, su canibalismo y sus pecados contra la naturaleza (681). Haciendo uso de argumentos muy similares a los presentados por Vitoria en *De Indis*, el autor responde que estas costumbres son poco en comparación con la idolatría y la infidelidad las cuales, sin embargo, no pueden ser consideradas como razones para que los gentiles pierdan el señorío o dominio sobre lo que poseen, ya que dicho señorío y poder antecede a las leyes positivas que pueden variar de una nación a otra (683).

Tampoco considera el autor como argumento válido para la guerra justa el hecho de que se apele al Papa para afirmar que, en nombre de la autorización que él brinda para expandir el evangelio, pueden los príncipes cristianos subyugar otros pueblos. El hecho de que todos sean parte de la grey del Papa, los cristianos en acto y los infieles en potencia, no quiere decir que todos tengan que vivir bajo las mismas leyes o que el Papa tenga el mismo tipo de jurisdicción temporal sobre todos ellos (682-83). Como se ha dicho anteriormente, sólo en el caso de agresión a los predicadores pacíficos y virtuosos puede el Papa justificar y respaldar estas guerras (683).

Por último, el texto considera inaceptable la idea según la cual la guerra puede ser un mal del que posteriormente se saque un bien, a saber, la conversión rápida de los infieles. Citando la máxima de San Pablo (Romanos 3, 8), el texto afirma: "não se hão de fazer males ainda que delles este certo seguirem se grandes beens" (683).

El texto termina afirmando, en lo que concierne a las causas de la guerra justa, la necesidad de una evangelización paciente y pacífica basada en la calidad de la predicación y no en la subyugación de las multitudes (683). Más aún, el texto critica las pretendidas conversiones logradas sobre la base de las conquistas que han convertido en señores de los nuevos territorios a los que las han liderado. En ellas, el autor sólo encuentra una posesión de mala fe que obliga al que causó los daños o a sus herederos a hacer una restitución y reparación por los daños causados (683-84). Al terminar esta sección, el lector puede terminar bastante persuadido de que, a diferencia de los españoles, los portugueses han conducido una cristianización en la que la guerra se ha utilizado sólo como respuesta ante las agresiones y engaños de los infieles pero nunca como una agresión injustificada contra ellos.

Finalmente, en cuanto a la intención, el tercero de los elementos de la guerra justa, el texto reconoce y exalta que la intención inicial del rey Don Manuel I de Portugal (1469-1521, reinado 1495-1521) en sus guerras contra los infieles de África y los habitantes de la India fue la recuperación de las tierras que habían sido usurpadas a los cristianos y la expansión del evangelio. El autor enfatiza que "por este fim fez tantos gastos d'armadas aventurou as vidas de tantos tendo os proveitos que disso se lhe apresentavão como accesorios pera poder con elles suprir os gastos que fazia pera conseguir seu principal intento" (684). Tal como lo expone el autor del texto, las ganancias obtenidas por el rey don Manuel a lo largo de sus conquistas fueron siempre concebidas por él como soporte para su propósito fundamental que era la guerra justa y la cristianización concomitante con ella. Más aún, en un tono de lisonja, el texto afirma que esta es la misma intención del presente rey Don Juan III (1502-1557, reinado 1521-1557) ya que ha seguido luchando por la recuperación de las tierras usurpadas por los moros a los cristianos no obstante los altísimos gastos que ha tenido que pagar por ello sin que exista seguridad de que dichos gastos se puedan recuperar.[70]

Esta lisonja abre la posibilidad de una extraña variación del argumento de la guerra justa. El autor afirma que si bien en la base de toda guerra injusta hay una intención corrupta, existe la posibilidad de que en la base de una intención corrupta exista una causa justa. En tal caso, el que promueve la guerra peca con mal propósito e intención culpable. Sin embargo, puede poseer con buena consciencia aquello que toma si muda su intención o se reconoce

---

[70] Recordemos que las expediciones organizadas por Juan III, motivadas en gran medida por los jesuitas, habían llevado al reino a la bancarrota.

como culpable en modo venial o mortal según el modo y cualidad de dicha intención (684-85). Esta enigmática sentencia parece ser el criterio desde el cual el autor intenta establecer la validez de ciertas acciones y negocios que se dan en los territorios descubiertos. Al parecer el autor quiere demostrar que, de un lado, las intenciones codiciosas de algunos de los exploradores portugueses de África pueden ser reconocidas como parte de la guerra justa y, por ende, ellos pueden disfrutar lícitamente de lo que han obtenido en sus expediciones si rectifican su intención. De otro lado, el autor busca demostrar que el rey, el señor o la república no pueden ser juzgados por la ilicitud de algunos negocios practicados en África ya que éstos son realizados por particulares quienes son los que tienen la responsabilidad de establecer la licitud de los negocios que hacen en las tierras descubiertas. Finalmente, el autor intenta demostrar que las bulas y confirmaciones apostólicas no autorizan la guerra justa sino que solamente las respaldan.

En consecuencia, el autor afirma que en los comercios y los tratos ligados a los descubrimientos, en primer lugar, es necesario establecer sólo las cualidades y las condiciones de los contratos y de las cosas que se dan y se reciben y, en segundo lugar, definir las restricciones que poseen dichos tratos guardando siempre respeto a la equidad natural y a la razón de tales condiciones así para los naturales como para los extranjeros (685). A continuación, el autor reconoce que, debido a que las informaciones acerca del modo y la calidad de los dichos comercios no son suficientes para ir a los detalles de cada caso, no se puede decir por ahora cosa más específica sino que para tener la conciencia tranquila acerca de ellos es necesario que el rey, el señor o la república en cuyo nombre se hacen dichos contratos sean dejados fuera del asunto porque se entiende que son tratos entre particulares. Así mismo, la persona particular está obligada, so pena de pecado mortal, a hacer las averiguaciones para saber si el modo de negociación que hace es lícito o si tiene algún defecto de equidad natural ilícita e injusta (684). En otras palabras, el rey, el señor o la república quedan excusados ya que ellos sólo establecen los principios y es responsabilidad de los particulares involucrados establecer si el trato ha sido hecho en consonancia con dichos principios.

Para finalizar, el autor hace una aclaración sobre el papel que juegan las bulas y las confirmaciones apostólicas concedidas a los que son enviados a descubrir. Como lo ha señalado anteriormente, ellas no dan más autoridad ni poder para declarar la guerra justa pues ésta se puede declarar por el sólo hecho de que existan causas para ello. Sin embargo, a partir de la forma que tienen dichas bulas y confirmaciones, se puede notar que ellas sirven como principios para establecer algunos tratos, aplicar los diezmos, administrar las novedades de las tierras descubiertas, obtener licencia para algunas cosas prohibidas por los santos cánones, erigir iglesias e implementar otras cosas espirituales según se puede ver en la que ellas tienen (685).[71]

Como puede notarse, el texto tiene una clara función apologética. De un lado, quiere mostrar la legitimidad de las expediciones portuguesas enfatizando que todas ellas han sido movidas por cristianas motivaciones siguiendo los criterios de la guerra justa y evitando por todos los medios posibles cometer atropellos

---

[71] A diferencia de lo que considera el autor de esta apología de las conquistas portuguesas, las bulas papales no juegan una papel subsidiario en los descubrimientos portugueses. Según el estudio *The Portuguese Seaborne Empire 1415-1825* de Charles Ralph Boxer, estas bulas expresan el lenguaje que definió en gran medida el proceso de la expansión portuguesa durante los siglos XV y XVI. Las tres más importantes bulas son *Dum Diversas* del 18 de junio de 1452, *Romanus Pontifex* del ocho de junio de 1455 e *Inter Caetera* del 13 de marzo de 1456 –la cual no debe ser confundida con la bula que bajo el mismo nombre promulga Alejandro VI el 3 de marzo de 1493 y que concierne al pleito producido entre Castilla y Portugal por el descubrimiento de Las Indias–. En *Dum Diversas*, el Papa autoriza a los portugueses a atacar, conquistar y subyugar a los sarracenos, paganos y otros infieles enemigos de Cristo, reduciéndolos a esclavitud perpetua bajo el dominio del Rey de Portugal y sus sucesores. En esta bula, la palabra "paganos" parece referirse a los habitantes de las costas del Sahara y los de Senegambia. Ver Boxer, *Portuguese* 21). En *Romanus Pontifex*, el Papa Nicolás V reconoce los avances de Enrique el Navegante desde 1419 y elogia el interés evangélico que se halla a la base de todos ellos. Este interés consiste en querer hacer conocer y venerar el nombre de Cristo hasta los confines del mundo y traer a la iglesia a los sarracenos y otros infieles. La bula reconoce como logros del príncipe la evangelización de las islas de Madera y Azores, los esfuerzos por evangelizar las islas Canarias y el descubrimiento de la India. En esta bula el príncipe es autorizado a subyugar y convertir a los paganos, aún aquellos que no han sido tocados por la influencia musulmana y que puedan vivir entre Marruecos y Las Indias. La bula continúa diciendo que durante los últimos veinticinco años las expediciones organizadas por el príncipe han logrado, por medio del combate y del comercio, traer un gran número de negros a Portugal quienes gracias a ello han podido ser bautizados en la fe católica. Dado el éxito de esta empresa y para evitar que otros saquen provecho de lo que han hecho los portugueses o dificulten la terminación de la labor que vienen adelantando, la bula decreta y declara que los portugueses tienen el monopolio de la navegación, el comercio y la pesca en las regiones de Ceuta y en las regiones al sur del Cabo Bojador hasta llegar a Las Indias, reconociendo la legitimidad de todas las medidas que tomen los portugueses para salvaguardar ese monopolio. Autoriza, además, el tráfico de Sarracenos pero prohíbe la venta de armas y material de guerra a los enemigos de la fe. De otro lado, autoriza la construcción de iglesias, monasterios y lugares piadosos lo mismo que el envío de misioneros para administrar los sacramentos. Por último, las otras naciones son compelidas a respetar el monopolio de los portugueses en estas regiones. De hecho, la proclamación de la bula se hizo el 5 de octubre de 1455 en Lisboa y en presencia de representantes de Francia, Inglaterra, Galicia y la región Vasca. *Portuguese* 21-22. Finalmente, en la bula *Inter Caetera*, el Papa Calixto III reitera las disposiciones de la bula anterior y otorga, por petición de Alfonso V y el príncipe Enrique, a la Orden de Cristo (administrada y gobernada por el príncipe Enrique) la jurisdicción espiritual de las regiones conquistadas. Al hacer esto, el príncipe adquiere poder para establecer quienes pueden recibir beneficios seculares y religiosos, imponer censuras y fungir como autoridad religiosa. Véase *Portuguese* 22-23 y también García y García 293-310.

sobre infieles inocentes. De otro lado, quiere mostrar que la intención del rey ha sido siempre, sólo y exclusivamente la defensa y expansión del evangelio y que si ha habido conductas inaceptables en estas exploraciones, éstas no implican una impugnación de la conducta del rey ni la ilegitimidad de los bienes obtenidos en el proceso de expansión del evangelio, sino un cuestionamiento a ciertas conductas particulares.

Como lo hemos dicho más arriba, aunque Las Casas no conozca directamente este texto, sí tiene conocimiento de muchas de las ideas presentes en él. Como parte de su proyecto de expansión de Portugal so pretexto de la cristianización, el rey Juan III de Portugal promueve reflexiones y narrativas que respaldan tanto sus expediciones como las promovidas por su padre Manuel I. No es azaroso que gran parte de las fuentes históricas que tenemos sobre las expediciones portuguesas a la costa occidental de África y a la India sean publicadas durante su reinado.

A comienzos del siglo XVI, Rui de Pina (1440-1521) edita las crónicas de Pedro I, Fernando y João I de Portugal escritas por Fernão Lopes (aprox. 1378-1459) y la *Chronica do Descobrimento e Conquista da Guiné* de Gomes Eanes de Zurara (1410-1474), redactada entre 1446-1452 y que se encontraba manuscrita en ese momento. Asimismo, Pina escribe sus propias crónicas sobre los reyes de Portugal Alfonso V, Juan II y Manuel I. En 1545 es impresa en Évora la *Chronica que Trata da Vida do D. João II de Portugal* de García de Resende (1470-1536). Entre 1551 y 1561 son impresos en Coimbra siete tomos de la *Historia do Descubrimiento do India pelos Portugueses* de Fernão Lopes de Castanheda (1500-1559). Finalmente, entre 1552 y 1554 son publicados en Lisboa los tres primeros tomos de las *Décadas de Asia* de João Barros (1490-1536). Todos estos escritos tienen como elemento común presentar las conquistas de los portugueses como empresas cristianas motivadas por la piedad de los reyes. Todavía en 1655, Manoel Severim de Faria recordará y elogiará en su obra *Noticias de Portugal*, los esfuerzos de los reyes portugueses durante el siglo XVI para crear instituciones que promuevan la cristianización de los habitantes de las tierras exploradas por los portugueses (216-19). En todos estos textos, además, los no-cristianos enfrentados por los portugueses son representados como infieles o bárbaros que merecen se les declare la guerra justa y sean esclavizados si no aceptan el evangelio. Desde luego, ninguno de ellos considera que la guerra justa sea la primera opción en la expansión del evangelio. Sin embargo, basados en la autoridad de las bulas papales, hacen de ésta la respuesta necesaria ante las agresiones y engaños cometidos, según ellos, por los infieles.

Estos esfuerzos de lo que podríamos denominar una legitimación histórica y doctrinal de las expediciones portuguesas surgen, como lo hemos señalado más arriba, en parte como reacción a las discusiones que se están sosteniendo en Castilla sobre el descubrimiento de Las Indias, pero también como una forma defender los avances territoriales y comerciales de los portugueses frente al creciente poderío y ambición de Castilla. La ficción fundacional que propone Barros al inicio de sus *Décadas de Asia* es diciente a este respecto. Según Barros, Portugal surge a partir de la adopción que hace Alfonso VI, rey de León y Castilla (1040-1109, reinado 1072-1109), del cruzado Enrique de Borgoña como su hijo en el año 1090, entregándole a su hija doña Teresa como esposa y dándole como dote las tierras recuperadas y recuperables de los moros en la región de Lusitania. Según Barros, a estas tierras se agregarán, posteriormente, algunas partes de Andalucía recuperadas de los moros por el hijo de Enrique, Alfonso I, con su sangre combatiendo contra ellos (*Asia* 8).

> Esta dote y herencia –agrega Barros– parece que fue dada con la siguiente bendición por este católico rey don Alfonso I: que todos sus descendientes que la heredasen, siempre tuviesen guerra contra esta pérfida gente que son los Árabes. Porque comenzando desde ese tiempo hasta el presente, en los cuatrocientos años que tiene el reino de Portugal desde que separado de la corona de España tiene este nombre, así permaneció en continua guerra contra estos infieles, hasta el punto de que se puede decir con verdad que se ha vestido más de armas que de pieles. Por lo que podemos decir que la corona de Portugal está fundada sobre la sangre de los mártires que la dilatan y extienden por todo el universo, si este nombre (mártires) lo merecen todos aquellos que, militando por la fe, ofrecen su vida a Dios en sacrificio y entregan sus haciendas a los suntuosos templos que fundaron. (8, mi traducción)[72]

Este tipo de narrativa, en la cual la guerra contra los infieles da razón de ser a Portugal y legitimidad a las acciones que realiza en las tierras descubiertas, articula la crónica de Barros y de otros cronistas de su tiempo. La épica constituye el marco narrativo dentro del cual se desarrolla esta narrativa. En dicha épica, los cristianos son presentados como héroes, los habitantes de África e India como enemigos de la fe y la sangre derramada en el campo de batalla por el nombre de Cristo como la prenda que legitima el dominio de Portugal sobre los territorios conquistados.

---

[72] Alfonso I de Portugal se autoproclama rey en 1139 y es reconocido como tal por Alfonso VII de Castilla en 1143 y las *Décadas de Asia* son publicadas en 1552. De ahí surge la afirmación de Barros según la cual el reino de Portugal tiene cuatrocientos años.

Las Casas no será ajeno a este debate. Gracias a su lectura de estos textos, él llegará a entender que entre lo sucedido en Las Indias y lo sucedido en la costa occidental de África no sólo existen similitudes sino, más que nada, una conexión que explorará en su *Historia de las Indias*. Sin embargo, existen tres reflexiones más a las que haremos referencia antes de dirigirnos al texto de Las Casas. Estas reflexiones muestran que, junto con los intentos de legitimación de la esclavitud por vía de la guerra justa declarada en nombre de la cristianización, aparecen en este momento reflexiones que, de un lado, comienzan a estrechar el vínculo entre África, la piel negra y la esclavitud y otras que, de otro lado, comienzan a plantear críticas cada vez más profundas al proceso de la esclavización.

4.5 *Dos comentarios de López de Gómara y dos críticas a la esclavitud (1555-1556)*

En 1555, Francisco López de Gómara publica su *Historia general de las Indias*. En este texto hace dos consideraciones acerca de los cautivos africanos sobre las cuales vale la pena llamar la atención. En primer lugar, López de Gómara señala la distinción de color que existe entre los blancos, los indígenas y los "negros", desligando esta distinción de las condiciones climáticas y adjudicándola a la omnipotencia y sabiduría divinas. En el capítulo ccxvi de su texto afirma:

> Capitulo ccxvi. *De las consideraciones del color de los indios y de los otros hombres.* Una de las maravillas que Dios vio en la composicion del hombre, es el color: y alli pone muy grande admiracion y gana de contemplarlo, viendo un hombre blanco y otro negro, que son del todo contrarios colores: pues si meten un bermejo entre el negro y el blanco, que divisada librea parece. Quanto es de maravillar por estos colores tan diferentes, tanto es de considerar como se van diferenciando unos de otros, casi por grados: porque hay hombres blancos de muchas maneras de blancura, y bermejos de muchas maneras de bermejura, y negros de muchas maneras de negrura: y de blanco va a bermejo por descolorido y rubio, y a negro por cenizoso, moreno, loro y leonado como nuestros indios. Los cuales son en general todos como leonados, o membrillos cochos, o tiriciados, o castaños; y este color es por naturaleza y no por desnudez, como pensaban muchos: aunque algo les ayuda a ellos yr desnudos, de suerte que assi como en Europa son comunmente blancos, y en Africa negros, assi tambien son leonados en nuestra indias. Donde tanto se maravillan de ver hombres blancos como negros. Es tambien de considerar que son blancos en Sevilla, negros en el cabo de Buena esperança, y castaños en el rio de la Plata, estando en iguales grados de la Equinocial: y que los hombres de Africa y de Asia que viven so la torrida zona sean negros, y no lo sean los que viven debaxo mesma zona en Mexico, Yucatan, Quauhtemallan, Nicaragua, Panama, Santo Domingo, Paria, cabo de Santagustin, Lima, Quito y otra tierras del Peru que tocan en la misma Equinocial. Solamente se hallaron ciertos negros en Quareca, quando Vasco Nuñez de Balboa descubrio la mar del Sur. Por lo qual es

opinion, que va en los hombres, y no en la tierra, que bien puede ser, aunque todos seamos nacidos de Adam y Eva. Bien que no sabemos la causa, porque Dios assi lo ordeno y lo diferencio, mas de pensar que por mostrar su omnipotencia y sabiduria, en tan diversa variedad de colores que tienen los hombres. Tambien dizen, que es otro notable, y pocos calvos, que dara cuidado a los filosofos, para rastrear los secretos de natura, y novedades del mundo nuevo y las complicaciones del hombre. (xcvi-xcvii)

En el texto de López de Gómara, África se ha convertido principalmente en la tierra de los negros, Europa en la tierra de los blancos y las Indias en la tierra de los leonados. Esto no quiere decir, como veremos a continuación, que el elemento religioso desaparezca en la representación de los africanos. Sin embargo, dicho elemento queda supeditado a la cuestión del color de la piel. Esta representación según la cual África es la tierra de los negros tiene una temprana referencia en el mundo hispánico en la *Semeiança del mundo* (1223), texto redactado en la corte de Alfonso X el Sabio, considerado por Bull y Williams como el más antiguo texto de geografía escrito en lengua castellana y que se halla basado principalmente en las *Etimologías* de San Isidoro y el *Imago Mundi* de Honorio (Bull y Williams 1; Kinkade 262-63).

Del mismo modo que la geografía de Ptolomeo, la *Semeiança* presenta una descripción de África que abarca lo que hoy conocemos como la parte norte del continente africano. Según dicha descripción, esta parte de la tierra se divide en trece partes que son Libia, Cirenea, Pentepolys, Tynpolis, Bysançem, Cartago, Getulia, Mauritania, Estyfensys, Çesarea, Mauritania Tyrgyntania, Etiopía y Etiopía de Saba (89-93). Además, se encuentran en África la fuente de Trestán, que hierve de noche y se congela de día, la tierra de los trogodizes, el desierto, la tierra de Gades y el monte Atalante (93-95). Ahora bien, la *Semeiança* sólo hace tres anotaciones sobre las poblaciones que habitan estas regiones: en primer lugar, Mauritania "es la tierra de los negros", en segundo lugar, Etiopía de Saba está habitada por "unas gentes que dizen gramantes" y, finalmente, existe un parte habitada por los trogodizes, "gentes [que] son asy ligeras de pies que alcançan a las bestias en los montes e prenden dellas quales se pagan" (93).

Lo que importa resaltar de esta caracterización temprana de África es la significativa diferencia que existe entre ella y la caracterización ofrecida por el texto de López de Gómara. Para la *Semeiança*, sólo Mauritania, una de las trece partes en las que se encuentra dividida África, es tierra de negros. En contraste, López de Gómara considera que África en su conjunto es la tierra de los "negros". Esta expansión que hace López de Gómara de la presencia de la población negra a toda África incluye un rasgo adicional que es la expansión del concepto mismo de África a la zona tórrida y al cabo de Buena Esperanza. En otras palabras, cuando López de Gómara está diciendo que África es la "tierra de los negros" está pensando no sólo en lo que conocemos actualmente como el norte del continente africano sino que, además, está incluyendo dentro de ese nombre la costa occidental de África hasta llegar al cabo de Buena Esperanza.

Además, López de Gómara atribuye la diferencia en el color de las pieles, como lo hemos señalado más arriba, a la omnipotencia y sabiduría divinas. Con esta explicación intenta tomar distancia con respecto a otra interpretación, aceptada como hemos visto por Las Casas en su *Apologética*, según la cual la diferencia en el color de las pieles se debe a las diferencias climáticas. El cronista considera que dicha explicación es insuficiente a la hora de dar razón de la diferencia en el color de piel entre pueblos distantes que, sin embargo, comparten la misma línea equinoccial. La explicación que propone López de Gómara, por general e inexacta que parezca a nuestros ojos, responde a una comprensión del mundo que está muy alejada de aquella que subyace a la *Semeiança*. Para López de Gómara el mundo ha adquirido una configuración global que le permite hacer comparaciones regionales y poblacionales que eran impensables en el momento en que aparece la *Semeiança*. Sin embargo, dicha capacidad comparativa revierte en una generalización que superpone casi completamente cada color de piel con cada continente.

Ahora bien, podemos preguntarnos qué es lo que hace que la caracterización ofrecida por la *Semeiança*, según la cual los "negros" son la población que habita una de las trece partes en la que se halla dividida esa región de la tierra, se transforme al punto de que ellos se conviertan, en el texto de López de Gómara, en la población que habita no sólo la parte norte del continente africano sino todo lo que se conoce de él hasta mediados del siglo XVI. La respuesta a esa pregunta se halla en la existencia de la esclavitud en Las Indias y la forma en que ella promueve una nueva representación de los africanos. Tal como es percibida por López de Gómara, África no es la tierra que está más allá del Mediterráneo y que está habitada más que nada por musulmanes. Para él, África se presenta como el lugar de donde salen los cautivos africanos que vienen hacia Las Indias. Más allá de la simplificación e inexactitud en el comentario que propone López de Gómara al superponer los colores de las pieles con los continentes, podemos reconocer en su comentario una transformación en la forma de representar a los pueblos que no es posible sino en el contexto de la conquista de Las Indias y la introducción de cautivos africanos en ellas.

Más adelante, el mismo López de Gómara hace algunas observaciones sobre la libertad de los indígenas. El cronista acepta esta libertad más porque el rey así lo ha decidido, mostrando su magnanimidad como soberano, que por tener una opinión favorable hacia ellos. López de Gómara hace un recuento del compromiso que tuvieron algunos frailes con la esclavización indígena hasta que fray Rodrigo Minaya y Las Casas comenzaron a hacer denuncias que promovieron nuevas legislaciones por parte del emperador. La representación que propone López de Gómara de los indígenas y que, según él, es fruto de sus conversaciones principalmente con fray Pedro de Córdova, contradice completamente la representación ofrecida de ellos por Las Casas. Desde la perspectiva de López de Gómara, no existe un solo comportamiento de los indígenas que permita creer razonablemente que ellos puedan ser considerados como hombres que merecen tener libertad (capítulo ccxvii).[73] Ahora bien, para lo que nos interesa en nuestro trabajo, vale la pena llamar la atención sobre una consideración que hace López de Gómara al final del capítulo ccxvii:

> Justo es que los hombres que nacen libres no sean esclavos de otros hombres, especialmente saliendo de la servidumbre del diablo por el santo bautismo: y aunque la servidumbre y cautiverio por culpa y por pena es del pecado, segun declaran los doctores Augustin y Chrisostomo: y Dios quiça permitio la servidumbre y trabajos destas gentes para su castigo: ca menos peco Cam contra su padre Noe, que estos indios contra Dios, y fueron sus hijos y descendientes esclavos por maldición. (xcvii)

---

[73] Según López de Gómara "los hombres de tierra firme de Indias comen carne humana, y son sodometicos mas que generacion alguna: ninguna justicia hay entrellos, andan desnudos, no tienen amo, ni verguença: son como asnos, abovados, alocados, insensatos, no tienen en nada matarse, ni matar, no guardan verdad, sino es en su provecho: son inconstantes, no sabe que consejo sea consejo: son ingratísimos, y amigos de novedades: precianse de borrachos, ca tiene vinos de diversas yerbas, frutas, rayzes, y grano: emborrachanse tambien con humo y con ciertas yervas, que los saca de seso, son bestiales en los vicios, ninguna obediencia, ni cortesia, tienen moços a viejos, ni hijos a padres. No son capaces de doctrina, ni castigo; son traydores, crueles y vengativos, que nunca perdonan, inimicisimos de religión, haraganes, ladrones, mentirosos, y de juicios bajos y apocados. No guardan fe ni orden, no se guardan lealtad maridos a mugeres, ni mugeres a maridos. Son hechizeros, agoreros, nigromanticos, son cobardes como liebres, sucios como puercos. Comen piojos, arañas y gusanos crudos, do quiera que los hallan, no tienen arte ni maña de hombres. Quando se olvidan de las cosas de la fe que aprendieron, dizen que aquellas cosas son para Castilla, y no para ellos, y que no quieren mudar costumbres, ni dioses. Son sin barvas y si algunas les nacen se las arrancan. Con los enfermos no vsan piedad ninguna. Y aunque sean vezinos y parientes, los desamparan al tiempo de la muerte, o los llevan a los montes a morir con sendos pocos de pan y agua. Quanto más crezen se hazen peores, hasta diez, o doce años parece que han de salir con alguna criança y virtud: de alli en adelante, se tornan como brutos animales. En fin digo, que nunca crió Dios tan cozida gente en vicios y bestialidades, sin mezcla de bondad, o policia. Juzguen agora las gentes, para que puede ser cepa de tan malas mañas y artes" xcvi-xcvii.

En este pasaje López de Gómara expresa su profundo desprecio por las poblaciones indígenas. No obstante toda la campaña liderada por Las Casas y la corona española en contra de la esclavización indígena, el cronista se empeña en utilizar el argumento según el cual los pecados de los indígenas les hacen merecedores de la servidumbre como castigo, enfatizando que ellos son mucho más pecadores que los hijos de Cam quienes, por pecados menores a los de los indios, fueron hechos esclavos por maldición. En otras palabras, a pesar de que López de Gómara acepta las leyes reales que impiden la esclavización de los indígenas, considera que éstos tienen merecida la servidumbre mucho más que los habitantes de África.

Sin embargo, López de Gómara asume en su comparación entre los indígenas y los africanos la postura cristiana agustiniana que rechaza la existencia de la esclavitud natural y reconoce que la esclavitud surge a causa del pecado (Garnsey 213-19). Todo hombre es creado libre. Sin embargo, el pecado lo hace esclavo de tal modo que sólo el bautismo puede liberarlo. Ahora bien, siguiendo una tradición que viene desde el medioevo y que tiene una de sus más antiguas formulaciones en el mundo hispánico en la *General Estoria* de Alfonso X el sabio, escrita a finales del siglo XIII (49-50), López de Gómara retoma la creencia según la cual el origen concreto de la esclavización de los habitantes de África se halla en la maldición que profirió Noé contra su hijo Cam por haberlo visto ebrio, dormido y desnudo (Génesis 9: 18-27). Además, el cronista retoma el otro vínculo que recorre gran parte del imaginario medieval y que consiste en afirmar que los descendientes de Cam son los habitantes de África (Medeiros 125-28; Macedo 101-32).[74]

En la comparación que establece López de Gómara entre los indígenas americanos y los descendientes de Cam llaman la atención dos aspectos. En primer lugar, el cronista enfatiza la justificación bíblica que tiene la esclavitud, supeditando a ella cualquier consideración sobre las circunstancias que permiten la esclavización y que para la época, como hemos visto, ya son motivo de discusión. Más aún, el cronista deja de lado cualquier referencia explícita a los musulmanes. Tal como lo expresa en el texto, la esclavitud proviene primordialmente de la

---

[74] La *General Estoria* de Alfonso X introduce un elemento adicional a esta representación que consiste en identificar a los descendientes de Cam con los moros. En consecuencia, la maldición de Noé establece un privilegio para los cristianos habitantes de Europa y los gentiles habitantes de Asia sobre los moros habitantes de África. Dicho privilegio les permite a aquellos, sin que sea considerado pecado, asaltar, tomar las tierras y esclavizar a los moros que habitan África ya que éstos últimos son descendientes de Cam 72-74.

maldición proferida por Noé sobre Cam. Esto es llamativo en un texto que, como hemos señalado en el comentario al primer pasaje del texto al que hemos hecho referencia, hace alarde de un conocimiento de diferentes pueblos y regiones. Dicho conocimiento podría haberle permitido problematizar, o al menos dejar de lado, una aserción como esta. Sin embargo, la ampliación en el conocimiento de las regiones y los pueblos que López de Gómara esgrime queda recapturada dentro de un marco de representación que sigue considerando la esclavitud una consecuencia directa de una maldición bíblica.[75]

En segundo lugar, el cronista hace de la maldición de Noé sobre Cam no sólo la razón que justifica la esclavización de los habitantes de África sino, más aún, la referencia que atenúa la existencia de la servidumbre de los indios. El pecado de Cam, que hace que su descendencia sea condenada a la esclavitud, es poco comparado con los pecados de los indios. López de Gómara ha convertido la esclavitud de los hijos de Cam en la razón que de lejos hace tolerable la servidumbre indígena. Los hijos de Cam han devenido el modelo de los habitantes de Indias. En este sentido, el cronista propone una legitimación de la esclavitud que está distante de los interrogantes que se comienzan a plantear en estos momentos con respecto a las prácticas de esclavización. Sin embargo, el uso que hace de esta referencia bíblica muestra que desde muy temprano en Las Indias la maldición de Noé a Cam fue utilizada, además de los argumentos aristotélicos, como referencia para explicar, la existencia de los cautivos africanos, los siervos indígenas y, desde luego, los amos españoles.

En fuerte contraste con las posiciones esgrimidas por López de Gómara, en el mismo año 1555, aparecen las opiniones de un extraño y fascinante personaje. Se trata de un fraile dominico portugués llamado Fernando Oliveira quien fue tutor de los hijos del cronista portugués João Barros, escribió la primera gramática portuguesa, estuvo al servicio del rey Enrique VIII de Inglaterra y Francisco I de Francia, fue prisionero de los moros en el norte de África y tuvo algunos problemas con la inquisición por sus puntos de vista (Boxer, *Church* 32-33; Gonçalves Gaspar 31-83). En el capítulo cuarto de su *A Arte da Guerra do Mar*, Oliveira hace una severa condena de la esclavización que viene siendo practicada por los portugueses. Él considera que es inaceptable hacer la guerra sin justicia, es decir, guerra a gentes que no han blasfemado, ni han

---

[75] Alonso de Sandoval hará también alusión a esta referencia en su *Naturaleza, policía sagrada y profana, costumbres y ritos, disciplina y catecismo evangelico de todos Etiopes* más conocida como la *Instauranda Aethiopum Salute* (1627). Dicha referencia le servirá al jesuita para explicar a qué se debe la tez negra de los habitantes de África (*Un tratado* 74-75).

abandonado la fe cristiana, ni impedido la predicación de la fe, ni tampoco perseguido a los que se han convertido (23). Según él, no se debe hacer guerra justa a los infieles que nunca fueron cristianos, como son los moros, los judíos y los gentiles que quieren tener paz con los cristianos, no han tomado sus tierras ni han perjudicado a la cristiandad. Antes bien, los cristianos deben darles un ejemplo de paz (23-24).

> Tomar las tierras, quitarles la libertad, hacer cautivas personas que no han blasfemado a Jesucristo, no han resistido la predicación de la fe cuando ésta ha sido predicada con modestia, es una tiranía manifiesta. Y no es una buena excusa decir que ellos se venden unos a otros, pues no deja de tener culpa quien compra lo mal vendido y las leyes humanas de esta tierra y de otras lo condenan, porque si no hubiese compradores, no habría vendedores, ni los ladrones robarían para vender. (24, mi traducción,)

Oliveira considera inválido el argumento aceptado por otros, incluido Vitoria, según el cual el que ha sido esclavizado en guerras entre bárbaros puede ser comprado sin problema por el cristiano. Para Oliveira, esas guerras entre bárbaros, que parecen anteceder en el tiempo y ser independientes con respecto a las compras de esclavos realizadas por los cristianos, son producidas precisamente por la demanda de cautivos por parte de los cristianos. Radicalizando su argumento, Oliveira señala que los portugueses son los culpables de la invención de un tráfico "nunca usado ni oído entre los humanos" que vende hombres libres y pacíficos como animales, bueyes, caballos o semejantes (24). Denuncia los maltratos recibidos por los cautivos y la condición hereditaria de su cautiverio. Sin embargo, lo que más critica es que todo ello se haga so pretexto de la cristianización de los infieles cuando en realidad la captura, el trato que reciben los esclavos y las actividades que son obligados a desempeñar están muy lejos de ser cristianos:

> De tan injusto cautiverio como este, dice San Juan en el Apocalipsis, quien hace cautivos será el también cautivo. No confíe nadie en la prosperidad presente, obtenida a través de las injusticias que unos hombres hacen a otros, porque Dios mueve los reinos de unas tierras a otras y los que fueron señores se tornan esclavos. A propósito de lo cual dice Jeremías, los esclavos serán nuestros amos y no habrá quien nos rescate de su poder. (25, mi traducción)

Los argumentos de Oliveira introducen una crítica a la esclavitud que no admite excepciones y que cubre toda la expansión colonial de los portugueses hasta ese momento (Da Silva 1128; Baptista 396-99). Según Boxer, aunque su libro fue aprobado por la inquisición, tuvo muy poca difusión (*Portuguese* 263-64; *Church* 33). Su posición parece ser la de un lascasiano (aunque no sabemos si conoce los escritos de Las Casas) que toma los argumentos utilizados en la defensa de los nativos para defender a los hombres esclavizados por los portugueses en la costa occidental de África. Sin embargo, Oliveira radicaliza los argumentos contra la esclavitud presentes en su tiempo al menos en tres direcciones. En primer lugar, Oliveira va mucho más allá de autores como Fernández de Oviedo, Sepúlveda, Barros y López de Gómara quienes consideran que la cristianización sirve para legitimar la guerra justa contra todos los infieles y, en consecuencia, su esclavización. Considera que la única guerra justa es la que se lleva en contra de los corsarios que asaltan las naves portuguesas (Da Silva 1133). La cristianización no legitima la guerra ni mucho menos la esclavización. En segundo lugar, Oliveira va mucho más allá de Vitoria, quien considera que la forma cómo los portugueses llevan a cabo la esclavización en la costa occidental de África no interroga significativamente los principios que rigen la esclavización. En contraste, Oliveira considera que la esclavización, tal como es practicada por los portugueses, es injusta e inaceptable no sólo en sus detalles sino en los principios que la rigen. Finalmente, Oliveira va más allá de Las Casas quien hasta ahora ha hecho uso de los conceptos infiel y bárbaro para favorecer una evangelización pacífica en el caso de los nativos americanos. Oliveira hace uso del concepto gentes, implicando en dicho concepto a todos aquellos que no han recibido la predicación del evangelio y no han atacado a los cristianos, incluidos los musulmanes y los judíos. Del uso de dicho concepto, Oliveira extrae una fuerte crítica a cualquier forma de esclavización aplicada contra infieles que no han atacado a los cristianos o usurpado sus tierras.

La clave de su radicalidad se halla en su temprana representación de los habitantes de la costa occidental de África como gentes que no pueden ser equiparadas desde ningún punto de vista con infieles a los que es legítimo declarar la guerra justa. Como lo acabamos de decir, Oliveira considera que dentro de este concepto de gentes se encuentran todos aquellos que no han recibido la predicación del cristianismo, incluidos los musulmanes y los judíos que no han hecho nunca guerra a los cristianos ni han intentado usurpar sus tierras. Su posición antiesclavista se sustenta en una representación de aquellos que no han recibido la predicación del evangelio, que difiere significativamente de aquella que ofrecen las crónicas y reflexiones portuguesas de la época y, desde luego, las reflexiones propuestas por López de Gómara. Según esta representación los no-cristianos y, en particular, los habitantes de la costa occidental de África, no son infieles sino gentes que no pueden ser esclavizados bajo ninguna circunstancia so pretexto de que no conocen el evangelio.

Siguiendo una línea de argumentación similar, tal vez no tan radical pero sí con mayor posibilidad de difusión entre los círculos doctrinales de la época, encontramos la crítica de la esclavización portuguesa propuesta por Domingo de Soto, quien publica su *De Iustitia et Iure* en 1556. En el libro IV de esta obra, Soto confronta la cuestión del dominio, esto es, de la facultad de hacer uso y disfrutar de una cosa pero también de repartirla, donarla, venderla o abandonarla. En la cuestión II de este libro IV, Soto examina las cosas que son objeto del dominio del hombre y, en el artículo II de esta cuestión, se pregunta si un hombre puede tener dominio sobre otro hombre. En otras palabras, se pregunta si un hombre puede ser propiedad de otro (288-91).

Soto comienza afirmando que, de un lado, de acuerdo con el derecho natural, el hombre nace libre y, por ende, la servidumbre es contra la naturaleza. De otro lado, afirma que entre los cristianos es claro que Cristo dio la libertad a todos los hombres al hacerlos hijos de Dios. Sin embargo, continúa, en diversos autores, Aristóteles entre ellos, se distinguen y aprueban muchas especies de servidumbre. La argumentación de Soto intenta articular, de un lado, la creencia fundamental del cristianismo según la cual todo hombre nace libre, deviene esclavo por el pecado y recobra su libertad por el bautismo y, de otro lado, la tradición greco-latina iniciada por Aristóteles según la cual la esclavitud existe y puede ser justificada en ciertos casos.[76]

Soto propone cuatro conclusiones a este asunto. La primera es que "un hombre puede tener dominio sobre otro tanto por derecho natural como por derecho de gentes" (288). Basta recordar los argumentos sobre la esclavitud natural y legal esgrimidos por Aristóteles. En el caso de la esclavitud natural, Soto recuerda que, según el filósofo, los hombres ingeniosos mandan naturalmente sobre los más rudos. En el caso de la esclavitud legal, Soto recuerda que, en primer lugar, entre los hebreos algunos se contrataban para ser siervos de otro por un tiempo definido. Esto a diferencia de los gentiles que podían ser tenidos

---

[76] El intento de responder a esta cuestión bien puede ser entendido como uno de los ejes básicos que articula el debate doctrinal sobre la esclavitud en la península el siglo XVI. Según Cortés López, ya desde comienzos de ese siglo el intento de compatibilizar la creencia cristiana en la libertad de todo hombre con la existencia efectiva de la esclavitud aparece como una inquietud a la que se intenta dar respuesta. Véase *Esclavitud* 37-38. La exposición más elaborada de ese debate en la península se encontrará en la obra de Luis de Molina *De Iustitia et Iure* (1595). En la América ibérica este debate será retomado por Diego de Avendaño en su *Thesaurus Indicus* (1668-1686) y Epifanio de Moirans en su *Servi Liberi Seu Naturalis Mancipiorum Libertatis Iusta Defensio* (1682).

como siervos perpetuamente. Al decir esto, Soto está admitiendo la existencia de la esclavitud. Si bien por derecho divino todo hombre nace libre, desde la perspectiva del derecho natural y de gentes la esclavitud es admisible. No hay, en consecuencia, una crítica de la esclavitud como tal en la argumentación de Soto.

Soto considera, y esta es su segunda conclusión, que esta forma de servidumbre temporal es lícita pues es una forma de supervivencia y, además, se cuenta en el libro del Levítico que algunos padres vendieron a sus hijos como esclavos. Sin embargo, en este mismo punto, Soto incluye un llamativo comentario sobre la esclavización en Etiopía:

> Pero se dice todavía que rige esta costumbre entre los etíopes, a donde acuden con sus naves los Portugueses a comprarlos. Y si los venden libremente, no hay razón para que se tache de criminal este comercio. Pero si es verdad lo que ya se corre, es menester opinar de otra manera. Hay, efectivamente quienes afirman que la gente desgraciada es seducida con mentiras y engaños y atraída y llevada hacia el puerto no sé con qué dádivas y juego, y algunas veces obligada por la fuerza y así sin darse cuenta, ni saber lo que se ha de hacer con ella, es embarcada y vendida. Si esto es verdad, ni los que se apoderan de ellos, ni los que los compran, ni los que los poseen pueden tener tranquila su conciencia, mientras no los pongan en libertad, aunque no puedan recuperar su precio. Porque si quien retiene una cosa ajena, aunque la hubiere adquirido en el mercado, o mediante algún otro título justo, tan pronto como sepa que no puede ser suya, está obligado a devolverla a su dueño, aún con menoscabo de lo que le haya costado, ¿cuánto más obligado estará a devolver la libertad a un hombre que ha nacido libre y que fue injustamente hecho esclavo? Y si alguno pensase alegar como pretexto que se les hace muy grande beneficio pagándoles su esclavitud, convirtiéndoles al cristianismo, crea que hace injuria a la fe, la cual ha de enseñarse y persuadirse con suma libertad. Tan lejos está de que Dios acepte su excusa. (289)

En primer lugar, Soto utiliza el nombre etíopes para referirse a los esclavos capturados por los portugueses. Vitoria utiliza el nombre Guinea, lo mismo que hacen los textos sobre la esclavitud producidos en Portugal a mediados del siglo XVI. Al hacer uso del nombre etíopes, Soto parece estar interesado en resaltar tres características ligadas a este nombre. En primera instancia, el uso de este nombre le permite distinguir a los habitantes de esta región con respecto a los musulmanes que habitan lo que se designa en ese momento como África, esto es, la parte norte del continente africano. En segunda instancia, el significado de la palabra *aithiops* en griego es "cara quemada", lo cual puede indicar que Soto está interesado específicamente en la esclavización de los "negros", aspecto que quedará muy enfatizado posteriormente en la obra de Alonso de Sandoval para quien "etíope" y "negro" devienen conceptos casi intercambiables (*Tratado* 69).⁷⁷ Finalmente, la tradición cristiana medieval liga estrechamente la palabra Etiopía al lugar que fue habitado por la descendencia de Cam. Por ende, Soto también estaría interesado en recalcar este origen bíblico del término, reinscribiendo a los etíopes dentro de una visión cristiana del mundo. En pocas palabras, Soto parece interesado en establecer, mediante el uso del nombre etíopes, una distinción entre los cautivos capturados por los portugueses en la costa occidental de África y los musulmanes capturados en guerra con los cristianos en el norte de África.

En segundo lugar, Soto establece una crítica muy temprana de la esclavitud que Las Casas debió conocer en sus trazos fundamentales a través de sus conversaciones con Soto quien, como recordamos, organizó las sesiones en las que Las Casas se enfrentó a Sepúlveda en Valladolid. En la crítica que Soto propone, la esclavitud voluntaria es aceptable, no así la esclavitud hecha por medio de engaños. En consecuencia, una vez reconocido el engaño que está a la base de la esclavización, el cautivo debe ser liberado sin importar el daño económico que ello implique para aquel que pretende ser su dueño. Esta liberación es la única forma en que la conciencia del poseedor del cautivo puede quedar tranquila. Además, la cristianización no es pretexto de ningún modo para la esclavización. El evangelio se predica para liberar a los hombres y no puede ser excusa para la esclavización de ninguno de ellos.

Más adelante, Soto hablará de la esclavitud que surge de la guerra como forma de mantener vivos a los prisioneros. A partir de ella formulará su tercera conclusión que consiste en afirmar que esta forma de esclavitud no sólo es lícita sino que también es fruto de la misericordia. Sin embargo, no hará ninguna referencia particular a los etíopes en esta tercera conclusión.

Podemos decir, en consecuencia, que a fines de la década de 1540 comienzan a aparecer en la península ibérica inquietudes con respecto a la forma cómo las esclavizaciones en África son llevadas a cabo. Estas inquietudes surgen precisamente en el momento en el que la trata se ha intensificado y ha adquirido su configuración transatlántica (Cortés López, *Esclavo* 62). A comienzos de

---

[77] Este vínculo entre el nombre etíope y la piel negra es explícito en uno de los *Emblemas* de Alciato, publicados por primera vez en 1531. La sentencia que acompaña el emblema LIX, titulado "Impossibile" y en el cual dos hombres aparecen bañando un hombre negro, reza: "Abluis Aethiopem quid frustra? Ah desine: noctis Illustrare nigrae nemo potest tenebras" [¿Por qué bañas en vano al etíope? Desiste, nadie puede iluminar las tinieblas de la negra noche]. No sabemos si Soto tiene conocimiento de los emblemas. Sin embargo, entre su caracterización de los etíopes y el grabado y la sentencia de Alciato existen significativas resonancias.

la década de 1550 el debate sobre la esclavitud comienza a desarrollarse a partir de dos cuestiones: la legitimidad de los procedimientos por medio de los cuales los portugueses esclavizan y la posibilidad de seguir considerando a los habitantes de la costa occidental de África como un grupo equiparable a los musulmanes que habitan la parte norte del continente africano y con los que los cristianos han venido sosteniendo conflictos desde el medioevo. Sin embargo, estas cuestiones intentan ser respondidas, como hemos visto, por autores que consideran que la esclavización de los habitantes de la costa occidental de África puede seguir siendo cobijada bajo categorías inspiradas en fuentes bíblicas, particularmente el relato de la maldición de Cam y las cruzadas cristianas contra los musulmanes, o que los problemas en la esclavización no afectan de manera decisiva los principios de la esclavización como tal. Dado que estas respuestas no parecen satisfacer a los críticos de la esclavización portuguesa, comienza a generarse una discusión que si bien no tiene mucho impacto a nivel de las prácticas esclavistas, sí alcanza a permear ciertos círculos doctrinales de la época. Baste recordar que Vitoria, Oliveira y Soto son dominicos como Las Casas. Probablemente, Las Casas conoce este debate y encuentra necesario introducir dentro de su proyecto de escritura de la *Historia de las Indias* una consideración específica sobre las esclavizaciones en África. Ahora bien, la pregunta que hemos de hacernos es cuáles son las razones concretas que llevan a Las Casas a considerar necesaria esa introducción.

Podemos proponer dos razones. En primer lugar, las reflexiones y críticas contra la esclavitud africana aparecen en círculos dominicos y utilizan argumentos similares a los utilizados por Las Casas para defender a los indígenas americanos. De hecho, Pérez Fernández considera que estas reflexiones y críticas están motivadas en gran medida por los alegatos de Las Casas. En este sentido, podríamos afirmar que la decisión de Las Casas de introducir una reflexión sobre las expediciones portuguesas radica en la consonancia que él encuentra entre sus críticas contra los desmanes cometidos contra los indígenas y las críticas que se hacen a las expediciones portuguesas. Sin embargo, esto no explica por qué Las Casas decide elaborar una reflexión específica sobre el asunto.

Por ello, nos parece necesario proponer una segunda razón de la inclusión de esta sección. Nos parece más sostenible en términos textuales proponer que Las Casas introduce esta sección porque reconoce que ella es necesaria para entender el proceso de expansión de Castilla hacia Las Indias y, más que nada, el origen de muchas de las injusticias que se han cometido a lo largo de dicho proceso. Recordemos que la primera parte de la *Historia de las Indias* es concebida por Las Casas como una historia que comienza con la expansión marítima y territorial de Castilla hacia Las Indias. El obispo considera que la figura de Colón es fundamental en esa expansión. Sin embargo, para entender a Colón es necesario conocer lo que él aprende de los portugueses en términos de navegación y de exploración de nuevas tierras. De hecho, Las Casas enfatiza que Colón participó en algunas de las expediciones portuguesas a la costa occidental de África (*Historia de las Indias* 1 [fols. 85v-88v]: 494-99). Probablemente interesado en este asunto, Las Casas comienza a trabajar sobre las crónicas portuguesas y los incipientes debates sobre la esclavitud.

Sin embargo, dado que Las Casas está no sólo interesado en recopilar unos hechos sino en proponer una explicación sobre el origen de las injusticias cometidas en Las Indias, encontrará necesario hacer una reinterpretación de la información que esas crónicas ofrecen. Esa reinterpretación estará basada en las experiencias y conceptos que ha recogido y elaborado en su defensa de los nativos americanos. Queremos enfatizar en el hecho de que se trata de una reinterpretación porque, a diferencia de la relación directa que mantiene con Las Indias y que le permite confrontar las crónicas de sus contendores con la información que ha obtenido por sí mismo, Las Casas sólo conoce lo sucedido en la costa occidental de África a través de las crónicas portuguesas. Estas crónicas serán a la vez su fuente de información y su objeto de crítica. El obispo tendrá que construir su crítica sobre una estrategia de lectura en la que intenta separar los hechos que las crónicas narran de la interpretación que ellas mismas ofrecen de esos hechos. Las Casas tendrá que subvertir la perspectiva del narrador, asumiendo el punto de vista de éste en lo que se refiere a la narración de los hechos pero interrogando la valoración que éste hace de los hechos que viene narrando. En otras palabras, retomará los datos que ofrecen estas crónicas pero interrogará, basado en todo el arsenal de experiencias y conceptos que ha recogido y elaborado en sus esfuerzos de defensa de los habitantes de Las Indias, la interpretación que ellas hacen de éstas e introducirá su propia interpretación.

Por ello, si bien concordamos con Pérez Fernández en que como consecuencia de esta reinterpretación Las Casas termina mostrando que lo sucedido en África es un preámbulo de lo sucedido en Las Indias, consideramos que lo más relevante es que para Las Casas lo sucedido en Las Indias se convierte en un criterio de reinterpretación de lo sucedido en África. Las Indias se convierten en el marco conceptual y narrativo desde el cual Las Casas propone una nueva aproximación a la relación de Portugal con África. Esto tendrá, como veremos a continuación, importantes consecuencias.

Llegamos de este modo al momento en el cual Las Casas incluye por primera vez a los habitantes de Canarias, Puerto Santo, Madera y la costa occidental de África dentro de su categoría de infieles o bárbaros que deben ser evangelizados pacíficamente. Esta inclusión no implica simplemente una extensión en el uso de conceptos previamente construidos por Las Casas sino una transformación en la representación de ciertos grupos que hasta este momento el obispo no había considerado de manera particular. Esta transformación de la representación será nuestro énfasis en lo que sigue. Ella mostrará que, al igual que en el caso de Las Indias, la representación de los habitantes de las islas atlánticas y de la costa occidental de África que Las Casas ofrece está enmarcada dentro de su concepción del territorio y del tipo de señorío que los príncipes cristianos están llamados a ejercer sobre él.

5. *El intento de inclusión y el arrepentimiento: los comienzos de la trata africana transatlántica en* Historia de las Indias *y los últimos escritos (1555-1564)*

En este capítulo expondremos las alusiones a la trata de cautivos que encontramos en la *Historia de las Indias* y los últimos escritos de Las Casas. Estas alusiones pueden ser organizadas en cuatro grupos. El primero concierne a las esclavizaciones practicadas por los castellanos y portugueses en las islas Canarias durante los siglos XIV y XV. El segundo corresponde a las esclavizaciones practicadas por los portugueses en las islas del atlántico y la costa occidental de África durante el siglo XV. El tercero está constituido por las referencias que hace Las Casas al intento de Cristóbal Colón de implementar la trata de cautivos amerindios hacia la península a comienzos del siglo XVI. Finalmente, el cuarto grupo está conformado por el arrepentimiento expresado por Las Casas por haber promovido la introducción de cautivos africanos en Las Indias como esclavos durante una etapa temprana de su defensa de los nativos americanos y por algunos comentarios que él hace sobre ellos en sus escritos finales. Nuestro objetivo en este capítulo es mostrar de qué modo Las Casas intenta articular la existencia de la trata dentro de su crítica de los comienzos de la colonización española de Indias. Nos interesa mostrar que si bien Las Casas intenta asimilar los cautivos africanos a los nativos americanos bajo el concepto "gentes pacíficas", algunas de sus consideraciones sobre la esclavitud africana en Las Indias lo conducirán a encontrar difícil si no imposible esta asimilación.

Entre los años 1555 y 1556, Las Casas redacta e introduce dentro de un borrador previo que tiene del libro primero de su *Historia de las Indias*, los capítulos 17 a 27. En estos capítulos, Las Casas expone la conquista portuguesa de las islas Canarias (capítulos 17-21), las islas de Puerto Santo, Madera (capítulo 22) y la costa occidental de África (capítulos 23-27). Introduciendo tanto las reflexiones que ha elaborado sobre los diversos tipos de infieles y bárbaros como la información que obtiene de los cronistas portugueses, Las Casas denuncia las injusticias cometidas por los portugueses en sus expediciones motivadas, según dichos cronistas, por un deseo de cristianización de los infieles.

Estos once capítulos conformarán lo que Pérez Fernández titula la *Brevísima relación de la destrucción de África* (1989). En ellos, Las Casas rehúsa identificar a los cautivos africanos con los moros, introduciéndolos dentro del grupo de infieles que tienen que ser evangelizados de una manera pacífica. Lo que vamos a encontrar en el texto es, como lo hemos dicho al final del capítulo anterior, una composición hecha sobre la base de una reinterpretación de la información que los portugueses presentan sobre la conquista de las islas Canarias, Madera, Puerto Santo y la costa occidental de África.

Pérez Fernández considera que en estos capítulos Las Casas muestra que las regiones descubiertas por los portugueses están pobladas por hombres que, como los nativos americanos, no han hecho ningún daño a los europeos ni han invadido sus tierras y que, por lo tanto, no pueden ser esclavizados dentro de una pretendida guerra justa. El nuevo mundo geográfico y humano que es Las Indias servirá a Las Casas como modelo para enjuiciar la presencia y acción de los portugueses en un mundo que, como el africano, era parcialmente conocido por los europeos antes de los avances marítimos de los portugueses desde mediados del siglo XV. Gracias a dichos avances, arguye Pérez Fernández, el mundo africano queda rápidamente incorporado dentro del mundo ya conocido. Sin embargo, Las Casas mostrará que en ese mundo incorporado a partir de los descubrimientos portugueses existen poblaciones que son nuevas a la manera en que lo son las poblaciones encontradas en Las Indias. A diferencia de los portugueses, quienes vieron en las nuevas poblaciones que encontraron en sus viajes una extensión de las mismas poblaciones infieles que ya conocían y que eran consideradas como enemigas de los cristianos, y por ello susceptibles de ser combatidas en guerras justas y esclavizadas, Las Casas ve en ellas nuevas poblaciones que han de ser cristianizadas pacíficamente (Pérez Fernández, *Fray Bartolomé* 133-46).

Esta hipótesis de lectura que propone Pérez Fernández es plausible. Sin embargo, en nuestra exposición trataremos de mostrar que el esfuerzo de Las Casas no se reduce meramente a un intento de introducción de las nuevas poblaciones dentro de la idea de humanidad que ha construido para el caso de Las Indias. La propuesta de Las Casas va mucho más allá hacia una comprensión del mundo como orbe que ha de ser cristianizado siguiendo el modelo de la colonización y cristianización pacíficas que ha propuesto en sus escritos anteriores. La inclusión de los guanches –habitantes de Canaria– y los africanos dentro del modelo de la cristianización pacífica no es sólo una expansión del concepto "gentes pacíficas" sino, más que nada, una ampliación de idea según la cual Castilla está llamada a liderar dicha cristianización sobre todos los nuevos territorios.

Ahora bien, el título que otorga Pérez Fernández otorga a estos capítulos de la *Historia de las Indias*, "Brevísima relación de la destrucción de África", es sugerente pero puede llevar a creer que Las Casas está haciendo solamente una réplica o extensión de su *Brevísima relación de la destruición de las Indias* al caso de los habitantes de las islas atlánticas y la costa occidental de África. Como esperamos poder mostrarlo en la exposición que haremos a continuación, si bien existen claras resonancias entre los dos textos, las circunstancias, propósitos y, más que nada, estrategias de construcción de la representación de los grupos humanos agredidos por los exploradores cristianos son diferentes en cada uno de los textos.

En primer lugar, mientras que en la *Brevísima relación de la destrucción de las Indias* Las Casas construye su representación de los indígenas sobre la base de su experiencia en Las Indias "como hombre que por cincuenta años y más de experiencia, siendo en aquellas tierras [Las Indias]" (*Brevísima* 12). En el caso de la "Brevísima destrucción de África" está construyendo la representación de los habitantes de las islas del Atlántico y de la costa occidental de África sobre la base de representaciones que ya han sido elaboradas por otros. Las Casas combina estas representaciones con los conceptos que él mismo ha elaborado como parte de su defensa de los nativos americanos.

En segundo lugar, como hemos afirmado al final del capítulo cuarto, la escritura de la *Historia de las Indias* está regida por un motivo que si bien no niega, rebasa los objetivos que mueven la escritura de la *Brevísima relación de la destrucción de las Indias*. Ya no se trata solamente de defender a los nativos americanos sino de ofrecer una explicación de las injusticias cometidas en Indias a partir de la denuncia del desconocimiento por parte de los conquistadores tanto del designio divino para las nuevas tierras como de la condición racional de aquellos que las habitaban.

Finalmente, la redacción de la *Brevísima relación de la destrucción de las Indias* no ha pasado por las discusiones conceptuales que Las Casas ha sostenido entre 1551 y 1556 a propósito de las categorías bárbaro e infiel ni mucho menos por la compleja discusión que se da durante la década de 1550 acerca de la legitimidad de las esclavizaciones llevadas a cabo por los portugueses en la costa occidental de África. Estas discusiones introducen, como hemos visto, una comprensión más compleja y, por qué no decirlo, ambiciosa de la cristianización de los infieles que, sin dudar, determinan la exposición que hace Las Casas en su *Historia de las Indias*.

El libro primero de la *Historia de las Indias* comienza con una breve presentación de la creación del mundo y del linaje humano (353-57), después se dirige hacia la figura de Colón (357-65) y su viaje a Portugal, lugar donde adquiere muchos de los conocimientos necesarios para concebir su viaje hacia Las Indias (33-74). Llegado a este punto de su relato, Las Casas desea enfatizar que antes de Colón no hay certeza de que se haya tenido conocimiento de las islas del Nuevo Mundo y, para demostrar su posición, hace un particular énfasis en refutar la hipótesis según la cual las islas descubiertas por Colón son las mismas conocidas en la antigüedad como las islas Hespérides, bautizadas con ese nombre en honor al rey español Hespero XII. Las Casas afirma que estas islas son en realidad las ahora denominadas islas de Cabo Verde o las islas Puerto Santo, Madera y que son llamadas así (Hesperionceras) por estar hacia el occidente (410-28).

En ese punto, Las Casas considera que es necesario introducir una exposición sobre el cabo de Buena Esperanza, las islas Canarias, Cabo Verde y las Azores. Las razones de esta introducción son dos: en primer lugar, afirma Las Casas, "dellas munchas veces hemos de tocar en la historia siguiente" ([fol. 42v]: 429) y, en segundo lugar, muchos no saben ni sabrán "cuándo, ni cómo, ni por quién fue celebrado su descubrimiento" (429). Las Casas agrega a estas dos razones que la exposición que hará servirá para mostrar "cuán moderno [es] el cognoscimiento que de los secretos que en el mar Océano había tenemos, y cuántos siglos de diuturnidad de tiempos la Divina Providencia tuvo por bien de los tener encubiertos" (429). En otras palabras, Las Casas intenta enfatizar que el descubrimiento de estas islas responde más a un favor otorgado por la Providencia Divina que al resultado del deseo humano de ir hacia lo desconocido. Sin embargo, el tono de la exposición se dirige más, de un lado, a mostrar la legitimidad del dominio de España sobre estas regiones a pesar de los ataques llevados a cabo por los portugueses contra los habitantes de estas islas y, de otro lado, a impugnar la validez de las razones esgrimidas por los cronistas portugueses para justificar la conquista de la costa occidental de África.

En lo que sigue, haremos un recorrido por los capítulos que dedica Las Casas a la conquista portuguesa de las islas Canarias, Madera, Puerto Santo y la costa occidental de África. Además, exploraremos las resonancias que tiene esta exposición en el resto del libro primero de la *Historia de las Indias*. Sobre esta conquista existen abundantes estudios históricos (Boxer, *Portuguese*; Blake; Russell-Wood). En consecuencia, no perseguimos con nuestra exposición contrastar o verificar la presentación que hace Las Casas en relación con dichos estudios sino perseguir la forma cómo construye a lo largo de su exposición una representación de los habitantes de estas regiones desde la perspectiva de lo que él considera la necesidad de una denuncia de los desmanes cometidos por los portugueses.[78]

Tres son las fuentes portuguesas que Las Casas sigue más de cerca en su exposición: en primer lugar, las *Décadas de Ásia* de João Barros, en segundo lugar, la *Chronica do descobrimento e conquista de Guiné* de Gomes Eanes de Zurara y, en tercer lugar, algunos apartados de la *Historia do Descubrimiento do India pelos Portugueses* de Fernão Lopes de Castanheda. Las Casas también utiliza algunas fuentes castellanas. En particular, hace uso de algunas cartas que Juan II de Castilla envía a Alonso V de Portugal y la *Crónica de d. Juan II*, escrita por Alvar García de Santa María. Las Casas traduce, parafrasea y hace referencia a todos estos textos para construir su propia perspectiva sobre los hechos. En consecuencia, nos interesará en nuestra exposición llamar la atención sobre los pasajes en los cuales Las Casas hace explícita su propia visión de lo sucedido en África y la representación que va construyendo a través de ellos de los cautivos esclavizados por los portugueses.

5.1 *Las islas Canarias: el inicio de la esclavitud atlántica en el contexto de una disputa por el dominio territorial*

En su artículo titulado "Sugar Islands. The Sugar Economy of Madeira and the Canaries, 1450-1650", Alberto Vieira afirma que lo sucedido en las islas de Madeira y las Canarias desde mediados del siglo XVI en torno a la producción del azúcar, la distribución del agua y la tierra, lo mismo que la esclavitud, resultó ser decisivo para el posterior desarrollo de la producción de

---

[78] No obstante que reconocemos el valor de los diversos estudios históricos sobre la conquista portuguesa de la costa occidental de África, vale la pena recalcar que las fuentes utilizadas por Las Casas y, en algunos casos, el texto mismo de la *Historia de las Indias* son fuentes primarias de dichos estudios.

azúcar en el Atlántico (42). En este mismo orden de ideas, Merediz señala que, junto con la reconquista cristiana de Granada, la incorporación militar de las islas Canarias al reino de Castilla establece el primer marco a partir del cual se intentarán incorporar los territorios a los que llega Colón en 1492. "The Canary Islands were instrumental in the rise of the Spanish Empire. After all, Europeans, at first, regarded the Discovery of the distant islands in the Ocean Sea as no more significant than the discovery of the Azores or the Canary Islands" (Merediz 8). Sin embargo, quien tal vez ha formulado de manera más radical en qué consiste la relevancia de las islas Canarias dentro de la colonización inicial del Nuevo Mundo es Fernández-Armesto. No obstante aceptar que los nativos americanos provocarán una mayor y más prolongada atención por parte de los europeos, en *Before Columbus*, afirma "it is hard to detect any significant elements in the debate about them [the American Indians], at least in the first half of the sixteenth century, that had not been anticipated in discussions of the Canary Islanders" (244).

No obstante la distancia en el tiempo y la diferente pretensión expositiva, Bartolomé de Las Casas parece suscribir esta misma posición. Para el obispo, lo sucedido en estas islas es el preámbulo de lo que habrá de suceder después en la costa occidental de África y Las Indias. En consecuencia, el obispo dedicará el comienzo de su excurso sobre las islas del Atlántico y la costa occidental de África a exponer la compleja disputa territorial que se da entre Portugal y Castilla por el dominio de estas islas durante los siglos XIV y XV, llamando la atención sobre los diversos intentos de colonización que ambos reinos desarrollan sobre estos territorios y, más que nada, los asaltos practicados por los portugueses con el fin de obtener riquezas y cautivos en ellos.

La exposición de Las Casas llamará la atención sobre la estrecha relación que existe entre el intento de obtener el dominio de estas tierras y la esclavización de sus habitantes a los que caracterizará predominantemente, utilizando el vocabulario que ha producido anteriormente para defender a los nativos americanos, como gentes pacíficas. Las Casas no pretende ofrecer una visión imparcial de lo sucedido sino defender la legitimidad del dominio castellano sobre las islas Canarias, desvirtuando los argumentos expuestos por Barros para reivindicar el dominio portugués sobre dichas islas. En particular, Las Casas intentará convertir a las islas Canarias en tierras que se semejan en diversos sentidos a Las Indias.[79]

---

[79] En los capítulos 6 y 7 de *Before Columbus*, Fernández-Armesto propone una aproximación histórica al proceso de toma de posesión de las islas Canarias por parte de los Europeos y las diversas fuentes en las

En la exposición que va de los capítulos 17 a 19, Las Casas presenta la conquista de la islas Canarias desde que los castellanos tienen noticia de estas a fines del siglo XIV pero, principalmente, desde que los expedicionarios normandos Jean y Maciot Bethencourt deciden conquistar estas islas con la aquiescencia del rey de Castilla, aduciendo como propósito fundamental su deber como cristianos de promover la cristianización de los infieles. Tal como propone el relato de Barros, el propósito de la expedición de los Bethencourt consiste en conquistar y señorear unas islas que se hallan habitadas por "gentes paganas" (Barros 46). Sin embargo, Las Casas caracteriza tanto la expedición de Bethencourt como la exposición de Barros de un modo bastante diferente:

> haciendo guerra cruel a los vecinos naturales dellas, sin otra razón ni causa más de por su voluntad o, por mejor decir, ambición y querer ser señor de quien no le debía nada, sojuzgándolos. Esto hizo el dicho mosior Juan Betancor con grandes trabajos y gastos, según dice un coronista portugués, llamado Juan de Barros, en sus Décadas de Asia, década 1, cap. 12, el cual, entre otras cosas, dice deste Betancor, que vino a Castilla y que de allí se proveyó de gente y de otras cosas que le faltaban. También es de creer que aquellas islas tomó con muerte de hartos de los que consigo llevaba, y no serían menos, sino muchos más, de los canarios naturales, *como gente de pocas armas y que estaban en sus casas seguros, sin hacer mal a nadie.* ([fol. 43v]: 431, énfasis mío)

Las Casas sigue el relato de Barros en lo que se refiere al contenido. Sin embargo, el obispo introduce una valoración distinta a la del cronista con respecto a lo relatado. Para él, no se trata de volver a contar la historia de la conquista de las islas Canarias sino de hacer un juicio sobre lo implicado en esa conquista, a saber, una guerra injusta practicada contra "gente de pocas armas y que estaban en sus casas seguros sin hacer mal a nadie". Las Casas seguirá explorando este argumento, enfatizando que ello es totalmente contrario al mandato cristiano según el cual la evangelización debe

> convidar y atraer y ganar por amor, paz y mansedumbre y ejemplos de virtud a la fe y cultura de obediencia y devoción del verdadero Dios y Redentor del mundo, a los infieles, sin alguna diferencia de cualquier secta o religión que sean, y pecados y costumbres corruptas que tengan. (431)

Al decir esto de su exposición, Las Casas está introduciendo a los habitantes

---

cuales ha quedado registrado 151-202. Lo que nos interesa aquí es exponer la forma en la cual Las Casas reinterpreta algunas de esas fuentes en su *Historia de las Indias*.

de las islas Canarias dentro del grupo que debe ser evangelizado de manera pacífica y al que pertenecen los nativos americanos. De hecho, el obispo enfatizará en que estos "infieles" tienen almas racionales y que por lo tanto han de ser tratados como prójimos. En consecuencia, utiliza su denuncia de lo acontecido en Las Indias para recontar hechos sucedidos mucho antes del descubrimiento de dichas tierras. Lo sucedido en Las Indias deviene un modelo desde el cual se reconstruye lo sucedido en las islas Canarias.

Una vez que ha establecido esta sentencia general con respecto a la expedición de los Bethencourt y, desde luego, con respecto a la forma cómo João de Barros da cuenta de esta expedición, Las Casas propone una compleja discusión acerca de las diversas maneras a través de las cuales la corona de Portugal y, más en concreto, el infante Enrique el Navegante, trata de adquirir señorío en las Islas Canarias ([fols. 45-51]: 433-43). El texto de Las Casas propone dos líneas de argumentación que son difíciles de separar. De un lado, intenta mostrar las diversas estrategias que Portugal ha utilizado infructuosamente para obtener señorío sobre las islas. Estas estrategias van desde negociaciones con los Bethencourt y los reyes de Castilla hasta asaltos a los colonos de las islas pasando por las esclavizaciones de algunos habitantes de éstas con el fin de obtener algún provecho dentro de sus infructuosas expediciones ([fols. 46-46v]: 434-35). El argumento de Las Casas consiste en mostrar que la empresa exploradora liderada por Enrique el Navegante, considerada por los cronistas portugueses como un encomiable esfuerzo movido más que nada por el deseo de cristianizar, es un ataque injustificado sobre pueblos que no merecían tal maltrato. Según Las Casas:

> El infante viendo que no podía por vía de suplicación y partido entrar por la puerta en el señorío de aquellas islas, <tomando por título haberle vendido el Maciot Betancor el derecho o lo que tenía sobre ellas,> acordó entrar en ellas como tirano y no como pastor legítimo rompiendo los límites del derecho natural y también los capítulos de las paces celebradas y juradas entre los reyes y los reinos de Castilla y Portogal ([fol. 46]: 434 [sic])

Esta caracterización del infante Enrique de Portugal como hombre movido por la codicia a cometer desmanes en territorios y contra poblaciones que no están bajo su señorío controvierte con la forma cómo las crónicas portuguesas presentan al infante como hombre que inspirado por Dios decide emprender la expansión marítima portuguesa a pesar de todos los temores y escepticismos que existen en su mismo reino en contra de dicha empresa. Sin embargo, Las

Casas no se limitará a repetir en diversas ocasiones que las acciones del infante no están motivadas por el celo cristiano sino por la ceguera que produce la codicia sino que enfatizará, además, que esa forma de describir al infante sólo es sostenible por medio de las continuas omisiones y sesgos que Barros introduce a lo largo de su relato.

Las Casas propone, en consecuencia, una segunda línea de argumentación que consiste en quitar credibilidad a la crónica de Barros al mostrar que, en primer lugar, no tiene acceso a fuentes relevantes para entender lo sucedido, en particular, fuentes castellanas antiguas a las que Barros no ha tenido acceso y que, por lo tanto, no está en condición de elaborar un relato justo de los hechos que relata; en segundo lugar, Barros deja planteadas inconsistencias que no resuelve en torno a los pretendidos derechos que los portugueses dicen tener sobre las islas y; en tercer lugar, comparte con el infante la idea según la cual la expansión del cristianismo justifica todos los desmanes cometidos contra los habitantes de las islas Canarias. En este sentido, Las Casas considera que los desmanes cometidos por los Bethencourt se continúan con las expediciones, asaltos y esclavizaciones promovidos por los portugueses y se extienden hasta una narrativa que, como la de Barros, afirma que todas esas acciones han promovido la expansión del cristianismo.

Para lograr este propósito de desvirtuar la narrativa de Barros, Las Casas utiliza dos estrategias. De un lado, da más valor a los tratados firmados entre los castellanos y a los portugueses que a la narrativa de Barros. Recuerda que en marzo de 1476, los reyes católicos, Fernando e Isabel, derrotan a Alonso V de Portugal, quien pretende reinar en Castilla, y le hacen firmar un tratado de paz entre cuyos capítulos queda consignado, de un lado, el señorío de Castilla sobre las islas Canarias y la conquista del reino de Granada y, de otro lado, el señorío de Portugal sobre los reinos de Fez –constituido aproximadamente por lo que hoy conocemos como Marruecos y las ciudades de Ceuta y Algeciras– y de Guinea ([fol. 53]: 445-46). Las Casas está haciendo referencia al Tratado de Alcaçovas, firmado en 1479 por el rey de Portugal y en 1480 por los reyes de Castilla y que pone fin a los conflictos entre los dos reinos estableciendo una clara separación entre las dos coronas y distribuyendo los territorios descubiertos. Las Casas aclara que el tratado de paz da a entender que antes de este tratado Guinea pertenecía a Castilla y que el dominio comercial de Portugal sobre esta parte de África sólo duraría durante el reinado de Alonso V y de su sucesor Juan II de Portugal (1455-1495, reinado 1481-1495). Concluye diciendo que el señorío sobre las cuatro islas Canarias ha sido siempre de Castilla "el cual mucho trabajan de usurpar los de Portugal" ([fol. 53]: 446).

De otro lado, Las Casas contrapone a la narración de João de Barros sobre la historia de las islas Canarias las cartas enviadas por el rey Juan II de Castilla al rey Alonso V de Portugal y a la información presente en la *Crónica de D. Juan II* escrita por Alvar García de Santa María (1370-1460) la cual narra los hechos ocurridos entre 1407 y 1453.[80] Las Casas otorga mayor credibilidad a esta crónica dado que, según él, su autor "se halló presente en aquel tiempo, que no Juan de Barros, que escribió atinando, cien años o cerca dellos después" ([fol. 53]: 446).

Las Casas introduce una larga cita de García de Santa María según la cual la conquista de las islas Canarias comienza en la natividad de 1417 cuando Rubín de Bracamonte llega a la corte de Castilla y pide permiso a los que están encargados en ese momento del reino, Doña Catalina, la madre de Juan II, y el infante don Hernando de Aragón, tío del rey y quien ya es rey de Aragón, para que su sobrino Juan de Betancur pueda conquistar las islas.[81] Según el relato de García de Santa María, citado por Las Casas: "a la reina plugo de le dar la conquista con título de rey" ([fol. 53v]: 446).[82] Betancur parte de Sevilla y encuentra que son cinco las islas Canarias: Hierro, Palma, Infierno, Lanzarote y la Gran Canaria. Conquista las tres primeras pero no puede con la Gran Canaria porque encuentra resistencia por parte de los habitantes de ella.

Sin embargo, para el punto que nos interesa, el relato de García de Santa María llama la atención sobre el hecho de que Betancur "trajo destas islas muchos cautivos que vendió en Castilla y en Portugal, e aún llevó algunos en Francia" y agrega que "este hizo en la isla de Lanzarote un castillo muy fuerte, aunque era de piedra seca y de barro, y desde aquel castillo el señoreaba las

---

[80] Esta crónica ha sido usualmente atribuida a Fernán Pérez de Guzmán. Sin embargo, se reconoce que lo que éste hizo en el caso de la *Crónica de Juan II* fue editar los materiales escritos mayoritariamente por García de Santa María. Esta crónica es publicada por primera vez en 1517 por Lorenzo Galindez de Carvajal. El título inicial de la crónica es "Comienza la crónica del serenísimo príncipe Don Juan, segundo rey de este nombre en Castilla y León".

[81] Después de la muerte de Enrique III de Castilla (1379-1406, reinado 1390-1406), su esposa, Catalina de Lancaster (1373-1418), y su hermano, Fernando I (1380-1416, rey de Aragón 1412-1416), ejercen la regencia en el reino de Castilla entre 1406 y 1418, esto debido a la corta edad del heredero al trono, Juan II (1405-1454, reinado 1419-1454). Sin embargo, Fernando I muere en abril de 1416. En consecuencia, Rubín de Bracamonte no pudo haber solicitado la licencia a ambos en 1417. No obstante estar más cercano a los hechos, García de Santa María parece tener aquí una imprecisión.

[82] Las Casas sigue textualmente el capítulo IV del año undécimo de la crónica de García de Santa María (374).

islas que ganó, y desde allí enviaba en Sevilla muchos cuero y sebo y esclavos, de que hobo mucho dinero" ([fol 53v]: 447). El relato de García de Santa María muestra que ya desde las expediciones de los Bethencourt se consolida no sólo el comercio de cautivos sino también una incipiente colonización militar de las islas que facilita dicho comercio. De ahí que Las Casas termine esta sección de su texto formulando una pregunta que, de hecho, es una denuncia.

> ¿Qué causa legítima o que justicia tuvieron estos Betancores de ir a inquietar, guerrear, matar y hacer esclavos a aquellos canarios, estando en sus tierras seguros y pacíficos, sin ir a Francia ni venir a Castilla no a otra parte a molestar ni hacer injuria, violencia ni daño a viviente persona del mundo? ¿Qué ley natural o divina o humana hobo entonces ni hay hoy en el mundo, por cuya autoridad pudiesen aquéllos hacer tantos males a aquellas inocentes gentes? ([fol. 55]: 448)

La pregunta tiene, evidentemente, una función retórica dentro del texto y le sirve a Las Casas para introducir su crítica a lo que considera una radical injusticia contra gentes esclavizadas por el sólo hecho de no ser cristianos. Las Casas está expandiendo el marco conceptual que ha utilizado en su defensa de los nativos americanos para escribir su versión de la historia de la conquista de Canaria. En este texto de Las Casas, Las Indias se han convertido en el punto de partida a partir del cual se puede describir la historia de las islas Canarias no obstante que los hechos referentes a ellas anteceden en el tiempo los hechos referentes a Las Indias. En este sentido, podemos decir que el parafraseo que hace Las Casas de algunos pasajes del texto de Barros hace mucho más que repetir y criticar su versión de lo sucedido. Las Casas introduce una nueva forma de ver la historia de las islas Canarias. De una versión que ve en esa historia un paso más en la expansión del cristianismo liderada por los normandos y portugueses, Las Casas se mueve hacia una versión en la cual la historia de Canarias es básicamente un episodio en el que primero los normandos y luego los portugueses anteceden los desmanes obrados por los conquistadores españoles en Indias un siglo después.

Ahora bien, el procedimiento que permite que la historia de Las Indias se haga modelo de la historia de las islas Canarias es la inclusión de los habitantes de las islas Canarias en el mismo tipo de representación en el que habían sido colocados los nativos americanos: "gentes pacíficas". Dicha inclusión, patente en los capítulos 20 y 21 de este libro primero de *Historia de las Indias* ([fols. 57-61]: 451-59), implica no sólo la reivindicación de los grupos que habitan las islas como gentes pacíficas injustamente atacadas, sino de manera mucho más amplia, una impugnación de los procedimientos por medio de los cuales Portugal ha querido apropiarse de estos territorios y de la narrativa gracias a la cual ha pretendido legitimar sus intentos de apropiación territorial. A través de los meandros en los que entra en su narración, confrontado a Barros con otras fuentes o tratando de hacer patentes sus sesgos e inconsistencias, Las Casas está mostrando el vínculo que existe entre las injusticias cometidas por los portugueses y el relato histórico con el que intentan legitimarlas.[83] Esta posición de Las Casas se tornará más radical cuando examine el caso de la conquista de las islas del Atlántico y la costa occidental de África.

5.2 *Las islas del Atlántico y la costa occidental de África: el fin de la épica y el inicio de la historia*

En el capítulo 22 de su *Historia de las Indias*, Las Casas comienza su exposición de la conquista portuguesa de las islas del atlántico y la costa occidental de África. De nuevo, Las Casas tomará como guía de su narración principalmente las *Décadas de Ásia* de Barros y la *Chronica do Descobrimento e Conquista de Guiné* de Zurara. Sin embargo, lo mismo que en la sección anterior, hará comentarios con los que introducirá una perspectiva diferente en la narración de lo sucedido.

Lo primero que hay que decir es que el uso de los nombres para referirse a las islas del atlántico y, en particular, a la costa occidental de África, delata que Las Casas ha obtenido un conocimiento mucho más amplio con respecto a esta región que el que tenía en sus escritos anteriores. Este conocimiento es adquirido a partir de las crónicas portuguesas las cuales están basadas principalmente en la información obtenida por los navegantes en sus viajes. La cartografía medieval que rige la *Apologética* ha dado paso a una cartografía menos elaborada pero más atenta a la nueva información que se ha obtenido sobre la costa occidental de África, a pesar de que Las Casas nunca ha estado allí. Además, el obispo es consciente de que esta exposición versa sobre regiones

---

[83] No obstante que la *Historia de las Indias* no es publicada sino hasta más de tres siglos después, este esfuerzo de Las Casas por interpretar lo sucedido en las islas Canarias desde lo que sucede en Las Indias y de proponer una crítica a las esclavizaciones tiene tempranas resonancias. En su estudio sobre *Del Origen y Milagros de la Santa Imagen de Nuestra Señora de Candelaria* de Alonso de Espinosa (1594), Eyda Merediz afirma: "Espinosa's effort to review Canarian History as it has been told before his times was the conscious work of someone whose living experience had flourished within the colonial and missionary world of Central America and whose intellectual training had been marked by the evangelical and political struggles of Bartolomé de las Casas. Such experiential and intellectual backgrounds resulted in the writing of a work that challenged both historiographical practices and historical truths" 41.

que están bajo el control de los portugueses. De ahí que la discusión acerca de la legitimidad sobre la posesión de estas tierras deje de ser planteada por Las Casas en términos de una disputa territorial con Castilla y se dirija a hacer un juicio acerca del modo en que los portugueses han adquirido y mantenido el control sobre estas tierras. Para construir su argumento, el obispo llamará la estrecha relación que existe entre los avances marítimos de los portugueses, la explotación de las nuevas tierras conquistadas y, más que nada, la esclavizaciones que ellos mismos realizan o promueven en las regiones a las que llegan.

Es necesario enfatizar de nuevo, como en el caso de su exposición sobre la conquista de Canarias, que Las Casas no es un narrador neutral, no sólo en lo que concierne a su interés por mostrar los que él considera como inaceptables desmanes cometidos por los portugueses en las islas del Atlántico y en la costa occidental de África, sino también en lo que refiere a las disputas que existen entre Portugal y Castilla con respecto al monopolio que los portugueses obtienen de hecho y de derecho sobre las tierras a las que llegan. Como lo ha mostrado el pormenorizado estudio de John W. Blake, los avances de los portugueses desde mediados del siglo XV y las riquezas obtenidas en sus viajes llegan muy pronto a ser noticia y causa de inquietud en el reino de Castilla. En consecuencia, varias expediciones respaldadas por la corona de Castilla intentan llegar y obtener provecho de estas tierras generando un conflicto que alcanza su máxima tensión entre 1475 y 1480. Al mismo tiempo, la corona castellana intenta impugnar la validez de las bulas papales concedidas a favor de los portugueses entre 1455 y 1456 (Blake 41-56). Como lo hemos dicho en el capítulo anterior, el conflicto termina con la firma del tratado de Alcaçovas en 1480, el cual propicia la consolidación del dominio de Portugal sobre la región entre 1480 y 1578. Este dominio estará basado en un comercio progresivamente centrado en la captura y venta de cautivos (75-105).

Con la llegada de los europeos a Las Indias, las tensiones territoriales entre España y Portugal vuelven a surgir. Las bulas papales de Alejandro VI y la firma del Tratado de Tordesillas en 1494 logran establecer límites territoriales para la colonización de las tierras de Indias. Sin embargo, el dominio portugués sobre la costa occidental de África comienza de nuevo a ser puesto en tela de juicio cuando, desde mediados de la década de 1550, los mercaderes ingleses comienzan a tener éxito en sus viajes a la región. A partir de ese momento Juan III de Portugal comienza a llevar a cabo gestiones diplomáticas para protestar ante la reina de María I de Inglaterra (1516-1558, reinado 1553-1558) por lo que él considera asaltos injustificados en sus dominios. Igualmente, intenta obtener apoyo del recién posesionado Felipe II de España para controlar los viajes de los navegantes ingleses. Estas gestiones tendrán poca eficacia ya que, a pesar de algunos acuerdos pactados entre las coronas inglesa y portuguesa, los navegantes ingleses seguirán viajando a las costas africanas logrando obtener y transportar tanto mercancías como cautivos (Blake 147-60). La temprana muerte de Sebastián I de Portugal en 1578 y la unificación de los dos reinos bajo Felipe II en 1580 cerrarán a favor de España e Inglaterra este capítulo de tensiones durante el siglo XVI.

Como hemos visto en el capítulo anterior, la producción de textos doctrinales y crónicas que tratan de legitimar el dominio portugués sobre África puede estar asociada a la impugnación del monopolio portugués sobre las costas de África a mediados del siglo XVI. Estos textos serían parte del intento de la corona portuguesa de demostrar la legitimidad de dicho monopolio haciendo de la cristianización de los infieles el principal argumento esgrimido. Probablemente, Las Casas tiene algún conocimiento de los problemas que está teniendo el monopolio portugués y de las eventuales ventajas que puede tener para la corona española el debilitamiento de dicho monopolio, más aún, en un momento en que los deseos de expansión so pretexto de la cristianización por parte de Felipe II son evidentes. En este sentido, como veremos a continuación, sus críticas a las prácticas esclavizadoras portuguesas no sólo estarían buscando criticar el comercio de cautivos como tal sino, más ampliamente, impugnar el dominio exclusivo que los portugueses tienen sobre esta región.

En el capítulo 22, Las Casas comienza señalando que, del mismo modo que introdujo sus consideraciones sobre las islas Canarias porque ellas serán de utilidad para entender lo que pasa en el descubrimiento de Las Indias, va a escribir algo sobre las islas de Madera, Puerto Santo, Azores y Cabo Verde, y sobre la manera en que los portugueses descubrieron la costa de Guinea y el cabo de Buena Esperanza ([fol. 61v]: 459). Según el obispo, hasta tiempos de Juan I de Portugal (1357-1433, reinado 1385-1433) y de Juan II de Castilla (1405-1454, reinado 1419-1454) la costa de África sólo ha sido descubierta hasta lo que se nombra como el cabo de No. Las Casas describe este cabo como un promontorio en la costa de África que queda casi a la misma latitud de la isla de Lanzarote y a partir del cual la navegación con tierra a la vista se hace difícil, lo cual produce temor entre los navegantes ([fol. 62]: 459-60).[84] A pesar de que ya se tiene noticia en ese momento por los mapas de Ptolomeo de la

---

[84] Probablemente, el Cabo de No está ubicado en lo que se conoce hoy como Tarfaya en Marruecos.

existencia del Cabo de Buena Esperanza, se duda de que la tierra de la costa occidental de África recorrida hasta ese momento esté conectada con ese lugar. Sin embargo, por lo que Las Casas describe como "divino decreto", se da la circunstancia de que el rey Juan I de Portugal decide atacar a los musulmanes más allá del mar y toma la ciudad de Cepta llevando consigo a su hijo don Enrique "el cual, según las historias portuguesas, era muy virtuoso, buen cristiano y aún virgen, según dicen celoso de la dilatación de la fe y culto divino, aficionado mucho a hacer guerra a los moros" (Barros 11-12; Las Casas [fols. 62-62v]: 460). El infante don Enrique comienza a inquirir a los musulmanes sobre la existencia de más tierras hacia el sur y ellos le dicen que más allá de los desiertos están los alárabes, los acenegues y, este punto es de radical importancia en nuestra exposición, los negros de Jolof donde comienza la región de Guinea, "a la cual nombraban los moros Guinauha, del cual tomaron los portugueses y comenzaron a llamar la tierra de los negros" (Barros 12-13; Las Casas [fol. 62v]: 460). Esta información hace que el infante decida enviar cada año unos cuantos navíos que intenten ir más allá del cabo de No y, como fruto de estas expediciones, los portugueses descubren el cabo de Bojador, distante unas setenta millas del cabo de No.[85]

Llegados a este punto geográfico, los portugueses tienen dificultades para seguir adelante dados los peligros asociados con las corrientes y los vientos, lo mismo que el temor que les produce alejarse de tierra con la poca experiencia que tienen ya que la costa se curva significativamente en ese punto y los arrecifes pueden hacer chocar o encallar sus naves dado el bajo nivel de las aguas en algunos lugares. En este punto, Las Casas sigue la crónica de Gomes Eanes de Azurara (Azurara 50-55). Durante doce años, ninguna de las expediciones portuguesas enviadas por don Enrique se atreve a pasar este límite. Sin embargo, y para lo que nos interesa, estas expediciones, según Las Casas:

> [h]acían muchos saltos en los moros que vivían en aquella costa; otras veces rescataban negros de los mismos moros; otras, y las que podían, los hacían, como arriba se dijo, en las Canarias, de lo cual dicen el infante recibía mucho enojo, porque siempre mandaba que a las tierras y gentes que llegasen no hiciesen daños ni escándalos, pero ellos no lo hacían así, por la mayor parte. ([fols. 63-63v]: 461)

---

[85] Una milla castellana oscila entre 5.5 y 5.9 kilómetros, en consecuencia, estamos hablando de unos 400 kilómetros. El cabo de Bojador se encuentra al noroccidente de lo que hoy conocemos como Sahara del Oeste.

Las Casas enfatiza el hecho de que, dado el poco éxito que tienen las expediciones en términos de avance hacia nuevas costas, los portugueses asaltan las costas que ya conocen para rescatar cautivos que compensen en algo el fracaso de sus expediciones. Gomes Eanes de Azurara dice que dado que no pueden cumplir la misión encomendada por el príncipe, es decir, ir más allá del cabo de Bojador, van por diversas regiones y capturaban "grossas presas dos infiees, com que se tornavam honradamente pera o regno" (Azurara 54-5). Las Casas cuestiona la idea según la cual sólo se trata de una justificada captura de infieles. Para él, más bien se trata de una esclavización de musulmanes, habitantes de la costa occidental de África y de las islas Canarias. De hecho, radicalizando su argumento, Las Casas tildará como una ceguedad

> creer que por ser infieles los que no son bautizados, luego les es lícito salteallos, roballos, captivallos y matallos; ciertamente, aunque aquellos eran moros, no los habían de captivar, ni robar ni saltear, pues no eran de los que por las partes de la Berbería y Levante infestan y hacen daño a la cristiandad. ([fol. 63v]: 461)

Las Casas introduce, en consecuencia, la problematización de la categoría infiel que ha hecho en su *Apología* mostrando, en primer lugar, que al interior de ella se tienen que reconocer diferentes grupos y, en consecuencia, diferentes modos de actuar ante ellos. "Infiel" no quiere decir necesariamente objeto de guerra sino que puede indicar alguien que no ha sido bautizado y que ha de ser cristianizado de forma pacífica. Más aún, llega a decir que no por ser musulmán alguien merece ser esclavizado. Ello depende de si ha atacado o no tierra de cristianos. En segundo lugar, Las Casas llama la atención, en consonancia con lo expresado por Fernando de Oliveira en su *A Arte da guerra do mar*, sobre el hecho de que la esclavización por parte de los portugueses propicia el incremento de la esclavización practicada por los musulmanes:

> Tampoco miraban los portogueses, que por cognoscer los moros la cudicia suya de haber negros por esclavos, les daban la ocasión de que les hiciesen guerra o los salteasen con más cuidado, sin justa causa, para se los vender por esclavos; y éste es un peligroso negocio y granjería en que se debe ser muy advertido y temeroso, cuando contratare y tuviere comercio con algún infiel, cualquier cristiano. ([fol. 63v]: 462)

En tercer lugar, Las Casas introduce las primeras alusiones a las esclavizaciones de habitantes de la costa occidental de África practicadas por los musulmanes primero a causa de sus conflictos con ellos y después debido a la demanda de cautivos por parte de los portugueses. En particular, Las Casas afirma que la demanda de cautivos por parte de los portugueses produce una escisión entre los habitantes de la costa de África. Los musulmanes comienzan a intensificar sus asaltos sobre otras poblaciones con el fin de obtener cautivos para los portugueses. Desde la perspectiva del obispo, las distinciones entre cristianos, musulmanes y grupos que habitan la costa occidental de África comienzan a recomponerse gracias a la presencia de las prácticas esclavistas.

Hecha esta digresión, Las Casas regresa a la narración histórica y relata la expedición de Juan González y Tristán Váz, y la manera como en 1417 o 18, a causa de un temporal, quedan a la deriva y arriban a una isla desconocida que nombran Puerto Santo. Según Barros, esta isla no está poblada de gente tan fiera como la que los expedicionarios encontraron en las islas Canarias. Las Casas ironiza esta observación de Barros diciendo: "quisieran ellos que fueran gatos que no rascuñaran, por tener más lugar de roballos y captivallos" (Barros 15-16; Las Casas [fol. 64]: 462).

Llenos de alegría, regresan donde el infante don Enrique quien ve en el descubrimiento un regalo de Dios para los portugueses en aras de la expansión del evangelio y manda a los caballeros, ellos mismos ofreciéndose, junto con Bartolomé Perestrello a poblar estas islas.[86] González y Váz descubren entonces la isla de Madera. Regresan a Portugal con la noticia del descubrimiento y el infante divide la isla entre ellos para que la pueblen como efectivamente lo comienzan a hacer a partir de 1420, quemando árboles durante siete años hasta que casi acaban con todos los que hay allí. Ante esta situación, el infante, conociendo la necesidad que hay de mucha madera para mantener los ingenios de azúcar, decide ordenar la reforestación de ella para poder reparar en algo el daño y seguir aprovechando la gran fertilidad de la isla (Barros 19; Las Casas [fols. 65-65v]: 464). Las Casas comenta que ha sido el descubrimiento de esta isla, lo mismo que de Puerto Santo, Madera y Cabo Verde, debido a la producción de azúcar y la explotación de la madera, lo que propicia la prosperidad de Portugal. Con esta alusión, Las Casas está introduciendo un segundo elemento que será decisivo posteriormente en la colonización de Indias, a saber, la aparición de los ingenios de azúcar en el Atlántico (Vieira 42-84).

En el capítulo 23, Las Casas relata el descubrimiento de la costa de África más allá del Cabo de Bojador. El capítulo comienza narrando las murmuraciones

---

[86] Como hecho curioso, Bartolomé recoge del texto de Barros la historia de la coneja que Perestrello lleva y que termina convirtiéndose en una plaga dentro de la nave y de la isla dado que no para de reproducirse, lo cual provoca que Perestrello abandone la isla y sus compañeros comiencen a buscar nuevas tierras. Véase Barros 16-17; Las Casas [fol. 64v]: 463.

que comienzan a darse en Portugal contra el infante por su gasto excesivo en expediciones que sólo traen costos y pérdidas de vidas por estar dirigidas a tierras "que Dios no había criado sino para bestias" (Barros 20 y Las Casas [fol. 66]: 465). Sin embargo, entre 1418 y 1432, el infante persiste en su propósito arguyendo que no será por su industria sino por su voluntad y la ayuda divina que podrán tener éxito en estas expediciones. Sigue enviando expediciones que, si bien no tienen éxito al no poder traspasar el cabo de Bojador, se dedican a tomar cautivos de entre los musulmanes y los habitantes de las islas Canarias lo mismo que en las costas de Granada.

En 1433, el infante ordena armar una barca al mando de un escudero suyo llamado Gilianes quien va hasta las islas Canarias para asaltarlas y tomar algunos cautivos, lo cual no le gusta al infante (Barros 22; Las Casas [fols. 66-66v]: 465). Al parecer, debido a este descontento Gilianes decide embarcarse en una nueva expedición en 1434 (Barros 22; Azurara 56-59; Las Casas [fol. 66v]: 465-66). El infante le promete grandes recompensas si logra ir más allá del cabo de Bojador. Ayudado por el buen tiempo pero con muchos trabajos, Gilianes logra pasar el cabo y descubre que, a diferencia de lo que suelen decir los marinos portugueses hasta ese momento, hay tierras, todas ellas muy fértiles y despobladas, después de dicho punto. Regresa a Portugal con algunas de las hierbas de dicha región lo cual produce gran gozo tanto en el infante como en el rey de Portugal, quien entrega las rentas de las islas de Madera y Puerto Santo a Gilianes y da al infante jurisdicción sobre ellas.

En una segunda expedición en 1434 (Barros 23-25), Gilianes y Alonso González vuelven a sobrepasar el cabo de Bojador y avanzan unas treinta leguas más allá de él, descubriendo hombres y camellos, y explorando la disposición de la tierra pero sin hacer nada más. En una tercera expedición en 1435, avanzan doce leguas más buscando, por mandato del infante, tierra poblada y alguna lengua allí. Llegados a un lugar plano llamado por Eanes de Zurara *Ryo de Ouro* (60-65), envían dos jóvenes a caballo con lanzas y espadas con el fin de encontrar alguien a quien prender para traerlo a la nave. Los jóvenes súbitamente se encuentran con diecinueve hombres musulmanes con los que se traban, por temor a ser tenidos por cobardes si no lo hacen, en un combate en el que hieren a varios de los ellos mientras que sólo uno de los jóvenes queda herido. Aquí de nuevo Las Casas introduce su perspectiva para afirmar que este es "el primer escándalo e injusticia que se hicieron en aquella costa, nuevamente descubierta, a gente que nunca les había ofendido, los portugueses, para que con justa razón toda la tierra se pusiese en aborrecimiento de los cristianos, y desde en adelante por su defensa con justicia matasen a cuantos cristianos pudiesen" ([fol. 67v]: 467).

Mientras que Eanes de Azurara y Barros ven en el comportamiento de los jóvenes una actitud valerosa contra lo que caracterizan como gente bárbara (Azurara 61-63; Barros 24), Las Casas no ve allí otra cosa que un asalto a "gente que nunca les había ofendido". De nuevo, el intento de Las Casas es retomar el contenido de las crónicas portuguesas con el fin de proponer una interpretación diferente a las que ofrecen estas crónicas con respecto a la conquista de África. Ya no se trata de exaltar las acciones como parte de una épica cristiana, esto es, hacer de ellas el motivo de una exaltación del pretendido héroe que en nombre de Cristo avasalla posibles enemigos de la fe en las tierras a las que llega, sino de denunciar en ellas la presencia de una injusticia cometida sobre gentes que no merecen ser atacadas. Como lo hemos venido argumentando, la clave de este desplazamiento consiste en la diferente representación que Las Casas propone de aquellos a quienes los portugueses encuentran en los nuevos territorios. Donde las crónicas portuguesas ven cristianos combatiendo infieles, el texto de Las Casas ve asaltantes atacando injustificadamente gentes pacíficas.

Las Casas continúa su relato diciendo que entre 1436 y 1440, debido a la muerte del rey, hay grandes conflictos internos en el reino de Portugal, lo cual detiene las expediciones del infante don Enrique.[87] En 1441, el infante envía a Antón González, capitán y guardarropa suyo, con el fin de que vaya a la costa de África y capture alguna persona que sirva como lengua. Recordemos que desde la primera misión a esta región el infante está interesado en capturar alguien que cumpla tal función.[88] En caso de que no puedan hacer eso, el infante pide a los expedicionarios que consigan algunos cueros y aceite de lobos marinos los cuales son abundantes en esa región. Los expedicionarios capturan dos musulmanes y luego, en otra misión, no sólo capturan diez más sino que matan a tres avanzando ciento diez leguas hasta llegar a cabo Blanco.[89] Las Casas comenta:

---

[87] Eduardo I muere en 1438 y su hermano Pedro, duque de Coimbra, asume el poder mientras que Alonso, el sucesor, llega a la mayoría de edad. Véase Azurara 66-69.
[88] Aquí Las Casas esta siguiendo los capítulos XII a XIV de Eanes de Azurara 70-88 y el capítulo VI de la primera parte, del libro primero de la primera década de Barros 25-29.
[89] Lo que hoy se conoce como Nouadhibou en los límites entre Sahara del Oeste y Mauritania.

> y volviéronse a los navíos muy gloriosos y triunfantes, dando gracias a Dios por haberles predicado el evangelio a lanzadas. Y es cosa de ver, los historiadores portugueses cuanto encarecen por ilustres estas nefandas hazañas, ofreciéndolas todas por grandes sacrificios a Dios. Era, según cuentan, maravilla, ver cuando llegaron a los brazos los portogueses con los moros, cómo se defendían los moros con los dientes y con las uñas con grandísimo coraje. ([fol. 68]: 468)

En este punto, Las Casas ironiza el relato del combate entre los portugueses y los musulmanes tal como lo presenta Barros (27-28). Mientras que Barros busca enfatizar que todas estas expediciones son avances en el anuncio del cristianismo logrados gracias al ingenio y la valentía de los portugueses que vencen sobre naciones bárbaras, Las Casas llama la atención sobre el hecho de que se trata de "escándalos y daños" ([fol. 68v]: 468) que no son reparados como es debido por el infante quien sólo ve en ellos un motivo de alegría y otorgamiento de mercedes (Azurara 87-88). La retórica épica en la cual los historiadores portugueses enmarcan la conquista de las costas de África es impugnada por Las Casas quien sólo ve en esa épica la máscara de una provocación y avasallamiento a todas luces injustificado.

En este sentido, podemos decir que hay una significativa transformación con respecto a la forma cómo Las Casas hace sus denuncias sobre la opresión indígena en la *Brevísima relación de la destrucción de las Indias*. Mientras que en dicho texto el obispo denuncia primordialmente lo sucedido en Las Indias, ahora intenta denunciar no sólo lo sucedido en África sino también el uso de una épica cristiana que busca encajar la expansión conquistadora en las costas de África occidental dentro del mismo modelo de la reconquista medieval de la península ibérica por parte de los cristianos. Ahora bien, ello es posible gracias a la transformación conceptual que introduce Las Casas en sus debates desde 1542 hasta 1556 la cual, si bien mantiene la idea de que los musulmanes que habitan el norte de África son susceptibles de ser combatidos, muestra que existen otros tipos de musulmanes y no-cristianos que no pueden recibir el mismo tratamiento y que se encuentran en las islas del Atlántico y en la costa occidental de África. En consecuencia, la narración de la primera captura de musulmanes de África traídos como cautivos a Portugal, que tanto Azurara como Barros consideran un acto heroico que permite la expansión del evangelio, es reinterpretada por Las Casas como la instauración de un comercio injusto basado en el asalto a gentes pacíficas.

En el capítulo 24, Las Casas relata que el infante don Enrique, dado el avance de los descubrimientos y los beneficios económicos que la trata de cautivos musulmanes traen para Portugal, decide suplicar al Papa Martín V[90] para que

> hiciese gracia a la Corona Real de Portogal de lòs reinos y señoríos que había y que hobiese desde el cabo de Bojador adelante, hacia el Oriente y la India inclusive; y así se los concedió según dicen las historias portoguesas, con todas las tierras, puertos, islas, tractos, resgates, pesquerías y cosas a esto pertenecientes, poniendo penas y censuras a todos los reyes cristianos, príncipes, señores y comunidades que a esto le perturbasen. ([fol. 68v]: 468-69)

Los sucesores de Martín V ratifican esta concesión a los portugueses.[91] Las Casas está haciendo referencia aquí a Azurara (89-92) y Barros (29-30) quienes enfatizan que estas tierras fueron otorgadas a los portugueses como reconocimiento a sus esfuerzos por traer "las naciones bárbaras al yugo de Cristo" (Azurara 89-90; Barros 29). Sin embargo, el obispo cuestiona los cristianos propósitos que supuestamente mueven a los portugueses a pedir la concesión papal sobre las nuevas tierras señalando que, una vez que obtiene del Papa la jurisdicción sobre estas tierras, el infante incrementa sus expediciones en una de las cuales envía al capitán Antón Gonçáles:

> porque entre los captivos que habían traído truxeron tres que prometieron dar munchos esclavos negros por su resgate. Llegados a tierra, por dos moros de los tres, que eran hijos de los más principales della, trajeron por resgate más de cient personas negros, y cada diez, de diversas tierras, [y] una buena cantidad de oro en polvo, el cual fue el primero oro que en toda aquella costa se hobo; por lo cual llamaron desde entonces aquel lugar el Río del Oro. ([fol. 69]: 469)

Este es el primer texto en el que Las Casas describe la captura de habitantes de la costa occidental de África como propósito explícito de las expediciones portuguesas. Hasta ahora había hablado sólo de la esclavización de musulmanes o de cautivos comprados a ellos. En este sentido, vale la pena resaltar dos elementos. En primer lugar, el hecho de que la captura es lograda por medio de musulmanes quienes buscan recuperar su libertad ayudando a los portugueses

---

[90] Martín V había sido elegido el 11 de noviembre de 1417 en el Concilio de Constancia para zanjar el cisma entre Avignon y Roma por la sucesión papal. Su papado se extiende hasta 1431.
[91] Según John W. Blake, no existe documento alguno que certifique la existencia de estas concesiones a los portugueses 21. Sin embargo, Las Casas sigue la información que brindan los cronistas portugueses al dedillo.

a capturar a otros. En segundo lugar, existe una significativa transformación entre el poco número de musulmanes que han sido capturados, no más de veinte hasta ahora, y la gran cantidad "negros" que son capturados en esta primera expedición realizada específicamente con ese propósito. El punto que vale la pena resaltar es la distinción entre "moro" y "negro" que Las Casas señala y que, desde luego, se encuentra ya en las crónicas portuguesas mismas. Mientras que Eanes de Azurara enfatiza que había una distinción estamental entre los "moros" y "los moros negros" debida, según él, a que éstos últimos eran herederos de la maldición de Noé sobre Cam (93-94), Barros declara que la distinción se debe a que los "moros" capturados eran nobles y por eso se pagó con tantos "negros" su rescate (31). En consecuencia, este pasaje indica, por una parte, la existencia de una trata de cautivos provenientes de la costa occidental de África previa a la llegada de las expediciones portuguesas. De otra parte, implica que la religión y el color de la piel juegan un papel determinante a la hora de establecer quien es susceptible de ser esclavizado y/o vendido como esclavo a los cristianos. Para elucidar estos dos elementos es pertinente hacer un excurso sobre la esclavitud en el África a finales de la Edad Media.

Desde el siglo VII después de Cristo árabes nómadas que habitan el norte de África comienzan a desarrollar una compleja red de comercio que se extiende a través de diversos trayectos hasta la franja subsahariana, usualmente denominada "Bilad al-Soudan", esto es, "tierra de negros" (Levtzion, "Islam" 63). A partir del siglo XI comienzan a emerger en esta región reinos cuya prosperidad está ligada a su participación en dicha red y a la conversión de sus gobernantes al Islam. Las élites gobernantes de Ghana, Takrur y Gao se convertirán al Islam durante ese siglo, las de Mali en el siglo XIV y las de Songhay y Timbuktu en el siglo XV (Levtzion, "Slavery" 189; "Islam" 63-72). Durante este último siglo, el Islam alcanza a llegar hasta el bosque septentrional de África generando una red comercial regida por sus leyes (Sharia) y que, en consecuencia, exige la conversión al Islam de los reinos que participan en ella (Letzvion, "Islam" 64). Cuando los portugueses llegan a la costa occidental de África, esta red funciona a través de caravanas que, partiendo del África mediterránea, viajan hacia el suroccidente del Sahara transportando cobre, sal, caballos, dátiles y productos manufacturados. A su regreso, estas caravanas llevan hacia el norte de África especies, marfil, oro y cautivos (Mauny 226). Sin embargo, esto no quiere decir que toda la región se halla convertido al Islam. Tanto en los reinos cuyos gobernantes se convierten al Islam como en los reinos que no se convierten, las poblaciones mantendrán creencias religiosas nativas que los reyes locales convertidos tendrán que confrontar o tolerar (Letzvion, "Islam" 66, 68). Así, en los bordes de los reinos cuyas élites se convierten al Islam aparecen grupos de "infieles" que resisten a esa conversión y a la figura estatal ligada con ella (Ciss, "Seerer" 10-11).

La existencia de estos infieles implica un problema para aquellos que practican el Islam ya que su doctrina religiosa rechaza el comercio con ellos por el riesgo que éste implica para su fe (Wilks 93). Esto generará una posición según la cual la guerra es la única relación posible con aquellos habitantes del África subsahariana cuyos gobernantes no se han convertido al Islam. Ella está justificada como forma de proteger su religión y promover la expansión de ésta. Además, la esclavización de los cautivos tomados en guerra es considerada como una forma legítima de conducirlos hacia la religión verdadera. Según Willis ("Introduction"), el Islam considera que el esclavo está asociado con lo salvaje y lo bestial como características que explican y justifican su condición de cautiverio. El esclavo es el infiel que por su condición de no creyente merece ser objeto de guerra, capturado y convertido en esclavo: "non-belief is the signal cause of possession, the underlining principle for the existence of slavery in Islam" (4). Una vez que es esclavizado, el cautivo entra en un proceso de humanización posible gracias a su relación con el amo y con el Islam. El esclavo es una materia que adquiere su forma por la acción del amo, deviniendo un alter ego de éste último, "a manifestation of the master's self: his prestige, his status, and lastly, his responsibility" (3). Como fruto de esa relación, el esclavo que obedece a su amo y acepta el Islam puede eventualmente recobrar su libertad como creyente. Sin embargo, el retorno a la libertad en el Islam no implica que la huella de lo salvaje y lo bestial desaparezca en él (2). Por último, la esclavitud en "Bilad al-Soudan", esto es, "tierra de negros", está ligada, según Willis, al color de la piel. El Islam asimila la tradición judeo-cristiana según la cual los habitantes de esta región son descendientes de Cam y, por ende, pesa sobre ellos una maldición que los hace destinados al cautiverio (8). Más aún, asimila muchos de los prejuicios que hacen del color de la piel un indicio de que los habitantes del África subsahariana están destinados a la servidumbre (Hunwick 46-9; Muhammad 65-70).

Esta visión de la esclavitud y de la guerra justa, como forma de sacar a los infieles de su estado de barbarie, encontrará en el África subsahariana su lugar de máximo despliegue. La expansión comercial y la conversión de las élites de reinos locales al Islam comenzarán a generar una contraposición entre el Islam y los infieles.[92] Estos últimos serán vistos, lo mismo que los cristianos y los judíos que viven al norte del Mediterráneo, como seres que se encuentran en una condición que les hace merecedores de la guerra y del cautiverio. La distinción entre fiel e infiel se hará principalmente con base en el dominio territorial y el color de la piel. En otras palabras, si un habitante de África occidental hace parte de un reino que no se ha convertido al Islam será considerado en principio como infiel que merece ser capturado y hecho esclavo. En palabras de Willis:

> As the opposition of Islam and kufr [infidelity] erupted from every corner of malice and mistrust, the lands of the enslavable barbarian became favorite hunting ground for the "people of raison and faith" –the parallels between slave and infidel began to fuse in the head of jihad. And since the condition of captives flowed from the status of their territories, the choice between freedom and servility came to rest on a single proof: the religion of a land is the religion of its *amir* (ruler); if he be Muslim, the land is a land of Islam *(dar al-Islam)*; if he be pagan, the land is a land of unbelief *(dar al-kufr)*. (Willis, "Jihad and the Ideology of Enslavement" 17-8)

Más recientemente y basándose en estudios de fuentes medievales islámicas y tradiciones orales, Ivor Wilks ha mostrado que en algunas regiones del África occidental la relación entre musulmanes y no-musulmanes no pasa por la guerra y la esclavización ("Juula" 92-115). Según él, el incremento en la demanda de oro en la zona mediterránea de África hace que en el siglo XIV mercaderes musulmanes llamados "juulas" tengan que desplazarse hacia el sur de los reinos que han aceptado el Islam y penetrar el bosque del África septentrional para negociar oro con sus habitantes. En consecuencia, estos comerciantes entran en regiones donde es Islam no es la religión dominante. En dichas regiones, la guerra y esclavización en contra de los infieles es difícil de implementar, así que estos negociantes tienen que crear una posición religiosa que les permita negociar con ellos sin que ello implique una traición a sus creencias religiosas (94-5).

---

[92] En su estudio titulado "Traite négrière et repli identitaire dans l'espace sénégambien", Ismaïla Ciss afirma que la configuración de Ghana, Tekrur y Mali en el siglo XI y de Jolof en el siglo XV como Estados conectados comercialmente con los reinos islámicos mediterráneos hace que la esclavización de grupos humanos que se encuentran en los límites de estos reinos, especialmente hacia la costa occidental de África, se convierta en una práctica constante 24-5. Aunque las esclavizaciones son consecuencias de guerras sustentadas en motivos religiosos y territoriales, Ciss enfatiza en la configuración estatal de estos reinos y su ingreso en la red de comercio islámica como los factores que determinan el avance de la trata intra-africana previa a la llegada de los portugueses 31.

Al comienzo la mejor solución parece ser no reconocer la existencia de este comercio de grupos que no han aceptado el Islam (95-6). Sin embargo, a mediados del siglo XV aparecen un conjunto de enseñanzas que intentan establecer algunos preceptos que regulen la negociación de los juulas con los no-musulmanes en la zona occidental de África. Estas enseñanzas son atribuidas a Al-Hajj Salim Suwari, un líder espiritual que vive en la región de Mali y cuyas enseñanzas, las cuales elabora sobre la base de sus conversaciones con comerciantes que recorren Costa de Marfil, Ghana y Burkina Faso, son recogidas por sus discípulos a finales del siglo XV en El Cairo (97-8). Según Al-Hajj Salim Suwari, la infidelidad es fruto más de la ignorancia que de la maldad. Dios ha querido que los infieles permanezcan en la ignorancia más tiempo que otros. Así que Dios propiciará el momento adecuado para la conversión sin necesidad de hacer proselitismo religioso. Por ello, la guerra en contra en los infieles (jihad) es necesaria sólo en caso de que los infieles ataquen a los musulmanes amenazando su existencia. En ese sentido, los musulmanes pueden aceptar la autoridad de gobernantes no musulmanes siempre y cuando éstos les dejen practicar su religión, sabiendo que la mejor forma de propiciar la conversión de los no musulmanes es el ejemplo de vida sustentado en un compromiso con la educación que los mantenga alejados del error (98). Esta visión más moderada de la relación con los no creyentes parece haber tenido alguna acogida en ciertas regiones costeras del África occidental (98-9). Ahora veamos cómo estas visiones de la relación entre musulmanes y no musulmanes nos pueden ayudar a entender el episodio que Las Casas narra.

El episodio del capítulo 24 del libro primero de *Historia de las Indias* involucra tanto aspectos de guerra como de comercio. Los expedicionarios portugueses llegan a una región regida por musulmanes y logran, mediante la captura de tres de ellos, obtener más de cien cautivos "negros" y oro a cambio de liberarlos. La desproporción entre el número de musulmanes retenidos por los portugueses y el número de cautivos que reciben a cambio marca el diferente valor que tiene la vida de los unos con respecto a los otros e indica que la esclavitud parece ser una práctica común, controlada por los musulmanes y centrada en la captura de personas que poseen tez oscura y no practican el Islam. Así que las guerras entre musulmanes y los que no lo son puede ser el origen de estos cautivos. La incipiente trata portuguesa que avanza por las costas de África occidental se estaría articulando con la trata musulmana que se desarrolla al interior del continente africano. Sin embargo, no hay nada en este episodio que indique que los portugueses estén interesados en aclarar cuál es el origen de los cautivos o mucho menos entrar en una disputa territorial o religiosa con los musulmanes. Si bien Azurara y Barros tratan de dar tonos épicos a sus narraciones, Las Casas enfatiza que el único propósito que los mueve es obtener ventaja de una práctica que ya existe y que, gracias a su intervención, se volverá frecuente.

Las Casas continúa su relato diciendo que, dado el resultado de la misión, en términos de cautivos y oro obtenidos, el infante decide enviar a Nuño Tristán, quien ha llegado hasta cabo Blanco y avanza en esta expedición diez leguas más hasta Adeget (Arguim). Allí se encuentran con algunas personas que van en embarcaciones en las que reman con los pies, a las cuales capturan al tiempo que matan las garzas que hay en la isla, generando tal conmoción en la región que los que no han sido capturados huyen despavoridos (Barros 31-32). Los expedicionarios regresan a Portugal en 1443. Con respecto a esta expedición Las Casas comenta:

> De aquí se verá qué disposición ternían aquellas gentes, y con qué animo y voluntad oirían la predicación de la fe y con qué amor acogerían a los predicadores della. Con esta hermosa presa y muy bien ganada, a su parecer, se volvió al reino de Portogal –dexadas descubiertas adelante de los otros veinte y tantas leguas más– donde fue graciosamente del infante recibido y con alegría de todo el reino; porque cuando la ceguedad cae en los corazones de los que rigen, mayormente de los príncipes, necesaria cosa es que se cieguen y no vean lo que debrían ver los pueblos. ([fol. 69v]: 470)

Las Casas considera que las injustificadas agresiones de los portugueses cierran la posibilidad de una predicación pacífica del evangelio e ironiza de nuevo a los cronistas portugueses que ven en la toma de cautivos un motivo de honra para los que dirigen las expediciones, en este caso Nuño Tristán, y de alegría para el príncipe (Barros 32). Sin embargo, resalta más el comentario que introduce Las Casas acerca de la ceguedad de los gobernantes. No se trata sólo de criticar e ironizar la narrativa épica que articula las crónicas portuguesas sino, además, indicar que ella está asociada a una ceguera que inicialmente afecta al gobernante pero, posteriormente, se contagia a los pueblos que ellos gobiernan. En pocas palabras, la ceguera del gobernante se convierte tarde o temprano en ceguera de los pueblos.

Esta crítica al gobernante y, en concreto, al infante don Enrique, adquiere particular relevancia cuando Las Casas afirma que, no obstante recibir la aceptación por parte del pueblo, el infante "infamaba su fe y ponía en aborrecimiento de aquellos infieles la religión cristiana" ([fol. 70]: 470) de manera inexcusable pues, a pesar de afirmar su desacuerdo con respecto a ciertas acciones de los expedicionarios, él es quien los envía, reparte las ganancias con ellos y los premia cuando regresan de sus expediciones, mostrando que los daños infringidos a los habitantes del África son poca cosa frente a los beneficios que obtienen él y los expedicionarios al capturarlos y deportarlos. En este sentido, Las Casas está desenmascarando la retórica del gobernante y su articulación en las crónicas portuguesas. Está mostrando que la ganancia obtenida por las expediciones no es el justo premio a los esfuerzos evangelizadores sino que estos esfuerzos son el pretexto sobre el cual los portugueses obtienen ganancias por medio de agresiones injustificadas. Sin embargo, más allá de eso está mostrando que la épica cristiana es una retórica que sirve al gobernante para justificar sus excesos. La narración de la conquista de la costa occidental de África como una gesta heroica promovida sólo por el interés de la expansión del cristianismo termina por justificar e idealizar las injusticias de esa conquista e impidiendo el despliegue de lo que Las Casas considera como la única forma aceptable de expandir el cristianismo y que ha expuesto en *De unico vocationis modo*, esto es, la predicación pacífica que promueve la conversión voluntaria.[93]

Con el fin de desenmascarar esta retórica de los gobernantes y su celebración por parte de las crónicas portuguesas, Las Casas se acerca a uno de los episodios más emblemáticos dentro de la conquista de la costa de África por parte de los portugueses. Se trata del episodio narrado tanto por Barros (32-34) y, más ampliamente, por Azurara (103-106) y que tiene lugar en el año 1444. Se trata de la expedición dirigida por Lanzarote, la cual pasa por la isla de las Garzas y llega a la isla de Nar donde, según Las Casas:

> Las gentes asombradas de tan grande y tan nuevo sobresalto y súbita maldad, los padres desamparaban [a] los hijos, y los maridos [a] las mujeres; las madres escondían a los niños entre los herbazales y las matas, andando todos atónitos y fuera de sí. ([fol. 70v]: 471)

Es interesante notar la forma cómo el cronista portugués narra el mismo hecho, viendo en él una victoria bendecida por Dios sobre el enemigo y gracias a la cual capturan ciento cincuenta y cinco personas. Las Casas no ve en ello sino la insensibilidad del cronista que ve algo digno de celebrar en lo que no ha

---

[93] Una exposición de la manera en que las ideas propuestas en *De unico vocationis modo* permean todas las gestiones de Las Casas, no obstante haber sido escrito en una etapa muy temprana de su ministerio (1533 a 1537). Véase Gutiérrez 219-70.

sido otra cosa que una injusta intromisión en la que los portugueses tomaron ventaja del hecho de que la gente que estaba allí eran "pacíficos y sin armas" ([fol. 70v]: 471).

La expedición de Lanzarote continúa en la isla de Tíder donde, al no encontrar gente, deciden torturar "a algunos de aquellos moros o lo que eran" ([fol. 70v]: 472) con el fin de que les digan donde hay más gente para capturar. Gracias a ello logran retener cuarenta y cinco personas más en dicha isla y, en el camino de regreso a la península ibérica, capturan quince pescadores y una mujer. Una vez llegan a Portugal, Lanzarote pide al infante permiso para sacar pronto los cautivos de las carabelas con el fin de recibir la quinta parte que se les ha prometido por la expedición ya que el viaje y el encierro los está enfermando y matando. Las Casas retoma el relato que hace Azurara con respecto a la petición que Lanzarote hace al príncipe enfatizando las razones que éste presenta para sacar a los cautivos de las naves (Azurara 129-131):

> Por el luengo el viaje y tiempo que ha andamos por la mar vienen fatigados (los cautivos) y más por el enojo y angustia, que por verse así fuera de su tierra y traer captivos y por no saber cual será su fin, según podéis considerar, en sus corazones traen, mayormente que vienen muchos enfermos y asaz maltratados. ([fol. 71]: 472)

Recordemos que lo que viene haciendo Las Casas es parafrasear a los cronistas portugueses, en este caso a Azurara, llamando la atención sobre los pasajes en los cuales estos cronistas no sólo presentan los hechos sino que tratan de mostrarlos como acciones heroicas y cristianas. En este caso los argumentos muestran el estado en el que se encuentran los cautivos pero, al mismo tiempo, la insensibilidad tanto de Lanzarote como del infante al pensar en la precaria situación de éstos no movidos por la compasión o la solidaridad sino por el eventual daño que pueden sufrir como botín de guerra que tienen que vender rápidamente.

El infante concede lo que pide Lanzarote y ordena que todos los cautivos sean sacados a un descampado en la villa de Lagos, de dónde son provenientes los expedicionarios. Desde luego, Las Casas no ve en ello la repartición de los bienes recibidos por servir a Dios sino la distribución de un botín injustamente obtenido por un conjunto de salteadores. En ese momento, Las Casas decide introducir y traducir el largo texto en el cual Eanes de Azurara narra la forma cómo los cautivos son repartidos al tiempo que (el cronista) presenta una compasiva visión de su situación. Se trata del capítulo XXV de la *Chronica* do *Descobrimento e Conquista de Guiné*, el cual Las Casas traduce e introduce completamente dentro de su *Historia de las Indias*.[94]

En este capítulo de su *Chronica*, Azurara presenta una descripción de la situación de los cautivos y, en particular, de la penosa condición en la que ellos se encuentran. Dicha descripción es posible, según el mismo, gracias a su capacidad de identificación con los cautivos en tanto que seres humanos hijos de Adán. Esto no quiere decir que Azurara considere que los cautivos se encuentren en situación de igualdad frente a él o los demás portugueses. Las expresiones que el cronista portugués utiliza con respecto a los cautivos colocan a éstos últimos en clara posición de inferioridad con respecto a los cristianos portugueses. Azurara se refiere a ellos como "miserable compañía", "disformes" y "aquella gente miserable". Dichas expresiones contrastan con la presentación del infante como señor compasivo que, montado en su caballo, asume la tarea de distribuir los cautivos con una clara conciencia de que su esclavización permitirá la cristianización de éstos. Así, lo que hace posible la compasión con los cautivos pero, al mismo tiempo, su distribución como botín es la creencia según la cual la cristianización es el mayor bien que ellos pueden recibir no obstante las circunstancias en las que acceden a ese pretendido bien. En pocas palabras, el dolor del cautiverio queda justificado por la cristianización. Ese es precisamente el punto en el cual Bartolomé de Las Casas introduce su crítica. Para él, la cristianización no justifica ninguno de los daños infringidos sobre los cautivos. Según Las Casas, Azurara no advierte que

> la buena intención del infante, ni los bienes que después sucedían, no excusaban los pecados de violencia, las muertes y la damnación de los muertos que sin fe y sin sacramentos perecieron, y el captiverio de aquellos presentes, ni justificaban tan grande injusticia. ([fol. 73v]: 475)

Al decir esto, Las Casas impugna uno de los ejes de la épica cristiana portuguesa según la cual el sufrimiento del cautivo puede encontrar su justificación y alivio en su conversión al cristianismo. Inspirado en una de las ideas fundamentales de *De unico vocationis modo*, el obispo señala que el dolor causado en aras de una pretendida cristianización no hace otra cosa que imposibilitar que ésta se lleve a cabo. Del mismo modo en que ya había cuestionado la idea

---

[94] Hay que notar que este es uno de los capítulos más frecuentemente citados como una muy temprana representación de los cautivos africanos desde una perspectiva europea Verlinden 618-19. Dado su valor como referente histórico para nuestra investigación, lo hemos introducido como apéndice 2 de este libro.

según la cual las acciones de los portugueses en la costa de África podían ser consideradas como heroicas en tanto que promovían la cristianización de los infieles, Las Casas ahora cuestiona la creencia según la cual el cautiverio es un modo de alcanzar la salvación. Desde su punto de vista, el cautiverio no es una posibilidad de redención sino un impedimento para que ella sea posible.

Esto le permite a Las Casas sintetizar en el Capítulo 25 sus argumentos fundamentales contra las esclavizaciones que han llevado a cabo los portugueses en la costa de África desde mediados del siglo XV. Para él, la actividad de los portugueses en África ha dejado como principal consecuencia el rechazo de la fe entre gentes "que vivían en sus casas pacíficos y seguros, como idóneos apóstoles" ([fol. 74v]: 476). Este rechazo y, más aún, los ataques que algunos habitantes de la costa de África lanzaron en contra de los portugueses están justificados ya que:

> a ningún infiel, sea moro, alárabe, turco, tártaro o judío o de otra cualquiera especie, ley o secta que fuere, no se le puede ni es lícito al pueblo cristiano hacelle guerra, ni molestalle, ni agraviale con daño alguno en su persona ni en cosa suya, sin cometer grandísimos pecados mortales, y ser obligados el cristiano o cristianos que lo hicieren, a restitución de lo que les robaren y daños que les hicieren. ([fol. 75]: 477)

Apelando a la tradición tomista, Las Casas explica que no hay motivo de guerra justa en contra de los habitantes de la costa occidental de África. No hay causa justa para atacarlos. Ellos no han atacado reinos cristianos, no han impedido la predicación del cristianismo y no han usurpado ni bienes ni tierras a los cristianos ([fols. 75-76]: 476-78). Además, si han atacado en algunas ocasiones a los cristianos, lo han hecho como respuesta a las agresiones de los portugueses en sus propias tierras. En consecuencia, la acciones de los portugueses sólo pueden ser caracterizadas como "guerras crueles, matanzas, captiverios, totales destrucciones y anihilaciones de munchos pueblos de gentes seguras en sus casas pacíficas" ([fol. 76-76v]: 479).

Hecha esta digresión, Las Casas entrará en la última parte de su exposición a relatar el inicio de la trata portuguesa de cautivos africanos desde la costa de África y denunciar la injusticia implicada en ella. Según Las Casas, la primera captura se lleva a cabo en 1446 cuando la expedición de Dinís Fernández pasa el río de Sinaga (Senegal) para dejar atrás la tierra de los "moros azenegues" e internarse en tierra de los "primeros negros de Guinea, llamados Jolofos" hasta llegar a Cabo Verde ([fols. 76v-77]: 480).[95] Sólo hasta aquí Las Casas comienza a utilizar el concepto "negro" de un modo constante para referirse a los cautivos. Allí, los portugueses capturan cuatro personas que son las que primero llegan a Portugal en condición de cautivos sin ser obtenidos por mediación de los musulmanes sino directamente en sus tierras. Es importante notar que los cautivos "negros" aparecen como un grupo que se distingue de los "moros". Sin embargo, la distinción que parece relevante para él, parece no ser hecha por los expedicionarios portugueses quienes, según Las Casas,

> no hacían diferencia de los negros a los moros, ni la hicieran en cualquiera nación que hallaran; todos los robaban y cautivaban, porque no llevaban otro fin sino su interés proprio y hacerse ricos a costa de las angustias ajenas y sangre humana. ([fol. 77]: 480)

La representación del bozal como cautivo que, indistintamente de su origen, queda reducido por la esclavitud a la condición de mano de obra disponible parece tener su origen en estos primeros asaltos de los portugueses. Las Casas termina este capítulo ironizando la posición del infante quien, según las crónicas portuguesas, pedía a los expedicionarios tratar bien a los cautivos no obstante que aceptaba sin ningún resquemor los beneficios económicos que producía la esclavización de éstos.

En el capítulo 26, Las Casas se adentra aún más en la presentación y crítica de la forma cómo los portugueses han obtenido cautivos en la costa occidental de África. El estilo de Las Casas se torna en este capítulo más radical afirmando que las expediciones llevadas a cabo por los portugueses desde 1446 más allá de cabo Verde sólo son "grandes estragos, escándalos, robos y captiverios y destruiciones de pueblos, también en los negros, porque no había moros de cabo Verde en adelante" ([fol. 77v]: 481). Los avances del infante don Enrique por la costa de África se extienden por más de cuarenta años hasta llegar a lo que desde entonces se conoce como Sierra Leona, logrando traer por esta costa la especia llamada malagueta, la cual era comercializada anteriormente por los musulmanes, quienes la llevaban hasta Italia atravesando los desiertos del norte de África ([fol. 78]: 481). En 1449, el rey Alonso V de Portugal da licencia al infante para poblar las islas Puerto Santo, Madera, las islas de Cabo Verde, éstas últimas en una expedición comandada por los genoveses Bartolomé de Nolle

---

[94] La desembocadura del río Senegal se encuentra en lo que conocemos actualmente como el límite entre Mauritania y Senegal. Para un estudio de las relaciones entre Acenegues y Jelofes a la llegada de los expedicionarios portugueses, véase el estudio de Ismaïla Ciss, "Seerer" 24-6.

y Rafael de Nolle y que, según Las Casas, son islas malsanas que Barros en el segundo libro de su década primera ha confundido con las islas Fortunadas. Finalmente, durante el reinado de Alonso V los portugueses llegan a la isla de San Tomé ([fols. 78-78v]: 482).

Una vez ha enumerado este conjunto de expediciones, Las Casas introduce un relato que muestra el agudo contraste entre su percepción de los habitantes de la costa occidental de África y la que ofrece el texto de Barros. Se trata de la historia de un musulmán, "moro viejo" en palabras de Las Casas, quien decide ir a Portugal para conocer las costumbres de los europeos y de un portugués llamado Juan Fernández quien decide quedarse por curiosidad con los moros para aprender acerca de la vida y costumbres de éstos. El infante don Enrique recibe con beneplácito ambas decisiones por los beneficios que el conocimiento del musulmán y la experiencia del portugués le pueden traer para sus proyectos expedicionarios. El infante recibe amablemente al musulmán en Portugal y manda por el portugués después de poco menos de un año de estadía de éste en África para que sea recogido. Los musulmanes, según el relato, se han encariñado con él y por ello deciden acompañarlo a la nave en la que regresará a Portugal. De ida hacia la nave, Fernández y sus acompañantes capturan nueve "negros" y cierta cantidad de oro para él. A su regreso a Portugal, Fernández cuenta que cuando llegó a la tierra de los musulmanes, éstos le quitaron toda la ropa y, a diferencia de la manera cómo el infante ha tratado al musulmán en tierra portuguesa, éstos le dieron ropas viejas y rotas, y le alimentaron con la mala comida que ellos comían: granos, hierbas amargas, alimañas lo mismo que leche y queso en tiempos de sequía ([fols. 79-79v]: 483).

Según Fernández, los musulmanes comen poca carne, sólo alguna que pueden obtener de vez en cuando en las tierras interiores cazando animales pequeños y aves, o pescado secado al sol y sin sal. En cuanto a la tierra, Fernández afirma que ésta es estéril y con poca vegetación y que la única manera de guiarse dentro de ella era a través de las aves carroñeras, los vientos y las estrellas. Los habitantes de esta región viven en pequeñas chozas, se visten con cueros de ganados, algunas capas y, en el mejor de los casos, paños. Su principal actividad es el pastoreo. Su lengua es diferente a la de los castellanos, los portugueses y los habitantes de la Berbería. Se organizan y gobiernan en clanes familiares que algunas veces pelean entre sí por las pasturas. Finalmente, Fernández cuenta que en la última parte de su estancia se encontró con "un moro muy honrado y principal de aquellos azenegues" ([fol. 80]: 484), quien lo trató muy bien y le entregó los hombres gracias a los cuales pudo regresar a la nave portuguesa "muy gordo y muy fresco", afirma irónicamente Las Casas, "habiendo comido aquellos flacos manjares con leche" ([fol. 80]: 484).[96]

El punto que vale la pena anotar es que mientras que para Barros se trata de describir las tristes condiciones en las que viven los habitantes de estas tierras, enfatizando la barbarie de éstos, el propósito de Las Casas parece más bien mostrar la vida sencilla y tranquila que llevan los habitantes de estas tierras, enfatizando su condición de gentes pacíficas con una vida sencilla. De nuevo, Las Casas está tomando la información que ofrece el texto de Barros pero con el propósito de impugnar la forma como éste último interpreta los hechos. Mientras que Barros está interesado en enfatizar la barbarie de estas gentes y regiones, Las Casas busca llamar la atención sobre la condición natural y simple en la que estas personas viven. Recordemos que este es uno de los argumentos fundamentales en la crítica que hace Las Casas de las esclavizaciones llevadas a cabo por los portugueses en África.

En el capítulo 27, último capítulo que Las Casas dedica a su relación crítica acerca de las expediciones realizadas por los portugueses a la costa de África, afirma que el deseo de conocer nuevos territorios y riquezas impulsa a muchos portugueses a lanzarse a expediciones que avanzan cada vez más a lo largo de la costa de África con la esperanza de llegar en algún momento a las Indias orientales. Sin embargo, en 1471 el infante ordena a los expedicionarios que "ya no salteasen por la tierra, sino que por vía de comercio y resgate se tratase con aquellas gentes; pues nunca cesaron violencias y robos y engaños y fraudes, que siempre los portogueses en aquellas tierras y gentes habían hecho" ([fol. 81]: 486).

La forma cómo Barros presenta este cambio de estrategia en el comercio en las costas de África es bastante diferente (65). En consonancia con lo expuesto por el texto portugués acerca de las causas de la guerra justa a la que hemos hecho referencia en el capítulo 5, Barros considera que este comercio ha venido después de una guerra justificada hecha a gente agreste y bárbara tanto en leyes como en costumbres. Gracias a la presencia de los portugueses, estas gentes han llegado a ser domésticas y proclives a intercambiar mercaderías por almas que, según sus propias palabras, "venían a recibir más salvación que cautiverio" (65). De ahora en adelante, la captura de esclavos se realiza no mediante incursiones directas de los portugueses en tierra firme sino a través de

---

[96] Las Casas en toda esta sección esta parafraseando algunas partes del capítulo X, del libro primero de la primera década de *Asia* de Barros 38-39.

negociaciones con habitantes de estas regiones quienes traen cautivos hasta las costas para intercambiarlos por mercaderías que traen los portugueses. Esta será una transformación decisiva para el mantenimiento del comercio de cautivos en las costas africanas. De una parte, grupos de africanos se dedicarán a la captura de gente en las regiones interiores de África. De otra, los portugueses se dedicarán a crear fuertes en las costas que servirán para agrupar las mercancías y los cautivos que les son vendidos, manteniendo control sobre los puertos de la región (Blake 79-105).

En 1481, el nuevo rey de Portugal, Juan II, decide no sólo continuar las expediciones de su antecesor con el fin de llegar a la India sino consolidar su señorío sobre las tierras de Guinea. Con la aprobación del Papa, decide enviar una expedición con el fin de construir una fortaleza en la desembocadura del río San Jorge. Esta será la primera fortaleza esclavista en África, hoy conocida como el Castillo de Elmina en Ghana. Ahora bien, la construcción de esta fortaleza constituye un episodio relevante dentro de lo que hemos querido perseguir en esta presentación como el intento de Las Casas de tomar los contenidos de la crónica de Barros pero con el fin de proponer una valoración diferente de ellos. Se trata de un proceso de negociación que se lleva a cabo entre el representante del rey de Portugal, el capitán Diego Dazambuja, nombre que Las Casas no menciona en su relato, y un rey llamado Caramansa a propósito de la construcción de una fortaleza en sus tierras.[97]

Según Barros, el propósito principal de la fortaleza es la cristianización de los habitantes que viven en esa región y con los cuales los portugueses vienen teniendo negocios de manera consistente. Las Casas es de la opinión, sin embargo, que lo que está en juego para los portugueses era la consolidación de un dominio territorial que facilite la extracción de oro y cautivos de las costas africanas. Según Las Casas, cuando Dazambuja llega al lugar donde quiere construir la fortaleza, le explica al rey por medio de un intérprete qué es lo que quiere hacer y las ventajas de permitir la construcción de la fortaleza en sus dominios.

Es interesante notar que el relato de Barros propone una descripción de la ceremonia del encuentro entre el rey y el capitán en la que resalta el uso del vestido y los sonidos como forma de exhibición del poder de cada uno (Barros 73). Una vez escuchada la propuesta, Caramansa contesta, muy astutamente, que no considera necesaria la construcción de una fortaleza para mejorar la

---

[97] Barros presenta este relato en los capítulos I y II, del libro tercero, de la primera década: 71-79.

relación entre los habitantes de su reino y los portugueses, puesto que la relación sostenida principalmente a través del comercio y del rescate de cautivos está marchando muy bien. Antes bien, Caramansa considera que construir una fortaleza puede dar pie para pleitos y enemistades que dañen la buena relación que han tenido hasta ahora. Dazambuja argumenta muchas más razones y, finalmente, Caramansa cede a la idea de construir la fortaleza, según Barros, por las buenas razones que aduce el portugués (77) pero, según Las Casas, por el miedo que produce la presencia de un grupo de entre quinientos y seiscientos hombres armados que son reconocidos por sus ataques a pueblos, "moros y negros", vecinos de su reino ([fols. 81v-82]: 487). Una vez cede, lo único que pide el rey africano al capitán portugués es el cumplimiento de todo aquello que había prometido.

Sin embargo, una vez que los portugueses comienzan a colocar los cimientos de la nueva edificación son atacados por varios vasallos de Caramansa quienes van contra ellos "como perros rabiosos, sin temor alguno" ([fol. 82]: 487). Estos atacantes no alcanzan a producir heridas en los portugueses pero, según Las Casas, sí los portugueses en ellos. Poco después, éstos últimos destruyen aquel lugar para edificar el fuerte. La amistad concluye de este modo y los portugueses comienzan a tener un constante comercio desde aquel lugar tratando en algunos casos de negociar pacíficamente con los nativos y sobreviviendo a las malsanas condiciones del terreno. Una vez informado de la construcción del castillo, el rey de Portugal añade esto territorios a la corona portuguesa y se proclama como rey de esta región ([fol. 82v]: 487-88).

A continuación, Las Casas cuenta brevemente la manera cómo es conquistado el reino del Congo y algunas regiones más al sur de la costa africana en 1484, manteniendo su distancia con respecto a la crónica portuguesa, la cual enfatiza el hecho de que gracias al avance de los portugueses a través de estas costas se ha logrado la cristianización de muchos "negros" (Barros 79-83). El obispo insiste en que "cada día creemos que hacen grandes daños en el captivar esclavos, y dan motivo los portugueses a que ellos a sí mismos se cautiven por codicia y se vendan, y este daño y ofensas que se hacen a Dios no fácilmente serán recompensables" ([fol. 82v]: 488). Según él, las secuelas de lo hecho por los portugueses en ese momento se continúan hasta el momento mismo en el cual él se halla escribiendo.

Además, esta afirmación de Las Casas explora uno de los puntos que más estamos interesados en explorar en este libro, a saber, la manera cómo la esclavización de los africanos genera la esclavización de los portugueses mismos por vía de la codicia. No sabemos si Las Casas esté hablando de ciertas esclavizaciones de portugueses que se llevan a cabo en el contexto de la negociación de los cautivos africanos o si se trata de una expresión por medio de la cual Las Casas está expresando el daño que implica para la cristiandad de los portugueses el hecho de involucrarse en la trata de esclavos. Sea cual sea la interpretación que asumamos, es claro que Las Casas está afirmando que la esclavitud implica no sólo un daño para los cautivos africanos sino para los portugueses mismos.

A continuación, Las Casas afirma que Cristóbal y Bartolomé Colón pudieron haber estado presentes en estas expediciones: "En estos viajes y descubrimientos, o algunos dellos, se halló el Almirante don Cristóbal Colón y su hermano don Bartolomé Colón según lo que yo puedo colegir de cartas y cosas escriptas que tengo de sus manos" ([fol. 82v]: 488).[98] Hecha esta referencia a los hermanos Colón, Las Casas regresa a su juicio sobre las expediciones llevadas a cabo bajo los reinados de Juan II (1455-1495, reinado 1477/81-1495) y Manuel I (1469-1521, reinado 1495-1521). De ellos dice,

> hobo grandísimas corrupciones en los portogueses con el resgate que tuvieron de los esclavos negros, resgatándolos en el reino de Benii y en otras partes de aquella costa, llevándolos a trocar por oro en la mina donde se hizo el castillo de San Jorge; porque la gente de allí, aunque negros también, todos holgaban de comprar esclavos negros de otras partes por oro, para sus comercios que tenían con otros negros, sus vecinos, ellos o los otros con los moros. ([fols. 82v-83]: 488)[99]

Estos hechos, considera Las Casas, no muestran más que la corrupción de los portugueses en el mercadeo de esclavos y la complicidad de algunos habitantes de la costa occidental de África y de algunos musulmanes dentro de dicho mercadeo. Confrontado por la conciencia de los daños implicados en el mercadeo de esclavos debido a que varios de los cautivos son entregados a los musulmanes, el rey Juan III de Portugal (1502-1557, reinado 1521-1557) prohíbe el comercio de esclavos con ellos (Barros 83). Sin embargo, Las Casas agrega que:

---

[98] Probablemente Las Casas está haciendo referencia al viaje que Colón hizo con los portugueses a las costas de lo que hoy conocemos como Ghana entre los años de 1481 y 1482. Recordemos que Colón se radicó en Portugal entre 1474 y 1485, y que allí participó en las expediciones que iban a las islas Canarias, Madeira y Puerto Santo, Madera. De hecho, parece que fueron estos viajes los que le dieron la oportunidad de pensar en la posibilidad de explorar una nueva ruta hacia la India.

[99] Las Casas está haciendo referencia a las *Décadas* de Barros 82-83 y donde dice Benii se debe entender Benín.

> quitó el trato que no se vendan a los moros, más no quitó el resgate y mil pecados mortales que se cometen en ello, hinchindo el mundo de negros esclavos, al menos España, y [hasta] hacer rebosar nuestras Indias dellos; y que de cien mil no se cree ser diez legítimamente hechos esclavos como abaxo, si Dios quisiere, más largo de dirá. Porque como ven los negros que los portugueses tanta ansia tienen por esclavos, por cudicia de lo que por ellos les dan, como también carezcan de fe y temor de Dios, cuantos pueden roban y captivan, como quiera que sea, y sus mismos debdos no perdonan, y así no es otra cosa sino aprobarles sus tiranías y maldades y guerras injustas, que por esto unos a otros hacen. ([fol. 83]: 488-89)

En este pasaje puede notarse que Las Casas conduce toda su exposición que ha venido haciendo hasta la configuración que adquirirá el tráfico de cautivos africanos durante la primera parte del siglo XVI, momento el cual él escribe su texto. En primer lugar, el mismo Barros hace referencia al hecho de que, movido por cristianas motivaciones, el rey prohibió la venta de cautivos a los musulmanes. Sin embargo, esto no quiere decir que haya prohibido la trata de cautivos hacia España y Las Indias. De hecho, éste se ha acrecentado significativamente. En segundo lugar, la referencia al rey Juan III trae el texto hacia el momento mismo en el cual es escrito. Como lo hemos dicho en el capítulo anterior, Juan III es el rey de Portugal en el momento en que Barros publica sus décadas y Las Casas escribe esta sección de su *Historia de las Indias*. Por ende, la crítica de Bartolomé de Las Casas se está dirigiendo a la persistencia de una posición que legitima la trata sobre la base de una pretendida cristianización de los cautivos. Según dicha posición, la esclavización practicada por los cristianos evita la caída de éstos en manos de los musulmanes. Las Casas considera que esta pretendida preocupación por la cristianización de los cautivos en nada atenúa la injusticia que está en la base de la trata. En tercer lugar, Las Casas llama la atención sobre la complicidad de los mismos africanos en el tráfico y el incremento de esta complicidad a lo largo del tiempo.

Hechas estas aclaraciones, Las Casas retorna a su exposición histórica, como siempre siguiendo a Barros (83-88), y relata la expedición que el rey Juan II envía con el fin de encontrar al Preste Juan de Las Indias. En esta expedición, el rey envía "negros" que ya tenían en Portugal y, en especial, mujeres negras "como las más libres y aparejadas para no recibir mal" ([fol. 83]: 489). La expedición va al mando de Bartolomé Díaz y parte de Lisboa en agosto de 1486. Pasando por tormentas y con la pérdida de la nave que trae parte de las provisiones, la expedición avanza hasta llegar a una isla cercana a tierra firme en la cual la tripulación expresa su deseo de regresar ya que han llegado más allá de lo que ha llegado expedición alguna y no parece haber más tierra hacia el sur sino hacia el este. Según Las Casas, los expedicionarios se pierden debido a las tormentas que los conducen hacia "la parte equinoccial treinta y tres grados y tres cuartos" ([fols. 83-83v]: 489). Debido a estas dificultades, Díaz acepta con dolor regresar a Portugal y, durante el viaje de regreso, descubren el cabo de las Hesperionceras que después es rebautizado como el Cabo de la Buena Esperanza ya que se considera que es la puerta de entrada para el descubrimiento de otro mundo (Barros 86-87). Haciendo alusión a Fernão Lopes de Castanheda y su *Historia*, Las Casas afirma que Díaz y sus compañeros bautizan este cabo como Cabo Tormentoso, pero que, llegados a Portugal, el rey lo rebautiza como el cabo de la Buena de Esperanza, dado que a través de él se abre el camino para la conquista de India. Por último, Las Casas afirma que Bartolomé Colón hace parte de esta expedición ([fol. 83v]: 489).

Dadas las posibilidades abiertas por el descubrimiento del cabo de la Buena Esperanza, el rey promueve el arte de navegar y encomienda a dos médicos, uno cristiano y otro judío, y un bohemio el desarrollo de estas artes basados en la observación del sol (Barros 127-28). Las Casas reconoce el desarrollo que hacen los portugueses de esta forma de navegación y afirma que gracias a ella los hermanos Colón pueden aprender y avanzar en sus exploraciones. De hecho, Las Casas conjetura que posiblemente Cristóbal Colón hace parte de las expediciones al sur de África ya que conoce unas cartas que parecen estar escritas por Bartolomé Colón pero probablemente dictadas por su hermano Cristóbal. En un pasaje de dichas cartas, el cual Las Casas introduce dentro de su exposición, Bartolomé Colón afirma que la expedición que descubre el cabo de Buena Esperanza regresa a Portugal en 1488 en tanto que Barros afirma que fue en 1487. Sin embargo, Las Casas considera que no hay necesariamente una contradicción en esto sino que depende del momento en el que se comienza a contar el nuevo año.[100] Esto se confirma más por el hecho de que ambas fuentes afirman que la expedición partió de Lisboa en agosto de 1486 y que se extendió por espacio de dieciséis meses.

Las Casas termina este capítulo relatando el episodio según el cual en el camino de regreso hacia Portugal, la expedición de Díaz encuentra la nave con las provisiones que habían perdido durante la tormenta. Para lo que nos interesa, de los nueve hombres que conformaban inicialmente la tripulación

---

[100] Algunos comienzan a contar el año nuevo desde la fiesta de navidad, en tanto que otros comienzan a contarlo desde enero.

sólo quedaban tres "porque los negros los habían muerto, fiándose dellos, por cudicia de los resgates que tenían" (Barros 87-88; Las Casas [fol. 85]: 492). Es tal la emoción de uno de los sobrevivientes llamado Fernán Cozalo por reencontrar a quienes creyó que nunca más volvería a ver que cae inmediatamente muerto. "De manera que –comenta Las Casas basado en Valerio Máximo y Plutarco– de mucho placer excesivo, así como de mucho pesar, suelen morir los hombres, por el gran exceso de alteración que sobre su corazón los tales reciben" (Las Casas [fol. 85]: 492).

Así termina la exposición de Las Casas sobre la intervención de los portugueses en la costa occidental africana, antes del descubrimiento de América. Son varias las consideraciones que podemos hacer de cara a nuestros intereses. En primer lugar, es necesario decir que la representación que ofrece Las Casas de los africanos en la primera parte de su *Historia de las Indias* está enmarcada dentro de su intento por mostrar que la conquista de Indias por los castellanos en cierto sentido estuvo antecedida por la conquista de las islas Canarias, las islas Puerto Santo, Madera y la costa occidental de África por parte de los portugueses. Los portugueses hicieron en estos lugares lo que los castellanos habrían de hacer después de Indias, a saber, un sometimiento de la población y un saqueo de las riquezas pretendidamente justificado por la cristianización. Ahora bien, como lo hemos reiterado en diversas ocasiones, lo que hace posible que Las Casas haga esta crítica es su representación de los habitantes de las islas Canarias, Puerto Santo, Madera y la costa occidental de África como infieles a la manera de los nativos americanos. En este sentido es que afirmamos que Las Casas hace del caso de Las Indias, el cual le había exigido no sólo una descripción de ciertos hechos sino la formulación de una categoría de infiel y bárbaro que no puede ser objeto de guerra justa, el modelo desde el cual puede hacer una relectura de las crónicas portuguesas. Ese infiel no será ya el musulmán que vive en las costas del África mediterránea sino un infiel que puede tener relación con el musulmán pero se distingue de él. Ese nuevo infiel será todo aquel que, no siendo cristiano, sin embargo, no ha atacado a los cristianos antes de que ellos lo hayan hecho, no ha usurpado sus tierras y, en consecuencia, no puede ser objeto de guerra justa y de esclavización pero sí de cristianización pacífica.

Bajo esta categoría, Las Casas cobija grupos cuya diferencia alcanza a señalar pero que también borra bajo la idea de que todos ellos tienen una procedencia geográfica que les impide ser agresores o amenaza para los cristianos. En este sentido, podemos decir que la definición que propone Las Casas de los infieles y bajo la cual quedarán cobijados los habitantes de las islas Canarias, Puerto Santo, Madera y la costa occidental de África surge a partir de una partición geográfica en la que, de un lado, están los castellanos y portugueses cristianos y, del otro, los infieles de Canaria, Puerto Santo, Madera y la costa occidental de África. Estos infieles, a pesar de ser algunos de ellos musulmanes, se distinguen de aquellos que proceden del norte de África y que sí representan una amenaza para los reinos cristianos.

En este contexto, los análisis de Schmitt en el *Nomos de la tierra* adquieren particular valor cuando él afirma que, a partir del siglo XVI, la definición de los territorios no se hace sobre la base de una expansión territorial obtenida a partir de guerras específicas sino de una comprensión global en la que todo el mundo deviene cristianizable (80-82). El problema radica en establecer cuál es el papel de la esclavitud dentro de la cristianización. Mientras que los expedicionarios portugueses consideran, respaldados por sus gobernantes, que la guerra justa y la esclavización son formas legítimas de propiciar dicha cristianización, Las Casas considera que estas son estrategias totalmente contrarias a ese propósito. Lo que gana Las Casas con su relectura de la historia de la conquista de las Canarias, Puerto Santo, Madera y la costa occidental de África es la inclusión de todos los habitantes de estas regiones dentro de una cartografía, esto es, dentro de una concepción del territorio y de las gentes que lo habitan que él había creado para Las Indias y que ahora busca extender a estas regiones. De acuerdo con esa cartografía, quienes habitan en estos lugares no pueden ser considerados como bárbaros que merecen la guerra y, por ende, la esclavización sino como gentes que deben ser atraídas pacíficamente al cristianismo. Esta inclusión de los habitantes de África dentro de la categoría gentes pacíficas tiene tres consecuencias.

La primera de ellas es que el relato épico dentro de la cual las acciones de los portugueses son valoradas como actos heroicos contra los infieles es desvirtuada al punto de que sólo ve en las acciones de los portugueses expresión de la codicia que busca en el discurso cristiano un pretexto. En este sentido, Las Casas muestra que la épica cristiana medieval, en la cual las acciones de los cristianos contra los infieles cuando les hacen la guerra y los esclavizan son consideradas como actos heroicos, es un modelo inadecuado para entender y plantear las relaciones con los nuevos pueblos conocidos. Más aún, Las Casas enfatiza que si esa épica persiste, sólo lo hace como máscara bajo la cual se buscan justificar acciones injustas. En la *Historia de las Indias* la épica ha dado paso a la historia crítica que ve en la crónica portuguesa un discurso que pretende legitimar las injusticias cometidas sobre los habitantes de las Canarias, Puerto Santo, Madera y la costa occidental de África. Las Casas propondrá como alternativa a dicha épica una historia en la que el relato de las luchas entre cristianos e infieles es remplazado por la persistente denuncia de las injusticias cometidas sobre gentes pacíficas. Mientras que en el modelo portugués la inclusión del infiel en el mundo cristiano se dará por medio de la guerra, el comercio y la esclavitud, en el modelo lascasiano ésta se da por medio de una cristianización pacífica que Las Casas defiende de acuerdo a los principios que la definen pero sin esbozar ningún procedimiento específico para implementarla.

En segundo lugar, y como resultado de esa perspectiva que adopta Las Casas, los habitantes de Canarias, Puerto Santo, Madera y la costa occidental de África son asemejados a los naturales de Indias. Las caracterizaciones que ofrece Las Casas de los habitantes de todos aquellos mantienen gran similitud con las caracterizaciones que ofrece de éstos últimos en varias de sus obras y, en particular, en su *Brevísima relación de la destrucción de las Indias*. Sin embargo, esto no debe llevarnos a la conclusión apresurada según la cual la narración que hace Las Casas de la conquista portuguesa de Canarias, Puerto Santo, Madera y la costa occidental de África es una mera réplica de su relación de la destrucción de Indias. Esto es imposible ya que, de una parte, el conocimiento que tiene el obispo de los pueblos que habitan la costa occidental de África es limitado en comparación con el conocimiento que posee de los nativos americanos. De hecho, sólo cuenta con la información proveída por los textos portugueses que critica para obtener información sobre dichos pueblos ya que nunca viajó a esa región de África ni pasó largo tiempo en las islas del Atlántico. De otra parte, lo que Las Casas propone en los capítulos de la *Historia de las Indias* de los cuales hemos venido hablando es una reflexión sobre el papel de la crónica portuguesa como texto que no sólo narra sino que ofrece una valoración de los hechos. No se trata para él sólo de hacer relación de unos hechos y denunciar unas injusticias implicadas en ellos sino, más radicalmente, de mostrar que las injusticias cometidas por los portugueses están tratando de ser justificadas por relatos de cuño épico. El problema ahora no son los hechos sino la narrativa que se propone de ellos y, más que nada, las representaciones que los portugueses hacen de los habitantes de las tierras a las que llegan.

En tercer lugar, Las Casas mostrará desde entonces, basado en la representación que ofrece de los habitantes de las islas atlánticas y de las costas de África occidental la ilegitimidad de las esclavizaciones llevadas a cabo por los portugueses y, más ampliamente de su concepción de la cristianización de los infieles. De la misma manera que la esclavización de los nativos americanos es injustificada, lo es la esclavización de los habitantes de África. En pocas palabras, Las Casas muestra, basado en la representación que ofrece de los habitantes de África, que ellos no pueden ser sujetos de guerra justa y, por ende, no puede haber esclavización justificada en este tipo de guerra. Como consecuencia de lo anterior, Las Casas no buscará justificar sino explicar por qué surge la trata en esta región. Esta explicación se sustentará en tres elementos: la codicia de los europeos, el miedo de los habitantes de la costa occidental de África ante la violencia de los portugueses y la complicidad de algunos de ellos en el tráfico de cautivos. En consecuencia, la esclavitud deviene la expresión de una naturaleza pacífica que ha sido violentada y que sólo puede ser recuperada por vía de la cristianización pacífica. Dicha cristianización es la única respuesta adecuada al mal implicado en la esclavización y, más que nada, a las complicidades que la hacen posible. Las Casas nunca irá a la costa occidental de África. Nunca propondrá una estrategia concreta para la cristianización de esta región. Sin embargo, su lectura crítica de las crónicas portuguesas en el contexto de la *Historia de las Indias* será una de las primeras y más contundentes críticas de la incipiente trata transatlántica y de los relatos que intentan justificarla. Esa lectura crítica, de una parte, hará de la trata portuguesa un antecedente histórico de lo sucedido en Las Indias y, de otra, hará de un concepto elaborado como parte de su defensa de los nativos americanos ("gentes pacíficas") la oportunidad para reinterpretar la historia portuguesa en África. Esto lo veremos más claramente en la siguiente sección.

5.3 *La vena portuguesa de Colón: una explicación lascasiana del comienzo de la esclavitud africana en Las Indias*

Una vez que Las Casas termina su exposición crítica acerca de la conquista portuguesa de las islas del Atlántico y la costa occidental de África, continúa con su relato concentrándose básicamente en la figura de Colón. Sin embargo, podemos encontrar algunas referencias a África y a los cautivos africanos que mantienen resonancias con la sección que acabamos de presentar. Más aún, podemos decir que estas referencias transforman a Cristóbal Colón en uno de los eslabones fundamentales para entender el inicio del tráfico de cautivos africanos hacia Las Indias.

En el capítulo 136 del libro primero de su *Historia de las Indias*, hablando del tercer viaje de Colón, Las Casas cita una carta que Colón envía a los reyes

El peor de los remedios

pidiendo apoyo para continuar sus exploraciones y no dejarse engañar por las habladurías que hay acerca de ellas. En uno de los apartados citados por Las Casas, Colón afirma:

> Y bien que agora no se cognozca esto que yo digo, verná tiempo que se contará por grande excelencia y a grande vituperio a las personas que a Vuestras Altezas son contra esto. Que, bien que hayan gastado algo en ello, ha sido en cosa más noble y de mayor estado que haya sido cosa de otro príncipe fasta agora, ni era de se quitar della secamente, salvo proceder y darme ayuda y favor, porque los reyes de Portogal gastaron y tuvieron corazón para gastar en Guinea, fasta cuatro o cinco años, dineros y gente, primero que recibiesen provecho, y después les deparó Dios ganancias y oro. Que, cierto, si se cuenta la gente del reino de Portogal y las personas de los que son muertos en esta empresa de Guinea, se fallaría que son más de la mitad del reino. ([fols. 361-361v]: 1061)

Al citar este pasaje, Las Casas está mostrando que Colón tenía en mente las expediciones y conquistas portuguesas como modelo de lo que estaba tratando de hacer en Las Indias. Sin embargo, más adelante en el mismo capítulo Las Casas comenta acerca de estas palabras de Colón:

> El ejemplo que trae de los reyes de Portugal, que gastaron munchos dineros y gente en el descubrimiento y trato de Guinea, antes que della hobiesen provecho, verdad es; pero de las ganancias que de allí han habido y hoy hay, ruego yo a Dios que no tenga yo parte ni quien bien o mal me quiera. ([fol 362v]: 1063)

La referencia a Colón se transforma ahora en una forma de denunciar lo que Las Casas considera como una forma inaceptable de adquirir riquezas, de la cual no quiere formar parte no obstante que ha sugerido en repetidas ocasiones previamente la importación de cautivos africanos hacia Las Indias.

Volviendo a recabar sobre este vínculo entre la conquista portuguesa y las expediciones de Colón, en el capítulo 150, Las Casas denuncia duramente la manera cómo, además de imponer tributos a los gobernantes de Las Indias para la corte de Castilla, los hermanos Colón –Cristóbal Colón (el Almirante), antes de regresar en marzo de 1496 a Castilla, y Bartolomé Colón (su hermano, el Adelantado), desde cuando el Almirante regresó a Castilla– imponen como principal tributo el trabajo forzado para su mantenimiento y servicio personal haciendo de ello la principal granjería con la que quieren, a los ojos de los reyes, hacer sostenible la colonización de Indias y hacer atractivo para los mercaderes venir a estas tierras. La segunda granjería era el brasil. En este contexto, Colón despacha una carta en la que propone mandar un cargamento de 4.000 naturales cautivos y 4.000 quintales de madera brasil, llamando la atención sobre las ganancias que se pueden obtener con estas mercancías (entre 40 y 20 cuentos).[101] La carta de Colón, citada por Las Casas, dice lo siguiente:

> De acá se pueden, con el nombre de la Sancta Trinidad, enviar todos los esclavos que se pudieren vender, y brasil, de los cuales, si la información que yo tengo es cierta, me dicen que se podrán vender cuatro mill, y que, a poco valer, valdrán veinte cuentos, y cuatro mill quintales de brasil, que pueden valer otro tanto, y el gasto pueden ser aquí seis cuentos. Así que a prima haz, buenos serían cuarenta cuentos, si esto saliese así. Y cierto, la razón que dan a ello parece auténtica, porque en Castilla y Portogal, Aragón y Italia y Cecilia y las islas de Portugal y de Aragón y las Canarias gastan munchos esclavos, y creo que de Guinea ya no vengan tantos; y que viniesen, uno déstos vale por tres, según se ve. Y yo que estos días fui a las islas de Cabo Verde, de donde las gentes dellas tienen gran trato en los esclavos y de contino envían navíos a los rescatar y están a la puerta, yo ví que por el más ruin demandaban ocho mil maravedís, y éstos, como dije, para tener en cuenta, y aquello no para que se vean. Del brasil, dicen que en Castilla y Aragón y Génova y Venecia y grande suma en Francia y en Flandes y en Inglaterra. Así que destas dos cosas, según su parecer, se pueden sacar estos cuarenta cuentos, si no hobiese falta de navíos que viniesen por esto, los cuales, creo, con el ayuda de Nuestro Señor, que no habrá, si una vez se ceban en este viaje (...) Así que aquí hay estos esclavos y brasil, que parece cosa viva, y aún oro, si place a Aquel que lo dio y que lo dará cuando convenga (...) Acá no hace falta para hacer la renta que encima dixe, salvo que vengan navíos mucho para llevar estas cosas que dixe, y yo creo que presto será la gente de la mar cebados en ello, que ahora los maestres y marineros (de los cinco navíos había de decir) van todos ricos y con intención de volver luego y llevar los esclavos a mil y quinientos maravedís la pieza, y darles de comer, y la paga sea dellos mismos, de los primeros dineros que dellos salieren Y bien que mueran agora así, no será siempre desta manera, que así hacían los negros y los canarios a la primera, y aún avantaje en éstos (quiere decir que los indios hacen ventaja a los negros), que uno que escape no lo venderá su dueño por el dinero que le den ([fol. 397-397v]: 1119-120).

En este pasaje, Las Casas dice está transcribiendo una carta de Colón. De hecho, después de hacer esta larga cita, enfatiza que "estas son sus palabras [las del almirante], puesto que defectuosas cuanto a nuestro lenguaje castellano,

---

[101] Para tener una idea a qué equivale un cuento en tiempos de Las Casas, podemos remitirnos a Francisco López de Gómara quien en su *Historia de las Indias* (1555) afirma: "Y porque los reyes no tenían dineros para despachar a Colón, les prestó Luis de San Ángel, su escribano de ración, seis *cuentos* de maravedís, que son, en cuenta más gruesa, diez y seis mil ducados". En consecuencia, si un ducado equivale a 375 maravedís, podemos inferir que un cuento equivale a 1000 maravedís. Yendo más allá, si un ducado equivale a 3,6 gramos de oro, un cuento equivale a 9,6 kg o, aproximadamente, 338 onzas de oro.

el cual no sabía bien, pero más insensiblemente dichas" ([fol. 397v]: 1120). El proyecto de Colón consiste en articular el incipiente comercio entre Las Indias y la península con base en la captura y deportación de nativos, y el envío de madera al brasil, siguiendo las estrategias comerciales portuguesas de las que Colón ha tenido noticia en Cabo Verde. El punto sobre el cual Las Casas desea llamar la atención es la ceguera de Colón –no sólo de él sino de muchos incluidos los consejeros del rey– que llega a convertir a los nativos americanos en piezas capturadas con el fin de satisfacer las necesidades de esclavos en varios sitios de Europa. Más aún, Colón considera la mortandad de nativos cautivos como algo propio de la implementación de la trata, colocando como ejemplo la mortandad de habitantes esclavizados de la costa occidental de África y de las islas Canarias que tuvo lugar cuando los portugueses implementaron la trata desde África hacia la península. Sin embargo, en lo que parece un intento de exculpación al menos parcial de Colón, Las Casas afirma:

> Y munchas veces creí que aquesta ceguedad y corrupción aprendió el almirante y se le pegó de la que tuvieron y hoy tienen los portogueses en la negociación, o por decir verdad, execrabilísima tiranía en Guinea, como arriba, hablando della, se vido. ([fol. 398]: 1120-121)

El recuerdo de Colón es transformado ahora por Las Casas en una crítica de lo que continúan haciendo los portugueses. Lo hecho por aquél es consecuencia de lo que aprendió de éstos, esto es, un comercio que, so pretexto de la cristianización, comete persistentes desmanes en contra de las poblaciones nativas y que el obispo define como tiranía. Al establecer esta conexión entre Colón y los portugueses en torno a las actividades esclavistas, Las Casas radicaliza, de un lado, su crítica a los portugueses como iniciadores del tráfico y, de otro lado, su reinterpretación de lo sucedido en África desde lo que ha conocido y construido conceptualmente con anterioridad respecto a Las Indias.

Más adelante, en el capítulo 173 del libro primero de la *Historia de las Indias*, Las Casas relata la expedición que el portugués Pedro Álvarez Cabral comanda en 1500 y que permite el descubrimiento de Brasil. Las Casas está interesado en mostrar que los primeros en llegar a estas tierras son los castellanos y, en particular, Vicente Yáñez y después Diego de Lepe. De hecho, señala que, movido por el interés por llegar a la India, el rey Manuel I de Portugal (1469-1521, reinado 1495-1521) decide enviar la expedición de Álvarez Cabral y que esta expedición, por casualidad descubre "las misma tierra que los nuestros ya habían descubierto y bojado" ([fol. 466]: 1227). En su exposición de la expedición de Álvarez Cabral, Las Casas vuelve a seguir muy de cerca las décadas de *Ásia* de João Barros (169-177).

Esta expedición es organizada con fines militares y religiosos. Ella incluye ocho franciscanos, ocho capellanes y un vicario. Además, una de las directrices dadas a Álvarez Cabral es que "primero que acometiese a los moros y a los idólatras con el cuchillo material y seglar, haciéndoles las guerra, dejase a los religiosos y seglares usar del suyo espiritual", es decir, que la predicación y el comercio antecedan la acción militar. Sólo si la predicación y el comercio no funcionan y los nativos se muestran reacios a la predicación, se deberá recurrir a la acción militar (Barros 172; Las Casas [fol. 466v]: 1227). Las Casas sospecha de la legitimidad de estas razones. Considera que lo que los portugueses están defendiendo es que el evangelio puede ser predicado a golpes y que todo pueblo está obligado a negociar con ellos así no tenga necesidad de ello:

> Miedo tengo que los portugueses buscaban achaques, con color de dilatar la religión cristiana, para despojar la India del oro y plata y especiería que tenía y otras riquezas, y usurpar a los reyes naturales sus señoríos y su libertad, como nosotros los castellanos habemos hallado para extirpar y asolar a nuestras Indias. Y todo procede de la grande y espesa ceguedad que, por nuestros pecados, en Portogal y Castilla caer Dios ha permitido. Y es manifiesto que primero comenzó en Portogal que en Castilla, como parece clarísimo en los principios y medios y fines que han tenido los portogueses en la tierra de Guinea, como pareció en los cap. 19, 22, 24 y 25. ([fol. 467]: 1228)

En este pasaje es claro el vínculo que Las Casas establece entre lo sucedido en la costa occidental de África a manos de los portugueses y lo sucedido en Las Indias a manos de los españoles. Los paralelismos que el obispo establece entre lo hecho por los unos y los otros pone en evidencia el propósito fundamental que mueve la escritura de la *Historia de las Indias* tal como es formulado en el prólogo del texto, a saber, establecer cuáles fueron las razones que llevaron a que la conquista española de Las Indias haya terminado convirtiéndose no en una historia de cristianización sino en una historia de explotación. La respuesta de Las Casas será que, en ambos casos la cristianización, que fue el designio divino que permitió la llegada de los expedicionarios peninsulares a regiones que no conocían, ha quedado supeditada a lo que sólo era un medio para ella, esto es, la explotación de los bienes y el trabajo de los habitantes de las tierras colonizadas. La creencia en una evangelización en la que los propósitos deben prevalecer sobre los medios es un estándar moral decisivo en la argumentación de Las Casas. Ese es el criterio desde el cual se desarrolla la crítica tanto de la conquista portuguesa de África como de la conquista castellana de Las Indias. Según él, no existen diferencias significativas en lo que concierne a los procedimientos mediante los cuales ambas conquistas fueron llevadas a cabo. Para establecer el vínculo entre las dos conquistas, Las Casas recurre a la figura de Colón cuyos pecados y excesos atribuye a lo que el navegante genovés aprendió de los portugueses. Más adelante, Las Casas señalará que esta forma de practicar la conquista de otras tierras fue y es fruto de una "perniciosísima y muy palpable insensibilidad" ([fol. 467]: 1228-229).

En conclusión, la exposición que hace Las Casas de la conquista portuguesa de las islas Canarias, las islas del Atlántico y la costa occidental de África, y la conexión que establece entre esta conquista y la figura de Cristóbal Colón permite reconocer una perspectiva transatlántica en el trabajo del obispo. Esta perspectiva permite hacer dos trayectos. Por un lado, permite ver lo sucedido en Las Indias como una continuación de lo sucedido en el Atlántico y África. Sin embargo, por otro lado, permite hacer de Las Indias el marco experiencial, narrativo y aún conceptual desde el cual lo sucedido previamente en el Atlántico y África es reinterpretado más allá del modelo de la épica cristiana medieval. Ahora bien, la posibilidad de esta conexión transatlántica de estas dos conquistas es posible gracias a la cartografía que Las Casas propone, es decir, al mapa argumentativo que elabora en su texto y según el cual lo sucedido al este del Atlántico antecede lo que sucede al oeste y, viceversa, lo que sucede al oeste del Atlántico permite arrojar nueva luz sobre lo que ha sucedido previamente en el este. En dicha cartografía todos los pueblos no-cristianos son representados como infieles o bárbaros que, salvo en el caso de los musulmanes, que atacan directamente a los cristianos o usurpan sus tierras, deben ser evangelizados de manera pacífica. Los infieles se han convertido ahora en gentes pacíficas que viven en lugares paradisíacos asaltados por conquistadores codiciosos.

Esta nueva cartografía abrirá el espacio para que Las Casas formule, de manera explícita, su arrepentimiento con respecto a sus previas sugerencias de introducir cautivos africanos en las Indias. Ahora bien, como veremos a continuación, este arrepentimiento está relacionado no sólo con el hecho de haber sugerido esto sino, además, con los problemas que ha traído para los proyectos de colonización española de Las Indias la presencia de estos cautivos. Recordemos que Las Casas inicialmente los concibe como mano de obra necesaria para adelantar los procesos de colonización en las nuevas tierras. Esta representación es transformada en su crítica a la conquista portuguesa. En dicha crítica los cautivos africanos devienen gentes pacíficas que han sido injustamente capturadas y esclavizadas. Sin embargo, cuando vuelva de nuevo hacia las Indias con el fin de relatar el proceso de colonización adelantado por los castellanos, Las Casas comenzará, por un lado, a intentar asimilar a los cautivos africanos con los nativos americanos y, por el otro, a reconocer diferencias entre aquellos y estos, a los que percibirá como amenaza para el avance de los proyectos de colonización. Esto no quiere decir que las dos representaciones previas desaparezcan del todo. Quiere decir, más bien, que a dichas representaciones se les agrega una nueva según la cual ellos se hallan en un límite que oscila entre su asimilación a los nativos americanos y su separación de ellos como agentes nocivos, no sólo para estos nativos, sino para la colonización española de Las Indias.

Las Casas no es el primero que introduce esta representación. Como lo hemos visto en los primeros capítulos de este libro, los intentos de asimilación de los cautivos africanos a los nativos americanos, pero también los temores ante la presencia de éstos últimos en Las Indias, son expresados desde muy temprano por diversos autores y autoridades en Las Indias. Sin embargo, Las Casas parece mantenerse durante cierto tiempo ajeno a estos temores. La introducción de estas inquietudes dentro de los textos de Las Casas marca una nueva inflexión en sus consideraciones acerca de la cristianización de Las Indias. Si bien el obispo reconocerá que los cautivos africanos pueden ser asimilados a los nativos americanos en términos de las injusticias que han padecido, señalará diferencias entre los dos grupos en lo que refiere a las respuestas que cada uno de ellos genera para impugnar su subyugación. Esto es lo que exploraremos a continuación.

5.4 *El libro tercero de la* Historia de las Indias, *el arrepentimiento y los últimos escritos (1559-1564): la víctima y la plaga*

En esta sección nos dedicaremos a las alusiones que hace Las Casas a los cautivos africanos en el libro tercero de su *Historia de las Indias* y en sus últimos escritos. En la etapa final de su vida, el obispo se dedica a gestionar la defensa de los indígenas ante la corte y a escribir los libros segundo y tercero de su *Historia*. Escribe el segundo libro de la *Historia de las Indias* entre 1558 y 1559 y el libro tercero entre 1559 y 1561 –hay una indicación expresa de ello en el capítulo 8 del libro tercero ([fol. 24]: 1780)–. En este último libro, encontramos referencias a los cautivos africanos en Las Indias. Éstas son de dos tipos. Unas hablan de la relación que ellos tienen con los nativos americanos y otras del arrepentimiento que experimenta Las Casas con respecto a su previo respaldo a la introducción de cautivos africanos en Las Indias.

En el libro tercero de *Historia de las Indias* Las Casas retoma dos representaciones que ya hemos encontrado en otros textos suyos y que se refieren a los maltratos infringidos por los cautivos africanos a los amerindios y a la superioridad física de aquéllos con respecto a éstos. El obispo relata la expedición de Vasco Núñez de Balboa en 1517 en Panamá:

> Y es de saber aquí, que nunca salían los españoles de una parte a otra que no llevasen munchos indios cada uno, que les llevaban las cargas de su ropa en que dormían y sus armas y la comida; y hasta los negros esclavos eran de los indios servidos y llamados perros, aporreados y afligidos. ([fol. 229]: 2063)

En este pasaje, Las Casas vuelve sobre la consideración que ya ha hecho en textos anteriores según la cual la situación de los indios durante las conquistas es difícil al extremo de sufrir malos tratos incluso por parte de los cautivos africanos. Más adelante, hablando de la madera que tuvieron que subir para hacer la guarida de Balboa en la sierra, Las Casas dice:

> Esta madera se cargó sobre los indios que tenían por esclavos y [a] los que iban a saltear cada día, y su parte llevaron los negros, que no eran sino obra de treinta, y también cada uno de los españoles llevaba lo que podía. Los trabajos que aquí llevando y subiendo esta madera y clavazón de herramientas, y después las anclas y la xarcia y todos los demás aparejos necesarios a los bergantines, y después baxándola hasta el río, que por todos se padecieron no pueden ser creídos; pero no se halló que negro ni español muriese dellos, más de los infelices indios no tuvieron número los que perecieron y concluyeron sus tristes días. (Capítulo 74 [fol. 229]: 2064)

Estos dos pasajes recaban sobre dos de las representaciones más extendidas de los cautivos africanos en Las Indias, a saber que ellos agreden a los nativos y son más fuertes que ellos. Más adelante en su texto, Las Casas retoma estas representaciones y las introduce como parte de dos pasajes en los que reconoce su arrepentimiento por haber apoyado la trata africana hacia Las Indias. Como hemos visto previamente, este arrepentimiento ha sido considerado desde el siglo XIX pieza fundamental en la defensa de Las Casas y su participación en los comienzos de la trata transatlántica.

Dicho de manera muy general, este arrepentimiento se enmarca dentro del libro tercero de la *Historia de las Indias*. En él, Las Casas se presenta no sólo como narrador sino como protagonista de algunos de los eventos relatados. El obispo está interesado en denunciar los desmanes e injusticias cometidos durante los años 1510 a 1520 por los conquistadores, gobernantes y encomenderos en La Española, La Tierra Firme, Yucatán y Cuba, pero también en mostrar cuáles fueron las gestiones que los dominicos y él mismo llevaron a cabo para que la corona española protegiera a los nativos americanos frente a sus opresores. Las Casas quiere dejar en claro que es testigo de primera mano de los eventos que relata y, más aún, protagonista de algunos de ellos como promotor de las medidas que toma la corona española para proteger a las poblaciones indígenas.

En este libro tercero, la participación del obispo vasco Murelata en la expedición que Diego Velásquez organiza a Cuba entre 1512 y 1513, dedica especial atención a la masacre del Caonao, la cual constituye para él uno de los actos más horrendos que tiene que presenciar ([fols. 95-102]: 1875-885). Más adelante, narra su conversión a la causa indígena, la cual tiene lugar en Cuba en agosto de 1514 y es inspirada tanto por la predicación de los dominicos como por su lectura de un pasaje del Eclesiástico ([fols. 241-46]: 2080-89). A continuación, relata las gestiones que emprende como fruto de esa conversión a partir de 1516 en la corte española, las cuales llevarán a que el cardenal Cisneros ordene una reforma en el gobierno de las islas a cargo de los frailes jerónimos y de Las Casas mismo, nombrado "procurador o protector universal de todos los indios de las Indias" ([fols. 244-279]: 2085-142). Finalmente, el obispo narra sus esfuerzos para promover entre 1517 y 1520, primero, una nueva reforma en el gobierno de las islas dado el fracaso de la reforma de los jerónimos ([fols. 287v-320]: 2157-212) y, luego, un proyecto de capitulación y asiento para la Tierra Firme, el cual terminará también por fracasar ([fols. 388-479]: 2326-472).

Sin embargo, Las Casas mantiene en este libro tercero un balance entre la narración de sus gestiones en favor de los nativos americanos y la narración de los hechos sucedidos en las islas durante los años en los cuales lleva a cabo dichas gestiones. Así, divide la narración de sus gestiones en la corte española entre 1517 y 1520, introduciendo en medio de ella un recuento de lo sucedido durante los años 1518 a 1520 en Panamá ([fols. 320v-328v]: 2213-226), Cuba ([fols. 329-373]: 2213-301) y La Española ([fols. 373-387v]: 2302-325). En el caso de esta última, el obispo relatará la historia de la rebelión de tres indígenas –Enriquillo, Ciguayo y Tamayo– ([fols. 373-382]: 2302-316), la epidemia de viruelas y la plaga de hormigas que azotan a la isla por estos años ([fols. 382v-385]: 2317-321), y la introducción en ella de ingenios de azúcar y de cautivos africanos ([fols. 385v-387v]: 2321-325).

El arrepentimiento de Las Casas acerca de su sugerencia de introducir cautivos africanos en Las Indias aparece en dos pasajes. Uno se encuentra en el capítulo 102, como parte de la exposición de las gestiones que lleva a cabo ante la corona española entre 1517 y 1518 en Aranda de Duero, Valladolid y Zaragoza. El otro se halla en el capítulo 129, en el cual el obispo recuerda las circunstancias que provocaron el aumento en la importación de cautivos africanos a La Española. Se trata de dos capítulos que forman parte de bloques narrativos diferentes. Sin embargo, como veremos más adelante, Las Casas establece una conexión entre ellos desde la perspectiva del escritor que recuerda sus primeros años en la defensa de la causa indígena y su participación en el inicio de la trata.

Nos concentraremos ahora en nuestra exposición en estos capítulos. En primer lugar, en el capítulo 102, Las Casas relata los hechos concernientes a su regreso a España en 1517 con el fin de denunciar lo que él considera como el fracaso de la gestiones de los jerónimos en La Española y las gestiones que comienza a llevar a cabo para promover el repoblamiento de la isla. Aconsejado por el gran Canciller de Carlos I, Mercurio de Gattinara, Las Casas comienza a visitar monasterios para informar a superiores religiosos de lo sucedido con los frailes jerónimos, y a escribir memoriales en los que informa sobre estos hechos y hace propuestas para el mejoramiento de la situación ([fol. 306v]: 2189). Entre esas propuestas, Las Casas recuerda que recomendó la introducción de labradores que recibieran apoyo económico y logístico por parte de la corona española hasta que lograran hacer producir la tierra. Afirma que existían en ese momento en La Española granjas que eran propiedad del rey y que en ellas había "indios y algunos negros, aunque pocos negros" ([fol. 307]: 2190) que trabajaban allí y que pidió que dichas granjas fueran dadas a los labradores españoles que se fuesen a vivir a las islas "con todo lo que había de valor en ellas salvo los indios" ([fol. 307]: 2190). Las Casas no dice nada acerca de los cautivos africanos. Parece incluirlos dentro de las ventajas de las cuales pueden servirse los nuevos habitantes y que pueden hacer atrayente para ellos tomar el riesgo de vivir en La Española. A renglón seguido, Las Casas recuerda que pidió que se diera licencia a los colonos españoles para introducir cautivos africanos en Las Indias:

> Y porque algunos de los españoles desta isla dijeron al clérigo Casas, viendo lo que pretendía y que los religiosos de Santo Domingo no querían absolver a los que tenían indios, si no los dejaban, que si les traía licencia del rey para que pudiesen traer de Castilla una docena de negros esclavos, que abrirían mano de los indios, acordándose

> desto el clérigo, dijo en sus memoriales que se hiciese merced a los españoles vecinos dellas de darles licencia para traer de España una docena, más o menos de esclavos negros, porque con ellos se sustentaría en la tierra y dejaría libres los indios. Este aviso de que se diese licencia para traer esclavos negros a estas tierras dio primero el Clérigo Casas, *no advirtiendo la injusticia con que los portugueses los toman y hacen esclavos*; el cual, después de que cayó en ello, no lo diera por cuanto había en el mundo, porque siempre los tuvo por injusta y tiránicamente hechos esclavos, porque *la misma razón es dellos que de los indios.* ([fols. 307-307v]: 2190-191, énfasis mío)[102]

En este párrafo, Las Casas expresa su arrepentimiento por haber solicitado en sus memoriales escritos durante 1517 y 1518 licencia al rey para que los colonos pudieran introducir cautivos africanos en las Indias. Es necesario aclarar que la primera vez que Las Casas pide esta licencia no es en 1517. En 1516, en su "Memorial de remedios para las Indias (1516)" ya ha solicitado que los vecinos pudieran tener "esclavos negros y blancos" (36) y que éstos sean utilizados para cavar la tierra, liberando así a los nativos de este trabajo (45). Sin embargo, cuando Las Casas relata en *Historia de las Indias* las circunstancias en las cuales redactó este memorial, delineando su contenido, no menciona que la introducción de cautivos se hallara entre los remedios que propuso ([fol. 256v-257]: 2108-109). Aunque es difícil establecer las razones de esta imprecisión, vale la pena notar que el "Memorial de remedios para las Indias" es escrito antes de la llegada de los frailes jerónimos a La Española, en tanto que los memoriales escritos entre 1517 y 1518 son escritos después y, más aún, en contra de las gestiones llevadas a cabo por ellos en la isla. Así que el arrepentimiento de Las Casas puede estar ligado, como veremos más adelante, a una diferencia en la percepción de la esclavitud después de la intervención de los jerónimos y la aparición de los ingenios.

Lo que tenemos que preguntarnos ahora es cuál es la razón de ese arrepentimiento. Lo primero que hay que decir es que para el obispo el principal argumento de su arrepentimiento es el conocimiento que tiene de la forma

---

[102] Las Casas se está refiriendo en este texto probablemente a dos memoriales. Según Pérez Fernández, el primero de ellos sería un memorial extenso que Las Casas redactó en Valladolid entre enero y marzo de 1518 pero que hoy se encuentra perdido (*Inventario* 84). El segundo memorial es un resumen del memorial anterior que ha llegado hasta nosotros como "Memorial de remedios para las Indias (1518)", el cual fue redactado alrededor de marzo de 1518 y en el que Las Casas pide al rey que los cristianos que habitan en las islas "puedan tener cada uno dos esclavos negros y dos negras" 52. Lo llamativo es que los números de cautivos africanos solicitados en el segundo memorial no concuerdan con los doce que Las Casas menciona en *Historia de las Indias*. Así que no sabemos si Las Casas se está refiriendo a otro memorial o si la memoria simplemente le está fallando.

injusta en que los africanos son esclavizados por los portugueses. La injusticia radica en que son esclavizados, no obstante que "la misma razón es dellos que de los indios" ([fol. 307v]: 2191). Su arrepentimiento, en consecuencia, se halla sustentado en la equiparación que hace de los cautivos africanos a los nativos americanos. Ahora bien, esta equiparación provoca que Las Casas haga un juicio sobre la esclavización de aquellos: "siempre los tuvo por injusta y tiránicamente hechos esclavos" ([fol. 307v]: 2191).[103] La equiparación de los cautivos africanos a los amerindios implica un reconocimiento de la injusticia de su esclavización que, una vez conocida, se torna inaceptable. En este sentido, Las Casas está avanzando sobre los mismos argumentos que ha propuesto en los capítulos 22 a 27 del libro primero de *Historia de las Indias*, pero extendiéndolos desde las capturas en la costa occidental de África hasta la introducción de cautivos en Las Indias. Sin embargo, Las Casas aclara que el único propósito de su petición fue que los nativos fueran liberados y que, por ello mismo, su petición recibió el apoyo del Gran Canciller, de Adriano de Utrecht y de los flamencos de la corte de Carlos I ([fol. 307v]: 2191).

A continuación, el obispo recuerda una pregunta que le hicieron entre marzo y abril de 1518. Afirma que se le preguntó cuántos cautivos africanos deberían ser traídos a Indias –de hecho, como lo hemos señalado en el capítulo 1, la pregunta se la hizo Pierre Barbier quien era el capellán del gran canciller Jean Le Sauvage– y que respondió que no sabía. Debido a ello, continúa Las Casas, se despachó una cédula a la Casa de Contratación de Sevilla, la cual consideró que para La Española, San Juan, Cuba y Jamaica, se necesitaban 4.000 cautivos. Una vez se estableció este número, algún español le dio aviso al Gobernador de Bressa, Lorenzo de Gorrevod, quien pidió que le fuese concedida por merced la licencia para introducir estos cautivos y luego la vendió a los genoveses por 25.000 ducados y con el compromiso de un monopolio de ocho años en la venta de esclavos. Según Las Casas, esta forma de organizar el tráfico no trajo beneficios ni para los colonos, que no recibieron los cautivos que necesitaban dado el alto costo al que los genoveses revendieron las licencias, ni para los nativos, quienes no fueron liberados de sus trabajos y fueron finalmente exterminados: "se quedaron [los indios] en su captiverio hasta que no hobo más que matar" ([fol. 308]: 2191). Las Casas afirma que, a manera de remedio para

---

[103] El uso del adverbio "siempre" en esta expresión no tiene una connotación temporal sino, más bien de énfasis. Como hemos venido mostrando, Las Casas no siempre consideró que los cautivos africanos traídos a Las Indias fuesen injustamente capturados. Sin embargo, una vez que supo la manera en que eran capturados consideró siempre injusta su esclavización.

esta situación, recomendó al rey pagar los 25.000 ducados de la licencia con el fin de que se pudiese acabar con el monopolio, pero éste no lo hizo porque no tenía recursos para ello.

Al hacer este recuento sobre la adjudicación y los problemas que trajo el monopolio, Las Casas esclarece un segundo elemento de su arrepentimiento, a saber, la inefectividad de su petición de otorgar las licencias para introducir cautivos africanos dado que ésta se convirtió en una forma de especular con el precio de ellas y no una forma de introducir cautivos así que, finalmente, no se generaron condiciones para proteger a los nativos americanos. Reconoce que la adjudicación del monopolio a Gorrevod no sólo permitió la proliferación de una injusta esclavización sino que, además, hizo que esa injusticia no produjera ninguna solución de cara al propósito con el cual fue concebida, a saber, el alivio de la explotación indígena. Más ampliamente, esta memoria que propone Las Casas de su apoyo al otorgamiento de las licencias para introducir cautivos le permite enfatizar por qué no sólo estas recomendaciones, sino todas las demás que hizo, fueron desatendidas y/o desencaminadas de su propósito inicial:

> La causa desta indignidad fue y siempre ha sido –algunos tiempos mayor y otros menor– la ceguedad e insensibilidad (y no sé si les será imputada en el juicio terrible de Dios) del Consejo del rey, por señalada e inicua maldad en no haber tenido por hito y blanco –como fin principal a que todas sus obras y ordenaciones, leyes y mandamientos y determinaciones se habían de ordenar y enderezar– la conversión y utilidad espiritual y temporal de aquellas gentes, y no el adquirir hacienda para el rey e para sí o para sus parientes y amigos. ([308v]: 2191-192)

Esta dura condena de Las Casas a las autoridades de su tiempo, presente en varios de sus textos, adquiere aquí un particular significado ya que da un contexto a su arrepentimiento. Las Casas se arrepiente de haber solicitado licencias para la importación de cautivos africanos porque ello no sirvió para impedir el exterminio de los nativos de Indias y terminó, antes bien, por ser un medio de saciar la codicia del rey y sus allegados. Al arrepentimiento provocado por el reconocimiento de la injusticia ligada a la trata, el obispo añade ahora el arrepentimiento producido por saber que su petición de las licencias para introducir cautivos africanos en Las Indias fue sólo una ocasión más en la historia de ceguedad y codicia que caracteriza la colonización española de Las Indias.

En el capítulo 129, Las Casas vuelve a expresar este arrepentimiento. Como lo hemos dicho más arriba, el contexto de esta segunda formulación de su arrepentimiento es diferente al de la primera. El obispo recuerda que la producción de azúcar por medio de trapiches fue introducida en La Española primero en Concepción de La Vega en 1505 o 1506 y luego en Santo Domingo en 1516 ([fol. 385v]: 2322). Este último año, los frailes jerónimos, al ver las ventajas de esta actividad, proponen al rey que se ofrezca apoyo económico a los colonos que construyan trapiches en la isla. Esta medida tiene éxito al punto de que el obispo afirma que en el momento en el cual él está escribiendo hay treinta y cuatro ingenios en las isla y otros más en las islas circundantes ([fol. 386v]: 2322-323). Sin embargo, la prosperidad que los colonos vislumbraron en este negocio los movió a someter a los nativos a trabajos aún más demandantes. Esto le permite a Las Casas introducir una distinción entre dos momentos de la colonización de La Española separados a partir de la aparición de los ingenios de azúcar y, más específicamente, por las transformaciones en términos de mano de obra que ellos provocan.

El obispo recuerda, conectando su escritura con el capítulo 102, que antes de que los ingenios fueran introducidos en las islas, algunos vecinos de La Española que habían explotado a los nativos "deseaban tener licencia para enviar a comprar a Castilla algunos negros esclavos, como vían que los indios se les acababan" ([fol. 386]: 2322). Más aún, enfatiza Las Casas, repitiendo lo que ha dicho en el capítulo 102, "prometían al clérigo Bartolomé de Las Casas que, si les traía o alcanzaba licencia para poder traer a esta isla una docena de negros, dexarían los indios que tenían para que se pusiesen en libertad" ([fol. 386]: 2322).[104] Dado que, según el mismo Las Casas, contaba con el favor del rey, éste concedió a los colonos por medio suyo las licencias para introducir algunos cautivos y, más tarde, con aquiescencia del Consejo de Indias, autorizó la entrada de cuatro mil cautivos. Del mismo modo, recuerda lo que ha dicho en el capítulo 102 sobre todo los problemas que produjo la entrega de la licencia a Gorrevod:

> Vendieron después cada licencia los ginoveses, por cada negro a ocho ducados a lo menos; por manera que lo que el clérigo de Las Casas hobo alcanzado para que los españoles se socorriesen de quien les ayudase a sustentarse en la tierra, porque dexasen en libertad [a] los indios, se hizo vendible a los mercaderes, [lo] que no fue chico el estorbo para el bien y liberación de los indios. Deste aviso que dio el clérigo, no poco

---

[104] Las Casas parece estar haciendo eco a una posición que se encuentra expuesta en la "Relación de Gil González Dávila, contador del Rey, de la despoblación de la Española, de donde es vecino" CDIA 10: 109-12. Según el parecer de González Dávila, escrito alrededor de 1515, la solución a la despoblación de La Española consiste en importar esclavos Caribes y negros de Castilla para poder aliviar los trabajos de los indígenas de la isla sin tener que bajar la producción de oro.

> después, se halló arrepiso, juzgándose culpado por inadvertente, porque como después vio y averiguó, según parecerá, ser tan injusto el captiverio de los negros como de los indios, no fue discreto remedio el que aconsejó que se truxesen negros para que se libertasen los indios, aunque él suponía que eran justamente captivos, aunque no estuvo cierto que la ignorancia que en esto tuvo y buena voluntad lo excusase del juicio divino. ([fol 386v]: 2323-324)

Las palabras de Las Casas en esta cita recogen varios momentos de su relación con los cautivos africanos en Las Indias en términos de representación. En primer lugar, Las Casas retoma su crítica al manejo que se dio a la licencia para la importación de esclavos. Esta crítica implica dos elementos. De un lado, el otorgamiento de la licencia a Gorrevod como parte de un acuerdo al interior de la corte flamenca de Carlos I y, de otro lado, la venta y especulación con las licencias por parte de los genoveses. El resultado de este manejo de las licencias es que los cautivos africanos no llegan a quienes los necesitaban. En este sentido, Las Casas muestra que no tuvo reparo en considerar a los cautivos africanos como un insumo necesario para el repoblamiento de las islas y que si hizo críticas al tráfico, éstas estuvieron dirigidas al hecho de que la necesidad de mano de obra de los colonizadores no fue satisfecha y la liberación de los nativos de las islas no tuvo lugar.

En un segundo momento, Las Casas afirma que "se halló arrepiso, juzgándose culpado por inadvertente". En esta sentencia se recoge el arrepentimiento y la razón de dicho arrepentimiento consistente en haber propuesto la introducción de cautivos africanos en Las Indias, sin haber establecido si estos cautivos eran o no justamente capturados. Las Casas no interroga la legitimidad de la esclavitud sino la legitimidad de la forma cómo son capturados los cautivos en África. El arrepentimiento de Las Casas no es acerca de la legitimidad de la esclavitud como tal sino acerca de la legitimidad de las esclavizaciones practicadas por los portugueses en la costa occidental de África. Un asunto que llama la atención es el duro juicio que el obispo hace sobre su propio arrepentimiento cuando muestra sus dudas acerca de si ese arrepentimiento será suficiente a la hora de ser excusado del juicio divino. La expresión que utiliza es "arrepiso por inadvertente". Esta es una expresión que implica que el desconocimiento no implica justificación. Las Casas no se siente excusado por no saber sino que se siente culpable por no haber tenido la voluntad de saber antes de sugerir la importación de esclavos. En ello, Las Casas asume una línea agustiniana de pensamiento para la cual el peso del juicio moral recae sobre la voluntad y no sobre el entendimiento del que peca. La ignorancia no es excusa para el pecador ya que a la base de ella se halla el fallo de la voluntad para establecer las condiciones que hacen adecuada su decisión.

Surge ahora una pregunta, ¿en qué momento Las Casas experimenta su arrepentimiento? En el pasaje que hemos citado, podemos reconocer el momento en que la licencia de importación de esclavos es concedida a Gorrevod y vendida por éste a los genoveses en 1518. A continuación, podemos distinguir los problemas que comienzan a surgir casi inmediatamente y que se extienden a lo largo de la década de 1520 por la venta de las licencias y la inefectividad de esta medida para proveer los esclavos necesarios para la colonización y, por ende, aliviar la situación de los indígenas. El obispo afirma que se dio cuenta de estos problemas poco después de la entrega de la licencia. Como lo hemos visto en el capítulo 2, Las Casas expresa sus críticas al monopolio en un Memorial escrito el 20 de enero de 1531 y llega a decir en dicho memorial que antes de 1521 –año en el que ingresa a la orden de Santo Domingo– ya había expresado sus críticas al monopolio ("Carta al Consejo de Indias (20-1-1531)" 79-80).

Tal como la crítica aparece en ese Memorial de 1531 no hay un tono de arrepentimiento sino de condena a la medida tomada por la corona dada su inefectividad para aliviar la situación de los nativos. Además, la conciencia de la injusticia presente en el cautiverio de los africanos tampoco aparece en el texto de 1531 y, como lo hemos visto más arriba en este capítulo, dicha conciencia es expresada por Las Casas sólo hasta 1556 en el libro primero de su *Historia de las Indias*. De hecho, en el pasaje que acabamos de citar del libro tercero de la *Historia de las Indias* Las Casas señala que *"no poco después*, se halló arrepiso, juzgándose culpado por inadvertente, porque como después vio y averiguó, según parecerá, ser tan injusto el cautiverio de los negros como de los indios" ([fol. 386v]: 2324, énfasis mío). El "no poco después" adquiere una dimensión decisiva en ese pasaje de Las Casas quien reconoce, al hacer uso de esta expresión, que sólo hasta mucho tiempo después de pedir que se otorguen licencias a los colonos para introducir cautivos africanos en Las Indias logra darse cuenta de la injusticia que ha cometido al hacerlo. Además, es claro que el arrepentimiento lo produce el tener noticia de la forma cómo son llevadas a cabo las esclavizaciones en África. En consecuencia, el arrepentimiento de Las Casas parece producirse sólo hasta mediados de la década de 1550 y, como hemos venido proponiendo a lo largo de este libro, está estrechamente ligado a su contacto con las crónicas portuguesas en el contexto de la escritura de su *Historia de las Indias*. La lectura de esas crónicas le permite reconocer que muchas de las injusticias cometidas contra los indígenas en Las Indias también las han cometido los portugueses desde mediados del siglo XV contra los habitantes de las islas del Atlántico y la costa occidental de África, que como en Las Indias muchas de esas injusticias han querido ser justificadas por los exploradores como parte de guerras justas que hacen legítimas las esclavizaciones de gentes capturadas por medio de engaños y violencia y, finalmente, que existe una conexión a través de la figura de Cristóbal Colón entre los desmanes cometidos en la costa occidental de África por los portugueses y los desmanes cometidos por los critianos en las islas y la Tierra Firme. Colón y sus seguidores han implementado en Las Indias lo que él ha aprendido navegando con los portugueses, esto es, una trata de personas que intenta aumentar las ganancias de la empresa conquistadora.

Hasta ese momento, la representación lascasiana de los cautivos africanos se ha mantenido consonante con la representación que tienen sus contemporáneos acerca de ellos como mercancía necesaria para la colonización de Las Indias. Sin embargo, debido a los eventos que suceden particularmente entre 1552 y 1556, y su lectura de las crónicas portuguesas, Las Casas transforma esta representación incluyéndoles dentro del mismo grupo de los nativos como "gentes pacíficas". Tal como lo expresa en el pasaje que acabamos de citar, a la base de dicha inclusión se halla el reconocimiento de un fallo epistemológico. Se trata no sólo de no haber sabido sino, mucho más radicalmente, de no haber querido saber. Las Casas reconoce que su forma de representar a los cautivos ha fallado no sólo porque no tenía información suficiente sobre ellos sino porque no quiso saber más acerca de ellos. Ahora bien, tal vez deberíamos decir que Las Casas sabía lo que muchos otros sabían pero no cuestionó las creencias que estaban en su contexto acerca de la trata portuguesa en África y por ello recomendó la entrada de los que consideraba esclavos justamente capturados.

Una vez que Las Casas ha declarado su arrepentimiento, llama la atención sobre dos cosas que se siguieron a su petición: en primer lugar, el aumento de las importaciones de cautivos, que de doce pasó a más de cien mil, sin que ello haya evitado la explotación y el exterminio de los nativos de las islas ([fols. 386v-387]: 2324) y, en segundo lugar, el estrecho vínculo entre el crecimiento de los ingenios y el aumento en la importación de cautivos de África. El crecimiento de los ingenios hace, según Las Casas, que el tráfico de cautivos, practicado por los portugueses antes de la aparición de los ingenios en Indias, se incremente.

> Siguióse de aquí también que como los portugueses, de muchos años atrás han tenido cargo de robar a Guinea, y hacer esclavos a los negros, harto injustamente, viendo que nosotros mostrábamos tener tanta necesidad dellos y que se los comprábamos bien, diéronse y danse cada día priesa a robar y captivar dellos, por cuantas vías malas e

inicuas captivarles pueden. Ítem, como los mismos ven con tanta ansia los buscan y los quieren, unos a otros se hacen injustas guerras, y por otras vías ilícitas se hurtan y venden a los portogueses, por manera que nosotros somos causa de todos los pecados que los unos y los otros cometen, sin los nuestros que en comprallos cometemos. ([fol. 387]: 2324)

En este segundo segmento de su exposición Las Casas introduce tres elementos adicionales en términos de representación de los cautivos africanos. En primer lugar, conecta su exposición de la primera parte de la *Historia de las Indias* con la situación en el momento en que está escribiendo. "Diéronse y danse prisa a robar y captivar dellos", afirma Las Casas, señalando que las injusticias cometidas por los portugueses antes de la llegada de los españoles a Indias se han incrementado en el momento en el cual él escribe debido a la demanda de mano de obra para los ingenios. En segundo lugar, agrega el elemento de la complicidad de algunos africanos en el mismo tráfico debido a la demanda que hacen los portugueses de cautivos. "Unos a otros se hacen guerras injustas y por otras vías ilícitas se hurtan y venden a los portugueses", afirma Las Casas, enfatizando que al pecado de comprarlos se agrega el de promover la esclavización entre los africanos mismos. Finalmente, radicalizando aún más la magnitud del compromiso de las autoridades castellanas con el tráfico, Las Casas agrega que "los dineros destas licencias y derechos que se dan al rey por ellos, el Emperador asignó para edificar el Alcázar que hizo de Madrid y la de Toledo y con aquellos dineros ambas se han hecho" (fol. 387]: 2324). Las Casas hace referencia a las obras de modificación que Carlos I ordena del Alcázar de Toledo en 1535 y del Alcázar de Madrid en 1537, haciendo de éste último su palacio real. Al hacer esta conexión entre los dineros producidos por la esclavitud y las obras adelantadas por la corona española, el obispo hace una denuncia directa del compromiso de la corona española con la trata. El esplendor del emperador también ha sido creado sobre la base del tráfico de cautivos africanos.

Sin embargo, el punto donde la exposición de Las Casas alcanza su máxima condición crítica, entendiendo por ello la transformación de su representación de los cautivos africanos, es el momento en el que afirma que la aparición de los ingenios y el sometimiento de los africanos a trabajar en ellos transformó significativamente la representación que se tenía de ellos:

> Antiguamente, antes de que hobiese ingenio, teníamos por opinión en esta isla, que si al negro no acaecía ahorcalle, nunca moría, porque nunca habíamos visto negro de su

enfermedad muerto, cierto, hallaron los negros, como los naranjos, su tierra, la cual les es más natural que su Guinea. Pero después que los metieron en los ingenios, por los grandes trabajos que padecían y por los brebajes que de las mieles de las cañas hacen y beben, hallaron su muerte y pestilencia, y así munchos dellos cada día mueren. Por esto se huyen cuando pueden en cuadrillas, y se levantan y hacen muertes y crueldades en los españoles –por salir de su captiverio, cuantas la oportunidad poder les ofrece, y así no viven seguros los chicos pueblos desta isla, que es otra plaga que vino sobre ella. ([fols. 387-387v]: 2324-325)

La crisis en la representación de los africanos introducida por el trabajo en los ingenios involucra tres elementos. En primer lugar, encontramos el reconocimiento de la debilidad del africano esclavizado que antes parecía invulnerable a la enfermedad y la muerte. Las Casas afirma que la muerte de africanos en Las Indias antes de la aparición de los ingenios estaba ligada al ahorcamiento, probablemente practicado como forma de castigo ante los levantamientos. El trabajo en los ingenios cambia esta representación mostrando que el africano puede morir por causa de la enfermedad producida por excesivo trabajo en los ingenios.

En segundo lugar, Las Casas afirma que los habitantes de Guinea –nótese la circunscripción de los africanos a la región de Guinea–, lo mismo que los naranjos, encontraron en las islas un territorio propicio para vivir en el sentido de que era muy similar al de su tierra nativa. Sin embargo, el trabajo en los ingenios y los brebajes que ellos mismos producen y beben los hacen padecer y morir en gran número. La representación liga dos elementos heterogéneos, trabajo y brebajes, como si fuesen igualmente causantes del padecimiento y de la muerte, dejando de lado el hecho de que los brebajes probablemente surgen como forma de sobrellevar los padecimientos causados por el trabajo excesivo.

Finalmente, la tercera transformación que introduce el trabajo en los ingenios en la representación de los africanos esclavizados es la violencia como respuesta a los ataques que han recibido. Aunque este elemento ya había aparecido en la presentación que había hecho de la invasión portuguesa a la costa occidental africana, Las Casas enfatiza que ahora la violencia hacia los colonos habitantes de La Española ha adquirido una forma más organizada y ha terminado por convertirse en "otra plaga que vino sobre ella" ([fol. 387v]: 2325). Las gentes pacíficas que había descrito en el libro primero de la *Historia de las Indias* se han convertido ahora en "cuadrillas [que] se levantan y hacen muertes y crueldades de los españoles" movidas por su intento de abandonar su cautiverio y las bebidas que preparan. Tal vez el elemento más inquietante de esta transformación con respecto a la representación que Las Casas mismo ofrece en la primera parte de su *Historia de las Indias* es el hecho de que caracterice como plaga a los cautivos africanos alzados y organizados en cuadrillas.

Ahora bien, el uso de la palabra plaga es decisivo en los capítulos 128 y 129 del libro tercero de *Historia de las Indias*. Además de su obvia raigambre bíblica, este uso está inspirado probablemente en la obra de Motolinía, quien propone una lista de plagas relacionada con la llegada de los conquistadores españoles a México.[105] En el capítulo 128, Las Casas relata que durante los años 1518 y 1519 dos plagas asolaron La Española. Concordando con la primera plaga propuesta por Motolinia, Las Casas afirma que la primera plaga que azotó a La Española fue la viruela, la cual acaba con casi todos los pocos nativos que quedaban allí: "no creo que quedaron vivos ni se escaparon desta miseria mill ánimas, de la inmensidad de gentes que en esta isla habían" ([fol. 382v]: 2317). Los colonos españoles resienten la muerte masiva de los nativos como pérdida de mano de obra necesaria para la minería. Sin embargo, Las Casas ve en esta plaga un medio permitido por Dios para que muchos nativos encuentren un alivio para los sufrimientos provocados por los colonos españoles y como un castigo para éstos últimos, dado que pierden la mano de obra de la cual depende el avance de la minería ([fol. 382v]: 2317). Una vez que esto sucede, los colonos españoles comienzan a sembrar cañafístula y, dada la rapidez con que ésta se adapta y crece en La Española, ellos ven en ella una prometedora fuente de ingresos. Para su tristeza, sin embargo, los árboles de cañafístula comienzan a ser asolados por una segunda plaga que son las hormigas, las cuales no sólo pululan en La Española sino que también llegan a San Juan arrasando en ambas islas con árboles frutales, huertas y aún cultivos de caña ([fols. 383v-384]: 2318-319). Con el fin de controlarlas, los colonos y frailes franciscanos se

---

[105] Las Casas utiliza la obra de fray Toribio de Motolinia como fuente en la redacción de su *Historia de las Indias*. De la obra de Motolinia poseemos en la actualidad la *Historia de los Indios de la Nueva España* y los *Memoriales*. En ambos textos, Motolinia comienza enumerando las plagas que asolaron la Nueva España a la llegada de los españoles *Memoriales* 17-28; *Historia de los indios* 15-22. El listado de plagas en ambos textos es el mismo: (1) las viruelas introducidas por un "negro" contagiado y el sarampión introducido por un español, (2) las muertes durante la conquista, (3) el hambre durante la guerra de conquista, (4) los calpixques y los "negros" que los españoles nombraron para controlar a los nativos puestos en las encomiendas, (5) los tributos y los servicios de los nativos a los españoles, (6) las minas de oro en las que los nativos tuvieron que trabajar, (7) la edificación de la ciudad de México, (8) la esclavitud en las minas, (9) el transporte de insumos hacia las minas y (10) las divisiones y los pleitos entre los conquistadores que estaban en México. Las Casas sólo habla de dos plagas en el capítulo 128 de su *Historia de las Indias*, pero coincide con Motolinia en que la primera plaga son las viruelas. Además, dos alusiones de Motolinía implican a los cautivos africanos.

ingenian estrategias tales como crear zanjas alrededor de los árboles donde las hormigas caen y son incineradas o el uso de una piedra de Solimán que, según Las Casas, atrae y envenena a las hormigas que la muerden.[106]

Aunque estas estrategias parecen funcionar momentáneamente, no dan resultados consistentes. La piedra de Solimán termina por disminuir de tamaño sin acabar con las hormigas, razón por la cual los franciscanos la lanzan fuera de su casa para evitar que siga atrayéndolas ([fols. 384-384v]: 2320). Dos detalles en este episodio llaman la atención. En primer lugar, el hecho de que Las Casas coloque a los franciscanos a utilizar un arte médico musulmán para enfrentar un problema en la isla siendo improbable, además, que para un momento tan temprano como 1518 a 1519 el mineral utilizado se denomine piedra de Solimán. En segundo lugar, Las Casas afirma que fue testigo del momento en el que los franciscanos de La Vega colocaron la piedra de Solimán para atraer las hormigas: "Yo lo vide tan grande como dixe cuando lo pusieron" ([fols. 384-384v]: 2320). Sin embargo, al inicio del capítulo 128 ha dicho que está hablando de eventos que sucedieron entre 1518 y 1519, años en los cuales él se encontraba en España. Así que no pudo ser testigo de esto, a no ser que esté haciendo alusión a un episodio que presenció en Concepción de La Vega entre los años 1507 y 1512. Es difícil aclarar esto, a no ser que se trate de un intento de Las Casas por dar más credibilidad a su relato.

Dado que ni las fosas alrededor de los árboles ni la piedra de Solimán funcionan, Las Casas relata que los colonos decidieron poner su confianza en San Saturnino para que aplacara las plagas, lo cual se logró. El obispo en este capítulo termina afirmando que la posible causa de la aparición de las hormigas fue la introducción de los plátanos, los cuales fueron introducidos por el dominico fray Tomás Berlanga en 1511. Como consideración final Las Casas afirma: "Y así cuando Dios quiere afligir las tierras o los hombres en ellas, no le

---

[106] La piedra de Solimán hace posiblemente referencia a una sal mineral (cloruro mercúrico) que fue utilizada por los árabes con fines desinfectantes y curativos, los cuales están asociados con su poder venenoso. Su nombre castellano parece provenir de la referencia al emperador otomano Solimán el Magnífico (1494-1566). En la España del siglo XVI, se consideró que esta sal podría evitar el contagio de la peste. Así, en *Información y curación de la peste de Caragoça* (1565), Ioan Thomas Porcell Sardo afirma que por experiencia propia sabe que llevar un pedazo de solimán adherido a su pecho impidió que se contagiara de la peste y, aún más, que se restableciese su salud 110v-111. En este mismo sentido, Luis Mercado en su *Libro en que se trata con claridad la naturaleza, causas, providencia y verdadera orden de curar la enfermedad vulgar, y peste que se ha divulgado por toda España* (1599) afirma que, si no se puede salir de un pueblo al que ha llegado la peste, se puede utilizar la piedra de solimán adherida al pecho para evitar el contagio. Sin embargo, Mercado afirma que él no puede dar fe de que ello sea efectivo sino que sólo lo sabe por otros 76v-77.

El peor de los remedios

alta con qué por los pecados los aflija, y con chiquitas criaturas. Parece bien, por la plagas de Egipto" ([fol. 385]: 2321). Retomando el sentido bíblico de la plaga como signo de la intervención de Dios que castiga por medio de ellas a los que pecan, Las Casas da a la viruela, las hormigas y los cautivos alzados el carácter de castigo dirigido hacia los colonos españoles por las injusticias cometidas sobre la población indígena. Sin embargo, introducirá un elemento adicional al hablar de los cautivos alzados.

En el párrafo que sigue a la caracterización de los cautivos alzados como plaga, Las Casas presenta algunas consideraciones sobre los problemas que introdujeron los perros, de los cuales afirma "que no se puede numerar ni estimar los daños que hacen y han hecho" ([fol. 387v]: 2325). Según Las Casas, los perros han acabado con los marranos y los becerros, concluyendo de la siguiente manera:

> Pasan por esto los hombres como si acaso acaeciese, y deberíamos de pasar por la memoria que esta isla hallamos llenísima de gentes que matamos y extirpamos de la haz de la tierra y henchímosla de perros y de bestias, y por juicio divino, por fuerza forzada, nos han de ser nocivos y molestos. ([fol. 387v]: 2325)

Dado que Las Casas no utiliza en el texto ninguna denominación diferente a "perro" para referirse a los perros, podemos hacernos la pregunta: ¿a qué (o a quién) se refiere Las Casas cuando habla de "bestias"? Una posible lectura es que las cuadrillas de cautivos levantados que había caracterizado en el párrafo anterior como "plaga" ahora son caracterizados como "bestias". Si esto es así, es decir, si Las Casas considera que estas cuadrillas son plaga y bestias producidas por la esclavización podemos arriesgar la hipótesis según la cual cuando Las Casas escribe el libro tercero de su *Historia de las Indias* declarando, entre otras cosas, su arrepentimiento con respecto a su temprano apoyo al otorgamiento de licencias para introducir cautivos africanos en Indias, su representación de los africanos expuesta en el libro primero de *Historia de las Indias* ha caducado para dar paso a una representación menos condescendiente de ellos y ligada a su presencia en Indias.

No podemos estar seguros de que Las Casas se refiere a los cautivos alzados como bestias. El texto no establece la equiparación de manera explícita. Lo que sí sabemos es que hacia el final de su vida Bartolomé de Las Casas se arrepiente de su apoyo a introducir africanos como cautivos en Las Indias. No se arrepiente explícitamente de todas las veces que pidió esclavos africanos. Posiblemente, considera que el arrepentimiento con respecto a sus primeras gestiones incluía el arrepentimiento con respecto a las veces que posteriormente apoyó la trata, o no las recordaba o, simplemente, no las consideraba como algo significativo de mencionar en dicho arrepentimiento. Tampoco deja constancia alguna de haber estado involucrado activamente en la querella que el esclavo negro Pedro Carmona interpuso para lograr su libertad. Toda la relevancia que da Pérez Fernández a esta querella como elemento decisivo en la transformación que tiene Las Casas en su percepción de los africanos esclavizados contrasta poderosamente con el silencio que el mismo Las Casas mantiene con respecto a ella. Este contraste es mucho más llamativo en un autor que como él es reconocido precisamente por tratar de hacer públicas tanto las injusticias que encuentra como sus esfuerzos para confrontarlas. Mucho menos menciona que tuvo un cautivo a su servicio y que este cautivo un día le salvó de ser agredido físicamente.

Ahora bien, lo que sí sabemos es que este arrepentimiento no estuvo basado en un rechazo de la esclavitud como tal sino en una significativa transformación en su representación de los africanos cautivos. Esta transformación tiene dos momentos. En un primer momento, ella está ligada al conocimiento que Las Casas adquiere de ellos a través de la lectura de las crónicas portuguesas. En ese primer momento, los africanos aparecen como gentes pacíficas que han sido injustamente atacadas y esclavizadas por los portugueses. Tenemos entonces un arrepentimiento por inadvertencia. Sin embargo, en un segundo momento, existe un arrepentimiento que está ligado a la transformación que experimentan estas gentes pacíficas, una vez que llegan a Indias, convirtiéndose en cautivos alzados organizados en cuadrillas que atacan a los colonos españoles y a los nativos. Las Casas se arrepiente no ya de que los africanos hayan sido traídos injustamente sino de que hayan llegado a Indias y se hayan convertido en una amenaza para la colonización de las islas. La condescendencia ante las "gentes pacíficas" agredidas del libro primero de la *Historia de las Indias* se ha convertido en el libro tercero en temor ante gentes sublevadas y organizadas contra los españoles.

A comienzos de 1561, Las Casas termina el libro tercero de la *Historia de las Indias*, llegando hasta 1522 en su recuento, y desiste de continuar su escrito a sabiendas de que Felipe II difícilmente aprobará su publicación y porque prefiere dedicarse a la lucha contra la perpetuidad de las encomiendas. Sin embargo, esta representación de los cautivos africanos levantados como amenaza para la colonización de Las Indias y, en particular, como agresores de la población indígena persiste en Las Casas casi hasta los últimos momentos de su vida. Esta representación parece estar alimentada por sus informantes en Las Indias, uno de los cuales, Fray Domingo de Santo Tomás, escribe en 1562 en una Relación dirigida a Las Casas sobre la situación de los indios en los repartimientos:

> Item, porque a cabsa de tener muchos encomenderos en sus repartimientos y estancias, donde residen indios esclavos, negros y mulatos y moriscos y negras, que tienen cargo de repartimiento y otros de estancias de ganado y otros en ingenios de azúcar y otras granjerías, los naturales reciben muchos agravios y daños; porque como están lejos de donde haya justicia los tales esclavos se sirven y aprovechan dellos en todo lo que quieren, y les hacen las sementeras y ropa y otras granjerías por sí, aparte de las de los encomenderos, y les toman las indias que les parecen bien y se echan con otras indias mugeres é hijas de naturales; y aun muchos españoles por aseguralos, los amanceban con las indias y les dan y consienten tener todo el servicio que quieren, y sobre todo, los azotan y los apalean y los maltratan: mandar que ninguno de los dichos encomenderos pueda tener en sus repartimientos y estancias, donde haya indios, ninguno género de esclavos ni le den ni consientan tenor servicio ninguno de indios ni indias, so graves penas; porque demás de lo susodicho, son maestros de muchos vicios. Item, porque así en esta ciudad como en las demás deste reino, se vienen à quejar muchos indios de malos tratamientos y fuerzas y daños que les hacen españoles, negros, caciques y otros indios; y algunas veces, como no traen dineros, no quieren los cristianos asentar las quejas, ni los alguaciles traer los testigos que les dicen que saben del caso. (CDIA 7: 381-82)

En lo que podría ser considerada a la vez como una respuesta a esta información y como la última consideración acerca de los esclavos en Las Indias, Las Casas escribe una "Carta a los dominicos de Chiapa y Guatemala (1564)". En ella afirma:

> Los señores y los súbditos tienen a los comenderos por sus inmediatos señores y tiemblan delante dellos como si tuviesen presentes a todos los diablos vivos y visibles, y por esto están y estarán subjetos; y callarán no osando quejarse de cuantos robos y vejaciones, no sólo los encomenderos, pero sus esclavos negros quisieren hacerles, como tenemos antiquísima experiencia. (357)

En este pasaje, Las Casas reitera su opinión según la cual los cautivos africanos son una amenaza para las poblaciones indígenas. Sin embargo, el pasaje agrega un detalle. Las Casas afirma que de dicho maltrato tenemos "antiquísima experiencia". Como hemos visto a lo largo de nuestra exposición, en diversas ocasiones Las Casas expresa su inquietud sobre la tensión existente entre los cautivos africanos y los nativos de Indias. Sin embargo, aquí el obispo afirma que tiene conocimiento de ello por largo tiempo. Es difícil establecer cuál es la cantidad de tiempo de la que está hablando. Sin embargo, esta expresión puede ayudarnos a entender la tensión que existe en los escritos de Las Casas entre su representación de los habitantes de África como gentes pacíficas que son injustamente esclavizadas y los cautivos africanos en Las Indias como amenaza para la poblaciones indígenas. Las Casas parece estar haciendo de esta transformación de gentes pacíficas en amenaza una de las consecuencias más nocivas de las injusticias que han regido la conquista y colonización de Las Indias. Esas injusticias han provocado el envilecimiento de los europeos, el exterminio de los nativos y la transformación de los africanos cautivos en una amenaza para la cristianización.

Dos años después de haber escrito este texto, Las Casas morirá. Sus luchas a favor de la defensa de los indios quedarán todavía en proceso y sus comentarios en contra de la esclavización de africanos sólo serán reconocidos hasta más de dos siglos después, siendo opacados frecuentemente por el recuerdo de su temprana sugerencia de introducir cautivos en Las Indias. Sin embargo, más allá del poco eco que tienen sus ideas sobre las prácticas esclavistas, Las Casas introduce varios de los elementos que incesantemente inquietarán la representación ibérica de los cautivos africanos en Las Indias.

6. *Las Casas leído desde la Ilustración, el abolicionismo y el humanismo*

En el presente capítulo presentaremos el surgimiento y consolidación de una representación de Las Casas que lo convierte en una figura decisiva en el inicio de la trata de cautivos africanos en Las Indias. Una exposición de ella o, más precisamente, de la manera como ella comienza a configurarse en el siglo XVII, nos permitirá entender (1) cuál fue el papel que jugó la crítica ilustrada a la trata y el abolicionismo que emergieron en el siglo XVIII en la apropiación de las opiniones expresadas por Las Casas acerca de la introducción de cautivos africanos como esclavos en Indias; (2) cómo se configuró a partir de entonces una lectura de Las Casas y su participación en el inicio del tráfico de cautivos africanos, la cual primero lo condenó pero después terminó no sólo absolviéndolo sino, más aún, convirtiéndolo en una de las figuras fundadoras y emblemáticas de la crítica a la esclavitud en Indias y, finalmente; (3) cómo es posible avanzar hacia una lectura genealógica y post-humanista de Las Casas y su relación con el inicio de la trata, la cual nos permita reconocer sus diversas posiciones sobre la esclavitud africana en Indias y su relevancia de éstas dentro de la posterior crítica de la esclavitud africana en Indias.[107]

---

[107] En su estudio, *Bartolomé de Las Casas, ¿contra los negros? Revisión de una leyenda*, Isacio Pérez Fernández propone un breve recorrido a través de este proceso de apropiación de Las Casas y su relación con el inicio de la trata 31-68. El propósito de su recorrido es criticar, de un lado, lo que él considera como una imputación injusta hecha por algunos pensadores ilustrados en contra de Las Casas y, del otro, la defensa inadecuada que algunos estudiosos han hecho de él, todo ello con el fin de mostrar que Las Casas no es responsable del inicio de la trata y que, una vez que tuvo noticia de la forma en que ésta era practicada, se convirtió en un duro crítico de ella. No obstante reconocer el valor doxográfico de la exposición de Pérez Fernández, nuestra exposición no está interesada primordialmente en denunciar fallos de interpretación de los críticos y defensores de Las Casas en lo que concierne a su relación con el inicio de la trata sino de perseguir el surgimiento de una representación de Las Casas como humanista

6.1 Estableciendo el vínculo entre Las Casas y el inicio de la trata

La representación de Bartolomé de Las Casas como figura decisiva en el inicio del tráfico de esclavos africanos hacia América emerge a comienzos del siglo XVII. Su origen más cercano en el tiempo a la vida de Las Casas se halla en Antonio de Herrera y Tordesillas (1559-1625) quien utilizó la *Historia de las Indias* de Bartolomé de Las Casas como una de sus fuentes en la escritura de las dos primeras décadas de su *Historia general de los hechos de los castellanos en las islas y tierra firme del mar océano*, publicada entre 1601 y 1615 (53-4). En la década II, libro II, capítulo XX, hablando de las dificultades que encontraba Las Casas en 1517 para encontrar eco en la corte real española para sus denuncias sobre la situación de los nativos de Indias, Herrera y Tordesillas afirma:

> El licenciado Bartolomé de Las Casas, viendo que sus conceptos hallaban en todas partes dificultad, y que las opiniones que tenía, por mucha familiaridad que había conseguido y gran crédito con el Gran Canciller no podían hacer efecto, se volvió a otros expedientes, procurando que a los castellanos que vivían en las Indias *se diese saca de negros*, para que con ellos en las granjerías y en las minas, fuesen los indios más aliviados, y que se procurase de levantar buen número de labradores, que pasasen a ella con ciertas libertades y condiciones que puso. Y estos expedientes oyeron de buena gana el cardenal de Tortosa Adriano, a quien todo se daba parte, el Gran Canciller y los Flamencos, y porque se entendiesen mejor el número de esclavos que eran necesarios para las cuatro islas, la Española, Fernandina, San Juan y Jamaica, se pidió parecer a los oficiales de la Casa de Sevilla, y habiendo respondido que cuatro mil, no faltó quien por ganar gracias, dio aviso al gobernador de la Bresa, Caballero flamenco, del consejo del Rey y su Mayordomo Real, el cual pidiendo la licencia, se la dio el Rey, y la vendió a los genoveses por veinticinco mil Ducados con condición que por ocho años no diese el Rey otra licencia. Merced que fue muy dañosa para la población de aquellas islas y para los Indios, para cuyo alivio se había ordenado; porque cuando la merced fuera lisa como se había platicado, todos los Castellanos llevaran esclavos; pero como Genoveses vendían la licencia de cada uno de ellos por muchos dineros pocos la compraban y así cesó aquel bien. No faltó quien dijo al Rey que pagase de su cámara aquellos veinticinco mil ducados a Gobernador de la Bresa y sería de gran provecho para su Real Hacienda y sus vasallos; y como entonces tenía poco dinero, no se hizo lo que le hubiera importado a muchos (713 énfasis mío).[108]

---

a lo largo de dicha interpretación. A partir de esa interpretación nuestro trabajo propondrá una nueva posibilidad de aproximación al corpus lascasiano.

[108] En el estudio introductorio que hace a las *Décadas*, Mariano Cuesta Domingo afirma que Herrera y Tordesillas utilizó el capítulo 102 de la *Historia de las Indias* de Las Casas para la redacción de este capítulo (Herrera y Tordesillas, *Décadas. Tomo I*: 63). Herrera y Tordesillas parafrasea algunos de los pasajes de este capítulo agregando comentarios sobre la influencia que, según él, tiene Las Casas sobre Adriano de Utrech, el Canciller Sauvage y la corte Flamenca. Sin embargo, Herrera y Tordesillas no parece utilizar el capítulo 129 del libro tercero de *Historia de las Indias*, en el cual Las Casas vuelve sobre el

En este pasaje, Herrera y Tordesillas conecta la sugerencia del "licenciado Bartolomé de las Casas" de introducir "negros" y labradores en Las Indias, como una forma de proteger a los nativos americanos, con la decisión de la corte flamenca de Carlos V de introducir esclavos en las islas. Según él, Las Casas no sólo concibe la idea de introducir esclavos en Las Indias sino que, además, tiene el poder para hacerla avanzar en la corte flamenca de Carlos V hasta su implementación. Sin embargo, el texto no hace una crítica a Las Casas por haber concebido y sugerido esta idea. El cronista está más interesado en llamar la atención sobre los problemas que implicó, para hacer efectiva la propuesta hecha por Las Casas, el haber entregado las licencias de importación de esclavos al gobernador de Bresa —"caballero flamenco"—, la venta que éste último hizo de las licencias a los genoveses y el alto precio que éstos pusieron a dichas licencias. Estas circunstancias imposibilitaron en gran medida, según Herrera y Tordesillas, que los "castellanos que vivían en las Indias" tuvieran esclavos y los nativos encontraran alivio para su opresión.

No obstante que no presenta una crítica a Las Casas y su relación con el inicio de la trata, este pasaje inaugura lo que será una larga discusión acerca de su papel en el inicio del tráfico de cautivos africanos hacia América como esclavos. Durante más de dos siglos y medio el texto de Herrera y Tordesillas será un punto de referencia cuya autoridad será considerada indiscutible hasta que, a finales del siglo XIX, la incorporación dentro de la discusión tanto de algunos pasajes de *Historia de las Indias*, como de información proveniente de otras fuentes documentales de la primera mitad del siglo XVI, permita si no desmentir del todo al menos sí desvirtuar y poner en perspectiva la representación que ofrece Herrera y Tordesillas de Las Casas como figura decisiva en el inicio de tráfico de cautivos africanos hacia Las Indias.

La influencia del pasaje de Herrera y Tordesillas, considerado autoridad desde muy temprano en Europa en lo que concierne a la expansión española en el Atlántico (Cuesta Domingo 45-9), puede ser ya identificada durante la primera mitad del siglo XVII. Entre 1730 y 1731, el Jesuita Pierre François Xavier Charlevoix (1682-1761) publica su *Histoire de L'Isle Espagnole de S. Domingue*, llamando la atención sobre el vínculo entre Las Casas y el inicio del tráfico de cautivos africanos hacia La Española. Según Charlevoix, su *Histoire* está basada

---

asunto de su participación en el inicio del tráfico de cautivos africanos hacia Las Indias, expresando su arrepentimiento con respecto a su previa sugerencia de introducir cautivos para detener los sufrimientos de la población indígena.

principalmente en las memorias que otro Jesuita, Jean-Baptiste Le Pers, escribe basado en sus experiencias como misionero dedicado a los cautivos africanos en la isla de Saint-Domingue durante más de veinticinco años (vii-xv). En consecuencia, su narración se detiene a explorar los orígenes de la esclavitud africana en La Española. Utilizando la información ofrecida por Herrera y Tordesillas –cuya *Descripción* ya había sido traducida al latín, francés y holandés en 1622 y cuya segunda *Década* había sido traducida al francés en 1660 (Tiele 312-16; Cuesta Domingo 49)–, Charlevoix afirma que, dadas las dificultades que encontraba Las Casas para defender a los nativos americanos en medio de la corte flamenca:

> Il [Las Casas] imagina un moyen, qu'il crut infaillible, de procurer du soulagement à ses chers Indiens. Il proposa d'envoyer des Negres & des Laboureurs dans tous les lieux, où les Espagnols avoient commencé de s'établir. Il fit goûter ce projet, d'abord à M. de Chiévres, ensuite au Cardinal Adrien, puis à d'autres Seigneurs Flamands ; il passa au Conseil des Indes, qui étoit alors composé de l'Évêque de Burgos, de Fernand de Vega Grand Commandeur de Castille, de D. Garcia de Padilla, du Licencié Zapata, de D. Pierre Martyr d'Anglerie, & de Francisco de los Cobos, sans parler de M. de Chiévres, qui entroit [sic] dans toutes les affaires, & du Doyen de Besançon, qui depuis la mort du Grand Chancelier Sauvage, arrivé depuis peu, faisoit [sic] les fonctions de cette Charge, & étoit [sic] de tous Conseils. Le Roi signa une Ordonnance, pour faire transporter quatre mille Nègres aux quatre grandes Antilles: un Seigneur Flamand, Grand Maître de la Maison de ce Prince, en obtint le Privilège, & le vendit vingt-trois mille Ducats aux Génois, ce qui gâta tout: les Génois mirent leurs Nègres à un prix extrême, & ils vendirent très peu. (1: 346-47, énfasis mío)

Aunque pareciese a primera vista que lo único que hace es parafrasear a Herrera y Tordesillas, la cita de Charlevoix agrega al menos tres elementos interesantes. En primer lugar, introduce en el ámbito francés y como parte de su exposición sobre los orígenes de la esclavitud en la isla de Santo Domingo la conexión que Herrera y Tordesillas había establecido entre Las Casas y el inicio de la trata de cautivos africanos hacia las Indias. En segundo lugar, especifica los nombres de los miembros del Consejo de Indias, presentándolo como instancia que hace parte del proceso inicial de envío de cautivos africanos hacia Indias.[109]

---

[109] La lista que presenta Charlevoix de los miembros del Consejo de Indias coincide con la que presenta Las Casas en el capítulo 103 del libro tercero de su *Historia de las Indias* ([fols. 312-312v]: 2198) y con la que presenta Herrera y Tordesillas en la Década II, Libro II, Capítulo XX. Sin embargo, tanto Las Casas como Herrera y Tordesillas introducen este listado cuando están hablando de la muerte del Canciller Jean Le Sauvage y no del inicio en Castilla de la trata de cautivos africanos hacia Las Indias 713. Además, según el listado de León Pinelo, elaborado en 1645 y publicado en 1892, el Consejo contaba en

Esto diverge con respecto a la versión de Herrera y Tordesillas quien presenta como responsables del inicio de la trata en Castilla solamente a Adriano de Utrecht, Jean Le Sauvage y los flamencos, refiriéndose probablemente a miembros de la corte de Carlos V. Más allá de que pueda tratarse de una imprecisión histórica, Charlevoix parece interesado en involucrar decididamente al Consejo de Indias en el inicio de la trata. En tercer lugar, la cita enfatiza la cercanía afectiva que Las Casas tiene con los nativos americanos ("ses chers Indiens") como la razón fundamental que lo mueve a pedir la introducción de nueva mano de obra viendo en ella un medio infalible para detener la explotación de éstos. Ahora bien, a pesar de los matices que introduce con respecto al texto de Herrera y Tordesillas, no existe todavía en este texto una crítica a la sugerencia de Las Casas de introducir cautivos africanos en La Española. Al igual que Herrera y Tordesillas, Charlevoix está más interesado en mostrar los problemas que provocó el entregar la licencia al caballero flamenco y la venta que éste hizo de ella a los mercaderes genoveses.

Esta ausencia de crítica frente a la relación de Las Casas con el inicio de la trata es llamativa dado el carácter polémico que adquieren desde temprano su figura y sus escritos. Hasta mediados del siglo XVIII, Las Casas es principalmente conocido y exaltado en varios países de Europa, fuera del ámbito ibérico, por la defensa que hace de los nativos americanos y, más que nada, por las denuncias que hace en sus ocho *Tratados* publicados entre 1552 y 1553 de los desmanes cometidos por los conquistadores y encomenderos españoles y, más específicamente, por la *Brevísima relación de destruición de Indias*. Este tratado es traducido y publicado en varios países de Europa desde la segunda mitad del siglo XVI y ha sido considerado por Juderías, injustamente según Rolena Adorno ("Fray Bartolomé" 81-2), como base de lo que él mismo bautiza a comienzos del siglo XX como la "leyenda negra" contra España y su colonización de Las Indias (Juderías 228-38; Carbia 67-124; Hanke y Giménez Fernández XIV, 149-52).[110]

1518 con dos miembros adicionales –Mota y Selvagio– y Pedro Mártir de Anglería sólo entró a formar parte de él hasta 1520.

[110] Según Hanke y Giménez Fernández, durante los siglos XVI a XVIII de la *Brevísima relación de la destrucción de las Indias* se publican 17 ediciones holandesas, 7 inglesas, 10 francesas, 5 alemanas, 3 italianas y 3 latinas. Más recientemente, en su *Inventario documentado* Pérez Fernández muestra que en el umbral que va desde el siglo XVII hasta el siglo XVIII aparecen un número significativo de traducciones al inglés y al francés no sólo de la *Brevísima relación de la destrucción de las Indias* sino también de otros de los tratados publicados por Las Casas entre 1552 y 1553, en particular, aquellos en los cuales Las Casas discute la legitimidad de la presencia española en Indias. Llamativamente, durante este período, del "Tratado

Si bien se puede acoger la tesis de Chaunnu según la cual la apropiación de Las Casas durante los siglos XVI al XVIII se da en el contexto de las guerras que sostiene España con Holanda, Francia e Inglaterra (71-73), es necesario agregar que la existencia de la esclavitud africana como práctica aceptada, extendida y aún necesaria para la expansión de Europa en el Atlántico hace que el pretendido apoyo que Las Casas expresa con respecto al inicio del tráfico de esclavos africanos hacia América no provoque mayor inquietud entre sus lectores, no obstante tener noticia de ese apoyo. Sin embargo, una vez que el pensamiento antiesclavista y abolicionista ilustrado haga su aparición, esta aproximación a Las Casas cambiará de manera significativa y se comenzará a señalar una inconsistencia entre su defensa de los nativos americanos, por un lado, y su posición favorable con respecto a la introducción de cautivos africanos en Las Indias, por el otro.

6.2 *La crítica a la esclavitud en el pensamiento ilustrado y el papel atribuido a Las Casas en el inicio de la trata*

La más temprana crítica antiesclavista ilustrada es expuesta de manera paradigmática por Montesquieu en el libro XV de su *L'esprit de lois* (1748) y en los artículos de la *Encyclopédie* dedicados a la esclavitud, la libertad natural y la libertad política, los cuales son escritos por Louis Chevalier de Jaucourt (1755), quien retoma y radicaliza en su exposición las ideas propuestas por aquél. El texto de Montesquieu ha sido objeto de críticas casi desde el momento de su aparición debido a que, no obstante proponer una crítica de la esclavitud, no hace ninguna crítica o tan siquiera alusión al *Code Noir* de 1685, terminando por aceptar y, más aún, legitimar la existencia de ésta en ciertas regiones (Sala-Molins 215-31). Sin embargo, tanto sus críticos como defensores reconocen en él una de las primeras críticas de la servidumbre civil y colonial (Spector 50-1).

Montesquieu reconoce la esclavitud como consecuencia de la expansión conquistadora:

> "On n'a droit de réduire en servitude que lorsqu'elle est nécessaire pour la conservation de la conquête", aclarando a renglón seguido que "l'objet de la conquête est la

---

sobre los indios que han sido hechos esclavos", texto en el cual Las Casas discute específicamente el asunto de la esclavización indígena, sólo se publican dos ediciones en francés y dos en inglés hacia el final del siglo XVII. Véase Pérez Fernández, *Inventario* 502-03.

conservation: la servitude n'est jamais l'objet de la conquête; mais il peut arriver qu'elle soit un moyen nécessaire pour aller à la conservation". (*L'esprit des lois* 185)

Sin embargo, al comienzo del libro XV critica la esclavitud propugnando por una desaparición paulatina de ésta gracias al progreso de la sociedad sin que ello implique una abolición inmediata de la misma, la cual define como "l établissement d'un droit qui rend un homme tellement propre à un autre homme, qu'il est maître absolu de sa vie et ses biens" (325) para sentenciar a renglón seguido:

> [L'esclavage] n'est pas bon par sa nature; il n'est utile ni au maître ni à l'esclave : à celui-ci, parce-que il ne peut rien faire par vertu ; à celui-là, parce qu'il contracte avec ses esclaves toutes sortes de mauvais habitudes, qu'il s accoutume insensiblement à manquer à toutes les vertus morales, qu'il devient fier, prompt, dur, colère, voluptueux, cruel. (325)

La sentencia de Montesquieu busca dejar en claro que no hay razón que haga justificable la esclavitud en sí misma dado que ella destruye moralmente tanto al esclavo como al amo. Sin embargo, ésta puede ser explicada como consecuencia de ciertas circunstancias climáticas que permiten que exista en gobiernos despóticos aunque sea inconcebible en gobiernos monárquicos, demócratas o aristócratas (325-26). Para sostener esta afirmación, Montesquieu comienza por impugnar, primero, los argumentos provenientes del derecho romano con base en los cuales se ha justificado la esclavitud –la captura en la guerra, la venta de sí mismo y el nacimiento de padres esclavos (326-28)– y luego los argumentos esgrimidos como parte del desenvolvimiento del tráfico atlántico de cautivos africanos que comienza a desarrollarse desde comienzos del siglo XVI y que tiene como principal destino Las Indias occidentales. Estos argumentos son el desprecio que una nación tiene por otra a causa de las costumbres de ésta última y la expansión de la religión (328-29).

Sin embargo, Montesquieu no se detiene ahí sino que agrega un listado de argumentos en favor de la esclavitud que se basan en ciertas características atribuidas a "les nègres" por los esclavistas (330-31).[111] El primero de estos

---

[111] En su comentario de este pasaje del texto, Russell Parsons Jameson afirma que este escandaloso listado es una enumeración irónica que Montesquieu formula con el propósito de criticar de manera radical los argumentos que los esclavistas provenientes del ámbito ibérico utilizan para justificar la captura y traslado de habitantes de África hacia Las Indias (252-53). Sin embargo, Moulin-Salans no es tan condescendiente en su lectura de este pasaje ya que considera que éste incluye no sólo elementos de

argumentos afirma que "les peuples d'Europe ayant exterminé ceux de l'Amérique, ils ont dû mettre en esclavage ceux de l'Afrique, pour s'en servir à défricher tant de terres" (330).[112] Aunque no existe aquí alusión explícita a Las Casas, Montesquieu encabeza su lista haciendo uso de un argumento que establece cierto contraste con el atribuido por Herrera y Tordesillas a Las Casas para promover la introducción de cautivos africanos en Las Indias como esclavos, a saber, la introducción de éstos como forma de evitar el exterminio de los nativos americanos. Montesquieu, quien escribe casi ciento cincuenta años después de Herrera y Tordesillas, ajusta la formulación del argumento al señalar que se introdujeron "nègres esclaves" en América no como forma de evitar el exterminio de sus habitantes sino porque éstos ya habían sido exterminados por "les peuples d'Europe".

En sus artículos de la *Encyclopédie* dedicados a la esclavitud y a la libertad natural (1755), Louis Chevalier de Jaucourt retoma y radicaliza las ideas propuestas por Montesquieu afirmando que si bien la esclavitud había desaparecido en gran parte de Europa hacia el siglo XV, un siglo más tarde "les puissances chrétiennes ayan fait des conquêtes dans ces pays où elles ont cru qu'il leur étoit avantageux d'avoir des esclaves, ont permis d'acheter & d'en vendre, & ont oublié les principes de la Nature & du Christianisme, qui rendent tous les hommes égaux" ("Esclavage" 936). Esta condena de la esclavitud aparece de nuevo en su artículo sobre la libertad natural, en el cual Jaucourt concluye preguntándose a qué se debe que los poderes cristianos hayan aceptado "l'esclavage des nègres" no obstante que ella va en contra de la religión y respondiendo de manera tajante que la razón de ello "c'est que elles [les puissances chrétiennes] en ont besoin pour les colonies, leurs plantations, & leur mines. *Auri sacra fames*" ("Liberté naturelle" 471-72).[113] Aunque como

---

crítica e ironía sino también de desprevenida complacencia ("complaisance amusée") por parte de Montesquieu con respecto a este infame listado de razones propuestas para justificar la esclavitud (218-9).

[112] Los otros argumentos que Montesquieu presenta son: el costo del azúcar sería muy alto si ésta no fuese producida por esclavos, el color de su piel y la forma de su nariz hace que sea casi imposible sentir piedad por ellos, su fealdad hace difícil creer que Dios haya puesto un alma en ellos, el color de su piel –que para muchos está ligado a la esencia del alma– hace que los asiáticos no establezcan una relación con los ellos ni remotamente parecida a la que tienen con los europeos, el color de su cabello, su falta de sentido común –que se demuestra por el hecho de que prefieren un collar de vidrio a un collar de oro–, el hecho de que si comenzamos a creer que ellos son hombres podemos comenzar a dudar de que somos cristianos y, finalmente, que se ha exagerado mucho el maltrato hacia ellos porque, si fuera cierto, los príncipes ya habrían escrito un tratado defendiéndolos (330-31).

[113] "Auri sacra fames" traduce "detestable hambre de oro".

en el caso de Montesquieu, no tenemos una alusión explícita a Las Casas, la referencia al imperio español y su expansión colonial como ámbito en el cual la esclavitud reaparece, se expande y se consolida, es clara en los textos de Jaucourt abriendo una senda crítica que se extenderá a lo largo del pensamiento ilustrado. Sin embargo, como en el caso de Montesquieu, no hay en su crítica referencia alguna a la abolición.

Una vez que Charlevoix establece el vínculo entre Las Casas y el inicio de la trata de cautivos africanos hacia América, y la crítica de la esclavitud atlántica se ha consolidado en el pensamiento ilustrado francés, el camino para la crítica explícitamente dirigida a Las Casas encuentra su lugar. Esta crítica aparece en tres pensadores ilustrados de finales del siglo XVIII: el holandés Corneille De Pauw, el escocés William Robertson y los franceses Guillaume-Thomas-François Raynal y Denis Diderot. Como parte de sus reflexiones acerca de la expansión colonial de Europa hacia América y su caracterización de los habitantes del Nuevo Mundo (Gerbi 59-101; Cañizares-Esguerra 11-59), cada uno de estos pensadores ilustrados retornará sobre los comienzos del tráfico atlántico de cautivos africanos, otorgando cada uno a su manera un papel relevante a Las Casas dentro de ese proceso. Al acercarnos a estos tres autores será importante notar que sus referencias a Las Casas se enmarcan dentro de un propósito mucho más amplio que la crítica a él, la cual sólo ocupa unas pocas líneas en sus escritos. El principal interés de estos autores consiste en proponer una crítica de la colonización europea de América y la esclavitud concomitante con ella sin que ello implique, salvo en el caso de Raynal y Diderot, una condena radical por los desmanes padecidos por los cautivos africanos o un intento por restituir su libertad.

En el tomo primero de las *Recherches Philosophiques sur les Américains, ou Mémoires intéressants pour servir à l'Histoire de l'Espèce Humaine*, publicadas por primera vez en francés en Berlín durante los años 1768 a 1769, Corneille De Pauw (1739-1799) hace la primera y, tal vez, más enfática formulación de esta crítica. A finales del siglo XVIII De Pauw es considerado dentro del enciclopedismo como autoridad en lo que concierne a América y, más específicamente, la expansión colonial de Europa hacia ésta (Church 194; Ette 9-10). Redacta, entre otras entradas, la primera parte del artículo dedicado a América en los suplementos de la *Encyclopédie* publicados en Amsterdam en 1776.[114] En dicha

---

[114] En la edición de 1751 de la *Encyclopédie*, la entrada dedicada a América está limitada a tres párrafos en los cuales se da breve noticia del descubrimiento, la razón del nombre América, los países europeos que

entrada, De Pauw expone de manera sucinta las ideas que ya ha desarrollado en su *Recherches* sobre América en las cuales, inspirado principalmente por los trabajos de Buffon, termina por declarar que los americanos son básicamente una especie degenerada debido a la influencia del clima. En contraste con la cálida, seca y civilizada Europa, De Pauw presenta a América como una región con condiciones climáticas frías y húmedas que al momento de la llegada de Colón se encuentra habitada apenas por unos cuantos pobladores salvajes de tamaño pequeño y carácter débil que fácilmente sucumben ante la violencia de los conquistadores españoles (De Paw 344-46, 353). En este sentido, resta crédito a la idea según la cual existían dos grandes civilizaciones en América al momento de la conquista en México y Perú. Según él, la pretendida grandeza de lo que considera nada más que tribus ("peuplades") no es otra cosa que el invento de cronistas españoles que han querido exaltar las conquistas de sus compatriotas a expensas de una fantasiosa magnificación de grupos que distaban mucho de ser numerosos y civilizados (344).

Esta caracterización de América y de los pueblos que la habitan al momento de la conquista le permite a De Pauw explicar la importación de "nègres" en la región a partir de 1510 como la respuesta de la corte española a la despoblación, endémica en América antes del descubrimiento e incontrolable a causa de la conquista española (346). Dentro de dicha conquista que, según él, radicaliza los males que venía padeciendo América desde antes del descubrimiento, poco puede ser reconocido como significativo y genuino acto de defensa de los pueblos nativos que la habitaban. Sólo los cuáqueros tienen algún reconocimiento por parte de De Pauw, quien también menciona a Las Casas pero sólo para señalar que éste usa la exageración en su descripción de las masacres perpetradas por los conquistadores españoles con el único propósito de lograr que la corona española apruebe un proyecto de colonización liderado por él en América:

> Et voici pourquoi ce Las-Casas a tant exagéré : il voulait établir a *Amérique* un ordre sémi-militaire, sémi-ecclésiastique ; ensuite il voulait être le grand-maître de cet ordre, & faire payer aux Américains un tribut prodigieux en argent, pour convaincre la cour de l'utilité de ce projet, qui n'eût été utile qu'à lui seul, il portait le nom des égorgés à des sommes innombrables" (352).[115]

---

tienen colonias en ella, las regiones en las que está dividida (septentrional y meridional) y los recursos minerales y vegetales que se extraen de ella. Véase Diderot, "América" 356.

[115] De Pauw hace esta misma aseveración en una nota en el tomo primero de sus *Recherches* 1: 120.

No obstante hacer esta observación, no hay en la entrada del suplemento de la *Encyclopédie* ningún tipo de alusión a la relación de Las Casas con el inicio de la trata. Ésta ha aparecido algunos años antes en sus *Recherches*, publicadas por primera vez, como lo hemos dicho, entre 1768 y 1769 en Berlín.

En la primera parte del primer tomo de sus *Recherches*, titulada "Du Climat de l'Amérique, de la complexion altérée de ses habitants, de la découverte du nouveau Monde" (3-130), De Pauw presenta a Las Casas como el directo responsable del comienzo de la trata de cautivos africanos hacia América. En primer lugar, en una nota a pie de página en la que intenta establecer el origen de la presencia de los africanos en América, afirma:

> Il est constant que pendant les treize premières années de la découverte de l'Amérique, les Espagnols n'y ont transporte aucun Nègre. Ce ne fut qu'en 1517, que se dit le premier transport régulier. *Le plan de ce commerce*, d'abord rejeté par le cardinal Ximenés, & approuvé par le Cardinal Adrien, *avoit été conçu & rédigé par un Prête nommé Las Casas*, qui, par la dernière bizarrerie dont l'esprit humaine soit capable, fit un grand nombre de Mémoires pour prouver que la conquête de l'Amérique était une injustice atroce, & imagina en même temps de réduire les Africains en servitude, pour les faire labourer ce pays si injustement conquis, dans lequel il consentit lui-même à posséder le riche Evêché de Chiapa. (1: 18, énfasis mío)

Aunque a renglón seguido De Pauw afirma que el tráfico de cautivos africanos ya existía en Portugal antes de la llegada de los españoles a América (1: 19), el señalamiento que hace de Las Casas como iniciador de la trata en América es contundente. Lo acusa, en primer lugar, de haber concebido el plan que posteriormente Adriano de Utrecht aprobó para la importación de cautivos a América y, en segundo lugar, de haber escrito un conjunto de Memoriales en los cuales, a la vez que denunciaba la injusticia de la conquista de América, promovía la esclavización de los africanos para que trabajasen en dichas tierras. Sin embargo, el juicio de De Pauw no se detiene ahí. Más adelante, en otro pasaje de su exposición, presenta una breve semblanza de Las Casas a quien caracteriza como un eclesiástico intrigante, lleno de pareceres orgullosos y exagerados escondidos bajo una máscara de humanidad y modestia. Ese eclesiástico, considera De Pauw, puede ser elogiado por lo que hizo por los indígenas americanos. Sin embargo, no puede perdonársele el haber sido el primero en España que concibió y ejecutó el proyecto de comprar cautivos en África, declararlos esclavos y forzarlos por medios inicuos a trabajar la tierra del Nuevo Mundo (1: 120-21).

En este orden de ideas, De Pauw acerca a Las Casas a Ginés de Sepúlveda diciendo que, no obstante sus reconocidas diferencias, éste último no criticó a aquél por su promoción de la esclavitud africana en América, porque en ambos "le fanatisme, la cruauté, l'intérêt avoient perverti les premiers notions du droit des gens : on fit les plus grandes injustices & on défendit par las plus mauvaises des raisons" (1: 121). A los ojos del ilustrado holandés, Las Casas es no sólo un precursor sino el artífice del comienzo de la trata de cautivos africanos hacia América. Dejando en un segundo plano las observaciones de Herrera y Tordesillas sobre los problemas que trajo el monopolio del gobernador de Bresa y la venta de las licencias que éste último hizo a los genoveses, De Pauw concentra su condena en la figura de Las Casas como el principal responsable del inicio de la trata.

Sin embargo, esta condena no se enmarca dentro de un intento de reivindicación de los cautivos africanos en el Nuevo Mundo sino que hace parte de su crítica al colonialismo europeo y, más específicamente, español y cristiano. De Pauw considera que la esclavitud responde a la necesidad de poblar un continente climáticamente hostil y habitado por los que caracteriza como débiles salvajes. Una vez que los europeos toman posesión de él, sometiendo y exterminando los grupos nativos, necesitan introducir nueva mano de obra para mantener la explotación intensiva de los territorios ocupados. Si bien De Pauw critica dicha introducción, no propone ningún tipo de defensa de los cautivos africanos ya que su crítica se dirige primordialmente en contra de la colonización que ha hecho que los europeos entren en contacto con lo que él considera como especies degeneradas (1: 90ss). De hecho, aunque reconoce que los cautivos africanos poseen más fortaleza física que los nativos americanos y que por ello su introducción ha sido necesaria para la colonización europea de América, De Pauw mantiene que estos cautivos comparten en mucho la misma condición degenerada de aquellos nativos (2: 68-9; Ette 8).[116] En consecuencia, el ilustrado holandés convierte la degeneración en un argumento que le permite criticar la esclavitud africana en América y el papel que, según él, tuvo Las

---

[116] Esta creencia de De Pauw en la superioridad de los europeos sobre otros grupos humanos queda claramente expresada en uno de los pasajes de sus *Recherches*: "Si l'on excepte donc les habitants de l'Europe ; si l'on excepte quatre o cinq peuples de l'Asie, & quelques cantons de l'Afrique, le surplus du genre humain n'est composé que de individus que ressemblent moins è des hommes qu'à des animaux sauvages : cependant ils occupent sept à huit fois plus de place sur le globe que toutes les nations policées & ne se expatrient presque jamais. Si l'on n'avait transporté en Amérique des Africains malgré eux, ils n'y seraient jamais allés" 2: 69.

Casas en el inicio de ella, sin que ello implique una demanda por la restitución de la libertad de los cautivos esclavizados.

Pocos años después de la publicación de las *Recherches* de De Pauw, la referencia a Las Casas como artífice de la trata emerge en Escocia. En 1777, William Robertson (1721-1793) publica *The History of America*. Sobre la base de un examen de fuentes portuguesas y castellanas, Robertson presenta "an account of the discovery of the New World, and the progress of the Spanish arms and colonies there" (1: vi; Armitage 66-7). Robertson conoce la obra de De Pauw y comparte con él la idea según la cual el descubrimiento de América puede ser entendido como el encuentro de la civilización europea con la barbarie del Nuevo Mundo, propiciada ésta última en gran medida por las condiciones climáticas (Lenman 202; Sebastiani 74). En este sentido, hablando de los pueblos que habitan América a la llegada de los conquistadores españoles, afirma:

> We may lay it down as a certain principle in this inquiry, that America was not peopled by any nations of the ancient continent, which had made progress in civilization. The inhabitants of the New World were in a state of society so extremely rude, as to be unacquainted with those arts which are the first essays of human ingenuity in its advance towards improvement. (1: 270)

Robertson confina los habitantes nativos del Nuevo Mundo a la condición de salvajes con muchos defectos ligados a su constitución corporal, sus capacidades intelectuales, su vida doméstica, sus instituciones políticas, su sistema de guerra, sus artes y su religión, a la que considera dominada por la superstición (1: 281-410). Si bien Robertson reconoce unas cuantas virtudes en los americanos tales como su espíritu independiente, fortaleza, compromiso con su comunidad y autosuficiencia (1: 410-14), el balance que hace de ellos termina por colocarlos en los estadios más tempranos de un proceso civilizatorio que, según él, ha alcanzado su cúspide en Europa. Por consiguiente, el acceso que éstos tienen a un estadio más civilizado es excepcional y, más que nada, fruto de una precaria imitación de las artes europeas (1: 378). Sin embargo, dada su perspectiva providencialista, Robertson da al encuentro entre Europa y el Nuevo Mundo un tono optimista ausente en las *Recherches* de De Pauw. Considera que la llegada de los españoles, no obstante su codicia y la forma autoritaria cómo han intentado cristianizar a los nativos, puede servir para incluir a América, particularmente sus recursos, en el comercio y la tolerancia propios de la civilización (Phillipson 55-73).

Dentro de la narrativa de Robertson, la presencia de los cautivos africanos en América, a los que denomina "negroes", hace parte de la exposición que hace de los eventos que suceden en La Española entre 1504 y 1518, años en los cuales las expediciones españolas avanzan en el Caribe y la subyugación de los nativos de La Española provoca la rápida disminución de éstos. Esta situación hace que algunos eclesiásticos y, en particular, Las Casas busquen estrategias para protegerlos (1: 218-25). En ese contexto, Robertson presenta las circunstancias que mueven a Las Casas a proponer la introducción de cautivos africanos como esclavos en La Española.

La principal fuente que Robertson utiliza para exponer el vínculo de Las Casas con el inicio de la trata es, de nuevo, Herrera y Tordesillas, cuyas *Décadas* cita profusamente. Sin embargo, el escocés introduce su propia perspectiva del asunto. Según él, el principal propósito de Las Casas consiste en que los nativos sean tratados como seres libres ("free subjects"). Dado que ello no es posible mientras no se pueda encontrar mano de obra que remplace la mano de obra indígena, Las Casas propone en 1517 "to purchase a sufficient number of negroes from the Portuguese settlements on the coast of Africa, and to transport them to America, in order that they might employed as slaves in working the mines and cultivating the ground" (1: 225).

La forma como Robertson describe la situación difiere significativamente en algunos puntos de la forma como Corneille de Pauw lo hace. En primer lugar, conecta la propuesta de Las Casas directamente con el comercio esclavista que los portugueses vienen practicando de manera sistemática desde antes de que Las Casas haga su sugerencia. Según él, esta propuesta revive un comercio odioso y repugnante tanto para el sentimiento de humanidad como para los principios de la religión (1: 225). En segundo lugar, afirma que antes de que Las Casas haga su sugerencia, la importación de esclavos está siendo practicada con autorización del rey Fernando debido a que se considera que ellos son más fuertes que los nativos. "They were more capable to enduring fatigue, more patient under servitude, and the labour of one negro was computed to be equal to that of four Indians" (1: 226). En tercer lugar, el autor escocés afirma que el Cardenal Ximenez se resiste a este tipo de comercio porque "he perceived the iniquity of reducing one race of men to slavery, while he was consulting about the means of restoring liberty to another" (1: 226). En consecuencia, Robertson propone su crítica a Las Casas afirmando que:

> Las Casas, from the inconsistency natural to men who hurry with headlong impetuosity towards a favourite [sic] point, was incapable of making that distinction. While he contended earnestly for the liberty of the people born in one quarter of the globe, he labored [sic] to enslave the inhabitants of another region; and in the warmth of his zeal to save Americans from the yoke, pronounced it to be lawful and expedient to impose one still heavier upon the Africans. Unfortunately for the latter, Las Casas' plan was adopted. (1: 226)

Los comentarios de Robertson introducen una nueva dimensión a la crítica de Las Casas. Ya no se trata, como en el caso de Corneille de Pauw, de denunciar en Las Casas la presencia de un espíritu intrigante que urde un plan para promover la introducción de cautivos traídos de África sino de un error de apreciación ligado a su carácter impetuoso el cual provoca que, tratando de proteger a los nativos americanos, termine por sacrificar a los africanos. Ese error de apreciación hace que Las Casas propicie que un grupo que no posee las limitaciones de los nativos americanos termine por ser subyugado con el fin de protegerlos.[117] Sin embargo, al igual que De Pauw, la crítica que hace Robertson a Las Casas no se halla conectada con la idea de la restitución de la libertad para los cautivos africanos. Su énfasis consiste en mostrar que la colonización española del Nuevo Mundo ha promovido la reactivación de la trata como forma de suplir la mano de obra necesaria para el avance de los proyectos colonizadores. Si bien Robertson encuentra esta actividad repugnante para un espíritu civilizado, no parece vislumbrar una solución para ella. Parece en ello adherir al punto de vista de Montesquieu, quien ve en la trata una condición propia del mundo colonial que lo diferencia del mundo civilizado desde el cual él se encuentra escribiendo.[118]

---

[117] En una nota hacia el final del volumen I de su *History of America*, Robertson repasa un conjunto de fuentes españolas y portuguesas con el fin de mostrar la inferioridad intelectual de los nativos americanos. Al final de dicha nota, basándose en las *Noticias americanas* de Antonio de Ulloa –publicadas en 1772– y suscribiendo la visión negativa que éste último tiene de los nativos americanos, Robertson declara: "The incapacity of the Americans is so remarkable, that negroes from all different provinces of Africa are observed to be more capable of improving by instruction. They acquire the knowledge of several particulars which the Americans cannot comprehend. Hence the negroes, though slaves, value themselves as a superior order of beings, and look down upon the Americans with contempt, as void of capacity and of rational discernment" 1: 468.

[118] Sebastiani arguye que para el momento en el cual Robertson publica su *History of America* (1777) la discusión en torno a la igualdad de todos los hombres y la abolición de la esclavitud en la Ilustración escocesa todavía se halla bloqueada por la convicción según la cual existen diferencias radicales y jerárquicas entre grupos humanos. Esta convicción está ligada a las diferencias que el colonialismo ha generado entre africanos, amerindios y europeos 103-31.

Ahora bien, el momento decisivo en el cual Las Casas entrará a formar parte de la historiografía ilustrada como precursor de la trata de cautivos africanos hacia Las Indias será en 1780, cuando aparezca la tercera edición de *Histoire Philosophique et Politique des Établissements et du Commerce des Européens dans les Deux Indes*,[119] atribuida al clérigo francés Guillaume-Thomas-François Raynal (1711-1796), más conocido como el Abbé Raynal.[120] Este texto, considerado por Jonathan Israel como uno de los escritos más conocidos y discutidos del pensamiento ilustrado a finales del siglo XVIII (413), articula la vasta cantidad de información recopilada por Raynal y sus colaboradores sobre las colonias europeas ultramarinas con las ideas ilustradas acerca de la libertad y el colonialismo propuestas principalmente por Denis Diderot quien durante la década de 1770 se compromete decididamente en la edición del texto de Raynal que aparece en 1780, introduciendo ajustes de estilo y también algunos apartados suyos pero, principalmente, dando un tono más conceptual y polémico a todo el texto (Benot, *Diderot* 180-81; "Diderot" 138-53; Ansart 400-01). En palabras de Michèle Duchet, "si l'*Histoire des Deux Indes* es vraiment devenue, au cours de ses éditions successives, autre chose qu'un compilation d'ouvrages documentaires ou qu'un simple récit des conquêtes coloniales, si elle es devenue cette histoire 'philosophique et politique' dont avait rêve Raynal, c'est bien à Diderot qu'il le doit et nous le devons" ("Diderot collaborateur" 544).

La segunda sección de la *Histoire de Deux Indes* (Livres Sixième – Dix-neuvième) está dedicada a las Indias Occidentales. En ella, Raynal y Diderot presentan una historia de la colonización europea y una descripción de los grupos que habitan en las colonias españolas (Livres Sixième a Huitième), las colonias portuguesas (Livre Neuvième), las Antillas (Livres Dixième a Quatorzième) y la América septentrional (Livres Quinzième a Dix-huitième). Al final de esta segunda sección, proponen una larga reflexión en la que exploran de qué modo el Nuevo Mundo ha influenciado la política, la economía, las artes, la filosofía y la moral de Europa (Livre Dix-neuvième). El tema de la esclavitud africana en las Indias Occidentales es tratado específicamente en la parte dedicada a las Antillas (Livre Onzième). Esta parte es redactada por Raynal, Diderot y Jean de Pechmeja quienes, basados principalmente en los trabajos de Millar, Robertson y Bessner (Goggi 55-93), declaran su condena radical de la esclavitud:

---

[119] La primera edición de este texto se publica anónimamente en 1770, en Amsterdam.
[120] Para una exposición del proceso de composición y recepción de esta obra, véase Jonathan I. Israel 414-42.

n'est point de raison d'état qui puisse autoriser d'esclavage. Ne craignons pas de citer au tribunal de la lumière & de la justice éternelles, les gouvernements qui tolèrent cette cruauté, ou qui ne rougissent pas même d'en faire la base de leur puissance. (Raynal 186)

Desde su punto de vista, la esclavitud, no obstante haber sido tolerada y aún justificada por los cristianos, es incompatible con el progreso de la humanidad el cual sólo puede aceptar la existencia del trabajo de los hombres libres. Sin embargo, lo que hace más radical la posición de Raynal y Diderot es que, cuando hacen el balance del impacto de la colonización europea en América hacia el final de la *Histoire de Deux Indes*, ligan la esclavitud con el colonialismo declarando que éste debería ser abandonado si implica la perpetuación de aquella. Hablando de la explotación de las riquezas americanas por parte de los europeos, afirman:

> Cette soif insatiable de l'or a donné naissance au plus infâme, au plus atroce de tous les commerces, celui des esclaves. On parle des crimes contre nature, & l'on ne cite pas celui-là comme le plus exécrable. La plupart des nations de l'Europe s'en font souillées ; & un vil intérêt a étouffé dans leur cœur tous les sentiments qu'on doit à son semblable. Mais, sans ces bras, des contrées dont acquisition a coûté si cher resteraient incultes. Eh! Laissez-les en friche s'il faut que, pour les mettre en valeur, l'homme soit réduit à la condition de la brute, & dans celui qui achète, & dans celui qui vend, & dans celui qui est vendu. (475)

Aunque, de hecho, no hay una propuesta a favor de la abolición inmediata de la esclavitud, Raynal y Diderot exhortan a los reyes a que promuevan una liberación progresiva de los que recientemente han nacido en cautiverio para que al llegar a la vida adulta se conviertan en labradores libres (216-20). Si esto no se hace, Raynal y Diderot sentencian que las rebeliones de esclavos se incrementarán y, luego, aparecerá el "grand homme" –el "Spartacus Noir" en palabras de Benot (*Diderot* 213-15)– quien liderará la sublevación de los cautivos contra sus opresores para restituir la libertad de todos e impugnar el orden colonial (221-22).[121] Jonathan Israel considera que está forma de afrontar

---

[121] Yves Benot afirma que en este pasaje de *Histoire des Deux Indes* se hallan, de hecho, yuxtapuestas tres propuestas para acabar con la esclavitud. Cada una de ellas corresponde a un momento en la redacción del texto. En la edición de 1770, predomina la idea de una suspensión de la trata más no de la esclavitud como tal y se reconocen los levantamientos de esclavos en las colonias como confrontación del sistema esclavista. En la edición de 1774, se introduce la idea del héroe que liberará a los esclavos. Finalmente, en la edición de 1780, en la cual Diderot tiene más participación, la idea de una abolición radical y de una impugnación del colonialismo lideradas por el gran hombre adquiere mayor fuerza "Diderot"

el problema de la esclavitud coloca la *Histoire des Deux Indes* en una posición antiesclavista nunca antes asumida por ningún pensador ilustrado: "Where Rousseau has virtually nothing to say about the black and brown peoples, not even ending the slave trade, the *Histoire philosophique* carries anti-slavery on to a new level of mobilization and combat" (416).

No obstante que existen varias alusiones a España y su participación en el inicio de la trata, en la exposición que Raynal y Diderot presentan acerca de la esclavitud africana en las Indias Occidentales no se encuentra ninguna alusión específica a Las Casas. Estas alusiones aparecen como parte de la exposición que hacen de las características de las colonias españolas en América y, más en concreto, Chile y Paraguay. Allí presentan una caracterización de los grupos que habitan en estas colonias (1780, Tome IV, Livre Huitième; Chapitres XIX-XXII: 325-336). Esos grupos son los nacidos en España que han venido a América ("chapetons"), los hijos de europeos nacidos en América ("créoles"), los hijos producidos por la mezcla de europeos con indios ("métis"), los que fueron traídos como esclavos ("noirs", "nègres", "esclaves", "Africains") y los que habitaban y eran dueños de las tierras americanas antes del descubrimiento ("Indiens", "naturels"). Al exponer cómo fueron introducidos los esclavos africanos en América, Raynal y Diderot afirman:

> A peine le Nouveau-Monde eut été découvert, qu'en 1503, on y porta quelques noirs. Huit ans après, il y en fut introduit un plus grand nombre, parce que l'expérience avoit [sic] prouvé qu'ils étoient [sic] infiniment plus propres à tous les travaux que les naturels de pays. Bientôt l'autorité les proscrivit, dans la crainte qu'ils ne corrompissent les Américains & qu'ils ne les poussassent à la révolte. Las-Casas, auquel *il manquait des notions justes sur les droits de l'homme*, mais qui s'occupoit [sic] sans cesser du soulagement de ses chers Indiens, obtint la révocation d'une loi qu'il croyoit [sic] nuisible à leur conservation. Charles-Quint permit en 1517 que quatre mille de ces esclaves fussent conduits dans le colonies Espagnoles ; & le courtisan Flamand qui avoit [sic] obtenu cette faveur, vendit aux Génois l'exercice de son privilège. (329, énfasis mío)[122]

112-18. Según el mismo Benot, las ideas radicales propuestas por Diderot acerca de la abolición serán recortadas y matizadas en la edición póstuma de 1820 de la *Histoire des Deux Indes*, dando al texto de Raynal un tono más tolerante con respecto a la esclavitud "L'esclavagisme" 154-62.

[122] En la primera edición de la *Histoire de Deux Indes* (1770), Raynal introduce una alusión similar al papel de Las Casas en el inicio de la trata de cautivos africanos hacia las Indias Occidentales cuando expone la forma en que los españoles explotan sus colonias y afirma que, dado el esfuerzo requerido para la explotación de las riquezas en esta región y la incapacidad de los nativos para afrontar este esfuerzo, los colonos españoles se vieron abocados a importar "les esclaves actifs & vigoureux que fournit l'Afrique" 313. Sin embargo, la alusión es descriptiva y no posee la carga conceptual que le agrega Diderot en la edición de 1780.

En este pasaje, Raynal y Diderot comienzan afirmando que la introducción de cautivos africanos es casi simultánea a la llegada de los españoles a América y que pronto éstos reconocen la superioridad de aquéllos como fuerza laboral con respecto a los indígenas. Sin embargo, los españoles reconocen los problemas que implica la presencia de cautivos africanos dado que pueden corromper a los indígenas y promover la rebelión entre ellos. Esto provoca que las autoridades españolas consideren que lo mejor es prohibir la importación de más esclavos africanos. Al parecer, los autores están haciendo referencia a la recomendación hecha por el gobernador de las Islas y Tierra Firme, Nicolás de Ovando, en 1503, recogida por Herrera y Tordesillas en sus *Décadas* según la cual sería mejor detener la introducción de cautivos africanos en Las Indias (443). Es entonces cuando emerge la figura de Las Casas como quien, sin poseer "notions justes sur les droits de l'homme" y queriendo proteger "ses chers Indiens", hace que la legislación que restringe la importación de esclavos africanos sea derogada y Carlos V ordene la introducción de cuatro mil esclavos.

Además, este pasaje adjudica a Las Casas una función distinta dentro del inicio del tráfico de cautivos africanos hacia las islas del Caribe. El clérigo aparece no promoviendo la introducción de éstos, la cual ya viene siendo practicada desde 1503, sino buscando que una ley que la restringe sea revocada. Esta forma de describir las acciones tempranas de Las Casas con respecto a la esclavitud africana no tiene antecedente en otros autores para quienes Las Casas aparece sólo promoviendo la introducción de cautivos africanos. Tal vez, Raynal y Diderot buscan articular las gestiones de Las Casas con el parecer que ha dado previamente Ovando tratando de detener la introducción de cautivos africanos en Las Indias. Para ellos, lo que se halla a la base de este intento de hacer derogar esta ley no es un espíritu bizarro, tal como De Pauw lo considera, ni un error de apreciación, tal como Robertson lo afirma, sino un desconocimiento de las nociones justas sobre los derechos del hombre. No obstante poseer una filiación con los nativos americanos que lo mueve a defenderlos, la carencia de dicha noción de derechos del hombre impide al clérigo incluir en su defensa a los cautivos africanos.

Esta forma de juzgar la participación de Las Casas en el comienzo de la trata no aparece en la edición de 1770 de la *Histoire des Deux Indes*. Ella hace parte de los ajustes que Diderot introduce para la edición de 1780 (Duchet, *Diderot* 77). Basado en la defensa que ha hecho de la igualdad de todos los hombres en el artículo que escribe sobre "Droit Naturel" para la *Encyclopédie* en 1755, Diderot afirma que la libertad e igualdad de todos los seres humanos es una idea que el hombre sólo puede concebir cuando se piensa a sí mismo y a los demás en términos de voluntad general y no a partir de sus pasiones particulares: "Tout ce que vous concevrez, tout ce que vous méditerez, sera bon, grand, élevé, sublime, s'il est de l'intérêt général & commun" ("Natural Rights" 116). Al parecer, Diderot considera que Las Casas, al no pensar en términos de voluntad general, no está en condiciones de reconocer la inviolable libertad natural de todos los hombres sin distingo. La filiación del clérigo hacia los nativos americanos se halla en un nivel distinto al de la defensa de la libertad de todo hombre, esto es, se mantiene en un nivel en el cual el bien de unos implica el detrimento de otros. Por tal motivo, promueve la derogación de la ley que prohíbe la importación de cautivos africanos como esclavos en La Española con el fin de proteger a los nativos americanos.

Un contraste deja ver más claramente esta limitación que Diderot acusa en Las Casas. Hacia el final, la sección que la *Historie de Deux Indes* dedica al origen y avance de la esclavitud africana en América (186-222), Diderot introduce un pasaje en que afirma que el "grand homme" que liderará la rebelión en contra de la esclavitud, restablecerá "les droits de l'espèce humaine" al promover la desaparición de la esclavitud y, en particular, de todas las legislaciones que la han promovido, en particular del execrable *Code Noir* de 1685 (221; Duchet *Diderot* 77). Así, más allá de Las Casas está el gran liberador de los esclavos quien, basado en las nociones justas de derechos del hombre que el clérigo no posee, es capaz de reconocer la igualdad de todos los hombres y luchar contra la esclavitud sin distingo alguno movido no sólo por un vínculo afectivo hacia cierto grupo sino más que nada por la idea de que la libertad es inherente a todo hombre.

Sin embargo, este juicio que Raynal y Diderot hacen de Las Casas no implica que ellos descalifiquen por completo la labor de éste último en Las Indias. Cuando exponen la situación de los nativos americanos después del descubrimiento, Diderot introduce un elogio a la labor de Las Casas en favor de la defensa de éstos (336-51):

> Dans un siècle de férocité, Las-Casas, que tu vois, fut un homme bienfaisant. En attendant, ton nom restera gravé dans toutes les âmes sensibles; & lorsque tes compatriotes rougiront de la barbarie de leurs prétendus héros, ils se glorifieront de tes vertus. Puissent ces tems [sic] heureux n'être pas aussi éloignés que je l'appréhende. (341)[123]

---

[123] Duchet considera que este elogio de Las Casas es también agregado de Diderot para la edición de 1780 de la *Histoire des Deux Indes*. Véase *Diderot* 125.

Si bien en este pasaje específico Diderot exalta la bondad de Las Casas hacia los nativos americanos, en un momento en el cual la violencia parecía ser la única manera de acceder a ellos, dentro del conjunto de la *Histoire des Deux Indes* dicha bondad, por encomiable que sea, no es equiparable con una reivindicación de los derechos del género humano propia del espíritu ilustrado que propende por la abolición de toda esclavitud. Así, Las Casas queda excusado en cierto sentido pero al costo de ser puesto en un momento de la historia en el cual le es imposible pensar la libertad de todo hombre sin distingo.

6.3 *La recuperación de Las Casas y su relación con la trata en el ámbito intelectual español de finales del siglo XVIII*

La reacción en el ámbito español a las referencias hechas por los filósofos ilustrados a Las Casas y su participación en el inicio de la trata no tarda en aparecer. Esta reacción se enmarca dentro de lo que Cañizares-Esguerra ha caracterizado como el esfuerzo de varios intelectuales españoles de fines del siglo XVIII por defender las acciones de España durante la conquista de Las Indias por medio de la crítica a los textos de autores ilustrados y, en particular, los escritos de Robertson y Raynal (Cañizares-Esguerra 130-203). En el caso específico de la crítica a Las Casas y su participación en el inicio de la trata dos autores serán de particular importancia: el jesuita catalán Juan Nuix y Perpinya y el cosmógrafo Juan Bautista Muñoz.

Exiliado en los Estados Pontificios, Juan de Nuix y de Perpinyà (1740-1783) publica en 1780 en italiano un texto en el que específicamente examina el papel de Las Casas en la aparición de la mala fama que posee la conquista española de Las Indias en el resto de Europa.[124] El título del texto de Nuix es *Riflessioni imparziali sopra l'Umanità degli Spagnuoli* [sic] *nell'Indie, contro i pretesi Filosofi e Politici, per servire di lume alle storie de' Signore Raynal e Robertson*.[125] En su

---

[124] Del mismo modo que lo hace Portugal en 1759 y Francia en 1762, España expulsa a los jesuitas de sus territorios en 1767 por orden del rey Carlos III. Pocos años después, en 1774, la Compañía de Jesús es suprimida por el Papa Clemente XIV. En consecuencia, gran cantidad de jesuitas se desplazan a los Estados Pontificios en los cuales viven como miembros del clero secular, recibiendo un pequeño salario del gobierno español y trabajando en actividades de tipo académico que les permiten sobrellevar sus limitaciones económicas. Batllori y Munné 383-87; Guasti, "Rastros" 258-66.

[125] En 1783 aparece en Cervera, España, una traducción al español de este texto bajo el título *Reflexiones imparciales sobre la Humanidad de los Españoles en Las Indias, contra los Pretendidos Filósofos y Políticos, para Ilustrar las Historias de MM Raynal y Robertson*. Esta traducción la hace Josef de Nuix y de Perpiñá, hermano del autor, quien tratando de mantener el crédito por la obra dentro de la familia, publica con ayuda de Juan una traducción aumentada del texto que pretende ser superior a la traducción publicada por Pedro

texto, Nuix cuestiona la veracidad de las informaciones que Las Casas ofrece sobre la conquista de América y, principalmente, el uso que hacen Robertson y Raynal de ellas para estigmatizar la conquista y colonización españolas de América (Batllori y Munné 390-1, Cañizares-Esguerra 182-6).[126]

Lo primero que llama la atención en el texto de Nuix es el esfuerzo que hace para desvirtuar la credibilidad de Las Casas como fuente histórica utilizada por los filósofos ilustrados para atacar la colonización española de Las Indias. En las secciones iniciales de su exposición, arguye que Las Casas es exagerado e inexacto en la forma como narra lo sucedido en América durante la conquista. De una parte, afirma que los números presentados por Las Casas para describir el número de habitantes que encontraron los conquistadores a su llegada y el número de muertes que éstos últimos produjeron están excesivamente aumentados (35-52). Por otra parte, señala que Las Casas habla de eventos que no ha visto y su versión de ellos va en contravía de lo dicho por otros narradores que Nuix considera mucho más confiables y certeros (52-67). Por ende, Las Casas no puede ser tenido como autoridad para hacer un juicio adecuado sobre los eventos relativos a la conquista de Las Indias sino como escritor cuyo parecer vale poco o nada, más aún, teniendo en cuenta que posee orígenes franceses no obstante haber nacido en Castilla (36). De hecho, Nuix afirma que lo dicho por Las Casas no serviría para condenar ni al más vil de los hombres y mucho menos a toda una nación como España (67).

Esta impugnación de la autoridad de Las Casas sirve de preámbulo para que Nuix presente una defensa de la colonización española con base en cuatro argumentos por medio de los cuales busca desvirtuar los ataques de Robertson y Raynal.[127] En primer lugar, sostiene que la despoblación de América, tema recurrente en la crítica que los ilustrados hacen a la colonización española, no es producida por los desmanes de los conquistadores ni por el trabajo en

---

Varela y Ulloa en Madrid en 1782. Véase Batllori y Munné 393-94; Guasti, "I gesuiti spagnoli" 342-43. En lo que sigue, seguiremos la traducción española de Josef de Nuix y de Perpinyà de 1783.

[126] Según Guasti, el alegato de Nuix en contra de los ilustrados y su uso de Las Casas se enmarca dentro de una compleja estrategia de propaganda concebida por el Conde de Floridablanca, Secretario de Estado de Carlos III entre 1777 y 1792, la cual consiste en recompensar con un salario adicional a los ex jesuitas que escriban textos que defiendan y exalten el nombre de España y su expansión hacia América en contra de las acusaciones de los pensadores ilustrados. Los ex jesuitas exiliados en los Estados Pontificios que provienen de España y la América española encuentran en la estrategia de Floridablanca una oportunidad no sólo para reconstruir su identidad, puesta en entredicho por el exilio y la supresión de la Compañía de Jesús, sino también de aliviar las dificultades económicas propias del exilio ("I gesuiti spagnoli" 362-63).

[127] Para una exposición detallada de los argumentos de Nuix, véase Guasti, "I gesuiti spagnoli" 372-93.

las minas, sino por causas tales como la carencia de agricultura en los nativos americanos, las viruelas, las epidemias, algunas guerras locales y, en particular, los obstáculos colocados por otras naciones europeas a la colonización española. Más aún, Nuix arguye que la población americana lejos de disminuirse ha aumentado gracias a la colonización española (82-225).

En segundo lugar, Nuix apela a los títulos que los teólogos españoles elaboraron durante el siglo XVI para justificar la toma de posesión del Nuevo Mundo y los transforma en argumentos con los que intenta refutar las críticas de los ilustrados en el siglo XVIII a la colonización española de Las Indias. El resultado de esta exposición es que Nuix, más que mostrar la vigencia de dichos títulos, termina por hacer una bizarra defensa de la inquisición y la intolerancia religiosa en un momento en el cual el pensamiento ilustrado está formulando una crítica feroz en contra de ellas. Según Nuix, ellas han sido necesarias para mantener el cristianismo y su pureza en las colonias españolas (226-378).

En tercer lugar, Nuix afirma que los excesos cometidos durante la conquista española de Las Indias no fueron tan grandes si se tienen en cuenta las circunstancias en las cuales ellos fueron llevados a cabo, si se comparan con los excesos cometidos por otras naciones europeas durante sus conquistas y se tiene en cuenta que fueron acciones de individuos particulares que nunca contaron con el respaldo de la corona española. Como parte de este tercer argumento, Nuix retoma ideas presentes en De Pauw, Robertson y Raynal acerca de la inferioridad de los nativos americanos y los africanos con dos propósitos distintos. De un lado, asume en gran medida la visión que éstos tienen de los americanos como seres inferiores para excusar las acciones de los conquistadores españoles y defender a la corona española. Del otro, acusa a estos pensadores asumir una posición inconsistente dado que, no obstante reconocer la inferioridad de los americanos y los africanos, terminan por proponer alternativas inviables para el tratamiento de ellos u ocultar los desmanes cometidos por sus países en América (379-496).

Finalmente, en cuarto lugar, el ex jesuita catalán hace una defensa de las ventajas que ha traído para América la colonización española, siendo la primera y más importante de ellas la cristianización que ha permitido no sólo la conversión de los nativos sino el mantenimiento del orden social (497-519). La conclusión a la que llega Nuix es que las críticas de los filósofos ilustrados a la colonización española son inaceptables dado que hacen uso tendencioso de una fuente poco confiable, Las Casas, para desvirtuar la religión y la autoridad real, con el único ánimo de promover el libre comercio, en el caso de Robertson, y la irreligión, en el caso Raynal. Al final de su exposición, Nuix esboza la figura de un verdadero e imparcial historiador que cuente de manera imparcial la historia de la colonización española de América. Gracias al trabajo de este hipotético historiador apologeta "la historia de las Indias, en vez de ser un teatro de irreligión y de la inhumanidad, será lo que debe ser, esto es, la escuela de la Religión, de la virtud y de la política" (523).

Aunque pretende contrarrestar las críticas de los ilustrados refutando la validez de sus aseveraciones, el texto de Nuix mantiene el tono más de una apología que selecciona datos que sirven a su argumento que el de una exposición histórica que desvirtúe significativamente los argumentos de los ilustrados. Su texto termina siendo una defensa de la colonización española inspirada en la Reforma Católica del siglo XVI pero reformulada de cara a la crítica de los pensadores ilustrados con el fin de reivindicar la benignidad de la conquista española y su condición imperial de España a finales del siglo XVIII. En palabras de Guasti,

> *Riflessione* rappresentano uno dei tanti esempi di quella intelligente strategia culturale e politica fondata sull'ecletticismo che si prefigge di selezionare, anche all'interno della cultura dei Lumi, i materiali utili per combattere la deriva eversiva che essa stesa ha ormai innescato. ("I gesuiti spagnoli" 391)

En esa defensa de la conquista española el tema de la esclavitud africana en Las Indias adquirirá una particular relevancia para Nuix sobre todo en el tercer argumento que esgrime contra los ilustrados. De una parte, el ex jesuita hace de ella una ocasión para señalar el carácter benigno de la colonización española ya que desde muy temprano la corona de Castilla promulgó leyes que prohibieron la esclavitud indígena (446-63) y no tuvo protagonismo en la trata transatlántica de cautivos africanos hacia Las Indias. "Este comercio ha estado siempre en manos de extrangeros. Es verdad que estos aceptaron y compraron dichos esclavos de manos agenas. Pero esto fue (según confiesan los mismos filósofos [ilustrados]) no para tenerlos en dura esclavitud, sino para hacerlos criados civiles, domésticos suyos, ó como dicen *compañeros de su indolencia*" (428).

De otra parte, Nuix considera que las otras naciones europeas que han participado en la trata de esclavos han mostrado una rapacidad y crueldad con ellos ajena a la colonización española al punto de que es "más sufrible y llevadero fatigar en las minas y metales baxo los Españoles que manejar azúcar baxo los Extrangeros" (430-31). Esta crítica a las naciones extranjeras se extiende a sus filósofos quien, según Nuix, no sólo han tolerado sino también justificado la violencia infringida contra los africanos en Las Indias y la pretendida inferioridad de éstos frente a los europeos: "Podría finalmente traher la crueldad hacia los negros de África, no digo solamente practicada, sino también prescrita y autorizada por los escritores, cuyo sentir sirve de regla para la conducta y opinión general de los extranjeros" (485). En contraste, según Nuix, en las colonias españolas los esclavos africanos nunca fueron considerados incapaces para recibir el cristianismo (487-88), la esclavitud sólo fue tolerada porque se desconocían las condiciones injustas en las cuales los esclavos africanos eran capturados (488-89) y hubo una crítica incipiente a la esclavitud africana propuesta por el jesuita Diego de Avendaño a finales del siglo XVII (489-90).

En el contexto de esta apología de la conquista española de Las Indias, la referencia a la participación de Las Casas en el inicio de la trata adquiere el tono no de una condena sino de una explicación de las circunstancias que movieron al clérigo a promover la introducción de cautivos africanos en Las Indias como esclavos. En la "Reflexión tercera", retomando elementos de los argumentos ilustrados que indican la superioridad de los europeos con respecto al resto de los grupos humanos, Nuix presenta como atenuante en lo que concierne a los desmanes cometidos por los conquistadores españoles el hecho de que éstos se encontraron rodeados de hombres a quienes consideraban inferiores a ellos: "hallabanse en medio de los hombres más débiles, é insensatos, á los quales sin oposición se consideraban infinitamente superiores en fuerzas y talentos" (386). Esta circunstancia provocó que se vieran puestos ante el dilema de morir a manos de estos hombres inferiores u oprimirlos. Puestos ante este dilema, unos decidieron oprimirlos, otros ponerse riesgosamente a su favor y, finalmente, "los más desinteresados y prudentes, no supieron hallar otro medio, sino introducir un sabio temperamento entre la esclavitud y la libertad" (387).[128] Nuix considera que algunos de los conquistadores hicieron de la distinción entre libertad y esclavitud el criterio que les permitió dominar aquellas poblaciones inferiores que los circundaban. Esta afirmación le sirve al ex jesuita para introducir su parecer acerca del papel de Las Casas en el inicio del tráfico de esclavos hacia Las Indias:

---

[128] El texto parece estar usando la palabra temperamento no en el sentido de un rasgo de la personalidad sino en el sentido que le da el diccionario de la Real Academia Española como "arbitrio para terminar las contiendas o para obviar dificultades".

> El mismo Las-Casas, esto es, el más zeloso protector de los Indios que haya producido la Europa, se vió embarazado de la dificultad; y no sabiendo qué consejo tomar, cayó en la notable incoherencia de condenar a África, por salvar América. (387)

Nuix considera que la distinción entre libertad y esclavitud le sirvió a Las Casas para salvaguardar la libertad de los indígenas pero, al mismo tiempo, para promover la esclavitud de los africanos. Sin embargo, frente a la crítica proferida por los filósofos ilustrados, Nuix intenta explicar la conducta de Las Casas afirmando que, debido a las difíciles circunstancias en las cuales se movía, pudo vislumbrar la libertad para los indígenas a costa de la esclavización de los africanos, obrando de manera inconsecuente. Al dudoso carácter de Las Casas como fuente histórica, Nuix añade ahora el que no fue capaz de ser consecuente con las posiciones que defendía. Sin embargo, el punto más llamativo en la posición del ex jesuita consiste en adjudicar a Las Casas una creencia en la superioridad de los españoles desde la cual, tratando de afrontar las circunstancias excepcionales a las que se tuvo que enfrentar, optó por promover la introducción de cautivos africanos en Las Indias como esclavos para proteger a los indígenas. En otras palabras, Nuix otorga a Las Casas un carácter ilustrado, no en el sentido de que reconozca la libertad de todos los hombres, sino porque hace de la pretendida superioridad de los europeos una razón para justificar la esclavización de otros que no fuesen los nativos americanos.

La apología que hace Nuix de la conquista española tiene un interesante contrapunto en la obra del valenciano Juan Bautista Muñoz (1745-1799) quien en 1779 recibe de Carlos III el mandato de escribir una historia del Nuevo Mundo y, en 1784, pocos años después de la publicación de las *Riflessioni imparziali* de Nuix, recibe autorización real para organizar el Archivo de Indias (Ballesteros Beretta, "Don Juan Bautista" 589; Cañizares-Esguerra 193-96; Bas 79-154). En el contexto de la política de la corona española tendiente a confrontar el avance de la ilustración francesa y la crítica que ésta hace a la colonización de Las Indias, Muñoz encuentra la oportunidad para defender los ideales del humanismo español del siglo XVI e iniciar un ambicioso trabajo de recopilación documental que concibe como forma de dar rigor a la labor histórica en la península y defender dicha colonización como una empresa cristiana (Arias 128). En palabras de Cañizares-Esguerra, para Muñoz "patriotism and the writing of a new history were intimately related, for the truth about the deeds of Spain in the New World could only emerge after the painstaking accumulation of new sources" (193).

Esta forma de concebir el trabajo histórico hace que Muñoz obtenga el respaldo de la corona española. Muestra de ello es que ésta detiene en 1779 el proceso de traducción de la *History of America* de Robertson que la Real Academia de Historia viene adelantando desde 1777 (Ballesteros Beretta, "Don Juan Bautista Muñoz y Ferrandis" 580-90); encarga a Muñoz de escribir una historia del Nuevo Mundo; le autoriza a tener acceso a todos los archivos del reino en los que necesite buscar documentos, incluyendo el de la Real Academia de Historia misma y, acoge su sugerencia de fundar el Archivo de Indias en Sevilla en 1784 (Muñoz 4; Ballesteros Beretta, "Don Juan Bautista" 597).

Así, durante la década de 1780 Muñoz lleva a cabo un recorrido a través de diversos archivos en la península ibérica –principalmente Simancas y Valladolid pero también Palencia, Salamanca, Zamora, Toro, Guipúzcoa, Bayona, Bilbao, Sevilla y Cádiz– con el fin de encontrar y copiar manuscritos que le permitan no sólo escribir una historia del Nuevo Mundo de la talla de las escritas por Herrera y Tordesillas y Robertson, sino también organizar una colección que haga posible el estudio pormenorizado de la historia española y su expansión colonial (Ballesteros Beretta, "Don Juan Bautista" 599; Bas 111-54).[129] Fruto de ese trabajo, Muñoz publica en 1793 el primer tomo de su *Historia del Nuevo Mundo*, la cual presenta un texto donde el rigor sostenido en la exploración y exposición rigurosas de manuscritos inéditos se combina con la defensa del carácter cristiano de la conquista española entre 1492 y 1500 (Ballesteros Beretta, "Don Juan Bautista" 604-05, 628-30).[130] Su compromiso con el rigor histórico queda expresado en el prólogo de su obra: "En la sustancia y en el modo de procurado ajustarme a las reglas del arte, á las leyes fundamentales de la perfecta historia. He escrito la verdad pura, como dicen, según mi leal saber y entender; y he dicho todas las verdades de importancia sin callar alguna por respetos del mundo" (xxvi). En este sentido, Muñoz no intenta ocultar los desmanes de los primeros españoles que llegan a Las Indias ni los desaciertos

---

[129] El proceso de recolección de fuentes documentales llevado a cabo por Muñoz durante los años 1781 y 1785 entre Madrid y Cádiz es reconstruido por Antonio Ballesteros Beretta con base en las cartas que Muñoz escribe durante su viaje. En "Don Juan Bautista Muñoz Ferrandis", Ballesteros Beretta explora los años 1781 a 1783, y en "Juan Bautista Muñoz: La creación del Archivo de Indias" explora los años 1784 a 1785.

[130] El propósito de hacer una exaltación de la conquista española de las Indias es expresado por Muñoz en sus documentos personales: "Las hazañas de los españoles en el nuevo mundo obscurecen las de todos los héroes de la antigüedad: el aumento que recibió allí la Religión Cristiana por el zelo [sic] de nuestros monarcas i por los afanes apostólicos delos Santos varones que embiaron a propagar el evangelio, no ha tenido igual ni semejante desde los tiempos inmediatos de Jesucristo", citado en Ballesteros Beretta, "Don Juan Bautista... Nuevo Mundo" 658.

de los frailes en sus intentos de cristianización de los indígenas, sino ubicarlos dentro del marco de una expansión territorial que, al menos en la mente de Colón, intenta obtener tanto el provecho económico para la corona española como la cristianización de los nativos americanos (*Historia del Nuevo-Mundo* 341). Ahora bien, esta pretensión de verdad es la manera cómo retóricamente Muñoz defiende lo que Santa Arias ha caracterizado como un intento de articular en un relato patriótico geografía y política junto con las aspiraciones imperiales de España ("Recovering" 127).

No obstante contar con el apoyo y beneplácito de las autoridades reales, la *Historia del Nuevo Mundo* no es bien recibida por los miembros de la Real Academia de Historia quienes aprovechan su publicación para tomar revancha por las pugnas que Muñoz ha sostenido con algunos miembros de ella, acusándolo de no contar con la formación disciplinar adecuada para escribir un texto de este carácter —es teólogo de formación y cosmógrafo de profesión, no historiador (Cañizares-Esguerra 190)— y escribir pensando más en los intereses propagandísticos de la corona española que en llevar a cabo una exploración histórica genuina. Más aún, Muñoz llega a ser acusado de plagiar a Robertson a quien ni siquiera cita (Ballesteros Beretta, "Don Juan Bautista" 639-40; Bas 171-75). Sin embargo, para lo que nos interesa, el trabajo de Muñoz sobre los manuscritos relativos a la expansión española en el Nuevo Mundo tiene dos implicaciones significativas en la lectura de Las Casas.

En primer lugar, Muñoz enfatiza la relevancia que tiene la obra de Las Casas como fuente histórica y, como lo ha enfatizado Arias, geográfica ("Recovering" 136-38). Aunque afirma que la *Brevísima relación de la destrucción de las Indias* es "parto de una imaginación caliente" (*Historia del Nuevo-Mundo* xix), la cual está a la base no sólo de este sino de todos los escritos del obispo de Chiapa, Muñoz encuentra valiosas la *Historia de las Indias occidentales*, caracterizándola como "en rigor históricamente cronológica, escrita con bastante copia de documentos" (xix), y la *Apologética historia* en la cual Las Casas "empleó todo el caudal de su lectura y conocimiento práctico de Indias para ensalzar aquellas regiones y gentes" (xxix-xxx). Así, a diferencia de Nuix, Muñoz reconoce la relevancia de Las Casas como fuente histórica y geográfica sin pretender desvirtuar su autoridad por completo. Antes bien, le otorga al obispo de Chiapa un papel relevante dentro de su intento de reivindicar las aspiraciones imperiales de España.

En segundo lugar —y esto es lo más importante dentro del argumento de este libro—, el trabajo de recolección y reproducción de documentos que lleva a cabo Muñoz hace accesible a futuros interesados en Las Casas y su relación con el inicio de la trata un corpus mucho más amplio que el que está publicado hasta ese momento y que consiste básicamente de los tratados publicados en 1552 y lo dicho Antonio de Herrera y Tordesillas con base en su lectura del manuscrito de la *Historia de las Indias*. Debido a que su *Historia del Nuevo-mundo* no llega sino hasta el año 1500 y que no conoce sino los dos primeros libros de la *Historia de las Indias* de Las Casas (Pérez Fernández, "Estudio" 39-40), la exposición de Muñoz habla de los inicios de la esclavización indígena en el Nuevo Mundo pero sin tocar la participación de Las Casas en el inicio de la trata. Sin embargo, su trabajo de investigación le lleva a rescatar varios de los Memoriales que el clérigo escribe durante la década de 1510, el asiento y capitulación de 1520 que suscribe con la corona española para poblar la Tierra Firme, textos de su correspondencia, la *Apologética historia sumaria*, el *Tratado de las doce dudas* y los dos primeros libros de la *Historia de las Indias*, de la cual se tiene noticia sólo por medio de lo dicho por Herrera y Tordesillas.[131] En varios de los documentos rescatados por Muñoz se encuentran alusiones de

---

[131] En 1784 Muñoz elabora un listado de los manuscritos lascasianos que ha encontrado en la Secretaría del despacho universal de Indias. Este listado se halla en el tomo 92 de su colección Hanke y Giménez, *Bartolomé* 250-51. En 1799, Joaquín Traggia y Manuel Abella, miembros de la Real Academia de la Historia, hacen un listado de los textos recopilados en la colección Muñoz y ubican los escritos de Las Casas en los tomos 46 a 49 de ésta. Véase Real Academia de la Historia, *Catálogo de la colección de Don Juan Bautista Muñoz* Vol. I: LXIII. En 1830, Juan Pastor Fuster publica una biografía de Muñoz y adjunta a ella un listado de las obras presentes en su colección y hace una descripción detallada de los textos que hacen parte de ella. Véase *Biblioteca Valenciana* 2: 218-19. En su *Inventario documentado* (1981), Pérez Fernández identifica los textos de Las Casas que han llegado hasta el presente por obra del trabajo de recolección y copia emprendido por Muñoz: "Memorial de (catorce) remedios, presentado al regente cardenal Fray Francisco Jiménez de Cisneros" (1516), "Memorial de denuncias de abusos, presentado al regente cardenal Fray Francisco Jiménez de Cisneros" (1516?), "Memorial de remedios para la reforma de las Isla Tierra Firme leído ante el Consejo de Indias" (1517), "Réplica contra el Parecer de los vecinos de las Indias que aquí [en la Corte] están" (1517-1518), "Memorial de remedios para la reforma de la Tierra Firme y las Islas, dirigido al gran canciller Juan le Sauvage (resumen del Memorial largo)" (1518), "Asiento y Capitulación con el Emperador Carlos V sobre descubrimiento y población en Tierra Firme, desde la provincia de Paria hasta la de Santa Marta, por la costa del mar (texto definitivo)" (1520), libros primero y segundo *Historia* [general] *de las Indias* (1527-1559), "Carta al Consejo de Indias (primera)" (1531), *Apologética Historia Sumaria* (1536-1552), "Carta al príncipe Felipe y a Juan Sámano, secretario de su majestad (segunda)" (1544), "Carta al príncipe don Felipe (tercera)" (1544), "Carta al príncipe Felipe (sexta)" (1544), "Nota sobre la liberación de la india Elvira, natural de Santa Marta, a la sazón en Jerez" (1544), "Carta al príncipe Felipe (séptima)" (1544), "Carta de Fray Bartolomé de Las Casas, obispo de Chiapa y de Fray Antonio Valdivieso, O.P., obispo de Nicaragua, al príncipe don Felipe (1545), "Carta al príncipe don Felipe para [que se vea] en Consejo de las Indias (décima)" (1545), "Estas son las réplicas que el obispo de Chiapa hace contra las soluciones de las doce objeciones que el doctor Sepúlveda hizo contra el "Sumario" de su dicha "Apología"" (1550-1), "Apología en Latín" (1550-1551), "Carta al Consejo de Indias (cuarta)" (1552) y *Tratado de las doce dudas* (1564).

Las Casas a los cautivos africanos que paulatinamente serán reconocidas por los estudiosos de su obra e incorporadas en la discusión. Más allá de sus logros como escritor, el trabajo de Muñoz sienta las bases para una paulatina pero significativa transformación del debate sobre Las Casas y el inicio de la trata de cautivos africanos hacia América. Sin embargo, habrá que esperar varios años para que el debate se configure de acuerdo con las nuevas fuentes textuales.

Muñoz lega su colección al rey. Una parte ingresa a la biblioteca de los Reyes de España el 12 de agosto de 1799, de donde es trasladada a la Real Academia de Historia en 1818 y otra parte es vendida por la familia de Muñoz a Antonio de Uguina (Ballesteros Beretta, "Don Juan Bautista Muñoz y Ferrandis" XLIX-L y Bas 188-90). Sólo hasta bien entrado el siglo XIX el acceso a estos documentos puede ser rastreado en otros textos. En primer lugar, en su *Colección de viajes* Fernández de Navarrete (1825), director de la Real Academia de Historia desde ese año (Pérez Fernández, "Estudio" 41), introduce referencias a la colección de Muñoz en su exposición, agregando referencias al libro tercero de la *Historia de las Indias*, el cual se encuentra en ese momento, según él mismo, en la Biblioteca Real (Fernández de Navarrete, *Colección de viajes* LXXI). En segundo lugar, en el tomo tercero de *Vidas de españoles célebres* (1833) Josef Quintana afirma que consulta los textos de Muñoz que hablan de Las Casas por medio de la colección de Antonio de Uguina.[132] De hecho, Quintana es quien primero introduce dentro de su exposición referencias directas a memoriales, cartas y pasajes de la *Historia de Indias* en los cuales Las Casas habla de la trata de cautivos africanos hacia Las Indias (Quintana 467-72, 509-10; Pérez Fernández, "Estudio" 41-2). En tercer lugar, en el tomo séptimo de la *Colección de documentos inéditos, relativos al descubrimiento, conquista y organización de las antiguas posesiones españolas de América y Oceanía, sacados de los archivos de Reino, y muy especialmente del de Indias*, editado por Luis Torres de Mendoza en 1867 se introducen dos memoriales en los cuales Las Casas solicita la introducción de cautivos africanos a Las Indias y el documento del asiento de colonización (14-65, 101-09) y el asiento y capitulación que Bartolomé de Las Casas hace con la corona española en 1520 para el descubrimiento y población de la Tierra Firme y que incluye la introducción de cautivos africanos (65-89).

---

[132] Según Bas, Antonio de Uguina posee parte de la colección hasta 1833. Véase 190; Pérez Fernández, "Estudio" 26. Cuando Uguina muere, su colección es vendida y pasa por diversos propietarios en Francia y los Estados Unidos hasta llegar a ser adquirida por la biblioteca pública de New York en 1897 como parte de la colección Obadiah Rich. Véase Hilton 319; Brownrigg vii-xviii.

Más allá de los propósitos específicos que mueven a Muñoz a rescatar documentos de diversos archivos en la península, su trabajo de recuperación documental abre la posibilidad de una lectura de Las Casas y su participación en el inicio de la trata africana que va mucho más allá de lo que se ha dicho hasta finales del siglo XVIII con base en las afirmaciones de Herrera y Tordesillas. Sin embargo, no sólo esta recuperación documental servirá para que la aproximación a Las Casas y su relación con el inicio de la trata sea reexaminada. Una vez que el abolicionismo comience a cobrar fuerza en Francia e Inglaterra, la figura de Las Casas reaparecerá como uno de los precursores del movimiento abolicionista. Sin embargo, dada su participación en el inicio de la trata, los abolicionistas tendrán que comenzar a explicar esta inconsistencia entre una defensa radical de las poblaciones indígenas y la tolerancia frente a la trata africana en Indias. Para tratar de resolver esta dificultad, propondrán una nueva lectura de Las Casas. La génesis de esta nueva lectura es lo que exploraremos a continuación.

6.4 *La apropiación de Las Casas en el contexto del abolicionismo*

En su libro *Inhumane Bondage* David Bryon Davis llama la atención sobre las dificultades para entender el advenimiento del abolicionismo. No obstante la relevancia histórica y el valor moral que reconocemos en él, las razones que movieron a Inglaterra a no sólo aceptar el fin de la trata y el cautiverio de los africanos y sus descendientes en sus territorios sino, además, a presionar a otros países a hacer lo mismo son aún motivo de discusión (231-34). Una confluencia de motivaciones religiosas, económicas y políticas coincidieron para que lo que parecía una causa perdida defendida por algunos se convirtiera en una política oficial suscrita por varios países y salvaguardada en principio por el poderío militar inglés.

El abolicionismo surge desde mediados del siglo XVIII y no se identifica, aunque posee conexiones ideológicas, con la crítica a la esclavitud que hemos venido rastreando hasta aquí tanto en los ilustrados franceses y escoceses como en los defensores anti-ilustrados de la colonización española. A diferencia de estos ilustrados, para quienes la crítica de la esclavitud no implica necesariamente la desaparición de ésta, el abolicionismo considera que el objetivo primordial de una crítica de la esclavitud es la desaparición de la trata y el fin del cautiverio de los africanos y sus descendientes en Europa y sus colonias. Sus orígenes se hallan en cuáqueros de la América británica quienes, inspirados en sus creencias religiosas, liberan sus cautivos y se dedican a promover la liberación de los cautivos africanos en poder de otros colonos. Sus figuras más conocidas, Anthony Benezet (1713-1784) y John Woolman (1720-1772), escriben textos propagandísticos que están más interesados en denunciar los desmanes implicados en la esclavitud y urgir la abolición de ésta que en entablar debates con ilustrados europeos (Oldfield 13). Esto provoca una particular apropiación de la figura de Las Casas que difiere de aquella que hemos explorado en dichos ilustrados. En "Some Historical Account of Guinea" (1771), Benezet hace referencia al obispo de Chiapa no para criticarlo o para ver en él un temprano impulsor de la trata sino, muy al contrario, reconocerlo como uno de los precursores del abolicionismo:

> This oppression of the Indians had, even before this time, roused the zeal, as well as it did the compassion, of some of the truly pious of that day; particularly that of Bartholomew de Las Casas, bishop of Chapia [Chiapas]; whom a desire of being instrumental towards the conversion of the Indians had invited into America. It is generally agreed by the writers of that age that he was a man of perfect disinterestedness, and ardent charity; being affected with this sad spectacle, he returned to the court of Spain and there made a true report of the matter; but not without being strongly opposed by those mercenary wretches who had enslaved the Indians. Yet being strong and indefatigable, he went to and fro between Europe and America, firmly determined not to give over his pursuit but with his life. After long solicitation, and innumerable repulses, he obtained leave to lay the matter before the Emperor Charles the Fifth, then king of Spain. *As the contents of the speech he made before the king in council are very applicable to the case of the enslaved Africans*, and a lively evidence that the spirit of true piety speaks the same language in the hearts of faithful men in all ages for the relief of their fellow creatures from oppression of every kind, I think it may not be improper here to transcribe the most interesting parts of it. (139-40; énfasis mío)

A renglón seguido de este pasaje, Benezet cita partes del discurso que Las Casas pronuncia en 1519 ante Carlos V para defender a los indígenas en contra del parecer del obispo Quevedo, arguyendo que son libres por naturaleza.[133]

---

[133] Benezet extrae los apartados que cita de Las Casas de la traducción que hace John Lockman en *A History of The Cruel Sufferings of The Protestants, and Others, by the Popish Persecutions in Various Countries* 311-12 de una carta originalmente escrita en francés por el jesuita Margat, quien la envía desde Saint-Domingue en 1729 al Procurador de las Misiones Jesuitas en América, Padre de Neuville. La carta esta incluida en *Lettres Édifiantes et Curieuses Ecrites par quelques Missionnaires de la Compagnie de Jesus* 392-449. En dicha carta, Margat explica por qué la población indígena de la isla ha desaparecido y cómo ésta ha sido repoblada con cautivos africanos, algunos de los cuales se han convertido en cimarrones. Margat da autoridad histórica a Las Casas y exalta su labor en defensa de los nativos americanos al punto de que incluye en su texto el discurso que Las Casas pronuncia ante Carlos V en 1519, utilizando la traducción al francés de la segunda década de la *Historia* de Herrera y Tordesillas. Véase *Lettres* 439-45. Este discurso se encuentra en *Historia de las Indias* de Las Casas [fols. 444v-445]: 2410-411 y está transcrito con alteraciones en la década segunda de la *Historia* de Herrera y Tordesillas 303-07 la cual, como hemos dicho más arriba, es

Para lo que aquí nos interesa, Benezet transforma la defensa que Las Casas hace de los indígenas americanos en un modelo de la abolición de la esclavitud africana, sin mencionar la relación del obispo de Chiapa con el inicio de la trata. Esta apropiación de Las Casas como precursor del abolicionismo seguirá resonando en otros abolicionistas.

Una vez tiene lugar la Revolución Americana en 1776, se configurará lo que Oldfield caracteriza como una red transatlántica en la cual escritores que promueven la abolición en los nacientes Estados Unidos, Inglaterra y Francia comenzarán a intercambiar ideas y estrategias que les permitan que sus gobiernos aprueben legislaciones que hagan desaparecer el comercio esclavista y pongan fin al cautiverio de los africanos y sus descendientes en las Américas (13-42). Esta red logra adquirir alguna visibilidad a partir de la década de 1780 gracias, en particular, a la obra de Thomas Clarkson y Willam Wilberforce, quienes, enfrentando la resistencia de los colonos y de escritores que apoyan el mantenimiento del esclavismo, lograrán en 1807 que se promulgue en Inglaterra la prohibición de la trata transatlántica, la cual servirá para que Inglaterra pueda ejercer presión sobre otros países para que decidan prohibir la trata y, paulatinamente, abolir la esclavitud. En Thomas Clarkson (1760-1846), una de las figuras más emblemáticas del abolicionismo inglés junto con William Wilberforce, encontramos dos alusiones a Las Casas que le otorgan importancia como precursor del abolicionismo. En *An Essay on the Commerce of the Human Species, particularly the African* (1788), Clarkson elogia al obispo de Chiapa:

> Among the well disposed individuals, of different nations and ages, who have humanely exerted themselves to suppress the abject personal slavery, introduced in the original cultivation of the European colonies in the western world, *Bartholomew de Las Casas*, the pious bishop of *Chiapa* in the fifteenth century, seems to have been the first. This amiable man, during his residence in Spanish America was so sensibly affected at the treatment which the miserable Indians underwent, that he returned to Spain to make a public remonstrance before the celebrated emperor Charles the fifth, declaring, that Heaven would one day call him to an account for those cruelties, which he then had it in his power to prevent. The speech, which he made on the occasion, is now extant, and is a most perfect picture of benevolence and piety. (ix)

En clara conexión con lo dicho pocos años antes por Benezet, Clarkson ve en Las Casas un precursor del abolicionismo no obstante que sus esfuerzos

---

traducida al francés en 1660 *Histoire Generale* 251-52. Margat transcribe la versión francesa del texto de Herrera y Tordesillas, introduciendo significativas alteraciones en el texto.

estuvieron dirigidos a defender a la población indígena. El obispo de Chiapa se dedicó a impugnar la "abject personal slavery" que está en la base de todo el sistema de la trata africana en Europa y sus colonias. En este texto, el abolicionista inglés tampoco hace mención a la participación de Las Casas en el inicio de la trata. Sin embargo, en *The History of the Rise, Progress, & Accomplishment of the Abolition of the Slave-Trade by the British Parliament* (1808), Clarkson reconoce la participación de Las Casas en el inicio de la trata africana en las colonias españolas. Recogiendo lo que ya había sido dicho por los ilustrados a finales del siglo XVIII, afirma que después de la muerte del rey Fernando el Católico en 1516:

> A proposal was made by Bartholomew de Las Casas, the bishop of Chiapa, to cardinal Ximenes, who held the reins of the government of Spain till Charles the Fifth came to the throne, for the establishment of a regular system of commerce in the persons of the native Africans. The object of Bartholomew de Las Casas was undoubtedly to save the American Indians, whose cruel treatment and almost extirpation he had witnessed during his residence among them, and in whose with the humane and charitable spirit of the behalf he had undertaken a voyage to the court of Spain. It is difficult to reconcile this proposal with the humane and charitable spirit of the bishop of Chiapa. But it is probable he believed that a code of laws would soon be established in favour both of Africans and of the natives in the Spanish settlements, and that he flattered himself that, being about to return and to live in the country of their slavery, he could look to the execution of it. (31-2)

No obstante aceptar la participación de Las Casas en el inicio de la trata africana hacia Las Indias, Clarkson se apresura a excusarlo con dos débiles argumentos. De un lado, afirma que es difícil entender su apoyo al inicio de la trata dado su espíritu humano y caritativo, el cual quedó puesto en evidencia en su defensa de los nativos americanos. Del otro, señala que Las Casas promovió la trata con la esperanza de que la corona española pronto promulgaría un conjunto de leyes que protegerían tanto a los nativos americanos como a los cautivos africanos y cuyo cumplimiento él mismo se encargaría de supervisar. En este intento de justificación de Las Casas hay mucha más especulación que base histórica. Sin embargo, los argumentos de Clarkson muestran la fuerza que va adquiriendo una representación de Las Casas más como precursor del abolicionismo que como promotor de la trata. En otras palabras, la crítica a Las Casas comienza a dar paso hacia la exaltación de su figura como inspiración para el abolicionismo.

Sin embargo, la representación de Las Casas como figura relevante en el inicio de la trata de esclavos africanos hacia América seguirá persistiendo a pesar de los esfuerzos de algunos abolicionistas por redimir su figura. Esto puede reconocerse en la obra de un ilustrado proveniente de la isla de Martinica, una de las colonias francesas en el Caribe. En 1797, mientras se halla en Filadelfia evadiendo la guillotina revolucionaria en Francia, el historiador y jurista Moreau de Saint-Méry (1750-1819) publica su *Description Topographique, Physique, Civile, Politique et Historique de la Partie Française de l'Isle Saint-Domingue*.[134] Este texto es concebido por su autor como un estudio detallado que será de ayuda para recuperar esta colonia como fuente de riqueza para Francia una vez que la turbulencia revolucionaria haya cesado tanto en la metrópoli como en sus colonias (*Description* 1: iv-v). El autor enfatiza que no está interesado en introducir como parte de su exposición ninguna referencia posterior a 1789, año en el que la Revolución Francesa tiene lugar (xi). Tampoco introduce ninguna información concerniente a la rebelión de esclavos en la zona francesa de isla de Santo Domingo, la cual ha comenzado en 1791 y ya ha logrado en 1794 la abolición de la esclavitud en esta región de la isla. Moreau de Saint-Méry está más interesado en presentar una pormenorizada caracterización de la colonia y, en particular, de los grupos que conforman la isla antes que estos eventos tuvieran lugar.

La división propuesta por Saint-Méry articula el sistema esclavista con las distinciones raciales. En primer lugar, están "les Blancs", que se dividen en "Européens", "Créols Blancs" y "Créoles Blanches" (*Description* 1: 2-23). En

---

[134] Moreau de Saint-Mèry es un "créole", hijo de franceses nacido en Martinica, que estudia leyes en Paris y viaja a Saint-Domingue en 1775 donde se dedica a compilar la legislación francesa sobre las Antillas. Fruto de ese trabajo, publica entre 1784 y 1790 *Loix et compilations des colonies françoises de l'Amérique sous le vent* en seis volúmenes. A partir de ese momento comienza a escribir lo que concibe como una enciclopedia de la historia de Saint-Domingue pero el proyecto es interrumpido debido al estallido de la Revolución Francesa en 1789 y la Revolución Haitiana en 1791, razón por la cual decide trasladarse a Filadelfia donde escribe y publica su *Description Topographique, Physique, Civile, Politique et Historique de la Partie Française de l'Isle Saint-Domingue* en dos volúmenes entre 1797 y 1798. Véase McClellan 3: 19-20. En "Race, Reproduction and Family Romance in Moreau de Saint-Méry's *Description... de la partie française de Saint-Domingue*", Doris Garraway presenta a Saint-Méry como un intelectual que, no obstante estar comprometido con los propósitos del pensamiento ilustrado en términos de investigación histórica y científica, mantiene la creencia según la cual la esclavitud y las jerarquías raciales son elementos necesarios para restablecer el orden liderado por los hombres blancos dentro de las colonias francesas en las Antillas. En palabras de Garraway: "Moreau was thus attempting to impose a white supremacist order on a highly volatile social reality that had virtually vanished in his own lifetime. More importantly, his text show to which extent whites' sense of power and authority was deeply bound up in a fantasy about their own sexual hegemony and their ability to control its reproductive consequences" 240.

segundo lugar, están "les Esclaves" que se dividen en "les Esclaves venus d'Afrique (qui sont presque tous nègres)", "les Esclaves (nègres) Créols" y "les Indiens et les Sauvages" (24-67). Finalmente, en tercer lugar, están "les Affranchis" a los cuales también Saint-Méry denomina "Gens de-Couleur" y "Sang-mélés" (68-100). Este último grupo es el resultado de una mezcla entre los dos primeros grupos durante diversas generaciones en las cuales van apareciendo individuos que participan con diversa proporción de los grupos "originales" a partir de los cuales han surgido. El resultado de la compleja clasificación que propone Saint-Méry es una jerarquía racial en cuya cúspide se hallan los europeos blancos como la fuente de la libertad y en cuya base se hallan los cautivos africanos y los nativos americanos como el ámbito de la esclavitud (Garraway 230-32). Al comienzo de su *Description*, cuando habla de los cautivos africanos que habitan la isla, Moreau de Saint-Mery afirma:

> Saint-Domingue est le premier lieu de l'Amérique où il ait eu des Esclaves Africains, & personne n'ignore qu'ils y furent introduits comme cultivateurs, d'après l'avis de Barthelemy Las Casas, qui en avait vu quelques-uns amenés par hasard à Saint-Domingue depuis 1505. Il proposa de les substituer aux naturels de l'île, que le travail des mines rendait l'objet des plus cruelles vexations, & menaçait de faire disparaître absolument de leur terre natale. L'idée de Las Casas, égaré par l'humanité même, fut adoptée, parce qu'elle offrait des moyens de plus; car la cupidité ne cessa pas de moissonner les malheureux Indiens. (24)

No obstante estar poco interesado en criticar a Las Casas a la manera en que Corneille de Pauw, Robertson o Raynal lo hacen, Moreau de Saint-Méry le adjudica nuevamente al clérigo la responsabilidad en el inicio de la trata, afirmando que su sugerencia de introducir esclavos surgió como consecuencia de haber visto algunos de ellos por azar en la isla desde 1505. Moreau de Saint-Méry afirma que la pretensión del clérigo era evitar la desaparición de los naturales de la isla y que su idea fue malentendida por la humanidad porque la codicia provocó que, a pesar de las ventajas ofrecidas por la introducción de cautivos africanos, se siguiese explotando a los naturales. Lo interesante de la alusión que hace Saint-Méry a Las Casas radica en que coloca al clérigo como el gestor del evento más importante en la construcción de Saint-Domingue como colonia productora de azúcar. A la base de toda la construcción racial-esclavista que define la colonia de Saint-Domingue, se halla Las Casas como el gestor de la introducción de cautivos africanos en Las Indias como esclavos.

Las afirmaciones de Saint-Méry permiten reconocer que hacia finales del siglo XVIII la representación de Las Casas como uno de los artífices del comienzo de la trata de cautivos africanos en América se mantiene como una creencia extendida ligada a los inicios de la colonización española de Las Indias a pesar del intento de ciertos abolicionistas por redimir su figura. En cierto sentido, la fama que había adquirido Las Casas en Europa durante gran parte del siglo XVII como crítico vehemente de los desmanes cometidos durante la conquista, convirtiéndolo en una de las fuentes más citadas de la así denominada 'leyenda negra', se torna ahora contra él mismo convirtiéndolo en el artífice del inicio de la trata de cautivos africanos hacia América. Las Casas entra a formar parte de la leyenda que él mismo, sin pretenderlo, había ayudado a crear. Sin embargo, la lectura abolicionista que lo defiende y excusa comenzará a predominar con los albores del siglo XIX.

6.5 *El dossier Llorente y la consolidación de Las Casas como figura del abolicionismo*

En 1822, el clérigo ilustrado español Juan Francisco Llorente (1756-1823) publica en París, en español y francés, una recopilación de textos de Bartolomé de Las Casas bajo el título *Colección de las obras del venerable obispo de Chiapa, Don Bartolomé de Las Casas, defensor de la libertad de los americanos*. Con esta recopilación, Llorente busca reivindicar el valor que tienen las ideas de Las Casas más allá del contexto específico en el que ellas surgieron, esto es, la conquista española de América durante la primera mitad del siglo XVI. En sus propias palabras, "las razones que daba [Las Casas] a favor del derecho de libertad individual son aplicables á otras varias situaciones políticas que tengan analogía con las circunstancias en que se vieron aquellos indios" (1: i). Al decir esto, Llorente busca resaltar que la defensa que hizo Las Casas de los nativos americanos en el siglo XVI se puede extender a los que caracteriza como "los habitantes actuales de castas europeas" (1: iii), sin que ello implique una impugnación del poder imperial de España sobre América.

Con el fin de lograr este propósito de expansión y divulgación de las ideas de Las Casas, Llorente reúne y edita ocho obras, tratando de eliminar en ellas lo que caracteriza como "circunstancias particulares [que] podían disminuir la estimación de las obras de obispo de Chiapas" (1: iv). En consecuencia, aplicando lo que podríamos denominar hoy un criterio editorial agresivo, reúne y edita los textos con el propósito de hacerlos más accesibles a los lectores.[135] Simplifica la redacción de éstos, suprime las referencias latinas en ellos, hace más cortos los párrafos, reescribe secciones de los textos, añade notas que los contextualizan, agrega un apéndice en el que pone en perspectiva algunas de las ideas del obispo de Chiapa y traduce un tratado que estaba en latín, esto es, *De regia potestate*.

Sin embargo, lo que hace probablemente más interesante el trabajo de Llorente para su tiempo, y en cierto sentido para el nuestro, es un extenso *dossier* con el cual finaliza su *Colección*. Este *dossier* es presentado como "cuatro disertaciones sobre si el venerable Las Casas tuvo parte o no en la introducción y el fomento del comercio de Negros en América" (329-528). La razón por la cual lo introduce es, según el mismo Llorente, examinar "un hecho que se le atribuye como inconsecuencia de su virtud" (1: xi), a saber, la participación de Las Casas en el inicio del tráfico de cautivos africanos hacia América la cual, piensa Llorente, puede echar a perder el recuerdo de él como heroico defensor de los nativos americanos (1: xi).

No obstante ser fruto de una edición organizada por Llorente y no de un intercambio intelectual deliberado entre los autores de los textos, el *dossier* en cuestión puede ser considerado una suerte de diálogo entre dos orillas. Se encuentran en él, en primer lugar, "Apología de Don Bartholomé de Las Casas, obispo de Chiapa por el ciudadano Grégoire" (330-64), que data de 1800 y en la cual el ilustrado abolicionista francés Henri Grégoire intenta demostrar que es injusto adjudicar a Las Casas cualquier participación significativa y mucho menos deliberada en el inicio de la trata; en segundo lugar, "Carta del Doctor Don Gregorio de Funes, Dean de Córdova del Tucumán miembro del congreso constituyente de Buenos Aires, al señor de Grégoire, antiguo obispo de Blois sobre si el señor obispo de Chiapa tuvo ú [sic] no algún influjo en que se hiciera

---

[135] La *Colección* consta de dos volúmenes tanto en la edición francesa como en la castellana. En el primer volumen, Llorente presenta (1) una biografía de Las Casas, (2) la "Historia de las crueldades de los conquistadores de América" –título que adjudica Llorente a lo que hoy conocemos como la *Brevísima relación de la destrucción de las Indias*–, (3) "Remedio contra la despoblación de las Indias Occidentales" – texto que conocemos hoy como el "Entre los remedios... el octavo remedio"–, (4) "Treinta proposiciones del autor, presentadas al consejo de Indias sobre la doctrina que había recomendado á los confesores del obispado de Chiapa", (5) y "Controversia entre el autor, y el doctor Juan Ginés de Sepúlveda". En el segundo volumen, Llorente incluye (6) "Sobre la libertad de los indios, que se hallaban reducido a la clase de esclavos", (7) "Sobre la potestad de los reyes, para enajenar los vasallos, pueblos y jurisdicciones" –texto que hoy conocemos como *De regia potestate*–, (8) "Carta a Bartolomé Carranza", y (9) "Respuesta del autor á la consulta que se le hizo en año 1564, sobre los sucesos de la conquista del Perú y modos de resarcir los daños al país y á los habitantes" –texto que hoy conocemos como *Doce dudas*–.

por los Españoles en América el comercio de Negros Africanos" (365-403), escrita a finales de 1818 (Funes, *Ensayo* 18) en la cual el ilustrado argentino Gregorio de Funes refuta los argumentos de Grégoire, arguyendo que Las Casas sí tuvo una efectiva participación en la restauración de la trata africana; en tercer lugar, "Discurso del doctor Don Servando Mier, natural de México, confirmando la apolojía [sic] del obispo Casas, escrita por el reverendo obispo de Blois, Monseñor Henrique Grégoire, en carta escrita á este año de 1806", en el cual el ilustrado mexicano fray Servando Mier apoya los argumentos de la "Apología" de Grégoire, afirmando que Las Casas no podía sobrepasar su tiempo y que, por ende, aceptó la esclavitud africana como legítima pero que sus argumentos bien pueden ser utilizados en el siglo XIX para defender a los africanos esclavizados (403-37); en cuarto lugar, finalmente, "Apéndice del editor a las memorias de los señores Gregoire, Mier y Funes" en el cual Llorente hace una síntesis de la polémica y da su parecer, absolutorio por demás, con base en un recuento de la vida y el ministerio de Las Casas (438-528).

Se trata, en consecuencia, de textos de diversa procedencia territorial y temporal. Sin embargo, todos ellos hallan como su lugar común en el intento por explicar cómo fue posible que el defensor incondicional de los nativos americanos haya terminado involucrado en el comienzo de la trata de cautivos africanos como esclavos hacia América. Más en concreto, intentan responder a la acusación que Corneille De Pauw había formulado en 1769 en su *Recherches Philosophiques sur les Americains* según la cual Bartolomé de Las Casas fue quien concibió y gestionó ante la corte de Carlos V la importación de esclavos africanos en La Española. Cada uno de los textos merecería una discusión propia. Sin embargo, sólo nos detendremos brevemente en la manera en que los textos de Grégoire y Funes, los dos textos que más claramente proponen puntos de vista diferentes sobre el asunto, elaboran su argumento.

En su "Apología...", Grégoire considera como difamadores a quienes sostienen posiciones similares a la expuesta por Corneille de Pauw. "Estas imputaciones, reproducidas recientemente, sirven de pábulo a la malignidad, y de consuelo a la debilidad que oscurecía una virtud sin mancha" (331). En su texto, Grégoire sintetiza el debate hasta el momento en el cual él escribe su apología y hace de Herrera y Tordesillas el culpable del comienzo de la creencia según la cual Las Casas sería el culpable del inicio del tráfico de esclavos africanos hacia América (334-35) y a historiadores posteriores responsables de la repetición injustificada de esta creencia (335-38).

Para demostrar que Las Casas no es responsable del inicio del tráfico de esclavos africanos hacia América, Grégoire desarrolla dos estrategias argumentativas. En primer lugar, cita fuentes contemporáneas o cercanas en el tiempo a Las Casas enfatizando que en ellas el fraile no está ligado al inicio de la trata de esclavos africanos en América ni siquiera por sus más acérrimos contradictores (339-44). En segundo lugar, cita algunos pasajes de los memoriales del mismo Las Casas con el fin de demostrar que todo en ellos muestra una defensa a ultranza de la libertad y un rechazo de cualquier forma de esclavización. Según Grégoire, el principal argumento esgrimido por Las Casas a favor de los indígenas es la eliminación de los repartimientos y no la subyugación de los africanos (345-49). A partir de estas dos estrategias de argumentación, Grégoire llega a la siguiente conclusión:

> Vease como el error se establece y se arrayga. Después de más de treinta años de la muerte de Las Casas, parece un historiador crédulo o maligno [Herrera y Tordesillas], quien, sin pruebas, dirige contra él una acusación inaudita hasta entonces. Unos la repiten sin examinarla; otros arguyen por ella, que Las Casas ha sido el primer introductor de aquel comercio: he aquí ya un comentario que excede al texto. Se enlazan enseguida estas ideas con la memoria de las barbaries justamente vituperadas a los colonos ingleses, holandeses y franceses, y se levanta un cúmulo de las más negras calumnias. (350)

En este pasaje, Grégoire pone de presente que la creencia que hace de Las Casas el promotor del tráfico de esclavos africanos hacia América no es sólo el resultado de lo expresado en un conjunto de textos escritos por Las Casas mismo sino de la articulación de estos textos dentro de la historia de apropiación de la obra de Las Casas en siglos posteriores. En concreto, Grégoire atribuye esta creencia al hecho de que las posiciones defendidas por Las Casas le ganaron muchos contradictores en las cortes españolas, en América y entre ciertos humanistas que lo encontraban incómodo, estorboso, vehemente en sus peticiones, exagerado en sus relatos o demasiado ingenuo con respecto a la posibilidad de evangelizar a los nativos americanos (350-55). Sin embargo, agrega Grégoire, no obstante las grandes polémicas que despertó, Las Casas nunca fue relacionado ni por sus más acérrimos contradictores con el inicio del tráfico de esclavos africanos hacia América. Esa es la mayor prueba de su inocencia a este respecto (355).

Lo que le interesa enfatizar a Grégoire, desde una perspectiva de ilustrado abolicionista cristiano, es que las acciones de hombres como Las Casas han de ser juzgadas en el marco de su constante reivindicación de la libertad de todo ser humano. Esta reivindicación no puede considerar la esclavización de los africanos una salida aceptable a la situación de penuria de los nativos americanos:

> Las obras de Las Casas reclaman por todas partes los derechos de la libertad, e inculcan los deberes de la benevolencia en favor de todos los hombres, sin distinción de color, ni de país; así los principios que él profesa siempre, y su conducta invariable, desmienten una acusación, cuyo valor pueden actualmente apreciar los talentos imparciales. (362)

El 9 de octubre de 1820, Gregorio de Funes (1749-1829), eclesiástico argentino ilustrado que era en ese momento deán de la catedral de Córdoba del Tucumán, firma una carta en respuesta a la *Apología* del Abate Grégoire pues, a través de una carta de un diplomático argentino que vive en Paris, Bernardido de Rivadavia, tiene noticia de que Grégoire ha cuestionado las posiciones que ha expuesto sobre Las Casas y el inicio de la trata en su *Ensayo de la historia civil de Buenos Aires, Tucumán y Paraguay*. Esta posición queda expuesta en dos secciones del texto en cuestión. En el primero de ellos, Funes afirma:

> El deseo de aliviar á los indios el pesado yugo de la tiranía que les imponían los conquistadores, hizo que en 1517 se adoptase el proyecto del célebre las Casas, de buscar esclavos en la África. Proyecto á la verdad, que debió tenerse por igualmente inhumano, á no haberse olvidado que los negros eran también hijos de Adán. La corte así mismo miraba con inquietud ese espantoso vacío, que había ya dejado en las Américas la disminución de los indios, y creyó que era preciso reemplazar con africanos esas deplorables víctimas de la avaricia, cuya falta iba cegando las fuentes de la opulencia y la prosperidad. Nosotros debemos lamentarnos de la introducción de una raza, sin cuya mezcla serían mas puras las nacionales. Por otra parte, acostumbrados nosotros á vivir entre esclavos, cuyas almas embrutecidas no podían inspirarnos ningún sentimiento de grandeza, era de temer que recibiésemos una educación de tiranos. Volvamos á la historia. (*Ensayo* 170-71)

El segundo texto donde Funes menciona el asunto de Las Casas y la relación con la trata se halla en una nota hacia el final del *Ensayo*. Exaltando el hecho de que la Asamblea Nacional haya decidido decretar la ley de vientres el 31 de enero de 1813 como un decisivo paso hacia la abolición de la esclavitud, Funes introduce una extensa nota en la que arguye que es muy de fiar la posición de Herrera y Tordesillas según la cual Las Casas es el artífice del inicio de la trata en el sentido de que la consideró estrategia necesaria para aliviar la escasez de mano de obra en América y lícita en la medida en que los cautivos eran tomados como prisioneros en guerras justas (511-20).

No sabemos a ciencia cierta si Grégoire leyó estas alusiones por sí mismo o sólo tuvo acceso a ellas por medio de Rivadavia. El hecho es que éste último comunicó a Funes el malestar que Grégoire expresó por lo que encontró en el *Ensayo* y decidió enviarle una copia de la "Apología" del religioso francés para su consideración. Así, en directa conexión con lo que expresa en su *Ensayo*, Funes arguye en su "Carta" que el testimonio de Herrera y Tordesillas es sostenible por varias razones. En primer lugar, para Funes, la obra de Herrera y Tordesillas posee fidelidad histórica y cercanía privilegiada a los hechos (370-73). En segundo lugar, no hay indicios de que Herrera y Tordesillas tenga alguna predisposición particular en contra de Bartolomé de Las Casas y, por ende, la vinculación del fraile con el inicio del tráfico de cautivos africanos no es expresión de alguna animadversión contra Las Casas sino fruto de constataciones bien sustentadas (374-75). En tercer lugar, no hay en el texto de Herrera y Tordesillas ningún tipo de imputación moral a la posición tomada por Las Casas, lo cual indica que no hay interés particular diferente al histórico en su alusión (375-77). En cuarto lugar, el silencio de las fuentes que cita Grégoire con respecto a la relación entre Las Casas y el inicio del tráfico de cautivos africanos sólo parece indicar que éstas no conocían el asunto o no estaban interesadas en él y que, antes bien, la explícita alusión de Herrera y Tordesillas a ese asunto demuestra una particular precisión en su trabajo como historiador (377-83). En quinto lugar, Funes considera que existen pruebas históricas de que las ideas de Las Casas acerca de los cautivos africanos encontraron un ambiente propicio entre los intereses económicos de los flamencos, más allá de la conciencia que tenía el propio Las Casas del alcance de sus propuestas. Según Funes, "todo concurre pues a persuadir que su influjo dio una fuerte impulsión a los Flamencos para que tuviese efecto un pensamiento que (bajo de otros respectos) era muy conforme a sus deseos" (385). En sexto lugar, Las Casas en ningún momento mostró estar en contra de la esclavitud sino contra la forma en que ésta era practicada en ciertos casos. En concreto, Las Casas estaba en contra de la esclavización practicada por fuera del ámbito de la guerra justa. En este sentido, el tráfico de cautivos africanos, que él suponía eran obtenidos en guerras justas, no le debió parecer inaceptable en su origen, como alternativa a la situación de los nativos en América y, más aún, como una posibilidad para los dichos cautivos de tener una mejor vida (390-95). Enfatizando su argumento, Funes afirma:

> En una época en la que la África era casi desconocida, no era mucho que Las Casas contemplase esta región inmensa, como país estéril y degradado por naturaleza y a los negros sacrificados en grandes trabajos, siempre bajo la verga de dueños inhumanos y

luchando con el hambre y la miseria. Preciso era que concluyera este ángel tutelar de la humanidad, que era un acto de beneficencia sacarlos de este sepulcro; porque a lo menos iban a ser transplantados a lugares de climas más dulces y afortunados, donde serían sus fatigas moderadas y soportables. Debe confesarse que en la mayor parte de las colonias españolas, no ha sido tan infeliz la suerte de los esclavos Negros como lo fue en otras naciones, y como lo era la de los indios. (396)

Funes conjuga una justificación del parecer de Las Casas sobre la necesidad de introducir esclavos africanos en América con una valoración positiva acerca de la presencia de los esclavos africanos en América. De hecho, parece no sólo reconocer en Las Casas sino suscribir él mismo la idea según la cual la esclavitud ha sido una alternativa beneficiosa no sólo para los españoles sino también para los africanos esclavizados, quienes han corrido en las colonias españolas mejor suerte que los indios (397). Funes concluye su argumento diciendo que "desconociendo las guerras y los usos de los africanos, [Las Casas] tuvo por lícita la adquisición de los esclavos, así como había tenido la de otras naciones" (400).

Como lo hemos dicho más arriba, las posiciones defendidas por Grégoire y Funes al comienzo del siglo XIX están enmarcadas dentro del debate abolicionista que, desde un discurso ilustrado, intenta entender la posición asumida por Las Casas. Grégoire, un abolicionista radical, presenta a Las Casas como un defensor de la libertad de todo hombre. Para él, sólo una injusta sobrevaloración de un pasaje de Herrera y Tordesillas puede convertir a Las Casas en un incitador del tráfico de esclavos africanos hacia América. Por su parte, Funes, un ilustrado criollo que no parece muy interesado en asumir una posición abolicionista no obstante ser un reconocido independentista, encuentra acertada la conexión establecida por Herrera y Tordesillas entre Las Casas y el inicio de la trata. Más aún, compartiendo una línea de argumentación que el eclesiástico ilustrado brasilero José Joaquim da Cunha de Azeredo Coutinho había expuesto en su *Análise sobre a justiça do comércio do resgate dos escravos da Costa da África* (1798), Funes llama la atención sobre lo que él considera beneficios obtenidos por los africanos esclavizados en América al poder acceder, gracias a su cautiverio, al cristianismo y a la civilización.

Lo que importa señalar es que las reflexiones que hacen estos autores sobre la relación de Las Casas con el inicio de la trata africana hacia Las Indias se hallan sustentadas en los mismos documentos con los cuales los ilustrados hicieron de él el responsable del inicio de ésta. Benezet, Clarkson y Grégoire están tomando aún a Herrera y Tordesillas como su fuente principal para examinar este asunto. Sin embargo, leen de una manera diferente los textos de éste, haciendo de Las Casas un precursor de su abolicionismo. Esta situación cambiará significativamente a medida que avance el siglo XIX. La incorporación paulatina de los textos recuperados por Juan Bautista Muñoz y, más que nada, el avance del abolicionismo en el ámbito transatlántico harán que la lectura de Las Casas y su relación con el inicio de la trata comience a desplazarse hacia una reflexión más centrada en el significado de Las Casas para el movimiento abolicionista no obstante su participación en el comienzo de la trata.

6.6 *La apropiación del corpus lascasiano y la representación humanista como el arrepiso promotor de la trata*

Una vez que el abolicionismo comienza a consolidarse no sólo ideológica sino políticamente en Inglaterra y Francia, lo mismo que en sus antiguas colonias, varios intelectuales comienzan a promoverlo en España. Joseph White Blanco (1775-1841) se convierte en divulgador de las ideas de Wilberforce, las cuales traduce y apropia en su *Bosquexo del comercio en esclavos: y reflexiones sobre este tráfico considerado moral, política y cristianamente,* publicado en Londres en 1814 con el específico propósito de que España adopte las mismas medidas que Inglaterra ha adoptado en 1807 para prohibir la trata (Schmidt-Nowara 158-75). Además, el tema de la abolición de la esclavitud es propuesto por los diputados Isidoro de Antillón, José Guridi Alcocer y Agustín Argüelles durante las Cortes de Cádiz en julio de 1811 (Arango y Parreño 271-74). Sin embargo, la presión de los dueños de ingenios azucareros en Cuba, quienes se están beneficiando del impulso que adquiere el azúcar en la isla una vez que la producción de esta mercancía se ha desplomado en la naciente Haití, hace que estas ideas a favor de la liberación de los cautivos africanos en Cuba no puedan prosperar (Ferrer 137-47).

A lo largo de este debate abolicionista en el mundo ibérico, el cual se va a polarizar entre los que propenden en la península por la abolición de la esclavitud, de un lado, y aquellos que defienden en la isla de Cuba el mantenimiento de ésta, del otro, podemos encontrar varias referencias a Bartolomé de Las Casas que se irán articulando con la progresiva inclusión de documentos que Juan Bautista Muñoz ha hecho disponibles gracias a su trabajo archivístico. Esto provoca la configuración de una interpretación de Las Casas que no sólo ve en él un precursor del abolicionismo sino una suerte de referente para entender los comienzos de la trata en la América española.

La referencia más temprana entre los abolicionistas españoles la encontramos en el español Isidoro de Antillón, quien publica en 1811 su *Disertación sobre el origen de la esclavitud de los negros, motivos que la han perpetuado, ventajas que se le atribuyen y medios que podrían adoptarse para hacer prosperar nuestras colonias sin la esclavitud de los negros*. En este texto, Antillón declara la trata como un "mercado sacrílego" (10) que fue denunciado de manera vehemente por Las Casas cuando se intentó implementar con base en la población indígena. De entrada, asume la visión según la cual el obispo de Chiapa es precursor del abolicionismo. Sin embargo, reconoce que, una vez que éste tuvo que enfrentar el problema de la mano de obra necesaria para las colonización de los nuevos territorios:

> tuvo la fatal ocurrencia de persuadir al emperador, que esclavos negros conprados á los portugueses podrian sustituir a los indios, con tantas mayores ventajas quanto aquellos eran mas robustos y nerviosos, y el trabajo de uno de los primeros equivalía al de quatro de los segundos. (19)

Al decir esto, Antillón hace de Las Casas el directo responsable del inicio de la trata dado que, a renglón seguido afirma que el emperador ordenó el envío de cuatro mil cautivos africanos a Las Indias como respuesta a la sugerencia de Las Casas:

> Tal fue el origen de la esclavitud de los negros. Un esceso de piedad parcial condenó entonces la mitad de Africa a la más triste de las condiciones y por una inprevision deplorable, queriendo Las Casas disminuir los males del nuevo emisferio promovió el escandaloso tráfico del hombre conprado y vendido por el honbre. (19-20)

En una nota aclaratoria a esta dura sentencia sobre el papel de Las Casas en el origen de la trata y que se encuentra hacia el final de su texto, Antillón reconoce haber leído la "Apología" escrita por el Abbé Grégoire para defender al obispo de Chiapa de esta acusación y dice haberla traducido al castellano (89-90). Acepta el argumento de Grégoire según el cual la trata ya existía antes de que Las Casas la hubiera sugerido y, en consecuencia, su pretendida responsabilidad en el inicio de ésta es más que nada fruto de un parecer insidioso promovido por sus contradictores. Antillón termina por alabar en su texto a Las Casas como "apóstol de la humanidad" cuya grandeza logrará vencer las calumnias que han recaído sobre su memoria (90). Antillón parece querer excusar a Las Casas por su participación en el inicio de la trata. Sin embargo, sólo dice suscribir lo dicho por Grégoire sin desarrollarlo de manera más amplia.

Esta idea según la cual Las Casas es el directo responsable del inicio de la trata es, paradójicamente, también sostenida por uno de los más acérrimos contradictores de los abolicionistas españoles, el cubano Francisco de Arango y Parreño (1765-1837). En su "Representación de la Ciudad de la Habana á las Cortes, el 20 de julio de 1811, con motivo de las proposiciones hechas por D. José Miguel Guridi Alcocer y D. Agustín de Argüelles, sobre el tráfico y esclavitud de los negros; extendida por el Alférez Mayor de la Ciudad, D. Francisco de Arango, por encargo del Ayuntamiento, Consulado y Sociedad Patriótica de la Habana" (*Obras* 175-227), Arango afirma, intentando defender la necesidad de la esclavitud y la imposibilidad de su abolición en Cuba, que la presencia de cautivos africanos ha sido un problema que no fue traído por los cubanos –indicando por los cubanos, los descendientes blancos de los españoles que dominan racial y económicamente la isla– sino heredado por ellos. En consecuencia, sería injusto para ellos y poco provechoso para los intereses de España que, después de haber aprendido a sacar partido de esta situación, esto es, de haber logrado convertir a los cautivos africanos en mano de obra sometida al trabajo de los ingenios de azúcar, la esclavitud fuese abolida. Ello implicaría no sólo el fin de la producción de azúcar sino el comienzo de una crisis social en la isla:

> La piedad inconsecuente del P. Fr. Bartolomé las Casas nos introdujo los negros; y una política insana, derramando por todos lados el opio del despotismo, ha detenido el progreso de las luces, del vigor y del número de blancos. Al cabo de tres centurias, y a impulsos de mil desgracias, volvemos de este cruel sueño toda la enervación y peligros consecuentes. (180)

Aunque la alusión que Arango y Parreño hace a Las Casas es pasajera, muestra claramente que comparte la creencia que se encuentra en Antillón según la cual el obispo de Chiapa es el artífice de la trata africana hacia Las Indias y, más aún, que ella ha sido el evento que ha determinado de manera decisiva la configuración poblacional de la isla. En este sentido, Arango y Parreño se acerca a los argumentos expuestos por Moreau de Saint-Méry cuando el martiniqués afirma que la esclavitud es el factor que ha definido la historia de las islas de Saint-Domingue. Esta creencia extendida en el protagonismo de Las Casas en el inicio de la trata comienza a experimentar cierta transformación a partir de la década de 1820.

En 1825, Martín Fernández de Navarrete (1765-1844) propone en la introducción de su *Colección de los Viages y Descubrimientos que Hicieron por Mar los*

Españoles desde Fines del Siglo XV una defensa de los comienzos de la conquista española de América que, sin embargo, no excusa totalmente el papel de Las Casas en el inicio del tráfico de cautivos africanos hacia América. Fernández de Navarrete considera que la publicación de las noticias y documentos concernientes a la vida de Colón permitirá desvirtuar "todas las imposturas y calumnias con que algunos escritores modernos intentan deprimir á los españoles en sus descubrimientos y conquistas de ultramar" (80). Para lograr su propósito, propone un examen de las fuentes con base en las cuales puede reconstruirse la vida de Colón. Una de estas fuentes es la obra de Bartolomé de Las Casas cuya *Historia de las Indias* es considerada por Fernández de Navarrete como la más importante de las fuentes históricas escritas por el clérigo. "Mostró en ella su vasta erudición, pero con tan poca economía y parsimonia que suele tocar en impertinente é inoportuna" (71). No obstante reconocer su valor como fuente histórica, Fernández de Navarrete considera que tanto el largo proceso de composición de la obra, que comienza en 1527 y termina en 1559, como los fallos de la memoria del clérigo provocan que la obra sea imprecisa en los datos que presenta (71). Además, el persistente interés de Las Casas por defender una evangelización pacífica de Las Indias provoca que presente inadecuadamente todo aquello que va en contravía de ese interés. En consecuencia, cuando Las Casas trata de exponer algo que va en contra de su ideal de evangelización:

> [s]iempre se nota al historiador dirigido; más que por un juicio recto, por una imaginación acalorada; más que por la san crítica por un zelo inoportuno y acre; más que por la política y el conocimiento del mundo, por cierta austeridad propia del claustro y más propenso siempre á reprender, zaherir y vituperar que a referir los hechos, pesando su valor y consecuencias, examinando sus circunstancias y graduando su verdadero mérito. (73)

Esta desconfianza que expresa Fernández de Navarrete con respecto a la obra de Las Casas, en la que encuentra a la vez una fuente necesaria pero parcializada, vuelve a reaparecer al momento de exponer su participación en el inicio del tráfico de cautivos africanos (85-6). Si bien Fernández de Navarrete se basa en gran medida en la información presentada por Antonio de Herrera y Tordesillas, agrega algunos detalles aportados por la *Historia del Emperador Carlos V* escrita por Prudencio de Sandoval a comienzos del siglo XVII. En particular, Fernández de Navarrete está interesado en mostrar la habilidad que tuvo Bartolomé de Las Casas para moverse dentro de la corte flamenca que rodeaba al joven monarca Carlos V y ajustar sus planes de tal modo que esta corte viera con buenos ojos autorizar la introducción en Las Indias de cautivos africanos. Sin embargo, Fernández de Navarrete agrega algunos comentarios propios con respecto a este episodio que permiten entender cuál es el principal propósito de su referencia a Las Casas:

> Dedúcese de esta narración verídica y cierta: 1º Que el licenciado Casas, por aliviar a los Indios, estableció y autorizó el tráfico de negros para las islas de Nuevo-Mundo, *como si estos no fueran racionales.* ¡Admirable contradicción del espíritu humano! 2º Que no fueron españoles los que agenciaron esta infame negociación é intervención en ella, sino flamencos codiciosos y genoveses traficantes. ¿Y quién diría entonces al licenciado Las Casas, que estos negros que como esclavos transportaba desde la costa de Africa para aliviar á los Indios en sus faenas y labores, se habían de levantar con el país y erigir un imperio independiente, con aprobación y reconocimiento en las naciones cristianas y cultas de Europa, en la misma isla Española, que fue el primer establecimiento y morada de los europeos en el Nuevo-Mundo? (86, énfasis mío)

En primer lugar, Fernández de Navarrete considera que Las Casas promovió el tráfico de cautivos africanos hacia Las Indias. No parece haber en él ningún intento de excusa con respecto a la sugerencia de Las Casas. Antes bien, considera que la razón que movió al clérigo a promover dicho tráfico fue su desconocimiento de la condición racional de los africanos ("como si estos no fueran racionales"). Este comentario de Fernández de Navarrete mantiene alguna resonancia con el texto del libro tercero de *Historia de las Indias* en el cual Las Casas expresa su arrepentimiento con respecto a su previa sugerencia de introducir esclavos, aduciendo como una de las causas de su arrepentimiento el haber reconocido que "la misma razón es dellos que de los indios" ([fol. 307v]: 2191). Este comentario, en consecuencia, agrega un nuevo elemento al debate que hasta ahora no había sido considerado. La sugerencia lascasiana de introducir esclavos africanos estaría ligada a un desconocimiento de la condición racional de los africanos.

En segundo lugar, en un claro intento de excusar a España, Fernández de Navarrete afirma que quienes hicieron caso a la sugerencia de Las Casas fueron los flamencos y los genoveses. Sin embargo, agrega un comentario con el cual parece reprochar a Las Casas la que él considera como la más grave consecuencia de su sugerencia de introducir cautivos en América, a saber, el hecho de que "estos negros que como esclavos transportaba desde la costa de Africa" (86) se hallan convertidos en un imperio independiente. En otras palabras, para Fernández de Navarrete la peor consecuencia de la sugerencia de Las Casas radica en que ésta sentó las bases remotas para el surgimiento de la Revolución Haitiana. La idea de que lo sucedido en Haití es consecuencia de lo sugerido por Las Casas expresa claramente que a la base de la respuesta de Fernández de Navarrete a las críticas planteadas por los filósofos ilustrados se halla más que nada el interés por entender las implicaciones de la presencia de los cautivos africanos en las colonias que España está perdiendo progresivamente.

El momento decisivo en el cual la inclusión de nuevos elementos documentales reactive y mueva en una dirección diferente la discusión sobre la relación de Las Casas con el inicio de la trata se encuentra en 1833. En ese año aparece en Madrid el tomo III de *Vidas de españoles célebres* de Josef Quintana, la mitad del cual se halla dedicado a Bartolomé de Las Casas (255-510). Quintana escribe una biografía del obispo de Chiapa utilizando, como él mismo lo enfatiza al inicio de su exposición, fuentes impresas y fuentes inéditas. Estas últimas provienen de los documentos que ha podido obtener en la colecciones de Juan Bautista Muñoz y Antonio de Uguina (255). Quintana es el primero que hace uso explícito de estos materiales, publicando en los apéndices a su biografía de Las Casas algunas secciones de ellos. En el séptimo apéndice de su biografía de Las Casas, titulado "Sobre la propuesta de Casas de que se llevasen esclavos negros á América, para aliviar en sus trabajos a los indios" (467-72), Quintana examina la participación de éste en el inicio de la trata siendo el primero en parafrasear el memorial de 1516 en el cual el clérigo solicita por primera vez la introducción de cautivos africanos, el memorial de 1517 en el que solicita cautivos para la Tierra Firme, el asiento y capitulación para Cumaná en el cual incluye la introducción de algunos cautivos, la carta que dirige al rey en 1531 y en la que vuelve a sugerir la introducción de cautivos, así como los capítulos del libro tercero de *Historia de las Indias* en los cuales Las Casas recuerda las circunstancias que le llevaron a sugerir la introducción de cautivos africanos en Las Indias y expresa su posterior arrepentimiento por haberlo sugerido. A pesar de que las referencias a los textos de Las Casas son imprecisas en la exposición de Quintana, su trabajo marca un hito dentro del debate al introducir el corpus textual que Muñoz había recopilado y proponer una secuencia en la que Las Casas pasa de sugerir la introducción de cautivos africanos a arrepentirse de ello.

Las reflexiones de Quintana serán retomadas por el abolicionista irlandés Richard Robert Madden (1798-1886) quien, después de vivir durante varios años en Cuba como "Superintendent of the Liberated Africans" del gobierno inglés en Cuba, escribe *The island of Cuba: its resources, progress, and prospects, considered in relation especially to the influence of its prosperity on the interests of the British West India Colonies* (1849). En este texto, defiende a Las Casas como un abolicionista, en sus propias palabras, "a great Christian warrior in the case of the humanity", que sólo por ignorancia y maledicencia de sus contradictores ha llegado a ser considerado como el promotor de la trata africana hacia Las Indias. Para defender esta posición, Madden propone tres argumentos. En primer lugar, basado en la información que ofrece Quintana, señala que la trata hacia Las Indias a comienzos del siglo XVI se desarrolló antes y con independencia a las sugerencias hechas por el clérigo para introducir cautivos africanos (19-22). En segundo lugar, enfatiza que la lucha de Las Casas por la liberación de los nativos americanos fue su mayor compromiso y legado y que, por ende, el hecho de que en un momento determinado haya sugerido la introducción de cautivos africanos en Las Indias no puede soslayar la relevancia de su trabajo como liberador de los nativos americanos (25-6). Finalmente, Madden afirma que Las Casas no tenía modo de saber las circunstancias en las cuales los cautivos africanos eran obtenidos en África ni mucho menos los horrores que se desprenderían de la introducción de ellos en Las Indias (26). En este sentido, da una gran relevancia al hecho de que Las Casas se haya arrepentido una vez que se enteró de las circunstancias en las que era practicada la trata. Madden termina su defensa de Las Casas diciendo:

> Let him whose philanthropy is without fault, and whose nature is superior to error, cast the first stone at the memory of the venerable Bartholomew Las Casas. Let him whose labours for humanity can be compared with those of the Apostle of the Indies, measure the amount of indiscretion which was committed in one particular proceeding by this faithful missionary, single and unaided, in a warfare with oppression and injustice, such as this world never before witnessed. (26)

Este esfuerzo de exaltar a Las Casas como el gran precursor del abolicionismo que sólo por desconocimiento sugirió la introducción de cautivos africanos en Las Indias y que luego se arrepintió de haberlo hecho tendrá tal vez su máximo desarrollo en el ámbito anglosajón en la biografía del obispo que Arthur Helps publica en Londres en 1868 bajo el título *The Life of Las Casas, The Apostle of the Indies*. En este texto, el tema de la relación de Las Casas con la trata es una referencia persistente que el autor menciona desde el prólogo hasta el final de su texto, siempre con el propósito de mostrar que ella no puede ser considerada como el principal legado de Las Casas. Tal vez, la razón de esta preocupación en la escritura de Helps queda expresada al final de su biografía:

> The event in his life which his contemporaries did not notice, but which has since been much deplored, and greatly magnified, was his being concerned in the introduction of negroes into the New World. For this he has himself made a touching and most contrite apology, expressing at the same time a fear lest his small share in the transaction might never be forgiven to him. In the cause of the Indians, whether he upheld it in speech, in writing, or in action, he appears never for one moment to have swerved from the path of equity. He has been justly called "The Great Apostle of the Indies." (292)

Ahora bien, en el ámbito ibérico, el primero que va a capitalizar este nuevo enfoque introducido por Quintana es el intelectual cubano José Antonio Saco (1797-1879) quien en ese momento viene impulsando la causa de la supresión de la trata pero no, y eso es muy claro para él, la abolición de la esclavitud en la isla de Cuba (Murray 83). En 1845, Saco publica en París su célebre texto *La supresión del tráfico de esclavos africanos en la isla de Cuba examinada con relación a su agricultura y a su seguridad*. En este texto, argumenta que la eliminación de la trata de cautivos africanos hacia Cuba no producirá daño sino, antes bien, beneficios para la isla ya que evitará que la isla se llene de más cautivos africanos, "negros" en su vocabulario, que terminen por sobrepasar en número a los "blancos", dominarlos y destruir todo el orden social de la isla que éstos últimos han construido después de muchos años de esfuerzo. Los temores producidos por la Revolución Haitiana poderosamente resuenan en las palabras de Saco, quien recomienda que los propietarios de esclavos en Cuba desistan de importar más cautivos desde África y se dediquen más bien a explotar adecuadamente a los que ya tienen bajo su dominio (63-4). Como parte de su argumento, Saco hace referencia a Las Casas, de un lado, para señalar que su sugerencia de introducir cautivos africanos corresponde a una creencia que ya se ha expandido entre los colonos en 1517 y según la cual los cautivos africanos se hallan en mejor condición que los nativos americanos para soportar el clima de las islas y los trabajos a los que son sometidos allí (19). De otro lado, Saco aclara que Las Casas no fue el que inauguró la trata africana hacia Las Indias sino que ella se desarrolló con antelación e independencia a sus gestiones en la corte española (65-6).

Sin embargo, es en su *Historia de la esclavitud de la raza africana en el Nuevo Mundo* (1879) donde Saco dedicará más espacio en su texto para hablar de la relación de Las Casas con el inicio de la trata. Dentro de su exposición de los comienzos del tráfico de cautivos africanos hacia Las Indias, considera relevante establecer si Las Casas pidió "negros para América" (483-84), concretando esta cuestión en dos preguntas: (1) ¿fue Las Casas el primero que pidió cautivos para

América? y (2) ¿Aún en el caso de no haber sido el primero en pedir cautivos para las Indias, Las Casas "coadyuvó a fomentar aquel comercio después de establecido?" (483). En cuanto a la primera pregunta, para Saco es evidente que Las Casas no fue el primero que promovió la introducción de cautivos africanos en Las Indias. Basado en el conocimiento que tiene acerca de la historia de la esclavitud no sólo en América sino en Europa, Asia y África antes del siglo XVI, enfatiza que "el tráfico de negros [en América] empezó con el siglo XVI y continuó por algunos años sin la más leve intervención directa o indirecta de Las Casas" (483). Tratando de explicar la razón de la creencia según la cual Las Casas es considerado como el pionero de dicho tráfico, Saco arguye que los traductores franceses de la *Colección de Viajes y Descubrimientos de los Españoles hasta Fines del Siglo XV*, editada por Martín Fernández de Navarrete, preguntaron a éste último sobre este asunto.[136] Saco afirma que la respuesta de Fernández de Navarrete consistió en decir que, aunque antes de la petición de Las Casas ya habían entrado cautivos de contrabando en América, él fue "el primero que obtuvo una orden o permiso real autorizando este transporte" (483). Esta respuesta, según el mismo Saco, muestra que Fernández de Navarrete no conocía los comienzos del tráfico de cautivos africanos hacia América.

Para responder a la segunda pregunta, Saco comienza haciendo una biografía de Las Casas en la que enfatiza y exalta el compromiso de éste último con la defensa de la libertad de los nativos americanos. La figura de Las Casas promovida por el abolicionismo resuena en el texto de Saco quien, sin embargo, no está haciendo ningún tipo de propuesta abolicionista.[137] Aunque Saco reconoce que Las Casas sugiere en sus Memoriales de 1517 la introducción de cautivos africanos como una estrategia entre otras para proteger a los indígenas, recalca que este tipo de sugerencia no se encuentra en los *Tratados de 1552* donde Las Casas expone sus tesis doctrinales más importantes (489).

---

[136] La colección editada por Navarrete fue publicada en España entre 1825 (Vols. I-II), 1829 (Vol. III) y 1837 (Vol. IV). La traducción al francés de los dos primeros volúmenes, hecha por Verneuil y La Roquette, se publica en 1828. Ahora bien, si Saco pretende decir que la creencia según la cual Las Casas es el iniciador del tráfico de esclavos hacia América proviene de la respuesta que da Fernández de Navarrete a los traductores franceses de su colección de textos, parece olvidar o no saber que, como hemos visto, ya desde mediados del siglo XVIII esta era una creencia sostenida por algunos historiadores.

[137] En un texto suscrito en noviembre de 1868 bajo el título "La esclavitud en Cuba y la revolución en España", Saco sigue defendiendo la idea según la cual la introducción de cautivos desde África debe ser prohibida, aclarando que ello no implica en ningún sentido la abolición de la esclavitud en la isla de Cuba. Saco contempla la posibilidad de una liberación progresiva de los esclavos que no debe establecer términos precisos sino suceder en tanto que no afecte el orden social creado por los blancos en Cuba 443-54.

En este sentido, considera que la censura que hace Robertson de Las Casas, la cual hemos citado más arriba y que Saco impugna persistentemente, es "muy severa, injusta a veces y aún mezclada de errores" (490). Sin embargo, lo que más llama la atención en la defensa que propone Saco de Las Casas es que, en su intento de excusarlo, afirma que la esclavitud causa más males en los más débiles que en los más fuertes. En consecuencia, dada la mayor resistencia de los cautivos africanos, Las Casas habría cometido un pecado pero no un crimen al pedir la inclusión de éstos últimos como esclavos:

> Los indios que poblaban las cuatro grandes Antillas eran una raza débil, más los negros pertenecían a una raza fuerte y, por lo mismo, mucho más aptos para resistir las tareas de aquellas colonias, siendo cierto que *el trabajo de un negro equivalía al de cuatro indios*. En tales circunstancias, si pedir la esclavitud de un negro era un pecado, pedirla de aquellos indios era un crimen, porque donde el negro vivía trabajando, el indio moría, no ya la misma carga que aquel, sino otra aún mucho menos pesada. (490, énfasis mío)

El comentario de Saco recoge la creencia que comienza a correr desde comienzos del siglo XVI entre los colonos españoles y según la cual los cautivos africanos son más fuertes que los nativos americanos. Saco retoma dicha creencia haciendo de ella una manera de excusar la sugerencia hecha por Las Casas de introducir cautivos. Sin embargo, la creencia es articulada por él dentro de un argumento que enfatiza la representación racial de los africanos esclavizados en la Cuba del siglo XIX. Además de lo anterior, Saco considera que la afirmación de Robertson según la cual Las Casas sugirió la importación de esclavos desde África valiéndose de los establecimientos que tenían allí los portugueses es incorrecta (490-91). Según el escritor cubano, Las Casas sugiere la importación de africanos ya esclavizados en España pensando que su esclavización ha sido justa, y, "como todos pensaban, que los negros mejoraban en Indias su condición física y moral" (491). De nuevo, Saco retoma una creencia proveniente del siglo XVI haciendo de ella una razón que justifica la sugerencia de Las Casas en el siglo XIX.

En consecuencia, Saco considera que la contraposición que Robertson establece entre Las Casas y el Cardenal Ximenez, haciendo del primero un impulsor y del segundo un detractor del tráfico de cautivos africanos hacia América, es "un contraste de fantasía" entre dos personajes que no tuvieron ocasión para encontrarse y discutir el asunto tal como Robertson lo plantea (491). Del mismo modo, rechaza la afirmación del autor escocés según la cual el inicio de la trata hacia América revivió el tráfico de cautivos africanos. Para el escritor cubano, ni los portugueses ni los españoles revivieron el tráfico de esclavos sino que le dieron una nueva función y lo enfocaron sobre la "raza africana" (491).

Sin embargo, el punto que más molesta a Saco de la exposición de Robertson es el juicio que éste último hace de Las Casas como alguien que por su impetuosidad fue incapaz de reconocer la contradicción que implicaba luchar por la libertad de los nativos americanos a costa de la esclavización de los africanos. Saco considera que este juicio de Robertson se debe a que no conoció la *Historia de las Indias* en la cual Las Casas expresa su arrepentimiento con respecto a la sugerencia de introducir cautivos.[138] De hecho, después de una sumaria presentación de algunos de los pasajes en los que Las Casas sugiere la introducción de cautivos en América, termina por afirmar que "hay errores que son más bien de la época en que se escribe que no de los hombres que los adoptan, y de esta especie es el que Las Casas cometió" (494). Además, resalta que la sugerencia de introducir "esclavos negros" se enmarca dentro de un proyecto de colonización que incluía la introducción de labradores blancos y que, si se hubiera seguido esta sugerencia de Las Casas, tanto la explotación de los indígenas como la introducción de cautivos desde África hubiesen quedado atenuadas de modo significativo (494).

Para finalizar su defensa de Las Casas, Saco enfatiza la necesidad de reconocer el "candor y la recta conciencia" que, según él, caracteriza a Las Casas. Muestra de ello es el arrepentimiento que el religioso expresa en su *Historia de las Indias* con respecto a su sugerencia de introducir esclavos africanos una vez que se entera de la manera como éstos son capturados por los traficantes portugueses (494-95). Saco cita los pasajes donde Las Casas expresa su arrepentimiento y considera que ellos son prueba irrefutable de que no legitimó la esclavitud africana en América.

Los comentarios de Saco con respecto a la responsabilidad de Las Casas en el inicio de la trata de esclavos hacia América se mantienen en el tono apologético que había introducido el abate Grégoire, cuya defensa de Las Casas Saco conoce y exalta (492). Sin embargo, el autor cubano capitaliza un aspecto que aquel no conocía y que consiste en el arrepentimiento de Las Casas con respecto a su temprana sugerencia de introducir cautivos africanos en las Indias. A partir de este momento, el debate sobre Las Casas y su responsabilidad en el

---

[138] Recordemos que Saco es uno de los principales impulsores de la publicación en España de la *Historia de las Indias* Benítez Rojo 70-1.

inicio del tráfico de esclavos reconocerá la existencia de al menos dos momentos bien definidos. En primer lugar, un momento en el que Las Casas sugiere la introducción de esclavos y, en segundo lugar, un momento de arrepentimiento con respecto a dicha sugerencia.

Esta posición apologética no parece tener, sin embargo, mucha resonancia en la península. Prueba de ello es que en 1918 y no obstante conocer los textos en los cuales Las Casas expresa su arrepentimiento con respecto a su sugerencia de introducir esclavos en Indias, Manuel Serrano y Sanz afirma en su libro *Orígenes de la dominación española en América* (416-23) que Las Casas es "el principal responsable de tan escandaloso negocio (...) más censurable en quien alardeaba de sentimiento humanitarios, que tenía siempre en los labios palabras de libertad y justicia, y de continuo motejaba a los españoles de crueles tiranos, que se habían puesto fuera del derecho de gentes" (421-422).

6.7 *El siglo XX y la configuración de Las Casas como hito de lo caribeño y figura del humanismo cristiano*

Apoyado principalmente en la obra de Saco y en las investigaciones de Scelle quien en 1906 publica su monumental *La traite négrière aux Indes de Castille*,[139] en 1940 Fernando Ortiz (1881-1969) introduce una reflexión sobre este asunto en uno de los capítulos adicionales de su *Contrapunteo Cubano del Tabaco y el Azúcar*. Ortiz titula esta reflexión "Del inicio de la trata de negros esclavos en América, de su relación con los ingenios de azúcar y del vituperio que cayó sobre Bartolomé de Las Casas" (356-432). Su reflexión tiene dos propósitos específicos, a saber, establecer la relación que existe entre la aparición de los ingenios y el inicio del tráfico de "esclavos negros en América" y aclarar "de paso, la verdadera intervención que en ese negro asunto tuvo Bartolomé de Las Casas, por la cual este clérigo ha sido objeto de sañudo e injusto vituperio"

---

[139] El valor del trabajo de Scelle no radica en que aporte una nueva visión sobre la participación de Las Casas. En gran medida, sigue las posiciones esgrimidas por Saco, Helps y por Las Casas mismo en el libro tercero de *Historia de las Indias*. Sin embargo, Scelle logra mostrar que dada la complejidad de los inicios de la trata africana y todos los que se hallan involucrados en ella, es una imprecisión y un exceso otorgarle a Las Casas el rol de primer promotor de ésta: "Nous envisageons aujourd'hui son intervention d'un point de vue très trompeur, ayant devant les yeux le tableau de trois siècles de traite avec tout un cortège d'horreurs, sans réfléchir que Las Casas ne pouvait les prévoir, que la traite n'était pas alors organisée et que sa pensée n'allait pas plus loin que de procurer à des maîtres la facilité d'amener ou de faire venir des domestiques. Il faut, pour juger son intervention, savoir dans quelles conditions elle se produisit et la portée qu'il loi donnait" 134.

(356). La estrategia argumentativa de Ortiz para defender a Las Casas consistirá en mostrar la función que ha tenido dentro de una postura colonialista culpar a Las Casas del inicio del tráfico de esclavos africanos hacia América.

Ortiz comienza su exposición presentando los capítulos del libro tercero de la *Historia de las Indias* en los que Las Casas expresa su arrepentimiento con respecto a su previa sugerencia de introducir esclavos en América junto con la exposición de Saco que acabamos de reseñar sobre los inicios de la esclavitud en América. El primer interés de Ortiz es mostrar que Las Casas no puede ser considerado como el iniciador de la trata de cautivos africanos hacia América y que su primera intervención en este asunto sólo tiene lugar hasta 1517 debido a la escasez de mano de obra y la creciente disminución de la población indígena en las islas (359-367). Ortiz llama la atención sobre la importancia que tuvo en ese momento, mucho más que la intervención de Las Casas, la intervención tanto de los frailes jerónimos como del licenciado Zuazo, quienes promovieron la importación de "esclavos bozales" y "negros" directamente desde África como estrategia necesaria para la colonización de las islas (367-68).

En un segundo momento de su exposición, Ortiz introduce largas secciones de los memoriales y relaciones que Las Casas redacta desde 1516 hasta 1531 y en los que denuncia la situación de los indígenas en las islas al tiempo que propone algunos remedios para dicha situación entre los cuales se halla la introducción de esclavos (375-412). Ortiz considera que la introducción de estas largas citas es necesaria dado que estos documentos no se conocen en Cuba en el momento en que redacta su libro. Esto provoca que el texto de Ortiz adquiera la fisonomía de un alegato jurídico en el que los textos de Las Casas y Saco son utilizados como pruebas que sostienen la defensa de Las Casas. Sin embargo, Ortiz introduce dos precisiones dentro de su exposición del caso.

En primer lugar, rechaza la posición según la cual Las Casas habría solicitado cautivos sustentada en un criterio racial. Para él, Las Casas solicita esclavos sin importar la procedencia ni color de éstos. "Las Casas no fue *racista*, ni siquiera se puede encontrar o leer el vocablo 'raza' en sus escritos" (412). En segundo lugar, Ortiz afirma que "la opinión de Las Casas era la general y la realista" en el sentido de que expresaba algo que todos sabían, esto es, que sin la presencia de esclavos africanos era imposible el establecimiento de los ingenios en América (417). Esto le permite al crítico cubano, introducir su principal argumento con respecto a la relación de Las Casas con el inicio de la trata. Para Ortiz, la posición de Las Casas debe ser entendida como parte de un proceso en el cual la esclavización es considerada una estrategia fundamental para la colonización. Ahora bien, los esclavizadores proponen algunas diferencias a partir de las capacidades que exhibe cada grupo esclavizado para realizar las tareas que ellos les imponen. Estas diferencias terminarán convirtiéndose en criterios raciales. En consecuencia, Ortiz considera que "la esclavitud no fue consecuencia de un racismo; sino viceversa, los racismos nacieron de los propósitos esclavizadores" (417). Basado en este criterio, Ortiz propondrá una secuencia histórica que conecta la esclavización de africanos en Europa antes del descubrimiento, la esclavización de nativos americanos en los primeros momentos del descubrimiento de América y, finalmente, la nueva esclavización de africanos en América una vez que la mano de obra indígena está agotada:

> Si la trata afroespañola de esclavos fue el antecedente histórico de la trata indohispánica y de la interamericana, la trata de indios, por su fracaso, fue a su vez el antecedente que provocó, con otras complejas concausas, el inicio y desarrollo de la trata que durante siglos denigró el mar Atlántico y sus dos riberas. (419)

Ortiz considera que esta caracterización del racismo como producto del esclavismo, de un lado, permite reconocer una continuidad entre las esclavizaciones practicadas por los europeos primero en la península y luego en América, tanto sobre africanos como sobre nativos americanos y, de otro lado, explica las distinciones que se generaron entre nativos americanos y cautivos africanos haciendo que los mismos argumentos que sirvieron para impugnar la esclavización de los indígenas no fuesen atendidos en el caso de la esclavización e introducción de africanos en América. En todo este proceso fue la necesidad de mano de obra la que generó perfiles raciales que promovieron la protección de los que eran considerados como más débiles para el trabajo y la esclavización de los considerados más fuertes para ello.

En este contexto, en el cual "nadie impugnaba la esclavitud como institución jurídica, civil y divina" (421), la posición de Las Casas introduce, según Ortiz, un punto de vista crítico al denunciar los excesos ligados primero a la esclavización indígena y luego a la esclavización africana, impugnando de manera vehemente el argumento de la cristianización como forma de legitimar la esclavización (425-31). Dada la hegemonía de ciertas creencias que hacían de la esclavitud una práctica válida tanto para los gobiernos como para la iglesia, Las Casas no desarrolló una postura antiesclavista en el sentido de impugnar la existencia de la esclavitud como tal. Sin embargo, tanto su defensa de los indígenas como su arrepentimiento con respecto a su temprana sugerencia de introducir cautivos africanos expresan una crítica a la esclavitud que lo convierte en "el primer libertador que tuvo América" (420). El argumento de Ortiz consiste en mostrar que, en contra de las creencias más extendidas del momento, Las Casas desarrolló una temprana crítica de la esclavización indígena practicada so pretexto de la evangelización de éstos. Esta crítica estuvo basada en el conocimiento y admiración que había adquirido con respecto a los indígenas. Esta crítica, según Ortiz, se habría extendido hacia la esclavización africana una vez que Las Casas tuvo conocimiento de la forma como ésta era practicada por los portugueses (431).

Finalmente, según Ortiz, la acusación según la cual Las Casas es el iniciador del tráfico de cautivos africanos hace parte de la narrativa histórica colonial que, intentando responsabilizarlo del inicio de la esclavitud, deja de lado el estudio de los más grandes impulsores y beneficiarios de dicho tráfico –"reyes, cardenales, frailes, jueces y oficiales" (431)–. Esta narrativa, por demás, oculta la crítica que Las Casas hace a las esclavizaciones indígenas y su explícito arrepentimiento con respecto a su sugerencia de introducir cautivos africanos en América. Este olvido no es espontáneo sino que surge de un deseo por ocultar ciertos aspectos incómodos en las denuncias de Las Casas resaltando otros con el fin de desvirtuar la autoridad de sus denuncias. "Contra Las Casas hubo un doble deseo: el de borrar el recuerdo de su nombre por ser evocador de la barbarie de la conquista y destrucción de las Indias Occidentales, y, a la vez, cuando era inevitable sacarlo a la luz, el de denigrarlo, atribuyéndole la responsabilidad de la trata negra" (431-32).

Los argumentos de Fernando Ortiz introducen dentro del debate al menos dos elementos que vale la pena resaltar. En primer lugar, la continuidad que tienen la esclavización indígena y la esclavización africana practicada por los europeos en América y la denuncia que hace Las Casas de esas esclavizaciones con anterioridad a cualquier distinción racial. En segundo lugar, Ortiz hace explícita la función que tiene dentro de cierta narrativa histórica colonial utilizar la figura de Las Casas y su sugerencia de introducir cautivos africanos como una forma de atenuar el impacto que tienen sus denuncias sobre la esclavización indígena. Para poder impugnar a Las Casas, esta narrativa colonial introduciría, según Ortiz, una distinción racial en el pensamiento del obispo que éste ni siquiera podría concebir.

Durante la segunda mitad del siglo XX, los estudiosos más reconocidos de la obra de Las Casas dirigen gran parte de su atención a los esfuerzos del fraile por defender a los nativos americanos de las injusticias cometidas por los españoles sin mencionar o desarrollar de modo amplio sus pareceres acerca de la esclavización de los africanos.[140] Aunque Giménez Fernández, hace alusión a este asunto (*Bartolomé de Las Casas* 549-72), termina por suscribir los argumentos de Saco y Ortiz, añadiendo brevemente que el episodio con el cautivo Pedro Carmona mostraría la solidaridad de Las Casas con cualquier oprimido sin distinción. Sin embargo, hacia finales de dicho siglo comienzan a resurgir algunas reflexiones en torno a Las Casas y su relación con el comienzo del tráfico de esclavos africanos hacia América. Estas reflexiones se centran principalmente en la crítica que Las Casas hace al tráfico de esclavos tal como es practicado por los portugueses.

En 1980, Philippe-Ignace André-Vincent escribe "Las Casas et la traité des noirs", segundo apéndice de su libro *Bartolomé de Las Casas, prophète du Nouveau Monde*. En dicho apéndice André-Vincent propone un estudio de algunos Memoriales y Cartas lo mismo que de algunos capítulos de los libros primero y tercero de la *Historia de las Indias* (libro primero, capítulos 22, 27, 136 y 150; libro tercero, capítulos 102 y 129), llamando la atención sobre la evolución que tiene el pensamiento de Las Casas con respecto a la trata de cautivos negros hacia América. Según André-Vincent, si bien Las Casas recomienda en principio la importación de ellos como remplazo de la mano de obra indígena, posteriormente se arrepiente de esta recomendación, propone una fuerte crítica a la trata tal como es practicada por los portugueses y denuncia la responsabilidad de los españoles (él mismo incluido) en dicho comercio al participar en él sin interesarse por la procedencia de los esclavos (222-23). Sin embargo, André-Vincent considera que Las Casas no propone una reflexión de conjunto sobre África sino que sólo hace algunas referencias a ésta dentro de su exposición de la *Historia de las Indias* (224). Además, en un tono apologético, termina su artículo afirmando:

> En travaillant pour la liberté des Indiens, frère Barthélemy a donc bien travaillé pour celle des Noirs. Le savait-il? Il ne pouvait voir les conséquences de son action à travers trois siècles; pas davantage, il ne pouvait prévoir l'hécatombe que ravagerait l'Afrique noire à la meme époque. Mais en faisant face à la destruction des Indiens d'Amérique, il luttait pour la justice, que est une et indivisible en définitive. (233)

---

[140] Pensamos particularmente en los trabajos de Silvio Zavala, *The Political Philosophy of the Conquest of America*; Lewis Hanke, *The Spanish Struggle for Justice in the Conquest of America*; y, más recientemente, Tzvetan Todorov, *La conquista de América*.

En 1982, Marianne Mahn-Lot en su libro *Bartolomé de Las Casas et le droit des indiennes* afirma que la lectura que hizo Las Casas de la *Crónica dos feitos de Guiné* de Gomes Eanes de Zurara y de la primera de las Décadas de Ásia de Barros lo movió a escribir los capítulos 16 a 27 del libro primero de su *Historia de las Indias*, en los cuales busca presentar lo sucedido en las islas del Atlántico y la costa occidental de África como un antecedente de lo que después sucederá en Las Indias (184). En consecuencia, Mahn-Lot identifica un bloque expositivo que posee autonomía y funciones particulares dentro del texto de Las Casas y no simplemente algunas referencias a África como lo había afirmado dos años antes André-Vincent. Sin embargo, Mahn-Lot no propone en su exposición ningún desarrollo particular de esta sección.

Más recientemente, en sus estudios sobre la esclavitud en España y la América Española durante el siglo XVI, José Luis Cortés López ha incluido algunas alusiones a Bartolomé de Las Casas y su participación en el inicio del tráfico de esclavos hacia Las Indias. En su texto *La Esclavitud Negra en la España Peninsular*, Cortés López reconoce el arrepentimiento de Las Casas con respecto a su apoyo a este tráfico, su temprana crítica a las esclavizaciones practicadas por los portugueses y su aporte a los movimientos abolicionistas posteriores (35-8). En su texto *Esclavo y Colono (Introducción y Sociología de los Negroafricanos en la América Española del Siglo XVI)*, Cortés López examina de manera un poco más detenida la participación de Las Casas en el inicio de la trata y su crítica al monopolio concedido a Lorenzo de Goverrod para la importación de esclavos (26-31). En ambos casos el interés de Cortés López consiste en hacer uso de Las Casas como una fuente histórica relevante entre otras para entender el inicio de la trata de esclavos africanos en España y sus colonias más que llevar a cabo un análisis detallado de las representaciones que Las Casas propone de dichos esclavos o de la evolución que se da en estas representaciones.

En esta misma línea que ubica a Las Casas dentro de un complejo conjunto de fuentes que recogen los inicios de la trata ibérica transatlántica se encuentran los trabajos de Jean-Pierre Tardieu. En sus estudios sobre el inicio de la esclavitud en Las Indias, Tardieu señala, en primer lugar, que la relevancia dada al "Memorial de remedios para las Indias (1516)" como texto que funda la trata de cautivos africanos en Indias se desdibuja cuando se analiza el memorial en su conjunto y se reconoce que la introducción de cautivos africanos es un remedio entre otros que el clérigo propone dentro de su plan de reforma para las islas. Dicha introducción no está articulada en torno a cuestiones raciales y, finalmente, no involucra ni tan siquiera el ingreso de cautivos directamente desde África ("De l' *undécimo remedio* de Las Casas" 58-9). Además, Tardieu enfatiza que la introducción de cautivos africanos antecede y rebasa en mucho las gestiones de Las Casas ante la corona española (59). En segundo lugar, Tardieu propone una reflexión sobre el arrepentimiento que Las Casas expresa en *Historia de las Indias* acerca de su temprana sugerencia de introducir cautivos en las islas. En "Las Casas et l'esclavage des Noirs. Logique d'un revirement", explora de manera suscinta el proceso que va desde que Las Casas hace la sugerencia de introducir cautivos en Las Indias en la década de 1510 hasta que expresa su arrepentimiento en la década de 1550. En su exposición, Tardieu enfatiza que tanto el arrepentimiento como la crítica temprana que Las Casas hace a la trata portuguesa, por valiosas que puedan ser para el abolicionismo posterior, no pueden ser puestas al mismo nivel de su defensa de los nativos americanos: "Mais peut-on partager l'opinion de Fernando Ortiz pou qui 'l'apôtre des Indiens' fut aussi 'l'apôtre des noirs'? C'est beaucoup dire en effet. Pour mener un tel combat, ce n'était pas le sien, la prise de conscience du vieil homme n'etait pas encore suffisante" ("Las Casas et l'esclavage" 59).

En la última década del siglo XX, la discusión sobre Las Casas y su relación con el inicio del trata se desarrolla en dos vertientes. De un lado, tenemos una vertiente interesada en explorar el arrepentimiento de Las Casas con respecto a su sugerencia de introducir cautivos tal como éste aparece en los capítulos finales del libro tercero de la *Historia de las Indias*. Esta vertiente es planteada y desarrollada por Antonio Benítez Rojo en el capítulo segundo de su texto *La Isla que se repite* (69-104) y ha sido retomada más recientemente por José F. Buscaglia-Salgado en su texto *Undoing Empire: Race and Nation in the Mulatto Caribbean* (92-127). De otro lado, tenemos una vertiente más interesada en explorar la crítica que hace Las Casas de las esclavizaciones portuguesas practicadas desde el siglo XV en las islas del Atlántico y la costa occidental de África tal como ella aparece al comienzo del libro primero de la *Historia de las Indias*. Esta vertiente es desarrollada por Isacio Pérez Fernández en varios textos que dedica al tema entre 1989 y 1995.

El texto de Antonio Benítez Rojo propone una lectura de los capítulos 128 y 129 del libro tercero de la *Historia de las Indias*. Recordando los esfuerzos de Saco tendientes a lograr la publicación de este texto de Las Casas, Benítez Rojo comienza su exposición enfatizando que la *Historia de las Indias* enuncia "una verdad de acá" (73). Esa verdad propone una versión de la conquista que difiere de la versión peninsular y llama la atención sobre la existencia de la esclavitud fundando, por ello, "un discurso histórico latinoamericano y –sobre todo– Caribeño" (73). Benítez Rojo se detiene en una digresión que, siguiendo a Pupo-Walker, puede ser considerada como "un componente significativo e integral del texto" o, como él mismo la define, "una fábula caótica" (75-6).

Esta digresión se refiere al relato que incluye Las Casas sobre la plaga de hormigas que viene sobre La Española después de una plaga de viruelas ([fols. 382v-385]: 2317-321). La procedencia de la plaga de hormigas en la isla de San Juan intenta ser conjurada por los religiosos de San Francisco haciendo uso de una piedra de solimán que atrae las hormigas y las extermina pero al costo de su disminución hasta que se torna ineficaz contra la plaga. Benítez Rojo propone una interpretación de este pasaje haciendo uso del concepto freudiano de *uncanny*.[141] Según dicha interpretación, si bien la plaga de hormigas es un hecho histórico documentado en otras crónicas, el relato de la piedra de solimán es una ficción que Las Casas introduce con el fin de aludir a la aparición de las plantaciones de azúcar en la isla (84). Benítez Rojo considera que, al afirmar que la plaga de hormigas proviene de la isla de San Juan –lugar en el que se había introducido el plátano como alimento para los esclavos traídos de África–, Las Casas estaría haciendo una clara referencia a los efectos producidos en la isla de Santo Domingo por la presencia de los ingenios de azúcar y los cautivos africanos (86).

Para sostener su argumento, Benítez Rojo propone una lectura de la confesión que Las Casas hace en el capítulo 129 del libro tercero de su *Historia de las Indias* ([fols. 385v-387v]: 2321-325). En este capítulo, Las Casas describe los comienzos de los ingenios de azúcar en las islas, su participación en el comienzo del tráfico de cautivos hacia estos territorios, su arrepentimiento con respecto a la sugerencia de importarlos, la ineficacia de esta sugerencia y las nefastas consecuencias de ello hasta el momento en el cual él escribe, en particular, la muerte de muchos de éstos y la aparición de grupos de cautivos prófugos que asaltan los pueblos creados por los españoles.

Benítez Rojo considera este texto una confesión que va mucho más allá del arrepentimiento y la denuncia para convertirse en un documento histórico y religioso acerca de la tolerancia de la esclavitud africana en América (88). Esta confesión "manipula la oposición binaria *amo/esclavo*, en las condiciones de la plantación del Caribe, siguiendo un canon teórico de sorprendente

---

[141] Siguiendo a Freud, Benítez Rojo define lo *uncanny* como "aquello que una vez nos resultó familiar pero que ahora se nos presenta como algo sobrecogedor" (91).

contemporaneidad" (ibid.). Benítez Rojo desglosa el texto de Las Casas en lo que él considera como diez formulaciones de un *mea culpa* que hacen que la relación jerárquica entre el amo y el esclavo se transforme en una relación circular de compleja interdependencia que prefigura lo que será posteriormente Haití (90). En dicha relación, el azotado deviene azote y plaga para aquel que lo ha sometido. Lo que permite el planteamiento de esta relación circular en el texto de Las Casas es la culpa que tendría su origen en su conocimiento de la rebelión de cautivos que tiene lugar en La Española en 1522 y del castigo que recibieron los levantados por rebelarse. El recuerdo de este levantamiento durante el proceso de escritura le habría llevado a introducir en el capítulo 128, dedicado a los hechos sucedidos en las islas durante 1517, una ficción ligada a la plaga de hormigas. Esta ficción puede ser leída como una consideración sobre el impacto de la esclavitud africana que antecede la referencia explícita que Las Casas hace a los levantamientos de cautivos en el capítulo 129. El uso de la ficción responde al reconocimiento, casi cincuenta años después durante el proceso de escritura de esta sección de la *Historia de las Indias*, de una transgresión de la que Las Casas se reconoce culpable. Las Casas reconoció, al describir esta plaga:

> Un retorno a hechos familiares (la presencia africana en la Española y la rebelión de 1522) que habían permanecido ocultos, reprimidos porque significaban una seria transgresión de la que se sentía culpable y, por lo tanto, temeroso del castigo de Dios: el infierno, la castración escatológica. (94)

En este sentido, podemos reconocer una secuencia de plagas. La primera es la plaga de viruelas –que es el castigo por la esclavización de los indígenas–, la segunda son las hormigas y la tercera los esclavos rebelados –que son castigo por el cautiverio de los africanos–. La hipótesis de Benítez Rojo es que la segunda plaga se refiere a la esclavitud y, para demostrarlo, enfatiza que la plaga de hormigas es reconstruida bajo la forma de una invasión creciente que destruye todo a su paso y que es muy similar a la forma cómo se percibe la presencia creciente de esclavos africanos en las islas (93-4). "Las hormigas (negras como "polvo de carbón") son los negros fugitivos que arrasan con cuanto hallan en el camino y se proponen la muerte y la ruina de sus amos por la fuerza" (94).

Benítez Rojo reconoce que esta interpretación según la cual la plaga de hormigas es el intento de elaboración de una culpa con respecto a la sugerencia de importar cautivos es una suposición de Las Casas. Sin embargo, considera que es una suposición bien fundada que se refuerza por lo dicho por Las Casas en una nota marginal que se halla en el capítulo 102 del libro tercero de la *Historia de las Indias* cuando reconoce que su recomendación de importar cautivos se debió a que no conocía la forma cómo ellos eran capturados por los portugueses y que, una vez que lo supo, nunca hubiera hecho tal tipo de recomendación porque "siempre los tuvo por injusta y tiránicamente hechos esclavos, porque la misma razón es dellos que de los indios" ([fol. 307v]: 2191).[142] Benítez Rojo considera que esta anotación es posterior a la redacción del episodio de la plaga de hormigas y surge como respuesta a la culpa y el miedo producidos por la redacción de este episodio. Esto hace que Las Casas retorne hacia el capítulo 102, el cual estaba inicialmente focalizado en las tribulaciones de los indios, y agregue una nota sobre su responsabilidad en el comercio esclavista en un texto que había redactado anteriormente (96).

De otro lado, Benítez Rojo considera que la piedra de solimán representa en Las Casas el azúcar que para la época se producía en la forma de "una masa cristalina de color blanco nevado" (97). La piedra blanquecina de la que habla Las Casas es una piedra de azúcar que atrae a las hormigas. En cuanto a las hormigas, Benítez Rojo reitera que estas representan la creciente cantidad de cautivos africanos que llegan a las islas por razón de la introducción de los ingenios de azúcar. La idea de la plaga de hormigas refiere, en consecuencia, al incremento de los cautivos que termina por destruir todo lo que encuentra a su paso incluida y, más que nada, el alma de los europeos involucrados en el tráfico y del mismo Las Casas. Esta alma que atrae las hormigas termina siendo carcomida por ellas mismas a la manera de un castigo enviado por Dios mismo. En el contexto de esta sofisticada explicación del texto de Las Casas, Benítez Rojo introduce una consideración acerca de la responsabilidad de Las Casas en el inicio del tráfico de esclavos hacia América:

> A esta altura, no veo necesidad de argumentar que la culpa de Las Casas en el negocio de la esclavitud africana tiene un cariz incierto y polémico, y esto no sólo porque resulta difícil dudar de su buena fe y de la sinceridad de su arrepentimiento. La esclavitud del negro era ya un hecho histórico en las Antillas cuando Las Casas intervino ante el rey, y no hay duda de que, en tanto institución, hubiera crecido de la manera en que creció aun cuando él interviniera de forma opuesta a como lo hizo. En realidad las cartas del esclavo africano ya estaban echadas. (99)

---

[142] Es necesario anotar que esta nota marginal se halla ya incorporada dentro del texto en la edición de la *Historia de las Indias*.

Al afirmar esto, Benítez Rojo parece abandonar la intención apologética que habíamos encontrado hasta ahora en varios de los autores a los que hemos hecho referencia. Los procesos que permitieron el inicio de la esclavitud africana en América rebasan en mucho las ideas y el ámbito de acción de Las Casas quien aparece ahora como una figura que, no obstante su responsabilidad marginal en el inicio del tráfico, encontró una posibilidad de redención a través de la escritura de una ficción en el capítulo 128, un arrepentimiento explícito –provocado por su propia lectura de esa ficción– en el capítulo 129 y, finalmente, una nota marginal en el capítulo 102 (100).

Este énfasis en el funcionamiento de la escritura en la *Historia de las Indias* le permite a Benítez Rojo, en primer lugar, desplazar el debate sobre la responsabilidad de Las Casas en el inicio de la trata hacia las relaciones que existen entre la ficción y la historia en el texto de Las Casas. La ficción expresa un trauma que busca a la vez ser olvidado pero que no deja de estar presente e inquietar a través de ella. El relato de la piedra de solimán pone de manifiesto una "irreductible ambivalencia" (101) que es rastro de una violencia que antecede tanto la narración histórica como la escritura literaria. En consecuencia, existe en el texto de Las Casas una complementariedad entre la historia y la ficción de cara al intento de reconstrucción en la escritura de un trauma que permanece inefable. Esto le permite a Benítez Rojo extraer una segunda consecuencia de su lectura del texto de Las Casas. *Historia de las Indias* puede ser considerada como un texto fundador de discurso en el sentido de que su texto refiere a las dos "turbias instituciones" (103) que fundaron el Caribe: la plantación de azúcar y la esclavitud africana en el Nuevo Mundo. Las Casas descubrió el ciclo que va de la plantación a la esclavitud, de la esclavitud a la violencia y de la violencia al azúcar y, por ello, la culpa fundante que define al Caribe, a saber, la existencia de la esclavitud provocada por los europeos y que ha sido motor de los conflictos de la región tal como José Antonio Saco lo vislumbró (104). El combate entre las hormigas y la piedra de solimán deviene entonces, para Benítez Rojo:

> [c]ombate inacabable que, por fuerza, ha de quedar siempre inconcluso dentro del problemático *interplay* de enfrentamientos, treguas, alianzas, claudicaciones, estrategias ofensivas y defensivas, avances y repliegues, formas de dominación, de resistencia y de convivencia que la fundación de la Plantación inscribió en el Caribe. (104)

Esta sugerente lectura que Benítez Rojo hace de los capítulos 102, 128 y 129 de la *Historia de las Indias* abre nuevas posibilidades de aproximación del debate al proponer una lectura del texto de Las Casas alejada tanto de los intentos de condena como de excusa y se dirige hacia la fundación de lo caribeño que se puede perseguir en él. De modo análogo a como Saco y Ortiz estaban interesados en explorar la fundación de lo cubano en el texto de Las Casas, Benítez Rojo intenta ver en esto texto una posibilidad de fundación textual de lo caribeño.

Apoyado en algunos de los elementos proporcionados por Benítez Rojo, más recientemente Jose F. Buscaglia-Salgado en su *Undoing Empire* lee los capítulos 125 a 129 del libro tercero de la *Historia de las Indias* como uno de los textos que permite perseguir la constitución de lo que él denomina el Caribe Mulato. Ya no se trata de explorar, a la manera en que lo hacen Ortiz y Benítez Rojo, la fundación de lo cubano y lo caribeño respectivamente, sino de perseguir el surgimiento de lo que es presentado en el texto de la *Historia de las Indias* como un cataclismo. Este cataclismo es producido por la presencia de los "moros" y "morenos" como agentes que intentan escabullirse de los ideales de civilización impuestos por la corona española y, posteriormente, por los ideólogos e historiadores criollos (51). Buscaglia-Salgado considera que Las Casas es el colono que más temprano entiende la amenaza que implica para el proyecto hispano de colonización de América la presencia de los *morenos* como naciente subjetividad criolla mulata a la que le otorga una voz y en la cual ve un posible devenir alternativo que será corroborado por la historia (92-3).

Aunque se concentra en los capítulos 125 a 129 del libro tercero de la *Historia de las Indias*, Buscaglia-Salgado reconoce que esta parte del texto se enmarca dentro de una exposición de lo sucedido en Las Indias durante 1518 y 1519. Esta exposición contiene la muerte de Vasco Núñez de Balboa y la conquista de Panamá (Capítulos 106-108), la conquista de la Nueva España por Juan de Grijalva y Hernán Cortés (Capítulos 109-124), los levantamientos y el exterminio de los nativos de las islas (Capítulos 125-128) y, finalmente, la introducción de esclavos africanos en ellas (Capítulo 129). Según Buscaglia-Salgado, los capítulos 125 a 129 exponen el agotamiento de las posibilidades de convivencia entre los nativos americanos y los colonos españoles y el surgimiento de una subjetividad indiana conformada por los españoles que deciden convertirse en colonos de las islas. Sin embargo, la importación de cautivos africanos, necesarios para continuar la explotación de las islas una vez que la mano de obra indígena ha sido exterminada, imposibilitará de manera definitiva la visión del imperio que Las Casas ha concebido para el Nuevo Mundo (99-100).

En la lectura que propone Buscaglia-Salgado vale la pena resaltar varios elementos. En primer lugar, explora el vínculo que existe entre las representaciones de los moros y moriscos, tal como ellas surgen en el contexto de la reconquista española de la península ibérica, y las representaciones de los moros y los *morenos* que son transportados como cautivos hacia América. Este vínculo le permite perseguir la constitución del mulato representado como agente contestatario que se mantiene persistentemente en los márgenes del proyecto cristiano español (82-3). En segundo lugar, Buscaglia-Salgado examina el contraste que se presenta en el texto de Las Casas entre las representaciones de los indígenas que se levantan en contra de los españoles, en particular la figura de Enriquillo, y las representaciones de los españoles y los cautivos africanos. Enriquillo será el prototipo del nativo que ha devenido modelo de cristiano para los españoles, transformados en moros en América debido a su compromiso con la conquista (102-5). Sin embargo, el indígena será también la víctima de la viruela, primera plaga que ataca la isla y que es presentada por Las Casas como una forma de liberación de los indios (105), y de los esclavos africanos prófugos, que terminarán con la vida del mismo Enriquillo (108). Finalmente, Buscaglia-Salgado explora la relación que entablan los españoles que han decidido colonizar las islas con los africanos quienes, no obstante haber sido introducidos como respuesta ante la necesidad de mano de obra, devendrán la principal amenaza para los esfuerzos de colonización europea de Las Indias (109-15). Para elaborar esta tercera relación, Buscaglia-Salgado vuelve sobre el análisis propuesto de los capítulos 128 y 129 por Benítez Rojo del libro tercero de la *Historia de las Indias*. Sin embargo, enfatiza en su lectura la dimensión transatlántica de la inserción de los esclavos africanos en Indias:

> The importation of the African slaves represents the analogical revisitation of the foundational moment of the Spanish nationality in the context of the Indies: as the Turk had become the principal threat to the Spanish hegemony in the Mediterranean, the African came to replace the Indian in the principal contestatorial site to the European subjectivity in America. (111)

Para sostener su argumento, Buscaglia-Salgado vuelve sobre el relato de la plaga de hormigas que se encuentra en el capítulo 128 de la *Historia de las Indias* y enfatiza que en dicho relato se anuncia el dominio de los africanos y sus descendientes en las islas del Caribe (113). Ese dominio, sin embargo, no representa desde la perspectiva de Las Casas un logro sino el fracaso radical del proyecto evangelizador cristiano que ve en el cautivo rebelado una plaga creada por la introducción y explotación de éstos en Las Indias. En consecuencia, el arrepentimiento que expresa Las Casas en el capítulo 129 con respecto a su sugerencia de introducir esclavos africanos deviene, más que la expresión de un desconocimiento, el anuncio de una amenaza creciente de la que el clérigo se siente culpable por haber promovido (114-15). Esa decepción de Las Casas tendrá un momento de inquietante fuerza expositiva cuando compare a los cautivos cimarrones con los perros traídos por los españoles y utilizados como armas contra los indios (116-17).

Buscaglia-Salgado considera que el arrepentimiento de Las Casas retoma los elementos que constituyen la historia del Caribe: el genocidio de los habitantes nativos, el fracaso del proyecto idealizado de la colonización europea y el surgimiento de una población mulata mayoritaria en número pero, más que nada, sometida a persistentes mecanismos de marginación (123). En consecuencia, la utopía de la ciudad construida en las islas descubiertas da paso a la construcción de fuertes militares y plantaciones circundados por poblaciones sometidas a un régimen de terror y explotación (123-27).

Tanto la exposición propuesta por Benítez Rojo como por Buscaglia-Salgado logran llevar más allá de los propósitos apologéticos la discusión sobre el papel de Las Casas en el inicio del tráfico de esclavos africanos hacia América. Su énfasis en los capítulos del libro tercero de la *Historia de las Indias* en los cuales Las Casas expresa su arrepentimiento como textos fundacionales de ciertas subjetividades regionales y étnicas reactivan lo que podríamos denominar una lectura genealógica del texto de Las Casas que explora de qué modo lo dicho en él puede ser de ayuda para entender el decurso de las cuestiones raciales y poblacionales en el Caribe desde comienzos del siglo XVI hasta el presente. Su aproximación ha sido de gran ayuda dentro de nuestra exposición. Sin embargo, hemos procurado expandirla a segmentos más amplios del corpus lascasiano, tratando de mantener un vínculo estrecho con el contexto histórico en el cual emerge. Consideramos que ellos nos ha permitido presentar, dentro de un espectro más complejo, la relevancia de Las Casas y su participación en el inicio de la trata, en el surgimiento de las inquietudes en torno a la esclavitud en América.

La segunda vertiente reciente que explora la relación de Las Casas con el tráfico de esclavos africanos se halla desarrollada en los trabajos de Isacio Pérez Fernández. En 1989, Pérez Fernández publica, antecedidos de un extenso y documentado estudio preliminar, los capítulos 17 a 27 del primer libro de la *Historia de las Indias* de Bartolomé de Las Casas, adjudicándoles como título

Brevísima relación de la destrucción de África. Con este trabajo, Pérez Fernández busca hacer visible la temprana crítica que Las Casas hace al tráfico de esclavos practicado por los portugueses en África desde mediados del siglo XV. Según Pérez Fernández, este opúsculo permite mostrar que, en primer lugar, Las Casas consideró que los habitantes de las islas Canarias y "los negros de África" ocuparon un lugar intermedio durante la expansión de los europeos en el Atlántico e hizo un enjuiciamiento ético del tratamiento que estas gentes recibieron durante dicha expansión (116-18). En segundo lugar, este opúsculo demuestra que Las Casas reconsideró de manera decisiva su opinión acerca de los cautivos africanos y, más en concreto, su sugerencia según la cual la introducción de ellos era una alternativa aceptable para suplir la carencia de mano de obra en América (118-21). Finalmente, según Pérez Fernández, este opúsculo es una prueba decisiva para desvirtuar la creencia según la cual Las Casas, en aras de su defensa de los indígenas, terminó condenando a los africanos a la esclavitud en América (122-25). En palabras del mismo Pérez Fernández:

> La publicación de esta *Brevísima relación de la destrucción de África* no sé si provocará una nueva leyenda negra contra el Padre Las Casas como anti-portugués; más espero que, superando la leyenda de él como anti-negro, sea el máximo exponente de su futura fama de defensor de los negros. (125)

Más adelante, tratando de recabar en la injusticia que implica presentar a Las Casas como el responsable del inicio del tráfico de esclavos hacia América y enfatizando la defensa que el Obispo hace de los esclavos africanos, Pérez Fernández publica *Bartolomé de Las Casas, ¿Contra los negros? Revisión de una leyenda* y *Fray Bartolomé de Las Casas. De defensor de indios a defensor de negros. Su intervención en los orígenes de la deportación de esclavos negros y su denuncia de la previa esclavización en África*. Estos trabajos, que han sido de gran ayuda en el decurso de la investigación que se halla en la base de este libro, tienen la ventaja de sustentarse en gran cantidad de fuentes bibliográficas. En particular, el conocimiento exhaustivo que posee de los memoriales, las cartas, los *Tratados* e *Historia de las Indias* le permiten a Pérez Fernández trazar con detalle el trayecto que va de la sugerencia de importar esclavos africanos hecha en un Memorial escrito en 1516 hasta el arrepentimiento con respecto a dicha sugerencia expuesto en algunos capítulos de la tercera parte de la *Historia de las Indias* escritos alrededor de 1559.

Ahora bien, la perspectiva de Pérez Fernández, no obstante estar sustentada en un conocimiento abundante tanto de las fuentes lascasianas como de muchos de los documentos legales producidos en la primera mitad del siglo XVI en torno al tráfico de esclavos africanos hacia América, continúa atascada, a nuestro parecer, en la intención apologética que caracterizó el debate entre finales del siglo XVIII y comienzos del XIX. En otras palabras, Pérez Fernández parece estar interesado más que nada en mostrar que, de un lado, Las Casas no tuvo la relevancia que algunos le han querido atribuir en el inicio de la trata de cautivos y que dicha trata respondió a intereses que iban mucho más allá del ámbito de influencia y propósitos del obispo. De otro lado, Pérez Fernández enfatiza que Las Casas se arrepintió de esta sugerencia y que el punto decisivo en este arrepentimiento fue, por un lado, el conocimiento que tuvo de la forma cómo los portugueses capturaban y esclavizaban a los africanos que posteriormente eran transportados a América y, del otro, la inclusión que hizo de estos cautivos dentro de la misma categoría en la que había colocado a los nativos americanos. La posición de Pérez Fernández queda expresada de modo muy claro en el siguiente pasaje de su libro de 1995:

> El padre Las Casas, que se informó de la esclavitud que padecían los negros cuando ya tenía resuelto el problema de la esclavitud de los indios en el Nuevo Mundo –geográfico y humano– que era América, cayó en cuenta de que Etiopía era una región geográfica cuyas gentes se encontraban, respecto a Europa en las mismas condiciones que las de las Indias Occidentales: si no se encontraban en un Nuevo Mundo geográfico, sí formaban un Nuevo Mundo Humano; el "Mundo Negro" que decimos hoy. Lo único que unía a estos dos Nuevos mundos con el Viejo Mundo hasta el momento del inicio de relaciones a partir del descubrimiento, era que las gentes que los habitaban eran *hombres*; y, por serlo, los tres formaban el *Mundo humano* total. (143)

Tal como se presenta en este pasaje, la defensa que propone Pérez Fernández de Las Casas introduce al menos tres cuestiones que quisiésemos discutir.

En primer lugar, consideramos que hacer de la apología el principal propósito de una exposición sobre la presencia de los cautivos africanos en la obra de Las Casas conduce a un punto en el cual la discusión finaliza en la aceptación de uno de dos puntos de vista: culpable o inocente, dejando de lado lo que tal vez hace más relevante y decisiva para siglos posteriores la aproximación de Las Casas a los africanos, a saber, el conjunto de representaciones de los africanos cautivos que Las Casas propone, las cuales hacen explícitas y en otros impugnan las creencias que estuvieron presentes en el momento en el que la trata apareció a comienzos del siglo XVI. Perseguir la manera cómo a lo largo de casi cincuenta años Las Casas fue recogiendo y reconstruyendo tanto informaciones como doctrinas diversas sobre los cautivos africanos y la forma en que eran esclavizados nos puede ayudar a entender los comienzos del complejo proceso de inserción de ellos dentro del mundo indiano y, más aún, el surgimiento de una primera forma de esclavismo en la América española. En consecuencia, en nuestra exposición hemos querido explorar en el corpus lascasiano, más que la culpabilidad o inocencia de Las Casas en el inicio de la trata, la articulación que hay en ese corpus de una primera crítica de la esclavitud construida a partir de diversas fuentes y en diversos momentos.

Tanto la sugerencia de introducir cautivos en Las Indias como la posterior crítica a la esclavización de éstos no son el objetivo principal de muchos de los textos en los cuales Las Casas hace alusión a dichos cautivos. Sin embargo, la persistencia de las alusiones a ellos nos permite perseguir lo que podríamos denominar, parafraseando a Zizek (110-28), el otro del aparato ideológico que estuvo a la base de la colonización de América en la primera mitad del siglo XVI. Para este aparato ideológico, el cautivo africano no fue siempre su objetivo principal. Sin embargo, como esperamos haberlo mostrado, la representación del cautivo africano como necesidad y amenaza para el proceso de colonización introdujo persistentes inquietudes y preguntas dentro de dicho aparato.[143]

En segundo lugar, Pérez Fernández considera que el gran logro de Las Casas en lo que concierne a los africanos consiste en haberlos asimilado a los nativos americanos; en otras palabras, en haberlos convertido en un "nuevo mundo" a la manera del Nuevo Mundo americano. Él considera que esta asimilación es posible gracias a la postulación del "mundo humano total" como categoría dentro de la cual, desde una perspectiva europea, europeos, nativos americanos y africanos quedan incluidos en el mismo grupo. En otras palabras, el argumento de Pérez Fernández podría ser reconstruido de la siguiente manera: Las Casas no es imputable por el tráfico de africanos hacia América porque, si bien lo sugirió en un momento temprano de su vida, una vez que conoció la forma cómo eran capturados los portugueses, se arrepintió de esa sugerencia y defendió que los africanos eran tan humanos como los nativos americanos y los europeos. Esta es una forma posible de acceder a los textos de Las Casas, autorizada por el mismo Obispo de Chiapa cuando afirma en su *Historia de las Indias* que su arrepentimiento con respecto a sus previas sugerencias de importación de esclavos se basa en que reconoció que "la misma razón es de

---

[143] Estamos pensando particularmente en la caracterización que Žižek hace del "judío" como el otro producido por la ideología como exceso y enigma necesario para el funcionamiento de ésta. No consideramos que el "esclavo negro" sea el único otro producido por el aparato ideológico colonial. Sin embargo, como lo esperamos mostrar en nuestro trabajo, alrededor de él se producen varias de las fantasías y crisis propias de este aparato.

ellos [los africanos] que de los indios". Sin embargo, consideramos que hay en ella un problema que no alcanza a ser esclarecido adecuadamente.

El intento lascasiano de asimilación de los africanos esclavizados a los nativos americanos no termina nunca por identificar estos dos grupos completamente. A través de los textos en los que este problema aparece, Las Casas reconoce distinciones entre los unos y los otros; la primera y más evidente de ellas es que a los unos los llama "indios" y a los otros los llama "esclavos" y "esclavos negros". En ningún pasaje de los que hemos explorado Las Casas afirma que estos dos grupos sean similares aunque compartan algunas características. Desde la perspectiva de Las Casas, nativos americanos y africanos se asemejan pero manteniendo diferencias que él considera relevantes.

Además, decir que Las Casas asimila a los africanos a los nativos americanos puede llevar a la idea según la cual hay en Las Casas una categoría constante, el "mundo humano total", que permite la inclusión de éstos y, posteriormente, la inclusión de aquellos. No es necesario hacer un minucioso recorrido a través de la obra de Las Casas para darse cuenta que la forma cómo él incluye a los nativos americanos dentro de la humanidad es diferente a la manera cómo incluye a los africanos dentro de ella. En el caso de los nativos americanos, Las Casas, partiendo de su experiencia como misionero en Las Indias, intenta lograr este reconocimiento ajustando diversas categorías para poder denunciar la situación de éstos y hacer plausible ante las autoridades imperiales la necesidad de una cristianización pacífica. En el caso de los africanos, Las Casas intenta lograr este reconocimiento haciendo uso de categorías ya elaboradas por él mismo con las que busca impugnar la forma cómo, hasta el momento en el cual él escribe, se han entendido y justificado las esclavizaciones llevadas a cabo por los portugueses en las islas Canarias, Puerto Santo, Madera y la costa occidental de África. En otras palabras, la representación de los nativos americanos es construida sobre la base de ciertas experiencias que son articuladas a través de diversos conceptos con el fin de proponer una defensa de ellos. En contraste, la representación de los cautivos africanos es construida sobre la base de ciertos conceptos que, utilizados más allá de sus propósitos iniciales, le permiten a Las Casas proponer una reinterpretación de las crónicas portuguesas y una crítica de los privilegios territoriales adquiridos por los portugueses por medio de sus expediciones. En consecuencia, la inclusión dentro del "mundo humano total" del que habla Pérez Fernández es lograda a través de procedimientos discursivos en extremo diferentes.

Esto conduce hacia la tercera y más problemática cuestión que encontramos en la propuesta de Pérez Fernández con respecto a la relación de Las Casas con el inicio del tráfico de esclavos, a saber, el uso de la categoría "mundo humano total" como pretendido criterio de reconocimiento e inclusión.

Lo primero que hay que decir es que, cuando se refiere a los africanos, Las Casas utiliza más frecuentemente conceptos tales como "esclavos", "negros", "gentes", "moros", "berberiscos", "infieles", "gentes pacíficas" y "bárbaros" que la expresión "lo humano". Como lo hemos visto más arriba, esta presentación de Las Casas como humanista surge principalmente dentro del debate ilustrado que hay alrededor de él al final del siglo XVIII. Pérez Fernández, no obstante hacer constantes reparos al juicio que algunos ilustrados hacen de Las Casas, se mantiene en el mismo tipo de categorización que hace de Las Casas un defensor a ultranza de la humanidad de los nativos americanos y los cautivos africanos. Como lo ha mostrado Foucault en su conocido texto *Las palabras y las cosas*, esta proyección de los ideales de humanidad hacia el Renacimiento es fruto de una mirada retrospectiva que simplifica el complejo proceso de recomposición del saber que tuvo lugar durante el siglo XVI. Este proceso no estuvo articulado en torno a la figura del hombre sino alrededor de la transformación en las técnicas de interpretación que regían el saber hasta ese momento (26-52). En el caso de Las Casas, podemos reconocer que en los tratados que publica en 1552, y que recogen las disputas fundamentales de su doctrina, su preocupación principal no es la definición de lo humano sino la definición del infiel y del bárbaro como conceptos que permiten legitimar e implementar el proyecto de una evangelización pacífica de los no-europeos. Son estos conceptos, más que el concepto de "lo humano", los que nos han ayudado a entender las transformaciones de Las Casas con respecto a su representación de los africanos cautivos.

Ahora bien, estos conceptos no sólo señalan posibilidades de inclusión dentro de un mismo conjunto, sino que además enfatizan las diferencias que Las Casas establece entre los europeos cristianos y los que no lo son. La inserción que propone Las Casas supone el reconocimiento previo de unas diferencias que son borradas posteriormente por la apelación a una condición común que existe entre los que son europeos y los que no lo son. Esta condición no es la expresión "mundo humano total" sino la posibilidad de una evangelización pacífica o, si se quiere una expresión más sucinta, "lo cristianizable". No estamos ante una diferencia conceptual trivial sino ante un criterio de inclusión que define al no-europeo como alguien que, desde la perspectiva cristiana europea, se halla en tránsito hacia otra cosa que él mismo no reconoce pero el europeo sí.

Esta no es una idea nueva en lo que concierne a la obra de Las Casas. Los planteamientos de Carl Schmitt en *El Nomos de la tierra* han mostrado de manera bastante plausible que el universalismo esgrimido por los teólogos españoles del siglo XVI, con Vitoria a la cabeza, no se basa en la postulación de un criterio neutro de inclusión sino en una rearticulación de la categoría de cristiandad como posibilidad continua de reducción e inclusión de la diferencia. En este sentido, podemos agregar que el dispositivo de inclusión dentro de "lo humano" que propone Las Casas funciona primero produciendo y enfatizando la diferencia como carencia con el objetivo de hacer de ella la razón que hace necesaria la inclusión dentro de la cristiandad con el fin de eliminar dicha carencia. El bárbaro/infiel cristianizable no es diferente porque ofrezca una alternativa sino, más que nada, porque carece y está necesitado de algo que el cristiano tiene y sabe cómo brindarle. Es sabido que esta es una de las tesis fundamentales que sostiene la defensa y los proyectos de evangelización que Las Casas propone para los nativos americanos y que es de gran relevancia en el momento en que Las Casas propone su crítica de la esclavitud.

En este sentido, podemos afirmar que la pretendida inclusión en lo humano de la que Pérez Fernández habla puede ser entendida más precisamente como la puesta en movimiento de una máquina antropológica en el sentido que Giorgio Agamben da a esta expresión en su texto *Lo abierto. El hombre y el animal*. Según Agamben, en nuestra cultura podemos detectar un persistente intento de definición y producción de lo humano a partir de la separación con el animal. Esta separación se realiza a partir de la exclusión y subyugación de lo no-humano desde cierta concepción de lo humano. La máquina antropológica no produce lo humano desde lo animal sino que supone lo humano con el fin de excluir, pero al mismo tiempo subyugar, lo que considera no-humano. Ahora bien, existen dos formas de producción de lo humano. La primera de ellas, que él denomina antigua, se caracteriza por un intento de inclusión de lo externo y humanización del animal. En contraste, la segunda de ellas, que él denomina moderna, se caracteriza por un intento de exclusión de lo interno y de la animalización de lo humano (52):

> Si en la máquina de los modernos el fuera se produce por medio de la exclusión de un dentro y lo inhumano por la animalización de lo humano, aquí [en la máquina antropológica de los antiguos] el dentro se obtiene por medio de la inclusión de un fuera y el no hombre por la humanización del animal: el simio-hombre, el *enfant sauvage*

u *homo ferus*, pero también y sobre todo el esclavo, el bárbaro, el extranjero como figuras del animal con forma humana. (52)

Para lograr esta separación ambas máquinas necesitan postular la existencia de lo que Agamben denomina una zona de indiferencia en la que lo humano y lo inhumano se articulan de una manera difusa en un espacio de excepción.[144] Agamben caracteriza dicho espacio como "el lugar de una decisión incesantemente demorada, en que las cesuras y su articulación son siempre de nuevo dislocadas y desplazadas" (53). En consecuencia, continúa Agamben, dicho espacio no termina por producir una vida animal de un lado y una vida humana del otro sino "tan sólo una vida separada y excluida de sí misma, nada más que una *vida nuda*" (53).

En el caso del intento de inclusión de los cautivos africanos dentro de lo humano, tal como se presenta en el caso de Las Casas, estos planteamientos de Agamben son sugestivos pero necesitan de algunas precisiones. En primer lugar, es necesario decir que en el contexto esclavista de comienzos del siglo XVI en la península ibérica y sus colonias la separación que establece Agamben entre la máquina antropológica de los antiguos y la máquina antropológica de los modernos se torna compleja debido a que nos encontramos ante una modernidad en la que las prácticas de exclusión interna tales como la persecución de la herejía, los judíos y los musulmanes habitantes de la península interactúan con prácticas de inserción de lo externo, como el sometimiento y la cristianización de poblaciones tales como los habitantes de América y África. En el caso particular de la esclavitud, la exclusión del musulmán y la inclusión del cautivo africano se traslaparán continuamente generando complejos espacios de excepción en los cuales existe una continua y difusa negociación entre la necesidad de mano de obra y el interés por crear una población indiana no afectada por ningún tipo de influencia musulmana.

Así, el corpus lascasiano nos ha permitido perseguir a lo largo de diversos momentos más que la historia de un arrepentimiento por un error de juventud, la puesta en movimiento de una máquina antropológica que hizo de la esclavitud la cesura en la que se decidió qué era lo humano, esto es, lo que lo humano debería y no debería ser. Las Casas no inventa esa máquina, ni es el que rige su funcionamiento. Como lo hemos mostrado a lo largo de este libro, ella se

---

[144] Llama la atención que en el texto al que estamos haciendo referencia Agamben no habla de "estado de excepción", concepto más frecuente en sus obras anteriores, sino de "espacio de excepción".

constituye a partir de una plétora de decisiones, intereses y estrategias pero, más que nada, a partir de mecanismos de dominación que en mucho rebasan el poder de intervención de Las Casas en cualquiera de los momentos de su ministerio pastoral. Sin embargo, el corpus lascasiano recoge de manera privilegiada y, por qué no decirlo, única, los primeros momentos en que la máquina antropológica creada por la esclavitud comenzó a funcionar en la América española. Los textos más tempranos del clérigo Las Casas parecen aceptarla como inevitable. Sin embargo, los últimos textos del obispo de Chiapa reconocen en ella el anuncio de un desastre que, desafortunadamente, no fallaron en vislumbrar.

Conclusión:
La resonancia de Las Casas en el debate esclavista posterior en la América Ibérica

En el último capítulo de nuestra exposición hemos afirmado que usualmente Bartolomé de Las Casas ha quedado atrapado dentro de un juicio según el cual él es una de las figuras decisivas en el inicio del tráfico de esclavos africanos hacia América a comienzos del siglo XVI. Con nuestra exposición no hemos intentado negar o confirmar este juicio. Más bien, hemos intentado desplazarnos hacia una perspectiva que nos permita mostrar que las representaciones que el obispo propone acerca de los cautivos africanos en sus textos se enmarcan dentro de un conjunto de procesos esclavistas implementados durante el inicio de la conquista española de América. En relación con dichos procesos, Las Casas articulará una posición que, si bien sugiere en un comienzo la introducción de cautivos en Las Indias, terminará por proponer una muy temprana crítica de las prácticas esclavistas portuguesas y la introducción de cautivos africanos en Las Indias.

Hemos defendido que en la base de esta transformación en lo que concierne al tráfico de esclavos africanos hacia América no se halla, tal como lo sugiere Pérez Fernández en sus escritos sobre Las Casas y la esclavitud, la inclusión de éstos en el concepto de humanidad sino, en primer lugar, una transformación de sus conceptos de infiel y bárbaro y, en segundo lugar, una confrontación con el problema de la esclavización portuguesa a mediados de la década de 1550. Esta transformación y esta confrontación darán pie a que Las Casas incluya a los habitantes de las islas Canarias, las islas del Atlántico y la costa occidental de África en el grupo de gentes que han de ser cristianizadas pacíficamente. Más en concreto, Las Casas utilizará la representación que ha creado de los nativos americanos para aplicarla casi por completo –y este *casi* no hay que olvidarlo– a los habitantes de los territorios que acabamos de mencionar y a los cautivos africanos transportados a Las Indias. En consecuencia, siguiendo una pista planteada por Carl Schmitt en su *El Nomos de la tierra*, consideramos que lo que está asociado a la transformación lascasiana de su parecer sobre los cautivos africanos no es el ideal de la humanidad sino una reconfiguración del territorio cristianizable y la representación de quienes lo habitan. De una concepción que ve sólo en las Indias ese territorio, Las Casas se mueve hacia una concepción que considera las islas del atlántico y la costa occidental de África territorios cuyos habitantes también deben ser cristianizados pacíficamente. Colocados en esa perspectiva, podemos reconocer al menos tres cosas.

En primer lugar, las representaciones lascasianas de los cautivos africanos están enlazadas con una creencia extendida desde los comienzos de la conquista portuguesa de África y castellana de las Indias que ve en las poblaciones no-europeas grupos susceptibles de ser esclavizados para alcanzar los propósitos colonizadores. Tanto para los portugueses como para los castellanos, los así denominados por ellos como infieles, aparecen como grupos que merecen ser objeto de guerra justa y esclavización. Como lo ha señalado Verlinden en *L'esclavage dans l'Europe Médiévale*, esta creencia encuentra sus principales raíces en la experiencia de la reconquista de la península ibérica en la cual la guerra justa declarada por los cristianos considera la esclavización de los musulmanes derrotados una práctica legítima. En el caso de Las Indias, las necesidades de explotación primero de metales y luego de mano de obra para el servicio doméstico y la agricultura radicalizan esta representación al tiempo que se producen discursos, legislaciones y prácticas económicas asociados con ella.

El principal resultado de esa representación será, de un lado y tal como lo ha señalado Enrique Dussel en *El Encubrimiento del Otro*, el desconocimiento de las diferencias existentes en los grupos que habitan las tierras conquistadas tanto por los portugueses como por los españoles y, de otro lado, la formulación de dos categorías que son el "indio" y el "negro", producidos ahora como poblaciones creadas a partir de la articulación de legislaciones, sistemas de explotación económica intensiva y creencias tanto religiosas como filosóficas asociadas con diferencias étnicas. En ello, tanto las tesis de Quijano y Ennis sobre la colonialidad del poder ("Coloniality" 533-80) como las de Agamben acerca del *Homo Sacer* y el estado de excepción han sido particularmente útiles dentro de nuestra investigación. Ellas nos muestran que el proceso de humanización no se produce en abstracto sino de acuerdo con condiciones históricas precisas que en el caso de Las Indias estuvieron marcadas por mecanismos de dominación que terminaron por producir al "negro" y al "indio".

Sin embargo, consideramos que con respecto a la posición de Dussel nuestro trabajo avanza al mostrar que no sólo es el desconocimiento del otro sino cierto uso del conocimiento que se obtiene sobre los habitantes de las tierras conquistadas lo que permite la configuración de estas poblaciones. En el caso de los cautivos africanos es claro que desde muy temprano tanto los tratantes como las legislaciones identifican y reconocen diferencias entre los cautivos. Estas diferencias, referentes a su procedencia, costumbres, religión y lenguaje, son manejadas con el fin de propiciar la conformación de una población esclava sin proclividad a la rebelión. Con respecto a la posición de Quijano, nuestro trabajo resalta el valor que tiene el uso y construcción de representaciones como estrategia en la creación de las poblaciones negras esclavas. Dichas representaciones no son un mero producto o reflejo de procesos económicos y políticos sino que en varias ocasiones sustentan, impulsan o aún interrogan dichos procesos. El caso de Las Casas es particularmente diciente al respecto. Sería muy difícil reducir su crítica a la esclavitud al decurso que siguen las legislaciones o los procesos económicos sustentados en la explotación de la mano de obra africana en Las Indias. Si bien sus primeras peticiones de cautivos africanos siguen una creencia extendida que hace de ellos mano de obra necesaria para remplazar la mano de obra indígena, su temprana crítica de la trata portuguesa en África marca una diferencia novedosa y, mas aún, anómala frente a dicha creencia. Finalmente, con respecto a Agamben, consideramos que nuestro trabajo avanza al reconocer que los estados de excepción que el filósofo italiano estudia en el ámbito del derecho europeo y primordialmente con respecto a la figura del judío tienen un capítulo propio en el ámbito colonial ibérico con respecto a la representación del nativo americano y, para lo que más nos interesa en nuestra investigación, la del cautivo africano principalmente en lo que refiere a las legislaciones creadas en aras a producirlo como "bozal". El "bozal" puede ser considerado como una de las primeras figuras de la biopolítica moderna. La idea de un ser despojado de sus referentes vitales previos y recompuesto, a fuerza de legislaciones, sometimientos y discursos filosófico-religiosos, como fuerza de trabajo silenciosa y dócil, encuentra en el esclavismo ibérico de comienzos del siglo XVI una de sus primeras e inquietantes figuras.

Las representaciones que Las Casas propone de los cautivos africanos en Las Indias hacen parte de este primer momento en la creación de una población que es representada dentro del proceso colonizador a la vez como mano de obra necesaria pero también como grupo específico. Si bien el obispo concuerda en diversas ocasiones con las representaciones más extendidas de los cautivos africanos, en cierto momento introducirá una crítica que mostrará que dicho grupo no está necesariamente condenado a la esclavitud y que su cautiverio surge no de guerras justas sino de las necesidades de la colonización, no de los pecados de los cautivos sino de la codicia de los que los capturan. En ello podemos reconocer un primer y temprano antiesclavismo en la América colonial. Si bien este antiesclavismo no es concebido como una crítica a la esclavitud como tal, sí intenta limitar los alcances de ésta mostrándola no como un designio divino que hace del cristiano el héroe y del cautivo el justo derrotado sino como el resultado de acciones que son el producto de la codicia del cristiano y la opresión injusta del cautivo.

En segundo lugar, las representaciones lascasianas de los cautivos africanos están conectadas con las complejas transformaciones que experimenta el pensamiento del obispo a lo largo de su ministerio pastoral, el cual está decisivamente articulado en torno a la defensa de los indígenas americanos. La lucha contra la esclavización indígena hará que Las Casas haga varias sugerencias para introducir cautivos en Las Indias. Sin embargo, será la misma lucha la que le permitirá adquirir las experiencias, argumentos y conceptos que, posteriormente, utilizará en contra de la esclavización de africanos. Las Casas logra muy temprano impugnar la creencia en la esclavización indígena pero, debido más que nada a su inicial identificación de los africanos con los musulmanes, sólo hasta más tarde llega a cuestionar su creencia acerca de la legitimidad de la esclavización de africanos y a proponer una crítica de su esclavización.

Es necesario reconocer que esa relación entre indígenas y cautivos nunca terminará en una completa asimilación entre los unos y los otros. Dicho de modo más directo, Las Casas será más que nada un defensor de los indígenas que eventualmente se halla a sí mismo confrontado por la existencia de la esclavitud africana en Las Indias. Ese desequilibrio entre su representación de los indígenas y su representación de los cautivos africanos dará como resultado una defensa de éstos últimos que hace de ellos un grupo cercano pero no idéntico a aquéllos. Las Casas no será el único que asuma esa actitud asimilacionista. Como lo hemos mostrado a lo largo de nuestra exposición, esta posición será común durante la primera parte del siglo XVI y sólo será puesta en cuestión a partir de las rebeliones y conflictos que comienzan a darse entre indígenas y cautivos africanos. Sólo hasta *Un tratado sobre la esclavitud* de Sandoval tendremos una reflexión que decididamente reconoce la diferencia entre cautivos africanos e indígenas, haciendo de ello un principio articulador de la reflexión.

Las Casas vislumbra esa diferencia. No obstante que termina afirmando que "la misma razón es dellos que de los indios" (*Historia de las Indias* [fol. 307v]: 2191), representará a los cautivos africanos como un grupo que mantiene diferencias con respecto a los nativos. En particular, el compromiso que Las Casas esgrime en su representación de los nativos americanos y en las propuestas que hace con respecto a ellos —y que tantas críticas ha producido contra su pensamiento— está prácticamente ausente en su representación de los cautivos africanos. No obstante considerar a los africanos como gentes pacíficas, no tenemos noticia de una propuesta de cristianización con respecto a ellos semejante a las diversas propuestas que él hace de los nativos.

Pérez Fernández argumenta que esto se debe a que el obispo no contó con el tiempo suficiente para elaborar tal tipo de propuesta, dado que hasta muy tarde en su vida elaboró su crítica contra la esclavización portuguesa de los africanos (*Fray Bartolomé* 146-48). Este argumento es plausible. Sin embargo, no disminuye el hecho de que la representación que ofrece Las Casas de los cautivos africanos está marcada por una diferencia que es llamativa dado que, como lo hemos visto en los primeros capítulos de nuestra investigación, la llegada a Las Indias de dichos cautivos y Las Casas es prácticamente simultánea y es improbable que el entonces clérigo no haya tenido ningún tipo de conocimiento ni contacto con ellos sino hasta cuando formula su crítica a mediados de la década de 1550. De hecho, en su arrepentimiento de 1559 el obispo recuerda el impacto que generó entre los habitantes de La Española, seguramente incluido él mismo, desde 1516 la mortandad que produjo entre los cautivos africanos el trabajo excesivo en los ingenios de azúcar. Un comentario de este tipo muestra que Las Casas tiene desde muy temprano conocimiento de la situación de éstos. Sin embargo, sólo hasta mucho tiempo después puede reconocer en ello algo que merece ser criticado. Esa imposibilidad de reconocer una situación de opresión en alguien que dedicó gran parte de su vida a defender vehementemente a los indígenas pone de manifiesto una diferencia en las representaciones que nuestra investigación sólo puede señalar como sorprendente.

Finalmente, en tercer lugar, Las Casas no tiene una representación única de los cautivos africanos sino diversas representaciones de ellos. En dichas representaciones podemos distinguir al menos tres momentos. En un primer momento, basado en su propia experiencia como predicador en Las Indias desde 1516 hasta finales de la década de 1540, Las Casas critica la idea según la cual la introducción de cautivos africanos alivia la situación de opresión de los indios. Su crítica al monopolio mostrará que la administración de la trata, de acuerdo con un sistema de privilegios cortesanos, fracasa a la hora de proveer los cautivos necesarios para adelantar el proceso de colonización. Esta crítica no puede ser entendida como una defensa de ellos sino como una crítica a la forma cómo el comercio de cautivos es organizado por las autoridades españolas a través de la concesión de monopolios en la administración de las licencias para introducir cautivos africanos en Las Indias. En este primer momento, los cautivos serán representados por Las Casas como una mercancía que tiene que fluir efectivamente hacia las islas con el fin de adelantar el proceso de colonización sin que ello implique la explotación de los indígenas. No obstante que, a diferencia de varios de sus contemporáneos, el obispo no utiliza la palabra "bozal" en sus escritos, bien puede decirse que él entiende la mercantilización de la mano de obra africana que está configurándose en estos primeros momentos de la trata. En este contexto llama la atención el silencio del obispo sobre dos episodios que están documentados por algunos de sus primeros biógrafos y por documentos legales de la época, esto es, la golpiza que recibe su esclavo Juanillo en la ciudad de los Llanos de Chiapa y su encuentro con el esclavo Pedro Carmona. Ellos nos permiten inferir que hasta mediados de la década de 1540 el ya obispo de Chiapa aún considera la esclavitud una práctica aceptable, que tiene al menos un cautivo a su servicio y que, no obstante mostrar solidaridad con el caso de Pedro Carmona, no deriva de él una crítica de la esclavitud como tal.

En un segundo momento, basado en su reformulación de los conceptos infiel y bárbaro, y confrontado tanto por la discusión que comienza a darse a mediados de la década de 1550 sobre la legitimidad de las esclavizaciones portuguesas como por el conocimiento que adquiere de las crónicas y reflexiones que intentan legitimar dichas esclavizaciones, Las Casas critica la forma cómo los portugueses esclavizan habitantes de las islas Canarias, las islas del Atlántico y la costa occidental de África. Su crítica no se limita a lo que hacen los portugueses durante sus conquistas sino a las reflexiones y relatos que producen con el fin de legitimar sus conquistas. El obispo intentará demostrar que el argumento básico esgrimido por estos textos, a saber, que la cristianización legitima la guerra, no tiene fundamento alguno en el caso de las esclavizaciones de lo que él califica como gentes pacíficas. En este segundo momento, Las Casas llega a uno de los puntos más comprehensivos en torno a la reflexión sobre los alcances del modelo de una cristianización pacífica. De una parte, el obispo propone una representación de todos los no-cristianos como objeto de una cristianización pacífica que no puede tener límite ninguno. De otra, impugna de forma radical la narrativa épica cristiana que está en la base de la crónicas y reflexiones portuguesas, mostrando que detrás de ella sólo hay una estela de actos predatorios que intentan ser justificados por una retórica promovida por quienes están en el poder para mantener sus privilegios. Frente a esa retórica, Las Casas propondrá una historia dedicada a denunciar las razones que llevan al fracaso de la cristianización.

Finalmente, en un tercer momento, basado en los recuerdos que tiene sobre el inicio de los ingenios en Las Indias y las noticias que tiene acerca de la vida de los esclavos en Las Indias, Las Casas expresa un arrepentimiento con respecto a su sugerencia previa de importar cautivos. En ese arrepentimiento no sólo resuena el reconocimiento del sufrimiento padecido por los cautivos africanos sino también la inquietud ante problemas que implica su presencia para la protección de los nativos y la posibilidad de una cristianización pacífica de éstos. En este tercer momento, Las Casas propondrá una representación de los cautivos como víctimas pero también como amenaza para la colonización cristiana de Las Indias. La representación de ellos como hombres a los que no se había visto morir hasta que aparecieron los ingenios es una de las formulaciones más poderosas que encontramos en la obra de Las Casas para expresar lo que implicó en términos de crisis para la conciencia cristiana ibérica la aparición de los ingenios y la explotación intensiva de la mano de obra africana en ellos.

No obstante que en su *Historia de las Indias* Las Casas ha propuesto una representación de los habitantes de las islas Canarias, las islas del Atlántico y la costa occidental de África como gentes pacíficas que han sido atacadas injustificadamente por los portugueses y que él mismo ha expresado algún tipo de arrepentimiento por haber sugerido su introducción en Las Indias, una vez que algunos de estos habitantes se han convertido en "esclavos negros" en estas tierras con capacidad de agresión contra los indígenas y de sublevación con respecto a los españoles, Las Casas propondrá una representación de ellos como amenaza para la cristianización. El obispo afirmará que la aparición de este problema es consecuencia de la forma inadecuada en que ha sido adelantado el proceso de colonización de Las Indias. Sin embargo, esta representación de los cautivos africanos, la última de la que tenemos registro en la obra de Las Casas, queda como un signo de la imposibilidad que tuvo Las Casas de identificar completamente a éstos con los indígenas.

Las representaciones que Las Casas propone de los cautivos africanos en Las Indias introducen los elementos básicos que constituirán los debates sobre la esclavitud en la América Ibérica durante la segunda mitad del siglo XVI y el siglo XVII. Las críticas al comercio de cautivos por la manera cómo es organizado por las autoridades españolas, las impugnaciones al tráfico portugués por la forma cómo se obtienen y transportan los cautivos y las inquietudes en torno a la presencia de los esclavos africanos en Las Indias por los conflictos que éstos generan serán temas que recurrentemente aparecerán dentro de los textos que proponen consideraciones sobre la esclavitud. Todos estos temas, planteados inicialmente por Las Casas y sus contemporáneos, generarán un conjunto de textos que, lejos de presentar la esclavitud Africana en Las Indias como una evidencia, harán de ella un problema tan persistente como irresoluble.

Sin embargo, el punto en el cual Las Casas es un singular instaurador dentro del debate ibérico sobre la esclavitud es su radical impugnación a la posición según la cual la esclavización puede ser considerada como una oportunidad para la cristianización. Como lo hemos expuesto en el capítulo quinto, una vez que se ha reconocido crecientemente que ellos no son equiparables a los musulmanes y que, por ende, no existe posibilidad de aducir guerra justa contra ellos, uno de los argumentos utilizados desde mediados del siglo XVI para justificar la esclavización de los así denominados habitantes de Guinea queda radicalmente impugnado. Según dicho argumento, la esclavización puede ser considerada como una oportunidad para que ellos tengan acceso al cristianismo y a sus bienes concomitantes. Al igual que el portugués Fernando Oliveira, Las Casas considera que este argumento es inaceptable. No obstante creer que el cristianismo posee una superioridad moral sobre las creencias de los infieles, el obispo considera que esta superioridad no legitima la esclavización de éstos últimos por vía de la guerra injusta.

Sin embargo, más allá de las críticas propuestas por Las Casas, este argumento según el cual la esclavitud produce algún beneficio al cristiano, será decisivo en la conformación de una posición tolerante con respecto a la esclavitud. Esta posición será la que predomine como soporte ideológico de las prácticas esclavistas ibéricas durante los siglos XVI y XVII.

El primer expositor de esta posición es el jesuita Luis de Molina (1535-1600) quien publica en 1595 el primer tomo de su texto *De Iustitia et Iure*. En las proposiciones XXXII a XL de la primera parte de su obra, Molina ofrece algunas respuestas a los problemas que el tráfico de esclavos practicado por los portugueses introduce para la conciencia cristiana. No obstante negar la posibilidad de la esclavitud natural y de mostrar que gran parte de los argumentos esgrimidos por los portugueses para legitimar las capturas que realizan en las costas de África como fruto de la guerra justa son inaceptables, Molina ofrece lo que él considera una solución transitoria al problema de la espera de que la corona portuguesa promulgue leyes más claras en contra de la esclavización y los territorios donde se llevan a cabo las capturas sean cristianizados. Según el jesuita:

> Debe favorecerse por esta causa la esclavitud por varones píos, en cuanto esto se pueda hacer con sana conciencia; ya que los desdichados cautivos reciben de este modo un bien tan grande como es la fe, el ser extraídos de aquella vida bárbara e impía, viviendo entre cristianos, y muriendo entre ellos; si bien unido todo ello a la miseria de la perpetua esclavitud. (I, 39: 19)

Según el argumento de Molina, la piedad cristiana puede encontrar legítimo que en ciertos momentos se esclavice a alguien si ello permite que el cautivo pueda salir de "aquella vida bárbara e impía". Al plantear las cosas de este modo, Molina convierte la barbarie y la impiedad no en motivo de guerra justa sino en motivo de esclavización por piedad. El argumento de Molina, que él considera como una respuesta coyuntural ante el problema, se convierte pronto en un argumento recurrente y aceptado como válido si no para justificar la esclavitud sí para hacerla tolerable como práctica existente y necesaria para las colonias. Jesuitas como Alonso de Sandoval en Cartagena de Indias (1627) y Diego de Avendaño (1668-1686) en el Perú retomarán la posición de Molina y harán de ella un razonamiento que justifica de manera precaria pero suficiente la existencia de la esclavitud.

En su *Thesaurus Indicus* (1668-1686), después de hacer una pormenorizada exposición de las razones por las cuales la esclavitud de africanos en Indias es ilícita, Diego de Avendaño presenta algunas razones que la hacen justificable "de algún modo". En su justificación de la esclavitud, Avendaño, en primer lugar, articula los planteamientos de Luis de Molina con la situación específica en la que se vive en el virreinato del Perú enfatizando la ilicitud, injusticia y necesidad de restitución ligadas a las capturas practicadas en África. En segundo lugar, establece una distinción entre las consecuencias derivadas del examen de los argumentos jurídicos y un conjunto de razones que, sin invalidar dichos argumentos, llevan la reflexión a un ámbito en el cual la esclavitud se torna justificable. Esas razones justifican la esclavitud de tal modo que es difícil establecer si Avendaño está aceptando la existencia de la esclavitud en Las Indias, está reconociendo la dificultad de una situación y eligiendo la salida más consecuente para ella o está abriendo la posibilidad para una crítica del sistema esclavista en su conjunto. Tratando de hacer un balance de sus reflexiones, Avendaño termina su exposición sobre la esclavitud afirmando: "los de buen juicio no podrán argumentar que, como dice la escritura, no se luchó por la verdad y se combatió por la justicia".

> La compra en Indias y Europa de algún modo puede justificarse. Primero: porque ciertos Doctores, aunque algunos de ellos inconsecuentemente con su propia sentencia, afirman que la compra no es claramente condenable, incluso la favorecen como el P. Molina, el P. Rebello en el n. 4, el P. Castro Palao, el P. Fragoso, el P. Fagúndez y otros. Segundo: porque así está aceptado en la práctica, que abarca a todos los estados: a los Obispos y Religiosos, que actúan en esto sin ningún escrúpulo. Tercero: porque el Rey no sólo lo permite, sino que incluso él mismo los compra y los vende; cuyo ejemplo sus vasallos pueden seguir libremente, pues en él deben resplandecer ejemplos de justicia. Cuarto: porque los obispos, a instancia de los dueños, fulminan excomuniones contra los que roban esclavos, considerando como cierto el derecho de éstos. Quinto: porque como −según muchos consideran− tales esclavos parecen haber nacido para servir, no parece que haya que actuar con ellos con el mismísimo derecho que con otros; sino que los compradores deben quedar satisfechos con algún título menor, con tal de que no parezca totalmente inverosímil. Sexto: porque son tan necesarios en Indias que sin ellos esta República no puede subsistir. Y como estos son los más viles entre los hombres, puede pasarse por alto algún requisito del Derecho de Gentes, para que las Regiones de Indias, cuya conservación es interés cristiano, no decaigan de su estado que tan necesario se reconoce. Finalmente: porque no puede impedirse su traslado a Indias, ya que nuestros reyes tienen urgentes motivos para permitirlo e incluso autorizarlo. Y ya que deben ser trasladados no pueden dejarse libres sin gran peligro, por lo que congruentemente se les somete a esclavitud. Esclavitud que, ciertamente, ellos no sobrellevan con desagrado, por más que se vean en constante trabajo; más bien, mientras lo realizan, suelen danzar, con tal de que se les provea alimentos y tengan días libres de trabajo. (471-472)

La posición de Avendaño recoge de manera amplia las razones que se dan desde finales del siglo XVI y durante la primera parte del siglo XVII en la América española para justificar la esclavitud. Si bien Avendaño reconoce el carácter problemático de la esclavitud, no por ello niega que ella pueda ser justificada en ciertas circunstancias. Avendaño no hace referencia al argumento de la guerra justa sino que sustenta gran parte de su reflexión en las circunstancias que han acompañado la esclavitud desde el momento en que se ha implementado en América. En otras palabras, la historia de la esclavitud, tal como es contada por los que esclavizan, se ha convertido para Avendaño en el argumento que justifica su existencia. Sin embargo, en dicho conjunto de argumentos resalta la representación de los cautivos africanos que ya habíamos encontrado en

Molina. La esclavitud está justificada porque ellos han mostrado su incapacidad para gobernarse a sí mismos y, debido a ello, la piedad cristiana ha hecho de la esclavitud un medio para que ellos encuentren su salvación. Argumentos de cuño similar encontraremos en la obra de los jesuitas brasileros de finales del siglo XVII y comienzos del XVIII Antonio Vieira, João Antonil y Jorge Benci quienes, no obstante proponer críticas al sistema esclavista, mostrarán los beneficios que tiene para los cautivos el hecho de estar cautivos bajo el dominio de los cristianos.

En consecuencia, podemos reconocer una línea de reflexión que legitima la esclavitud basada en la representación del cautivo africano como alguien que puede encontrar su salvación bajo la dominación del cristiano. Sin embargo, en abierta contradicción con dicha posición, también podemos reconocer la existencia de una línea de reflexión que rechaza la idea según la cual la piedad cristiana puede convertir legítimamente la esclavización en un medio de cristianización. Esta posición, instaurada por las reflexiones de Las Casas, no es exitosa institucionalmente hablando en el contexto de la América ibérica colonial. Sin embargo, es nuestra hipótesis que esta línea de reflexión posee continuidad dentro de ciertos autores y, como hemos visto en el capítulo final de esta investigación, hará de Las Casas una figura importante dentro del debate abolicionista que tiene lugar a comienzos del siglo XVIII.

El primer avance de esta posición antiesclavista instaurada por Las Casas lo podemos encontrar en un texto escrito probablemente en 1611 por un autor que puede ser Manuel Severim de Faria.[145] En este texto, el autor propone un conjunto de consideraciones sobre los problemas que produce para Portugal la existencia de la esclavitud. Después de exponer todas las dificultades creadas por el compromiso que ha adquirido Portugal en dicho comercio, el autor propone la que considera como la única salida consistente ante dicho problema:

> O remedio para se evitarem estes injustos e perjuidiciais captiveiros, para ser efficaz, seguro e de geral satisfação parece que não pode humanamente haver outro, senão conceder Sua Magestade a toda a conquista da coroa do Portugal o que os reys catholicos seus predecessores concederão a conquista de Castella; fazendo nova ley que tirando mouros e turcos nas partes donde actualmente temos com elles guerra

---

[145] Este texto se encuentra en la Biblioteca Nacional do Brasil (Rio de Janeiro) bajo el título "Proposta a sua Magestade sobre a Escravaria das Terras da Conquista de Portugal". Manuscrito. Documento 7,3,1 #8. Seção de Manuscritos. Biblioteca Nacional. Rio de Janeiro. Existe una traducción parcial de este texto al inglés en la selección que hace Robert Edgard Conrad de textos sobre la esclavitud en Brasil bajo el título *Children of God's Fire* 11-15.

> justa, mormente estando elles tão pertinazes em sua ceita, e bebendo como leite ódio que tem ao nome christão, *nenhum gentio desta conquista possa ser captivo*. Porque com este meyo no somente se evitarão os incovenientes já ditos mas também se ganharão os animos de todas aquellas nações, e mostrara Sua Magestade mais claramente, como o principal intento de os conquistar, he a conversão e salvação das almas digo de suas almas e ficarão estas suas conquistas na mão de Sua Magestade com igual satisfação de sua christandade e benevolência e o temporal desta repartição da conquista de Portugal, que de novo se lhe acrescentou, tomara novo aumento com o divino favor. (160-61, énfasis mío)

Aunque el autor de este texto sigue considerando legítima la guerra contra los musulmanes, considera que la esclavización de los gentiles no es una práctica que deba ser continuada por el reino de Portugal si se quiere dar una salida adecuada a los problemas creados por ella. El autor sigue varios de los argumentos lascasianos en su propia exposición. Sin embargo, el punto en el que más concuerda con Las Casas es en la consideración según la cual la esclavización, lejos de ser una ayuda para la cristianización, es el mayor impedimento que han encontrado los predicadores para la cristianización en las nuevas regiones a las que han llegado (164-65). A diferencia de lo que piensan Molina y sus seguidores, la esclavitud no es un impulso sino un obstáculo para el avance del cristianismo.

Esta posición antiesclavista se radicaliza aún más hacia el final del siglo XVII en Las Indias. Estableciendo un fuerte contraste con las posiciones esgrimidas con respecto a la esclavitud por los jesuitas anteriormente citados, dos capuchinos escriben textos en los cuales interrogan no sólo el tratamiento que reciben los africanos esclavizados sino la existencia misma de la esclavitud. En 1681, mientras espera ser devuelto a Europa por sus pronunciamientos acerca de la esclavitud, el fraile capuchino Francisco José de Jaca (1646-1690) escribe un texto en el que hace una radical exigencia. De un lado, pide la libertad de todos los cautivos africanos traídos a Indias y, por otro, exige restituirles por todos los trabajos y los daños implicados en su cautiverio.

En la declaración de Jaca resalta, en primer lugar, el hecho de que para él la libertad no se halla ligada a la condición de ser cristiano. La libertad es una condición del africano que no depende de su aceptación o rechazo del cristianismo. En consecuencia, su gentilidad no puede ser aducida como pretexto para la esclavización. En segundo lugar y en consonancia con lo anterior, Jaca considera que la esclavitud ha sido una injusticia que sólo puede ser subsanada por medio de la liberación de los esclavos y el pago por los daños recibidos y los trabajos realizados por ellos durante su sometimiento. Además, esta restitución no sólo debe cubrir a cada esclavo individualmente sino, por medio de él, a las generaciones esclavizadas anteriormente. Jaca, considerado por Miguel Anxo Pena González como el primer abolicionista en América, hace una exigencia radical en sus propósitos pero que es considerada por él mismo como totalmente consonante con la doctrina cristiana:

> Abrazando lo católico y piadoso, que sobre la Apostólica autoridad (para que no es menester pluma) queda dicho, repito que dichos negros y sus originarios, no solamente en cuanto cristianos son libres, sí también en su gentílico estado. Y por tanto, no sólo hay obligación de restituirles a su justa libertad, pero también en vigor de justicia pagarles lo que de sus antecesores, padres, etc., heredar podían, lo que de ellos han podido enriquecer, el tiempo perdido, trabajos y daños que se les ha seguido según Tomás de Aquino (*Summa Theologicae* II-II, q. 62, a. 4) de ella y su personal servicio, *pro rata temporis*: pues de lo uno se sigue lo otro. (160)

Finalmente, tratando de defenderse de las acusaciones en su contra, el también fraile capuchino Epifanio de Moirans (1644-1689) escribe en La Habana un texto en el cual, al igual que su compañero de comunidad, Francisco José de Jaca, exige la liberación de los cautivos africanos y la restitución por todos los daños y trabajos que éstos han recibido. En su texto, escrito en latín y en el cual resalta la disputa que entabla con los argumentos expuestos por el jesuita Diego de Avendaño en su *Thesaurus Indicus*, Moirans establece que no existe ni argumento ni atenuante válidos para la esclavización de los africanos. Sin embargo, sus exigencias van más allá e implican que, en caso de que no se lleve a cabo ni la liberación ni la restitución que él exige, las autoridades civiles y eclesiásticas deben abandonar Las Indias y los cristianos que permanezcan allí pueden ser esclavizados. Para Moirans, la esclavización de cristianos es una posibilidad si la liberación y restitución para los esclavos africanos no se lleva a cabo.

La posición radical asumida por Moirans no es totalmente novedosa. Ella hace eco de lo que Fernando Oliveira había anunciado en 1555 en su *Arte da guerra do mar*: "Quem cativar sera elle tambem cativo. Não confie ninguém na presente prosperidade, que polla sem justiça q os homes fazem a outros, muda Deos os reynos dhuas terras pêra outras, e os que forão seu senhores se tornão em escravos" (25). Sin embargo, para Moirans la esclavitud del amo no es un designio tanto como un mandato. Moirans sentencia:

> Debido a la injusticia inferida a los negros trasladados de sus tierras y transportados a las Indias, huirán de sus territorios los príncipes cristianos y los perderán, y los obispos

y clérigos también emigrarán de esas tierras y atravesarán los mares huyendo; y los cristianos serán hechos cautivos y esclavos. (179)

No obstante las diferencias en el uso del vocabulario y la distancia en el tiempo, podemos encontrar en la posición de Jaca y Moirans un claro eco de las posiciones expuestas más de un siglo antes por Bartolomé de Las Casas cuando denunciaba la injusticia en la esclavización de los habitantes de África. Cuando Jaca y Moirans escriben sus textos, la esclavitud africana en América se ha convertido en una práctica extendida y consolidada como fuente de mano de obra para la colonización. La magnitud de los daños infringidos contra los habitantes de África transportados a Las Indias y la complejidad de las complicidades involucradas en el sistema esclavista han rebasado cualquier cálculo u observación hecha por Las Casas –ello sin contar que la hegemonía inglesa en la trata está apenas comenzando a consolidarse–. Sin embargo, en estos autores persiste y se radicaliza la representación de los cautivos africanos como una población injustamente esclavizada y, más en concreto, el rechazo a la posición según la cual no son capaces de gobernarse a sí mismos y esclavizarlos les produce algún bien.

Podría pensarse que la continuidad entre estos autores y Las Casas radica en la defensa a ultranza de la libertad de todo ser humano. Sin embargo, esta parece ser una lectura de estos autores sustentada más en lo que nos es más familiar –cierta creencia decimonónica en el ideal de humanidad que rechaza la existencia de la esclavitud– que en lo que efectivamente dicen los autores. Basta acercarse a estos autores para darse cuenta que la apelación que ellos hacen a la libertad natural de todo hombre está ligada a su creencia cristiana según la cual la cristianización debe llevarse a cabo por medios pacíficos a fin de que pueda ser más efectiva. El evangelio debe predicarse a hombres libres o como un medio de liberación para aquellos que son esclavos. La guerra sólo debe hacerse a aquellos que rechazan el evangelio o atacan a los cristianos.

En este sentido, la esclavización es considerada por estos autores como un problema que impide la expansión del cristianismo. Los daños causados por la esclavización, ya anunciados por Las Casas pero expuestos de manera extensa por Jaca y Moirans, retornan sobre una línea agustiniana de argumentación para la cual la historia es concebida como una interpretación de los hechos de acuerdo con la cercanía o distancia que éstos tienen con respecto al ideal de la cristianización pacífica. El bien consiste en la expansión pacífica del evangelio y el mal en su rechazo por parte de aquellos que no lo conocen. Esta forma de hacer historia termina siendo pesimista. Más que el triunfo del bien, lo que esta historia termina por denunciar es la presencia del mal en los eventos humanos. En el caso de las conquistas castellanas y portuguesas el triunfo del mal se hace patente en la existencia de la esclavitud. La codicia de los conquistadores, lejos de producir la cristianización pacífica, ha dado pie para la subyugación y destrucción de las poblaciones que habitaban las tierras conquistadas o fueron transportadas hacia ellas y, desde luego, al creciente rechazo del evangelio.

En consecuencia, quisiéramos proponer que la continuidad que podemos percibir entre la temprana crítica elaborada por Las Casas y las críticas que posteriormente desarrollan estos dos misioneros capuchinos radica en que, desde un comienzo, Las Casas impugna la creencia según la cual la colonización de América es el resultado del heroísmo y la piedad cristiana de unos cuantos europeos. Desde muy temprano, Las Casas denuncia que a la base de la retórica del heroísmo cristiano esgrimido por castellanos y portugueses en sus conquistas está la historia de una dominación que convirtió a los así denominados "indios" y "negros" en las poblaciones a costa de las cuales los proyectos colonizadores fueron posibles.

En este sentido, el territorio es la categoría más importante en Las Casas. El cristiano está llamado a colonizar las tierras de los infieles de manera pacífica y hacer partícipe de ese proyecto a todos aquellos que habitan esas tierras. Las riquezas existentes en los territorios que intentan ser colonizados deben ser consideradas como medios para la cristianización. Cuando la obtención de riquezas se convierte en el fin perseguido por los colonizadores, la cristianización se convierte en una retórica que intenta legitimar el saqueo de las tierras colonizadas, la subyugación de los que habitan en ellas y la captura y deportación de habitantes de otras tierras que terminan transformados en esclavos en los territorios colonizados.

Esta es la denuncia que comienza a ser formulada en Las Casas pero que persiste y se desarrolla en Jaca y Moirans. Está crítica confronta de manera radical el optimismo de los jesuitas quienes, como hemos dicho más arriba, consideran la esclavización como una oportunidad para la cristianización de muchos que de otro modo estarían inmersos en el mundo de la barbarie. Frente a esta posición, Las Casas y sus seguidores mostrarán que la barbarie no está necesariamente antes de la esclavización sino que es aquello que sostiene la esclavización misma produciendo como su más radical secuela poblaciones sometidas que tarde o temprano serán capaces de hacer a sus captores lo que ellos inicialmente les hicieron. La idea de un apocalipsis provocado por la venganza de los sometidos será una figura que continuamente asalte estas críticas de la esclavización.

Esa teología pesimista de la historia, posibilita las primeras representaciones críticas de la esclavitud. Estas representaciones no son construidas sobre la base del ideal del hombre libre sino sobre el ideal de una evangelización pacífica que fue imposible desde el comienzo de las conquistas de las islas del Atlántico, la costa occidental de África y Las Indias, siendo remplazada por una conquista guiada por la codicia. Esta codicia terminó convirtiendo los territorios conquistados no en lugares de salvación sino de condena para los indígenas, los africanos y también los europeos involucrados en la conquista.

Cuando a finales del siglo XVIII y comienzos del XIX la figura de Las Casas vuelva a emerger, para unos como el culpable del inicio de la trata y para otros como el incomprendido defensor de los indígenas y, más aún, de todos los cautivos, el ideal del natural cristianizable habrá desaparecido siendo remplazado por el ideal de una humanidad que no puede aceptar la existencia de la esclavitud. El ideal del territorio por evangelizar pacíficamente habrá dado paso al ideal de la emancipación de los pueblos y los hombres que los conforman. Finalmente, los indígenas americanos y los habitantes del África subsahariana, vistos por él como infieles necesitados de cristianización, se habrán convertido en los menores de edad ahora conducidos a la civilización por los ilustrados. Sin embargo, Las Casas seguirá mostrando que, más allá de estos desplazamientos, las distinciones entre libres y esclavos o entre "blancos", "indios" y "negros" en el Atlántico son el producto de un sistema de organización del trabajo que sometió de manera injusta y violenta a nativos americanos y habitantes de África bajo la égida de los cristianos europeos.

La esclavitud africana, introducida en las Américas en los albores del siglo XVI como medio para detener la explotación y el exterminio de la población indígena sin poner en riesgo el avance de la colonización europea, terminó por producir mayores daños que los que intentaba reparar. No sólo fue incapaz de detener la opresión de los indígenas sino que agregó a ella la deportación, el cautiverio y la servidumbre en Las Indias de seres humanos provenientes de África. A pesar de que Bartolomé de Las Casas no podía vislumbrar el tiempo que duraría la esclavitud africana en las Américas y el costo humano que ella implicaría, sí fue capaz de reconocer y denunciar desde muy temprano las injusticias que la atravesaban y las consecuencias nefastas que ella produciría en términos de exclusión y violencia. No necesitó de tres siglos y millones de cautivos deportados para entender que había algo excesivamente injusto en la trata de cautivos africanos. Le bastó su conocimento de lo que había sucedido en Indias durante los primeros años de la colonización europea para saber y denunciar que la esclavitud era el peor de los remedios, esto es, una estrategia que lejos de eliminar sólo ahondaba y expandía las injusticias que ya venían siendo cometidas contra las poblaciones indígenas. El futuro en muchos sentidos le dio la razón.

Apéndice 1:
Licencia concedida a la Casa Welser por el rey Carlos V el 12 de febrero de 1528 para la importación de cuatro mil esclavos en las islas y la Tierra Firme

"Por quanto vos, Enrrique Eynguer e Jerónimo Sayler, alemanes, nuestros súbditos, por nos servir y aprovechar a nuestros súbditos y naturales, avitantes en las nuestras Indias, islas e Tierra Firme del mar Oçéano, vos avéis encargado de traer a vuestra costa çinquenta alemanes de Alemania, maestros mineros, y los poner en las dichas islas, para que con su industria y saver se hallen los naçimientos y venas del oro que en ellas ay, e asimismo os queréis encargar de llevar a las islas Española e San Joan e a las otras partes de las nuestras Indias, islas e Tierra Firme del mar Oçéano los quatro mill esclavos negros para que nos tenemos dada liçençia a las dichas nuestras Indias, por las dichas causas mandamos sobre ello asentar lo siguiente:

Primeramente vos damos liçençia para que vosotros o quien vuestro poder oviere podáis llevar con nuestra liçençia, que para ello vos daremos, quatro mil esclavos negros, en lo que a lo menos aya la terçia parte hembras, repartidos por las dichas islas e Tierra Firme conforme e la provisión que para ello vos damos, los quales ayáis de pasar e paséis dentro de quatro años contados del día de la fecha désta.

Iten que por razón de los derechos a nos perteneçientes de las dichas licencias y almoxarifazgo nos ayáis de pagar veinte mill ducados de oro en ocho pagas, cinco mil cada uno de los dichos quatro años, con tanto que en cuenta de la primera paga deste primer año nos déis e paguéis luego tres mill ducados de oro, y los dos mill restantes en la feria de otubre deste mismo año, y las otras pagas de los años seguientes se hagan en las dos ferias de mayo e octubre, por meitad en cada uno dellos, ora ayáis acabado de pasar o no los dichos esclabos, y pagándose estos derechos no seáis obligados a pagar otra cosa ni derechos algunos en estos reinos ni en las dichas Indias ni en otra parte alguna.

Iten que vos mandaremos dar, e por la presente vos damos, la dicha liçençia para llevar los dichos negros destos reinos o del reino de Portugal o de qualesquier partes de las islas e tierra del serenísimo rey de Portugal en qualesquier navíos de nuestros súbditos o de Portugal, con tanto que, si los lleváredes en navíos portugueses, no puedan ir ni vayan en cada un navío más de tres portugueses, y con tanto que a la buelta de las dichas Indias no puedan ir ni vayan a otra parte sino a la ciudad de Sevilla a la casa de la contrataçión de las Indias con el retorno que truxieren.

Iten que, si por caso durante los dichos quatro años no oviéredes acavado de pasar los dichos quatro mill esclavos, aviéndonos en el dicho plazo pagado los dichos veinte mil ducados, como dicho es, que los podéis acavar de pasar adelante.

Iten que durante el dicho tienpo de los dichos quatro años o asta que ayáis acavado de pasar los dichos quatro mill esclavos no daremos de nuevo del día de la fecha desta en adelante liçençia a ningún conçejo ni universidad ni persona particular para pasar esclavos ningunos, si no fuere a los que de nuevo fueren a los que destos reinos a poblar e conquistar, a cada uno dellos dos esclavos y no más, pero las licencias que hasta el día de la fecha désta están dadas a personas particulares an de aver efecto y entiéndese que pasado el dicho tienpo de los dichos quatro años nos podamos dar las liçençias que fuéremos servidos a qualesquier lugares e personas particulares.

Iten es asentado que vosotros seáis obligados a vender en las dichas islas e Tierra Firme los dichos esclavos a preçio de çinquenta y çinco ducados cada uno y no más, y que dándo(o)s hasta esta quantidad los ayáis de dar a los dichos vezinos e moradores; digo quel presçio en que sois obligados a dar los dichos esclavos es cinquenta y c;inco ducados cada uno y no más.

Lo qual todo prometo y me obligo de vos mandar guardar e cumplir, obligándo[o]s vosotros ante Françisco de los Covos, nuestro secretario y del nuestro consejo, de guardar e cumplir lo de suso conthenido por lo que a vosotros toca, de lo qual vos mandé dar e di la presente, firmada de mi nombre e refrendada de mi infraescripto secretario.

Fecha en la çibdad de Burgos, a doze días del mes de hebrero de mill e quinientos e veinte e ocho años.–Yo el rey.

Por mandado de su magestad, Françisco de los Covos, señalada del obispo de Osma y doctor Beltrán y obispo de Çibdad Rodrigo y el liçençiado Manuel" (Otte, *Cédulas* 241-44).

Apéndice 2:
Capítulo XXV de la Chronica do descobrimento e conquista do Guiné *de Gomes Eanes de Azurara (en portugués)*

Oo tu cellestrial padre, que con tua poderosa mão, sem movimento de tua devynal essencia, governas toda a infiinda companhya de tua santa cidade, e que trazes apertados todollos eixos dos ordes superiores, destinguidos em nove speras, movendo os tempos das idades breves e longas, como te praz! Eu te rogo que as minhas lagrimas nom sejam dano da minha consciência, Ca nem por sua ley daquestes, mas a sua humanidade constrange a minha que chore piedosamente o seu padecimento, E se as brutas animallyas, com seu bestyal sentyr, per huû natural destinto conhecem os dampnos de suas semelhantes, que queres que faça esta minha natureza, veendo assy ante os meus olhos aquesta miseravel companha, nembrandome que son da geeraçom dos filhos de Adam! No outro dya, que eram viijº. dyas do mês dagosto, muito cedo pella manhaã per rezom de calma, começarom o mareantes de correger seus batees, e tirar aquelles cativos pêra os levarem, segundo lhes fora mandado: os quaaes, postos juntamente naquelle campo, era hûa maravilhosa cousa de veer, ca antre elles avya alguûs de razoada brancura, fremosos y apostos: outros menos brancos, que queryam semelhar pardos; outros tam negros come tiopios, tam desafeiçoados, assy nas caras como nos corpos, que casy parecia, aos homeês que os esguardavam, que vyam as imageês do imysperio mais baixo. Mays qual serya o coraçom, por duro que seer podesse, que no tosse pungido de piedoso sentimento, veendo assy aquella companha; ca huûs tiinham as caras baixas, e os rostros lavados com lagrimas, olhando huus contra os outros; outros estavam gemendo doorasamente, esguardando a alturas dos ceeos, firmando os olhos en elles, braadando altamente, como se pedissem acorro ao padre da natureza; otros teryam seu rostro com suas palamas, lançandosee tendidos em meo do chãao; otros faziam lamentaçooes em maneira de canto, segundo o costume de sua terra, nasquaaes postoque as pallavras da linguajem aos nossos nom podesse seer entedida, bem correspondya ao graao de sua tristeza. Mas pera seu dôo ser mais acrecentado, sobreveherom aquelles que tinham carrego da partilha, e começarom de os apartarem huûs dos outros; afim de poerem seus quinhooês em igualleza; onde conviinha de necessydade de se apartarem os filhos dos padres, e as molheres dos maridos, e os hûus irmâaos dos outros. A amigos nem a parentes nom se guardava nhûa ley somente cada huu caya onde o a sorte levava! Oo oderosa fortuna, que andas e desandas com tuas rodas, compassando as cousas do mundo como te praz! E sequer poem ante os olhos daquesta gente miserável alguû conhecimento das cousas postumeiras, porque possam receber algûa consollaçom em meo de sua grande tristeza: E vos outros que vos trabalaaes desta partilha, esguardaae com piedade sobre santa miseria, e veede como se apertam huûs como ous outros, que a penas os podees deslegar! Quem poderya acabar aquella partiçom sem muy grande trabalho; ca tanto que os tiinham postos em hûa parte, os filhos que vyam os padres na outra, allevantavanse rijamente, e hyanse pera elles; as madres apertavam os outros filhos nos braços, e lançavanse com elles debruços, recebendo feridas, com pouca piedade de suas carnes, por lhe nom seerem tirados! E assy trabalhosamente os acabarom de partyr, porque alem do trabalho que tiinham com os cativo, o campo era todo cheo de gente assy do lugar, como as aldeas e comarcas darredor, os quaes leixavam em aquelle dya folgar suas mããos, em que estava a força de seu guaanho, soomente, por veer aquella novidade. E com estas cousas que vyam, hûus chorando, outros departindo, fazyam tamanho alvoroço que poinham em torvaçom os governadores daquella partilha. O iffante era ally encima de huû poderoso cavallo, acompanhado de suas gentes, repartindo suas mercees, come homem que de sua parte querya fazer pequeno thesouro, ca de Rvj. (46) almas que acontecerom no seu quinto, muy breve fez delles sua partilha, Ca toda a sua principal riqueza stava em sua voontade, consiierando com grande prazer na salvaçom daquellas almas que ante eram perdidas. E certamente que seu pensamento nom era vaaô, ca como ja dissemos, tanto que estes avyam conhecimento da linguagem, com pequeno movimento se tornavam xpaãos; e eu que esta estorya ajuntey em este vellume, vy na villa de Lagos, moços e moças, filhos e netos daquestes, nados em esta terra, tam boõs e tam verdadeiros xpaãos, como decenderom. do começo da ley de Xpõ, por geeraçom, daquelles que primeiro forom bautizados (Azurara 132-35).

Bibliografía

Adorno, Rolena. "Fray Bartolomé de Las Casas, Polemicist and Author." *The Polemics of Possession in Spanish American Narrative*. New Haven: Yale UP, 2007. 61-98.

_____ "The Intellectual Life of Bartolomé de Las Casas: Framing the Literature Classroom." *Approaches to Teaching the Writings of Bartolomé de Las Casas*. Santa Arias y Eyda M. Merediz, eds. New York: The Modern Language Association of America, 2008. 21-32.

Agamben, Giorgio. *Homo Sacer. El poder soberano y la nuda vida*. Valencia: Pre-textos, 1998.

_____ *Lo abierto. El hombre y el animal*. Valencia: Pre-textos. 2005.

Alfonso X. *Las siete partidas de Don Alfonso el Sabio*. Madrid: Imprenta Real, 1807. Tomo III. Partida IV. Títulos XXI-XXII. 117-28.

_____ *General Estoria. Versión Gallega del siglo XIV*. Oviedo: Facultad de Filosofía y Letras, 1963.

Altman, Ida. "The Revolt of Enriquillo and the Historiography of Early Spanish America." *The Americas* 63/4 (2007): 587-614. <*JSTOR*>. 4 feb. 2013.

Ambler, Wayne. "Aristotle on Nature and Politics: The Case of the Slavery." *Political Theory* 15/3 (Aug. 1987): 390-410. <*JSTOR*>. 5 mayo 2010.

Andrés-Gallego, José y Jesús María García-Añoveros. *La iglesia y la esclavitud de los negros*. Pamplona: EUNSA, 2002.

André-Vincent, Philippe-Ignace. *Bartolomé de las Casas, prophète de du Nouveau Monde*. Paris: Jules Talandier, 1980.

Anônimo. "Por que causas se pode mover guerra justa contra infiéis." 2057. XI S3. Documento no qual nos são dadas as causas pelas quais se podia fazer guerra justa aos infiéis. 1556." *As Gavetas da torre do Tombo II (Gaveta III-XII)*. Lisboa: Centro de Estudos Históricos Ultramarinos, 1962. 676-85.

Anônimo. "Proposta a sua Magestade sobre a Escravaria das Terras da Conquista de Portugal." Manuscrito. Documento 7,3,1 #8. Seção de Manuscritos. Biblioteca Nacional. Rio de Janeiro. Número de referencia 07, 03, 001.

Anónimo. *Semeiança del mundo*. Berkeley: U of California P, 1959.

Ansart, Guillaume. "Variations on Montesquieu: Raynal's and Diderot 'Histoire des Deux Indes' and the American Revolution." *Journal of History of Ideas* 70/3 (2009): 399-420. <*JSTOR*>. 15 jun. 2012.

Antillón, Isidoro de. *Disertación sobre el origen de la esclavitud de los negros, motivos que la han perpetuado, ventajas que se le atribuyen y medios que podrían adoptarse para hacer prosperar nuestras colonias sin la esclavitud de los negros*. Mallorca: Migule Domingo, 1811. <*Google Book Search*>. 15 sep. 2013.

Antonil, André João S.J. *Cultura e opulência do Brasil*. Belo Horizonte: Itatiaia/Edusp, 1982.

Arango y Parreño, Francisco. *Obras*. Tomo II. Habana: Howson y Heinen, 1888. <*Google Book Search*>. 30 ago. 2013.

Arias, Santa. *Retórica, historia y polémica*. Lanham, MA: U of America P, 2001.

_____ "Recovering Imperial Space in Juan Bautista Muñoz's *Historia del Nuevo-Mundo* (1793)". *Revista Hispánica Moderna* 60/2 (2007): 125-42. <*JSTOR*>. 3 marzo 2013.

_____ y Eyda M. Merediz. "Text and Editions." *Approaches to Teaching the Writings of Bartolomé de Las Casas*. Santa Arias y Eyda M. Merediz, eds. New York: The Modern Language Association of America, 2008. 9-18.

Aristotle. "Politics." *The Complete Works of Aristotle*. New York: Random House, 1941.

_____ *Acerca del alma*. Madrid: Gredos, 1994.

Armitage, David. "The New World and British Historical Thought." *America in European Consciousness, 1493-1750*. Karen Ordahl Kupperman, ed. Chapel Hill: North Carolina UP, 1995. 52-75.

Arranz Márquez, Luis. *Repartimientos y Encomiendas en la Isla Española (El Repartimiento de Albuquereque de 1514)*. Madrid: Fundación Arévalo, 1991.

Avendaño, Diego de S.J. *Corregidores, encomenderos, cabildos y mercaderes*. *Thesaurus Indicus*. Vol. I. VI-IX. Pamplona: Eunsa, 2007. 180-205, 450-72.

Azurara, Gomes Eanes. *Chronica do Descobrimento e Conquista de Guiné*. Pariz: Aillaud, 1841.

Badillo, Jalil Sued. "El pleito de Carmona sobre su libertad". *Revista del Instituto de Cultura Puertorriqueña* 23/86 (1984): 10-2.

Ballesteros Beretta, Antonio. "Juan Bautista Muñoz: La creación del Archivo de Indias". *Revista de Indias* 2/4 (1941): 55-95.

_____ "Don Juan Bautista Muñoz: La historia del Nuevo Mundo". *Revista de Indias* 3/10 (1942): 580-660.

_____ "Don Juan Bautista Muñoz y Ferrandis". *Catálogo de la colección de Don Juan Bautista Muñoz*. Vol. I. Madrid: Real Academia de Historia, 1954. VIII-XL.

Baptista, Maria Manuel. "Fernando Oliveira: a guerra como o menor dos males e a escravatura como o maior dos pecados." *Fernando Oliveira, um humanista genial*. Carlos Morais, ed. Aveiro: Universidade de Aveiro, 2009. 387-401.

Barros, João de. Ásia. *Dos Feitos que os Portugueses Fizeram no Descubrimento e Conquista dos Mares e Terras do Oriente. Primeira Década*. Lisboa: Imprensa Nacional-Casa da Moeda, 1988.

Bas, Nicolás. *El cosmógrafo e historiador Juan Bautista Muñoz (1745-1799)*. València: Universitat de València, 2002.

Bataillon, Marcel. "Le 'Clérigo Casas' ci-devant colon, réformateur de la colonization". *Bulletin Hispanique* 54/3-4 (1952): 276-369.

_____ "El clérigo Las Casas, antiguo colono, reformador de la colonización". *Estudios sobre Bartolomé de Las Casas*. Barcelona: Península, 1976. 45-136.

Batllori y Munné, Miguel. "Juan de Nuix y de Perpinyà y su crítica de Las Casas". *Congreso de Historia del Descubrimiento. Actas*. Tomo IV. Madrid: Real Academia de Historia, 1992. 383-94.

Bhabha, Homi. "The Other Question. Stereotype, Discrimination and the Discourse of Colonialism." *The Location of the Culture*. London: Routledge, 1994. 94-120.

Benci, Jorge S.J. *Economia cristã dos senhores no governo dos escravos*. São Paulo: Grijalbo, 1977.

Benezet, Anthony. "Some Historical Account of Guinea (1771)." *The Complete Antislavery Writings of Anthony Benezet, 1754-1783*. David L. Crosby, ed. Baton Rouge: Louisiana State Press, 2013. 112-96.

Benítez-Rojo, Antonio. *La isla que se repite. El Caribe y la perspectiva posmoderna*. Hanover, NH: Norte, 1989.

Benjamin, Walter. "Tesis sobre filosofía de la historia". Mate Reyes. *Medianoche en la historia. Comentarios a las tesis de Walter Benjamin "Sobre el concepto de historia"*. Madrid: Trotta, 2006.

Benot, Yves. *Diderot, de l'athéisme à l'anticolonialisme*. Paris: Maspero, 1970.

_____ "Diderot, Pechmeja, Raynal et l'anticolonialisme." 1963. *Les Lumières, l'esclavage, la colonisation*. Paris: La Découverte, 2005. 105-23.

_____ "Diderot, Pechmeja-Raynal: l'impossible divorce." 1999. *Les Lumières, l'esclavage, la colonisation*. Paris: La Découverte, 2005. 138-53.

_____ "L'esclavagisme dans le quatrième édition de l'histoire des deux Indes." 1993. *Les Lumières, l'esclavage, la colonisation*. Paris: La Découverte, 2005. 154-63.

Benzoni, Girolamo. Historia del Nuevo Mundo. Madrid: Alianza, 1989.

Biblia de Jerusalén. José Ángel Ubieta, ed. Bilbao: Desclee de Brouwer, 1975.

Blackburn, Robin. "The Old World Background to European Colonial Slavery." *The William and Mary Quarterly* 54/1 (1997a): 65-102. <*JSTOR*>. 20 sep. 2011.

_____ *The Making of New World Slavery. From the Baroque to the Modern 1492-1800*. New York: Verso, 1997b. 1-215.

Blake, John W. *West Africa. Quest for God and Gold 1454-1578. A Survey of the First Century of White Enterprise in West Africa, with Particular Reference to the Achievement of the Portuguese and their Rivalries with Other European Powers*. London: Curzon Press, 1977.

Blanco White, Joseph. *Bosquexo del comercio en esclavos: y reflexiones sobre este tráfico considerado moral, política y cristianamente*. London: Ellerton y Henderson, 1814. <*Google Book Search*>. 25 jun 2014.

Boxer, Charles Ralph. *Race Relations in the Portuguese Colonial Empire*. Oxford: Clarendon Press, 1963.

_____ *Four Centuries of Portuguese Expansion, 1415-1825: A Succinct Survey*. Johannesburg: Witwatersrand, 1965.

_____ *The Portuguese Seaborne Empire 1415-1825*. New York: Alfred A Knopf, 1969.

_____ *The Church Militant and the Iberian Expansion*. Baltimore: Johns Hopkins UP, 1978.

Bull, William E. y Williams, Harry F. "Introduction." *Semeiança del mundo*. Berkeley: U of California P, 1959. 1-20.

Buscaglia-Salgado, José F. *Undoing Empire. Race and Nation in Mulatto Caribbean*. Minneapolis: U of Minnesota P, 2003.

Branche, Jerome. *Colonialism and Race in Luso-Hispanic Literature*. Columbia: U of Missouri P, 2006.

Bry, Theodor de. *América*. Madrid: Siruela, 1999.

Brownrigg, Edwin Blake. *Colonial Latin American Manuscripts and Transcripts in the Obadiah Rich Collection: An Inventory and Index*. New York: The New York Public Library, 1978.

Carbia, Rómulo D. *Historia de la leyenda negra hispanoamericana*. Madrid: Consejo de la Hispanidad, 1944.

Cañizares-Esguerra, Jorge. *How to Write the History of the New World*. Stanford: Stanford UP, 2001.

Carrillo Cázares, Alberto. *El debate sobre la guerra Chichimeca, 1531-1585*. Volumen I. Zamora: El Colegio de Michoacán/El Colegio de San Luis, 2000.

Casas, Bartolomé de las. "Proyecto de Capitulación y asiento con el emperador Carlos V para la 'pacificación y conversión' de la Tierra Firme, desde el río Dulce (o de los Araucas) hasta mil leguas por la costa de mar abajo (Borrador original del Padre Las Casas). En Barcelona, en julio (¿) de 1519". Pérez Fernández, Isacio. *Inventario documentado de los escritos de Fray Bartolomé de Las Casas"*. Bayamón: Centro de Estudios Dominicos del Caribe, 1981. 821-28.

_____ "Memorial de remedios para la reforma de la Tierra Firme, dirigido al gran canciller Mercurino Arborio de Gattinara (¿Fragmento del Memorial Largo?). En Barcelona, en marzo de 1519". Pérez Fernández, Isacio. *Inventario documentado de los escritos de Fray Bartolomé de Las Casas*. Bayamón: Centro de Estudios Dominicos del Caribe, 1981. 818-20.

_____ "*Memorial de Don Diego Colón, virrey y almirante de las Indias a S.C.C. Mag. el Rey Don Carlos sobre la conversión e conservación de las gentes de las Indias, en que ofrece con su persona y hacienda de ayudar para que aya efecto cierta negociación que delante de S.M. se avia puesto por parte del clérigo Casas para el remedio de la tierra firme. Año de 1520*. Londres: Carlos Whittingham, 1854. <Google Books Search>. 15 dic 2012. Pérez Fernández, Isacio. *Inventario documentado de los escritos de Fray Bartolomé de Las Casas*. Bayamón: Centro de Estudios Dominicos del Caribe, 1981. 835-36.

_____ "Últimas correcciones del primer borrador de la Secretaría del Consejo de Indias. En Barcelona, a últimos de 1519 o principios de 1520". Pérez Fernández, Isacio. *Inventario documentado de los escritos de Fray Bartolomé de Las Casas"*. Bayamón: Centro de Estudios Dominicos del Caribe, 1981. 839-41.

_____ "Proyecto de Capitulación y asiento con el emperador Carlos V para la 'pacificación y conversión' de la Tierra Firme (Segundo borrador de la secretaria del Consejo de Indias, en cuyo cuerpo van incluidas las modificaciones del primer borrador). En La Coruña, días antes del 14 de mayo de 1520". Pérez Fernández, Isacio. *Inventario documentado de los escritos de Fray Bartolomé de Las Casas"*. Bayamón: Centro de Estudios Dominicos del Caribe, 1981. 842-46.

_____ *De unico vocationis modo. Obras Completas 2*. Madrid: Alianza, 1988.

_____ *Brevísima relación de la destrucción de África*. Isacio Pérez Fernández ed. Salamanca: San Esteban, 1989.

_____ *Apologética Historia Sumaria. Obras completas 6-8*. Madrid: Alianza, 1992.

_____ *Historia de las Indias. Obras completas 3-5*. Madrid: Alianza, 1992.

_____ "Brevísima relación de la destruición de Indias". *Tratados de 1552. Obras Completas 10*. Madrid: Alianza, 1992. 29-94.

_____ "Disputa o controversia entre Fray Bartolomé de Las Casas y Juan Ginés de Sepúlveda". *Tratados de 1552. Obras Completas 10*. Madrid: Alianza, 1992. 97-193.

_____ "Aquí se contienen treinta proposiciones muy jurídicas". *Tratados de 1552. Obras Completas 10*. Madrid: Alianza, 1992. 201-14.

_____ "Tratado sobre los indios que se han hecho esclavos (1552)". *Tratados de 1552. Obras Completas 10*. Madrid: Alianza, 1992. 219-84.

_____ "Aquí se contienen unos avisos y reglas para los confesores". *Tratados de 1552. Obras Completas 10*. Madrid: Alianza, 1992. 369-88.

_____ "Tratado comprobatorio sobre el imperio soberano". *Tratados de 1552. Obras Completas 10*. Madrid: Alianza, 1992. 395-453.

_____ "Memorial de remedios para las Indias (1516)". *Cartas y memoriales. Obras Completas 13*. Madrid: Alianza, 1995. 23-48.

_____ "Memorial de remedios para las Indias (1518)". *Cartas y memoriales. Obras Completas 13*. Madrid: Alianza, 1995. 49-53.

_____ "Memorial de remedios para tierra firme (1518)". *Cartas y memoriales. Obras Completas 13*. Madrid: Alianza, 1995. 55-60.

_____ "Carta al Consejo de Indias (20-1-1531)". *Cartas y memoriales. Obras Completas 13*. Madrid: Alianza, 1995. 65-80.

_____ "Carta al Consejo de Indias (20-4-1534)". *Cartas y memoriales. Obras Completas 13*. Madrid: Alianza, 1995. 81-5.

_____ "Carta a un personaje de la corte (15-10-1535)". *Cartas y memoriales. Obras Completas 13*. Madrid: Alianza, 1995. 87-98.

_____ "Carta al emperador (15-12-1540)". *Cartas y memoriales. Obras Completas 13*. Madrid: Alianza, 1995. 99-100.

_____ "Memorial de remedios (1542)". *Cartas y memoriales. Obras Completas 13*. Madrid: Alianza, 1995. 115-18.

_____ "Conclusiones sumarias sobre el remedio de las Indias (h. 5-1542)". *Cartas y memoriales. Obras Completas 13*. Madrid: Alianza, 1995. 119-31.

_____ "Carta al príncipe Don Felipe (9-11-1545)". *Cartas y memoriales. Obras Completas 13*. Madrid: Alianza, 1995. 221-27.

_____ "Informe al Consejo de Indias sobre el Licenciado Cerrato y las encomiendas de Guatemala (¿h. 1552?)". *Obras completas 13. Cartas y memoriales*. Madrid: Alianza, 1995. 269-71.

_____ "Carta al maestro Fray Bartolomé Carranza de Miranda (¿-8-1555)". *Cartas y memoriales. Obras Completas 13*. Madrid: Alianza, 1995. 279-303.

_____ "Carta a los dominicos de Chiapa y Guatemala (1564)". *Cartas y memoriales. Obras Completas 13*. Madrid: Alianza, 1995. 353-63.

_____ "Asiento y Capitulación de Bartolomé de Las Casas, que hizo con S. M., sobre descubrimiento y población en tierra firme, desde la provincia de Paria hasta la de Santa Marta, por la costa del mar". La Coruña, 19-5-1520. Bartolomé de Las Casas. *Cartas y memoriales. Obras Completas 13*. Madrid: Alianza, 1995. 399-410.

_____ *Apología*. Salamanca: Junta de Castilla y de León, 2000.

Castellanos, Juan de. *Elegías de varones ilustres de Indias.* Madrid: Rivadeneyra, 1852. <https://archive.org/stream/elegasdevarones00aribgoog#page/n8/mode/2up>. 20 ago. 2014.

Castilla Urbano, Francisco. *El pensamiento de Juan Ginés de Sepúlveda. Vida activa, humanismo y guerra en el Renacimiento.* Madrid: Centro de Estudios Políticos y Constitucionales, 2013.

Castro, Daniel. *Another Face of Empire. Bartolomé de Las Casas, Indigenous Rights, and Ecclesiastical Imperialism.* Durham: Duke UP, 2007.

Catálogo de los fondos cubanos del archivo de Indias. *Colección de Documentos inéditos para la historia de Hispano-América.* Tomo VII. Madrid: Compañía Ibero-Americana de Publicaciones, 1929.

Catálogo de los fondos Americanos del archivo de protocolos de Sevilla. Tomo II, 1930-1937. Siglo XVI (Con XX apéndices documentales). *Colección de Documentos inéditos para la historia de Hispano-América.* Tomo XI. Madrid: Compañía Ibero-Americana de Publicaciones, 1930.

CDIA. *Colección de documentos inéditos relativos al descubrimiento, conquista, y organización de las posesiones españolas en América y Oceanía.* 42 vols. Madrid: 1864-1884.

Chacon y Calvo, José María. *Colección de documentos inéditos para la historia de Hispano-América.* Vol. 1. Madrid: Compañía Iberoamericana de Publicaciones, 1930.

Charlevoix, Pierre François Xavier. *Histoire de L'Isle Espagnole de S. Domingue.* Volume I. Paris: 1730-1731.

Chaunnu, Pierre. "Las Casas et la première crise structurelle de la colonisation espagnole (1515-1523)." *Revue Historique* 229/1 (1963): 59-102. <JSTOR>. 20 abril 2012.

Church, Henry Ward. "Corneille de Paw, and the Controversy over His Recherches Philosophiques Sur Les Américains." *PMLA* 51/1 (1936): 178-206. <JSTOR>. 15 enero 2013.

Ciss, Ismaïla. "Le Seerer du Nord-Ouest (Sénégal) Face à La traite Négrière." *Journal of Asian and African Studies* 70 (2005): 5-21.

_____ "Traite négrière et repli identitaire dans l'espace sénégambien." *Society, State, and Identity in African History.* Bahru Zewde ed. Addis Ababa, Ethiopia: Forum for Social Studies, 2008. 23-42.

Clarkson, Thomas. *An Essay on the Commerce of the Human Species, particularly The African.* London: J. Phillips, 1788. <*Google Book Search*>. 15 junio 2014.

_____ *The History of the Rise, Progress, & Accomplishment of the Abolition of the Slave-Trade by the British Parliament.* Philadelphia: James Parke, 1808. <*Google Book Search*>. 15 junio 2014.

Clayton, Lawrence. *Bartolomé de Las Casas. A Biography.* Cambridge: Cambridge UP, 2012.

Colón, Cristóbal. *Textos y documentos completos.* Consuelo Varela, ed. Madrid: Alianza, 2003.

Colón, Diego. *Memorial de Diego Colón (1520).* Londres: Carlos Whittingham, 1854. <*Google Book Search*>. 20 ago. 2013.

Conrad, Robert Edgard. *Children of God's Fire.* Princeton: Princeton UP, 1984.

Cortés Alonso, Vicenta. *La esclavitud en Valencia durante el reinado de los Reyes Católicos (1479-1516).* Valencia: Archivo Municipal de Valencia, 1964.

Cortés López, José Luis. *Los orígenes de la esclavitud negra en España.* Madrid: Mundo Negro, 1986.

_____ *La esclavitud negra en la España Peninsular del siglo XVI.* Salamanca: Universidad de Salamanca, 1989.

_____ "Importancia de la esclavitud en la expansión portuguesa en África y su repercusión en el mundo hispánico". *Las relaciones entre Portugal y Castilla en la época de los descubrimientos y la expansión colonial.* Ana María Carabias Torres, ed. Salamanca: Universidad de Salamanca, 1994. 249-69.

_____ "1544-1550: el período más prolífico en la exportación de esclavos durante el siglo XVI. Análisis de un interesante documento extraído del Archivo de Simancas". *Espacio, Tiempo y Forma, Serie IV, Historia Moderna* 8 (1995): 63-86.

_____ *Esclavo y colono (Introducción a la sociología de los negroafricanos en la América Española del siglo XVI)*. Salamanca: Universidad de Salamanca, 2004.

Costigan, Lúcia Helena. "Bartolomé de Las Casas and His Counterparts in the Luso-Brazilian World." *Approaches to Teaching the Writings of Bartolomé de Las Casas.* Santa Arias y Eyda M. Merediz, eds. New York: The Modern Language Association of America, 2008. 235-42.

Coutinho, José Joaquim da Cunha de Azeredo. "Análise sóbre a Justiça do Comérçio do Resgate dos Escravos da Costa da África." *Óbras Económicas (1794-1804)*. São Paulo: Nacional, 1966. 231-307.

Covarrubias, Sebastián. *Parte primera del tesoro de la lengua castellana*. Madrid: Luis Sánchez, 1611. <http://fondosdigitales.us.es/fondos/libros/765/324/tesoro-de-la-lengua-castellana-o-espanola/>. 15 nov. 2015.

Cuesta Domingo, Mariano. "La Crónica de Herrera en la Historiografía Americana". Antonio de Herrera y Tordesillas. *Historia general de los hechos de los castellanos en las islas y tierra firme del mar océano.* Madrid: Universidad Complutense, 1991. 31-87.

Da Silva, Thiago Rodrigo. "Oliveira, Fernando. *A Arte da guerra do Mar.*" *Antíteses* 2.4 (2009): 1127-133. <www.uel.br/revistas/uel/index.php/antiteses>. 15 marzo 2013.

Davis, David Brion. *Inhumane Bondage. The Rise and Fall of Slavery in the New World.* New York: New York UP, 2006.

Deive, Carlos Esteban. *La esclavitud del negro en Santo Domingo (1492-1844)*. Tomo I. Santo Domingo: Museo del Hombre, 1980.

_____ "Ordenanzas dadas por el virrey de las Indias por orden del rey sobre los negros y sus amos". *Los guerrilleros negros. Esclavos fugitivos y cimarrones en Santo Domingo.* Santo Domingo: Fundación Cultural Dominicana, 1997. 281-89.

Diderot, Denis. "America." *The Encyclopedia of Diderot & d'Alembert Collaborative Translation Project.* Alyssa Goldstein Sepinwall, trad. Ann Arbor: Michigan Publishing, University of Michigan Library, 2003. <http://hdl.handle.net/2027/spo.did2222.0000.191>. 9 feb. 2014. "Amérique." *Encyclopédie ou Dictionnaire raisonné des sciences, des arts et des métiers.* Vol. 1. Paris, 1755.

_____ "Natural Rights." *The Encyclopedia of Diderot & d'Alembert Collaborative Translation Project.* Stephen J. Gendzier, trad. Ann Arbor: Michigan Publishing, University of Michigan Library, 2009. <http://hdl.handle.net/2027/spo.did2222.0001.313>. 15 feb. 2014. "Droit naturel," *Encyclopédie ou Dictionnaire raisonné des sciences, des arts et des métiers.* Vol. 5. Paris, 1755.

Diouf, Sylviane A. *Servants of the Allah. African Muslims Enslaved in the Americas.* New York: New York UP, 1998.

_____ "Hispaniola Revolt (1522)." Junius P. Rodriguez ed. *Encyclopedia of Slave Resistance and Rebellion.* Vol. I. Greenwood Press, 2007. 250-52.

Donis Ríos, Manuel. *El territorio de Venezuela. Documentos para su estudio.* Caracas: Instituto de Investigaciones Históricas/Universidad Católica Andrés Bello, 2001.

Duchet, Michéle. "Diderot collaborateur de Raynal: A propos des 'fragments imprimés' du fonds Vandeul". *Revue d'histoire littéraire de la France* 60/4 (1960): 531-56. <*JSTOR*>. 15 junio 2013.

_____ *Diderot et l'Histoire des Deux Indes ou l'Ecriture Fragmentaire.* Paris: A. G. Nizet, 1978.

Dussel, Enrique. *El Encubrimiento del Otro. Hacia el Origen del Mito de la Modernidad.* La Paz: Plural, 1994.

Encinas, Diego de. *Cedulario Indiano.* Madrid: Imprenta Real, 1596. <*Google Book Search*>. 15 junio 2010.

Ette, Ottmar. "Archeologies of Globalization. European Reflections on Two Phases of Accelerated Globalization in Cornelius de Paw, Georg Forster, Guillaume-Thomas Raynal and Alexander von Humboldt." *Culture & History Digital Journal* 1/1 (2012): 1-20. <http://cultureandhistory.revistas.csic.es/index.php/cultureandhistory/article/view/4/22>. 15 enero 2013.

Fabié, Antonio María. *Vida y escritos de fray Bartolomé de Las Casas, obispo de Chiapa.* 2 tomos. Madrid, 1879.

Fernández-Armesto, Felipe. *Before Columbus.* Philadelphia: U of Pennsylvania P, 1987.

Fernández de Navarrete, Martín. *Colección de los viages y descubrimientos que hicieron por mar los españoles desde fines del siglo XV.* Madrid: Imprenta Real, 1825. <*Google Book Search*>. 10 julio 2010.

Fernández de Oviedo y Gonzalo Valdéz. *Historia general y natural de las Indias.* Parte I. Madrid: Real Academia de Historia, 1851-1855. <https://archive.org/search.php?query=Historia%20general%20y%20natural%20de%20las%20Indias>. 21 abril 2016.

Ferrer, Ada. "Cuban slavery and Atlantic Antislavery." *Slavery and Antislavery in Spain's Atlantic Empire.* Josep M. Fradera y Christopher Schmidt-Nowara, eds. New York: Berghahn, 2013. 134-57.

Foucault, Michel. *Las palabras y las cosas.* 1966. México: Siglo XXI, 1985.

_____ *Vigilar y castigar.* México: Siglo XXI, 1981.

_____ *Seguridad, territorio y población.* México: F.C.E., 2006.

Franco Silva, Alfonso. *La esclavitud en Sevilla y su tierra a fines de la Edad Media.* Sevilla: Diputación Provincial de Sevilla, 1979.

Frías, Damasio de. "Diálogo de alabanza de Valladolid". 1586. *Miscelánea Vallisoletana.* Narciso Alonso Cortés, ed. Madrid: E. Zapatero, 1919. 105-52.

Friede, Juan. *Los Welser en la conquista de Venezuela.* Caracas: EDIME, 1961.

Funes, Gregorio de. *Ensayo de la historia civil del Paraguay, Buenos Aires y Tucuman.* 3 tomos. Buenos Ayres: M.J. Gandarillas, 1816. <*Google Books Search*>. 15 abril 2013.

_____ "Carta al Señor de Gregoire, antiguo Obispo de Blois sobre si el señor obispo de Chiapa tuvo ú no algun influjo en que se hiciera por los Españoles en América el comercio de negros africanos". 1819. Bartolomé de Las Casas. *Obras.* Tomo Segundo. Paris: Rosa, 1822. 365-402. Enriqueta Vila Vilar, comp. *Afroamérica: textos históricos.* CD-ROM.

Fuster, Justo Pastor. *Biblioteca valenciana de los escritores que florecieron hasta nuestros días y de los que aún viven.* Tomo segundo. Valencia: Ildefonso Mompié, 1830. <*Google Books Search*>. 20 feb. 2013.

García de Santa María, Alvar. "Comienza la crónica del serenísimo príncipe Don Juan, segundo rey de este nombre en Castilla y León". *Crónicas de los Reyes de Castilla. Biblioteca de Autores Españoles*. Vol. 68. Fernán Pérez de Guzmán, ed. Madrid: Atlas, 1953. 277-695.

García y García, Antonio. "Las Donaciones Pontificias de territorios y su repercusión en las relaciones entre Castilla y Portugal". *Las relaciones entre Portugal y Castilla en la época de los descubrimientos y la expansión colonial*. Ana María Carabias Torres, ed. Salamanca: Universidad de Salamanca, 1994. 293-310.

Garraway, Doris. "Race, Reproduction, and Family Romance in Moreau de Saint-Méry's *Description...de la Partie Française de L'Isle Saint Domingue*." *Eighteenth-Century Studies* 38/2 (2005): 227-46. <JSTOR>. 15 oct. 2010.

Garnsey, Peter. *Ideas of Slavery from Aristotle to Augustine*. Cambridge: Cambridge UP, 1996.

Gasca, Pedro de la. "Relación de Gasca al Consejo de Indias (Los Reyes, 28 de enero de 1549)". Juan Pérez de Tudela Bueso. *Documentos relativos a Don Pedro de la Gasca y a Gonzalo Pizarro*. Madrid: Real Academia de Historia, 1964. 376-77.

Gerbi, Antonello. *La disputa del Nuevo Mundo. Historia de una polémica 1750-1900*. México: F.C.E., 1960.

Giménez Fernández, Manuel. *Bartolomé de Las Casas. Volumen primero. Delegado de Cisneros para la reformación de las Indias (1516-1517)*. Sevilla: Escuela de Estudios Hispano-Americanos, 1953.

_____ *Bartolomé de Las Casas. Volumen segundo. Capellán de S.M. Carlos I., Poblador de Cumaná (1517-1523)*. Sevilla: Escuela de Estudios Hispano-Americanos, 1960.

_____ "Proyecto de Capitulación y asiento del almirante Diego Colón con el emperador Carlos V, sobre colonización en Tierra Firme". *Bartolomé de Las Casas*. Volumen II. Sevilla: Escuela de Estudios Hispano-americanos: 1960. 702-15.

Goggi, Gianluigi. "Diderot-Raynal, l'esclavage et les Lumières écossaises". *Lumières* 3 (2004): 55-93.

Gonçalves Gaspar, João. "Fernão de Oliveira: Humanista insubmisso e precursor." *Fernando Oliveira, um humanista genial*. Carlos Morais, ed. Aveiro: Universidade de Aveiro, 2009. 31-82.

Grégoire, Henrique. "Apología de Don Bartolomé de Las Casas, obispo de Chiapa". Bartolomé de Las Casas. *Obras*. Tomo Segundo. Paris: Rosa, 1822: 329-64. Texto suscrito el 22 floréal del año 8 (12 de mayo de 1799). *Afroamérica: textos históricos*. Enriqueta Vila Vilar, comp. CD-ROM.

Guasti, Niccoló. "I gesuiti spagnoli espulsi e l'apologia della conquista del Nuovo Mondo: le *Riflessioni imparziali* di Juan Nuix." *Giudizi e pregiudizi. Percezione dell'altro e stereotipi tra Europa e Mediterraneo*. Maria Grazia Profeti, ed. Firenze: Alinea, 2009. 339-93.

_____ "Rasgos del exilio italiano de los jesuitas españoles". *Hispania Sacra* 61/123 (2009): 257-78.

Guillot, Federico. *Negros rebeldes y negros cimarrones (Perfil afroamericano en la historia del Nuovo Mindo durante el siglo XVI)*. Buenos Aires: Fariña, 1961.

Gutiérrez, Gustavo. *En busca de los pobres de Jesucristo. El pensamiento de Bartolomé de Las Casas*. Lima: Instituto Bartolomé de Las Casas/CEP, 1992.

Hanke, Lewis. *The Spanish Struggle for the Justice in the Conquest of America*. Dallas: Southern Methodist UP, 1949/2002.

Hanke, Lewis y Giménez Fernández, Manuel. *Bartolomé de Las Casas (1474-1566). Bibliografía crítica y cuerpo de materiales para el estudio de su vida, escritos, actuación y polémicas que suscitaron durante cuatro siglos*. Santiago de Chile: Fondo Histórico y Bibliográfico José Toribio Medina, 1954.

Heidegger, Martin. "La época de la imagen del mundo". *Caminos de Bosque*. Madrid: Alianza, 2002. 63-90.

Helps, Arthur. *The Life of Las Casas, The Apostle of the Indies*. London: Bell and Daldy, 1868. <https://archive.org/search.php?query=The%20Life%20

of%20Las%20Casas%2C%20The%20Apostle%20of%20the%20Indies>. 20 feb. 2013.

Herrera y Tordesillas, Antonio de. *Histoire generale des voyages er conquestes des Castillans, dans les Isles & Terre ferme des Indes Occidentales. Seconde Decade.* Paris: Nicolas & Iean de la Coste, 1660. <*Google Books Search*>. 15 junio 2013.

_____ *Historia general de los hechos de los castellanos en las islas y tierra firme del mar océano.* Madrid: Universidad Complutense, 1991.

Hilton, Ronald. *Handbook of Hispanic Materials and Research Organizations in the United States.* Stanford: Stanford UP, 1956.

Hinojosa, Eduardo de. *Estudios sobre la historia del derecho penal español.* Madrid: Asilo de Huérfanos del Sagrado Corazón de Jesús, 1903. <*Google Books Search*>. 15 junio 2013.

Hunwick, John. "Islamic Law and polemics over race and Slavery in North and West Africa (16th -19th Century)." *Slavery in the Islamic Middle East.* Shaun E. Marmon, ed. Princeton: Markus Wiener, 1999. 43-68.

Israel, Jonathan I. *Democratic Enlightenment. Philosophy, Revolution, and Human Rights 1750-1790.* Oxford: Oxford UP, 2011.

Jaca, Francisco José O.F.M. Cap. *Resolución sobre la libertad de los negros y sus originarios, en estado de paganos y después ya cristianos.* Madrid: Consejo Superior de Investigaciones Científicas, 2002.

Jameson, Russell Parsons. *Montesquieu et l'esclavage.* 1911. New York: Burt Franklin, 1971. 220-53.

Jaucourt, Louis chevalier de. "Slavery." *The Encyclopedia of Diderot & d'Alembert Collaborative Translation Project.* Naomi J. Andrews, trad. Ann Arbor: Michigan Publishing, University of Michigan Library, 2012. <http://hdl.handle.net/2027/spo.did2222.0000.667>. 20 feb. 2014. "Esclavage," *Encyclopédie ou Dictionnaire raisonné des sciences, des arts et des métiers.* Vol. 5. Paris, 1755.

_____ "Natural Liberty." *The Encyclopedia of Diderot & d'Alembert Collaborative Translation Project.* Thomas Zemanek, trad. Ann Arbor: Michigan Publishing, University of Michigan Library, 2009. <http://hdl.handle.net/2027/

spo.did2222.0001.246>. 20 feb. 2014. "Liberté naturelle," *Encyclopédie ou Dictionnaire raisonné des sciences, des arts et des métiers*, Vol. 9. Paris, 1765.

Juderías, Julián. *La leyenda negra y la verdad histórica: contribución al estudio del concepto de España en Europa, de las causas de este concepto y de la tolerancia política y religiosa en los países civilizados*. Madrid: Revista de Archivos, 1914.

Kinkade, Richard P. "Un Nuevo manuscrito de la *Semeianca del mundo*". *Hispanic Review* 39/3 (1971): 261-70. <*JSTOR*>. 10 junio 2013.

Klein, Herbert S. *The Atlantic Slave Trade*. New York: Cambridge UP, 1999.

Konetzke, Richard. *Colección de documentos para la historia de la formación social de Hispanoamérica, 1493-1810*. 2 vols. Madrid: CSIC, 1953-1962.

Lavalle, Bernard. *Bartolomé de Las Casas, entre la espada y la cruz*. Barcelona: Ariel, 2009.

Lenman, Bruce P. "From Savage to Scot." *William Robertson and the Expansion of the Empire*. Stewart J. Brown, ed. Cambridge: Cambridge UP, 1997. 196-209.

León Pinelo, Antonio de. *Tablas cronológicas de los Reales Consejos Supremo y de la Cámara de las Indias Occidentales*. Madrid: Manuel Ginés Hernández, 1892.

León-Portilla, Miguel. *Francisco Tenamaztle. Primer guerrillero de América. Defensor de los Derechos Humanos*. México: Diana, 1995.

Levtzion, Nehemia. "Slavery and Islamization in Africa: A Comparative Study." *Slaves and Muslim Africa. Islam and the Ideology of Enslavement*. John Ralph Willis, ed. Vol. I. London: Frank Cass, 1985. 182-98.

_____ "Islam in the Bilad al-Sudan to 1800." *The History of the Islam in Africa*. Nehemia Levtzion y Randall L. Pouwels, eds. Athens: Ohio UP, 2000. 63-91.

Llorente, Juan Antonio. "Apéndice a las memorias de los señores Gregoire, Mier y Funes". Bartolomé de Las Casas. *Obras*. Tomo Segundo. Paris: Rosa, 1822. 438-528. *Afroamérica: textos históricos*. Enriqueta Vila Vilar, comp. CD-ROM.

Lobo-Cabrera, Manuel. "Canarias y el Atlántico esclavista". *Esclavitud y Derechos Humanos. La lucha por la libertad del negro en el siglo XIX. Actas del Coloquio*

Internacional sobre la abolición de la esclavitud. Madrid: 2-4 de diciembre de 1986. Francisco Solano y Agustín de Guimerá, eds. Madrid: CSIC, 1990. 51-60.

Lockman, John. *A History of The Cruel Sufferings of The Protestants, and Others, by the Popish Persecutions in Various Countries.* London: J. Potts, 1763. <*Google Books Search*>. 15 enero 2014.

López de Ayala, Pero. "Crónica del Rey Don Enrique, Tercero de Castilla y de León". *Crónicas de los Reyes de Castilla. Biblioteca de Autores Españoles.* Vol. 68. Madrid: Atlas, 1953. 161-247.

López de Gómara, Francisco. *Historia general de las Indias y Nuevo mundo.* Zaragoça: Miguel de Çapila, 1555. Fols. xcvi-xcvii. Edición facsimilar, Lima: Comisión Nacional del V Centenario del Descubrimiento de América, 1993.

Lucena Salmoral, Manuel. *Los códigos negros de la América española.* Alcalá: UNESCO/Universidad de Alcalá, 1996.

_____. *Regulación de la esclavitud negra en las colonias de América Española (1503-1886): Documentos para su estudio.* Alcalá: Universidad de Alcalá/Universidad de Murcia, 2005.

Macedo, José Rivair. "Os filhos de Cam: A África e o Saber Enciclopédico Medieval." *Signum: Revista da ABREM* 3 (2001): 101-32.

Madden, Richard Robert. *The Island of Cuba: Its Resources, Progress, and Prospects, Considered in Relation Especially to the Influence of its Prosperity on the Interests of the British West India Colonies.* London: Charles Gilpin, 1848. <*Google Books Search*>. 15 enero 2013.

Mahn-Lot, Marianne. *Bartolomé de las Casas et le droit des indiennes.* Paris: Payot, 1982.

Marcus, Raymond. "El primer decenio de Las Casas en el Nuevo Mundo". *Ibero-Amerikanisches Archiv* 3/2 (1977): 87-122.

Margat, P. "Lettre du P. Margat, Missioniare de la Compagnie de Jesus au P. De la Neuville." *Lettres Édifiantes et Curieuses Ecrites par quelques Missionnaires de la Compagnie de Jesus.* Tome XX. Paris: Nicolas Le Clerc, 1731. 392-449. <*Google Books Search*>. 15 enero 2014.

Marroquín, Francisco. "Carta al emperador, a 4 de febrero de 1548". Carmelo Sáenz de Santamaría. *El licenciado Francisco de Marroquín, primer obispo de Guatemala (1499-1563)*. Madrid: Cultura Hispánica, 1964.

Marte, Roberto. *Santo Domingo en los manuscritos de Juan Bautista Muñoz*. Santo Domingo: Fundación García Arévalo, 1981.

Mauny, Raymond. *Tableau Géographique de L'Ouest Africain au Moyen Age d'après les sources écrites, la tradition et l'archéologie*. Amsterdam: Swets & Zeitlinger, 1967.

McClellan III, James E. *Colonialism and Science: Saint-Domingue in the Old Regime*. Baltimore: The Johns Hopkins UP, 1992.

Medeiros, François de. *L'Occident et L'Afrique (XIIIe-XVe Siècle)*. Paris: Karthala, 1985.

Menéndez Pidal, Ramón. *El padre Las Casas, su doble personalidad*. Madrid: Espasa-Calpe, 1963.

Mercado, Luis. *Libro en que se trata con claridad la naturaleza, causas, providencia y verdadera orden de curar la enfermedad vulgar, y peste que se ha divulgado por toda España*. Madrid: Imprenta del Licenciado Castro, 1599. <*Google Books Search*>. 15 sep. 2013.

Merediz, Eyda M. "Between Narration and Digression: Alonso de Espinosa and the Historiography of the Canary Islands." *Refracted Images: The Canary Islands Through a New World Lens. Transatlantic Readings*. Tempe: Arizona Center for Renaissance and Medieval Studies, 2004. 38-82.

_____ y Verónica Salles-Reese. "Addressing the Atlantic Slave Trade: Las Casas and the Legend of the Blacks." *Approaches to Teaching the Writings of Bartolomé de Las Casas*. Santa Arias y Eyda M. Merediz, eds. New York: The Modern Language Association of America, 2008. 177-86.

Mier, Servando. "Discurso confirmando la apolojía del Obispo Casas, escrita por el reverendo obispo de Blois, Monseñor Enrique Gregoire, en carta escrita á este año 1806". Bartolomé de Las Casas. *Obras*. Tomo Segundo. Paris: Rosa, 1822. 403-37. *Afroamérica: textos históricos*. Enriqueta Vila Vilar, comp. CD-ROM.

Mignolo, Walter. *Local Histories/Global Designs. Coloniality, Subaltern Knowledges, and Border Thinking*. Princeton: Princeton UP, 2000.

Milhou, Alain. "Las Casas frente a las reivindicaciones de los colonos de la isla Española (1554-1561)". *Historiografía y bibliografía americanistas* 19-20 (1975-1976): 11-66.

Moirans Epifanio de O.F.M. Cap. "Servi liberi seu naturalis mancipiorum libertatis iusta defensio (Siervos libres o la justa defensa de la libertad natural de los esclavos)". José Tomás López García. *Dos Defensores de los esclavos negros en el siglo XVII (Francisco José de Jaca y Epifanio de Moirans)*. Caracas & Maracaibo: Universidad Católica Andrés Bello & Corpozulia, 1982. 179-298.

Molina, Luis de. *Los seis libros de la justicia y el derecho*. Madrid: Imprenta de José Luis Cosano, 1941. 463-581.

Montesquieu, Charles-Louis Secondat. "L'esprit des loix." *Œuvres de Montesquieu*. Tome I. Amsterdam & Leipsick: Arkstée & Merkus, 1768. 1-430.

Morales Roca, Francisco José. *Caballeros de la Espuela Dorada del Principado de Cataluña. Dinastia de Trastamara, 1412-1555*. Madrid: Hidalguía, 1988.

Moreau de Saint-Méry, Méderic Louis Élie. *Description Topographique, Physique, Civile, Politique et Historique de la Partie Française de l'Isle Saint-Domingue*. Tome Premier. Philadelphia: L'Auteur, 1797.

Moreno, Isidoro. *La antigua hermandad de los negros de Sevilla. Etnicidad, poder y sociedad en 600 años de historia*. Sevilla: Universidad de Sevilla/Consejería de Cultura de Andalucía, 1997.

Motolinia, Fray Toribio. *Memoriales*. México: Casa del Editor, 1903.

_____ *Historia de los indios de la Nueva España*. México: Porrúa, 2007.

Muhammad, Akbar. "The Image of the Africans in Arabic Literature: Some Unpublished Manuscripts." *Slaves and Muslim Africa. Vol. I. Islam and the Ideology of Enslavement*. John Ralph Willis, ed. London: Frank Cass, 1985. 47-74.

Muñoz, Juan Bautista. *Historia del Nuevo-Mundo*. Madrid: La Viuda de Ibarra, 1793. <*Google Books Search*>. 30 enero 2013.

Murray, David. *Odious Commerce. Britain, Spain, and The Abolition of The Cuban Slave Trade*. Cambridge: Cambridge UP, 1980.

Nuix, Giovanni. *Riflessioni imparziali sopra l'Umanità degli Spagnuoli* [sic] *nell'Indie, contro i pretesi Filosofi e Politici, per servire di lume alle storie de' Signore Raynal e Robertson*. Venezia, 1780. <Google Books Search>. 15 enero 2013.

_____ *Reflexiones imparciales sobre la Humanidad de los Españoles en Las Indias, contra los Pretendidos Filósofos y Políticos, para Ilustrar las Historias de MM Raynal y Robertson*. Madrid: Joachim Ibarra, 1782. <Google Books Search>. 15 dic. 2012.

O'Gorman, Edmundo. "La apologética, su génesis y elaboración, su estructura y su sentido". Bartolomé de Las Casas. *Apologética Historia Sumaria*. México: UNAM, 1967. XI-LXXIX.

Oldfield, John R. *Transatlantic Abolitionism in the Age of the Revolution*. Cambridge: Cambridge UP, 2013.

Oliveira, Fernando. *A Arte da guerra do mar*. Lisboa: Marinha, 1983.

Ortiz de Zúñiga, Diego. *Anales eclesiásticos y seculares de la muy noble ciudad de Sevilla*. Tomo III. Madrid: Imprenta Real, 1796. <Google Books Search>. 20 abril 2012.

Ortiz, Fernando. *Contrapunteo Cubano del Tabaco y del Azúcar*. La Habana: Consejo Nacional de Cultura, 1963.

Otte Sander, Enrique, ed. *Cédulas reales relativas a Venezuela (1500-1550)*. Caracas: Fundación John Boulton y Fundación Eugenio Mendoza, 1963.

_____ *Sevilla, siglo XVI: Materiales para su historia económica*. Sevilla: Centro de Estudios Andaluces/Consejería de la Presidencia, 2008.

Parish, Helen Rand. *Las Casas, obispo: una nueva interpretación con base en su petición autógrafa en la Colección Hans P. Kraus de manuscritos hispanoamericanos*. Washington DC: Library of Congress, 1980.

_____ *Las Casas ante la Congregación de Carlos V sobre las Indias*. Madrid: Biblioteca Nacional, 1992.

_____ y Harold E. Weidman. "The Correct Birthdate of Bartolomé de las Casas." *The Hispanic American Historical Review* 56/3 (1976): 385-403. <*JSTOR*>. 25 nov. 2011.

_____ *Las Casas en México. Historia y obras desconocidas.* México: F.C.E., 1992.

Pastor Bodmer, Beatriz. *Discursos narrativos de la conquista de América.* La Habana: Casa de las Américas, 1984.

Pauw, Corneille de. *Recherches Philosophiques sur les Américains ou Mémoires intéressants pour servir à l'histoire de l'espèce humaine.* Tomo I. Berlin: Georges Jacques Decker, 1768. <*Google Books Search*>. 15 marzo 2009.

_____ *Recherches Philosophiques sur les Américains ou Mémoires intéressants pour servir à l'histoire de l'espèce humaine.* Tome 2. Berlin: Georges Jacques Decker, 1769. <*Google Books Search*>. 15 mar. 2009.

_____ "Amérique." *Supplément à L'encyclopédie ou dictionnaire raisonné des sciences, des arts et des métiers, par une société des gens des lettres.* Tome Premier. Amsterdam, 1776. 343-54. <*Google Books Search*>. 15 jun. 2009.

Pérez Fernández, Isacio O. P. *Inventario documentado de los escritos de Fray Bartolomé de Las Casas".* Bayamón: Centro de Estudios de los Dominicos del Caribe, 1981.

_____ *Cronología documentada de los viajes, estancias y actuaciones de Bartolomé de Las Casas.* Bayamón: Centro de Estudios de los Dominicos del Caribe, 1984.

_____ "Fray Bartolomé de Las Casas ante el último guerrillero indio del Caribe". *Studium* 24 (1984): 499-534.

_____ "Estudio Preliminar". Bartolomé de Las Casas. *Brevísima relación de la destrucción de África. Preludio de la destrucción de Indias.* Salamanca: San Esteban, 1989. 9-191.

_____ *Bartolomé de Las Casas, ¿Contra los negros? Revisión de una leyenda.* Madrid & México: Mundo Negro & Esquila, 1991.

_____ "Estudio crítico preliminar. Presentación de la 'Historia de las Indias' de Fray Bartolomé de Las Casas". Bartolomé de Las Casas. *Obras Completas 3. Historia de las Indias.* Tomo I. Madrid: Alianza, 1994. 11-322.

_____ *Fray Bartolomé de Las Casas, OP. De defensor de los indios a defensor de los negros.* Salamanca: San Esteban, 1995.

_____ *Bartolomé de Las Casas: Viajero por dos mundos. Su biografía sincera, su personalidad.* Lima: Centro de Estudios Regionales Andinos, 1998.

Pike, Ruth. *Enterprise and Adventure. The Genoese in Seville and the Opening of the New World.* Ithaca: Cornell UP, 1966.

_____ "Sevillian Society in the Sixteenth Century: Slaves and Freemen." *The Hispanic American Historical Review* 47/3 (1967): 344-59. <*JSTOR*>. 20 junio 2012.

Phillips Jr., William D. *Slavery in Medieval and Early Modern Iberia.* Philadelphia: U of Pennsylvania P, 2014.

Phillipson, Nicholas. "Providence and Progress." *William Robertson and the Expansion of Empire.* Stewart J. Brown, ed. Cambridge: Cambridge UP, 1997: 55-73.

Porcell Sardo, Ioan Thomas. *Información y curación de la peste de Caragoca.* Caragoca: Bartholome de Nagera, 1565. <*Google Books Search*>. 15 enero 2014.

Quijano, Aníbal and Ennis, Michael. "Coloniality of Power, Eurocentrism, and Latin America." *Nepantla* 1/3 (2000): 533-80. <https://muse.jhu.edu/results?searchtype=regular&search_term=Quijano&filtered_content=author&x=12&y=8>. 21 abril 2016.

Quintana, Manuel Josef. *Vidas de españoles célebres.* Tomo III. Madrid: Burgos, 1833. <*Google Book Search*>. 15 julio 2012.

Ramos Pérez, Demetrio. "El P. Córdoba y Las Casas en el plan de conquista pacífica de Tierra Firme". *Boletín Americanista* 1 (1959): 175-210.

_____ "El negocio negrero de los Welser y sus habilidades monopolistas". *Revista de Historia de América* 81 (1976): 7-81. <*JSTOR*>. 10 oct. 2010.

Ratekin, Mervyn. "The Early Sugar Industry in Española." *The Hispanic American Historical Review* 34/1 (1954): 1-19. <*JSTOR*>. 5 nov. 2013.

Raynal, Guillaume-Thomas-François (Abbé Raynal). *Histoire Philosophique et Politique des Établissements et du Commerce des Européens dans les Deux Indes*. Geneva: 1780. <*Google Books Search*>. 10 abril 2012.

Real Academia de la Historia. *Catálogo de la colección de Don Juan Bautista Muñoz*. Vol. 1. Madrid: Maestre, 1954.

Recopilación de leyes de los Reynos de Indias. Tomo Segundo. Madrid: Antonio Pérez de Soto, 1774. 285-90. *Afroamérica: textos históricos*. Enriqueta Vila Vilar, comp. CD-ROM.

Remesal, Antonio de. *Historia general de las Indias Occidentales y particular de la gobernación de Chiapa*. 3 Vols. Guatemala: José Pineda Ibarra, 1966.

Robertson, William. *The History of America*. Vol. I. London: 1777. <*Google Books Search*>. 15 junio 2012.

Rumeu de Armas, Antonio. *España en el África Atlántica*. 2 vols. Madrid: Instituto de Estudios Africanos/CSIC, 1956.

Russell-Wood, A.J.R. *The Portuguese Empire, 1415-1808. A World on the Move*. Baltimore: Johns Hopkins UP, 1992.

Saco, José Antonio. *La supresión del tráfico de esclavos africanos en la isla de Cuba examinada con relación a su agricultura y a su seguridad*. Paris: Panckoucke, 1845. <*Google Books Search*>. 15 abril 2013.

_____ "La esclavitud en Cuba y la revolución en España". *Colección póstuma de papeles científicos, históricos y políticos y de otros ramos sobre la isla de cuba, ya publicados, ya inéditos*. Habana: Miguel Villa, 1881. 443-54. <*Google Book Search*>. 15 ago. 2013.

_____ *Historia de la esclavitud de la raza Africana en el Nuevo Mundo y en especial en los países américo-hispanos*. Tomo I. Barcelona: Jaime Jepús, 1879. <*Google Books Search*>. 4 julio 2010.

_____ "Historia de la esclavitud de la raza africana en el Nuevo Mundo y en especial en los países América-hispanos". *Acerca de la Esclavitud y Su Historia*. Tomo I. Libros II y III. La Habana: Ciencias Sociales, 1982. 451-517.

Saint-Lu, André. *La Vera Paz, esprit évangélique et colonisation.* Paris: Centre de Recherches Hispaniques, 1968.

Sala-Molins, Louis. *Le Code Noir ou le calvaire de Canaan.* Paris: PUF, 1987.

Sandoval, Alonso de. *Un tratado sobre la esclavitud.* Madrid: Alianza, 1987.

Scelle, Georges. *La traite négrière aux Indes de Castille. Contrats et traités d'Asiento.* Paris: Libraire de la Société du Recueil J. B. Sirey, 1906. <*Google Books Search*>. 15 junio 2012.

Sebastiani, Silvia. *The Scottish Enlightenment. Race, Gender, and the Limits of the Progress.* New York: Palgrave, 2013.

Sepúlveda, Juan Ginés de. "Demócrates Segundo o de las Justas causas de la Guerra contra los indios". *Boletín de la Real Academia de la Historia,* Tomo 21 (1892): 257-369.

Serrano y Sanz, Manuel. *Orígenes de la dominación española en América.* Madrid: Bailly/Bailliere, 1918.

Schlaifer, Robert. "Greek Theories of Slavery from Homer to Aristotle." *Harvard Studies in Classical Philology* 47 (1936): 165-204. <*JSTOR*>. 16 sep. 2012.

Schmidt-Nowara, Christopher. "Wilberforce Spanished: Joseph Blanco White and Spanish Antislavery, 1808-1814." *Slavery and Antislavery in Spain's Atlantic Empire.* Josep M. Fradera and Christopher Schmidt-Nowara eds. New York, NY: Berghahn Books, 2013. 158-75.

Schmitt, Carl. *El Nomos de la tierra.* Granada: Comares, 2002.

Severim de Faria, Manoel. *Noticias de Portugal.* Lisboa: Isidoro Fonseca, 1740. <*Google Books Search*>. 1 ago. 2010.

Serna Arnaiz, Mercedes. "Revisión de la leyenda negra. Sepúlveda-Las Casas". *Cartaphilus* 1 (2007): 120-27.

Sherman, William L. *Forced Native Labor in Sixteenth Century in Central America.* Lincoln: U of Nebraska P, 1979.

Smith, Nicolas D. "Aristotle's Theory of Natural Slavery." *Phoenix* 37/2 (Summer 1983): 109-22. <*JSTOR*>. 20 marzo 2010.

Soto, Domingo de. *De Iustitia et Iure. Libri Decem*. Tomo II. Madrid: Instituto de Estudios Políticos, 1968.

Spector, Céline. "Il est impossible que nous supposions que ces gens-là soient des hommes. La théorie de l'esclavage au livre XV de *L'esprit des lois*." *Lumières* 3 (2004): 15-50.

Tardieu, Jean-Pierre. "Las Casas et l'esclavage des Noirs. Logique d'un revirement." *De L'Afrique aux Amériques (XVe-XIXe siècles), Utopies et réalités de l'esclavage*. Paris: L'Harmattan, 2002. 41-59.

_____ "De L'*undécimo remedio* de Las Casas (1516) au projet de traite des noirs des 1518." *Bartolomé de Las Casas face à l'esclavage des Noir-e-s en Amériques/ Caraïbes*. Victorien Lavou Zoungbo, ed. Perpignan: Presses Universitaires de Perpignan, 2011. 47-59.

Thomas, Hugh. *The Slave Trade: the Story of the Atlantic Slave Trade, 1440-1870*. New York: Touchstone/Simon & Schuster, 1999.

Tiele, Pieter Anton. *Mémoire Bibliographique sur les journaux des navigateurs néerlandais*. Amsterdam: Frederik Muller, 1867. <https://archive.org/search.php?query=M%C3%A9moire%20Bibliographique%20sur%20les%20journaux%20des%20navigateurs%20n%C3%A9erlandais>. 20 junio 2014.

Todorov, Tzvetan. *La conquista de América. El problema del otro*. Buenos Aires: Siglo XXI, 2003.

Tomás de Aquino. *Summa Theologica*. Tomo III. Madrid: B.A.C., 1990.

Torres, Tomás de la. *De Salamanca, España, a Ciudad Real, Chiapas (1544-1546)*. Madrid: CSIC/Universidad Intercultural e Chiapas, 2011.

Ulloa, Antonio de. *Noticias americanas*. Madrid: Francisco Manuel de Mena, 1772. <*Google Books search*>. 15 junio 2013.

Utrera, Cipriano de. *Polémica de Enriquillo*. Santo Domingo: Caribe, 1973.

Varela, Consuelo. *La caída de Cristóbal Colón. El juicio de Bobadilla.* Madrid: Marcial Pons, 2006.

_____ *Cristóbal Colón y la construcción del Nuevo Mundo. Estudios, 1993-2008.* Santo Domingo: Archivo General de la Nación, 2010.

Verlinden, Charles. "L'esclavage en Castille et au Portugal avant les grandes découvertes" y "L'esclavage au Portugal a l'époque des grandes découvertes." *L'esclavage dans l'Europe Médiévale. Péninsule Ibérique-France.* Tome Premier. Brugge: De Tempel, 1955. 546-632.

_____ *The Beginnings of The Modern Colonization.* Ithaca: Cornell UP, 1970.

_____ "Backgrounds and Beginnings of the Portuguese Maritime Expansion." *Maritime Discovery.* Volume 1. *The Age of Discovery.* John B. Hattendorf, ed. Malabar, FL: Krieger, 1996. 53-67.

Vieira, Alberto. "Sugar Islands. The Sugar Economy of Madeira and the Canaries, 1450-1650." Stuart Schwartz. *Tropical Babylons.* Chapel Hill: U of North Carolina P, 2004. 42-84.

Vieira Antonio S.J. "Sermam da Sexagésima." *Sermoens do Padre Antonio Vieira. Primeyra parte dedicada ao Príncipe N. S.* Lisboa: 1679. 1-85.

_____ "Sermão XIV, Pregado na Bahia, á irmandade dos pretos de um Engenho em dia de S. João Evangelista, no anno 1633." *Obras completas do Padre Antonio Vieira. Sermões.* Vol. XI. Porto: Livraria Chardron, de Lello & Irmão, 1908. 255-86.

_____ "Sermão XX." *Obras completas do Padre Antonio Vieira. Sermões.* Vol. XII. Porto: Livraria Chardron, de Lello & Irmão, 1908. 75-107.

_____ "Sermão XXVII." *Obras completas do Padre Antonio Vieira. Sermões.* Vol. XII. Porto: Livraria Chardron, de Lello & Irmão, 1908. 301-34.

Viotti da Costa, Emilia. "The Portuguese-African Slave Trade: A lesson in Colonialism." *Latin American Perspectives* 12/1 (Winter 1985): 41-61. <JSTOR>. 25 oct. 2010.

Walvin, James. *Atlas of Slavery*. London: Pearson, 2006.

Wilks, Ivor. "Wangara, Akan and Portuguese in the Fifteenth and Sixteenth Centuries, I. The Matter of Bitu." *The Journal of African History* 23/3 (1982): 333-49.

_____ "The Juula and the Expansion of Islam into the Forest." *The History of the Islam in Africa*. Nehemia Levtzion y Randall L. Pouwels, eds. Athens: Ohio UP, 2000. 93-115.

Willis, John Ralph. "Wangara, Akan and Portuguese in the Fifteenth and Sixteenth Centuries, II. The Struggle for Trade." *The Journal of African History* 23/4 (1982): 463-72.

_____ "Introduction. The Ideology of Enslavement in Islam." *Slaves and Muslim Africa*. Vol. I. *Islam and the Ideology of Enslavement*. John Ralph Willis, ed. London: Frank Cass, 1985. 1-15.

_____ "Jihad and the Ideology of Enslavement." *Slaves and Muslim Africa*. Vol. I. *Islam and the Ideology of Enslavement*. John Ralph Willis, ed. London: Frank Cass, 1985. 16-26.

Ximénez, Francisco. *Historia de la provincia de San Vicente de Chiapa y Guatemala*. Tomo I. Guatemala: Tipografía Nacional, 1929.

Zavala, Silvio. *The Political Philosophy of the Conquest of America*. México: Cvltvra, 1953.

Žižek, Slavoj. *The Sublime Object of the Ideology*. New York: Verso, 1989.

www.ingramcontent.com/pod-product-compliance
Lightning Source LLC
Chambersburg PA
CBHW071356300426
44114CB00016B/2085